基础教育
国际比较研究丛书

Series of
International and
Comparative Studies on
Basic Education

顾明远 主编

天赋与卓越

国际视野下英才教育的政策与实践

肖甦——等著

Giftedness and Excellence:

Policy and Practice of Gifted Education in International Perspectives

上海教育出版社
SHANGHAI EDUCATIONAL PUBLISHING HOUSE

总 序

2020年注定是人类历史上不平凡的一年，新冠疫情的爆发改变了世界发展的基本格局。一些国家保守主义、单边主义抬头，逆全球化思维盛行；但更多国家和国际组织呼吁全球应加强合作，共同抗击疫情并抵制疫情给世界各国社会、经济、教育等不同领域带来的不良影响。受疫情的影响，不少国家因通信基础设施薄弱已出现了学习危机，加之疫情影响导致的经济危机势必影响很多国家的教育投入，进而加剧教育不平等的现象。此外，疫情期间不少国家不断爆出的种族歧视、隔阂言论和行为，给世界和平和发展带来了潜在的风险。为此，2020年联合国教科文组织“教育的未来”倡议国际委员会发布了《新冠肺炎疫情后世界的教育：公共行动的九个思路》(Education in A Post-COVID World : Nine Ideas for Public Action)，特别强调要加大教育投入，保障公共教育经费，同时呼吁“全球团结一心，化解不平等。新冠肺炎疫情解释了权力不均和全球发展不平等问题。各方应重新倡导国际合作，维护多边主义，以同理心和对人性的共同理解为核心，促进国际合作和全球团结”。[1]

事实上，全球教育发展面临的挑战远非如此。回

[1] International Commission on the Futures of Education, UNESCO. Education in A Post-COVID World：Nine Ideas for Public Action [R/OL]. [2020-06-24] https://unesdoc.unesco.org/ark: /48223/pf0000373717/PDF/373717eng.pdf.multi.

顾人类社会进入21世纪以来，经济的快速发展和科技的日益进步的确给教育的发展带来了很大的变化，“经济增长和创造财富降低了全球贫穷率，但世界各地的社会内部以及不同社会之间，脆弱性、不平等、排斥和暴力却有增无减。不可持续的经济生产和消费模式导致全球气候变暖、环境恶化和自然灾害频发……技术发展增进了人们之间的相互关联，为彼此交流、合作与团结开辟出了新的渠道，但我们也发现，文化和宗教不宽容、基于身份的政治鼓动和冲突日益增多”。[1]这些全球可持续发展的危机已然给世界各国的教育提出了巨大的挑战。为此，联合国教科文组织特别重申了人文主义的方法，强调：“再没有比教育更加强大的变革力量，教育促进人权和尊严，消除贫穷，强化可持续性，为所有人建设更美好的未来，教育以权利平等和社会正义、尊重文化多样性、国际团结和分担责任为基础，所有这些都是人性的基本共同点。”[2]

对此，中国政府一直高度赞同并积极行动，响应国际社会的号召。我们以习近平总书记提出的“人类命运共同体”和“文化交流互鉴”的思想为指导，坚持教育对外开放，积极地开展各项国际教育交流与合作活动。日前，《教育部等八部门关于加快和扩大新时代教育对外开放的意见》也明确指出，要“坚持教育对外开放不动摇，主动加强同世界各国的互鉴、互容、互通，形成更全方位、更宽领域、更多层次、更加主动的教育对外开放局面”。[3]为此，我们需要更加深入地研究各国教育改革的最新动向，把握世界教育发展的基本趋势。

北京师范大学国际与比较教育研究院作为教育部普通高等学校人文社会科学重点研究基地，始终围绕着世界和我国教育改革与发展的

[1] 联合国教育、科学及文化组织.反思教育：向“全球共同利益”的理念转变［M].巴黎：联合国教科文组织，2015：9.

[2] 同上：4.

[3] 教育部.教育部等八部门全面部署加快和扩大新时代教育对外开放［R/OL].（2020-06-18）［2020-06-24］. https://www.xuexi.cn/lgpage/detail/index.html?id=12928850217812069436&；item_id=12928850217812069436.

重大理论、政策和实践前沿问题开展深入研究。此次组织出版的“基础教育国际比较研究丛书”共10本，既有国别的研究，涉及英国、美国、法国、加拿大等不同的国家，也有专题的研究，如基础教育质量问题、英才教育等。这些研究均是我院教师和博士生近年来的研究成果，希望能帮助从事基础教育工作的教育决策者和实践者开拓视野，较为深入准确地把握世界教育发展的前沿问题，以更好地促进我国基础教育新一轮的深化改革。在出版过程中，我们得到了上海教育出版社的大力支持，特别是此套丛书的负责人袁彬同志和董洪同志的大力支持，具体负责每本书的编辑不仅工作高效，而且认真负责，在此一并感谢！

2020年6月24日

于北京求是书屋

Preface

前 言

世界主要国家实施英才教育由来已久，在世界经济与科技竞争日益加剧的时代，英才教育与国家发展的联系不断被强化。20世纪中后期，世界各主要国家陆续开始加强对英才教育的扶持力度。1972年美国联邦教育部正式成立英才儿童教育局，先后出台《1978年英才儿童教育法案》《贾维茨英才学生教育法案》等政策法案，并在财政上予以大力支持；1974年英国“英才儿童国家协会”成立；1984年新加坡在充分论证的基础上开始实施“天才教育计划”，培养学生独立学习的能力和发现能力；1997年俄罗斯颁布《1998—2000年天才青少年教育总纲要》，此后又出台了多个政策文件支持英才教育发展；1998年韩国政府出台了《英才教育振兴法》。不难看出，到20世纪末，很多国家已经意识到发展英才教育的重要意义，都已经不怀疑英才教育可以为国家的发展与强盛输送高素质的人才，进而在参与全球化时代的国际竞争中赢得人才优势。

进入21世纪，尤其当“国家的竞争即是人才的竞争，人才是国家最宝贵的资源，是参与国际竞争、提升综合国力的关键”已成世界共识的今天，英才教育被作为积蓄国家核心竞争力和战略性储备的重要途径，越发受到各国政府的重点关注。世界主要国家纷纷以不同形式制定和颁行加强英才教育的政策、法案、报告。在美国，继21世纪初《不让一个孩子掉队法案》颁布和实施十余年后，2015年联邦政府颁布了《每一个学生都成功法案》，为英才教育带来新转向。该法案要求学校教育必须注重科学领域领军人物和创新者的培养，关注弱势群体中的天才儿童，切实提高卓越在公平中的体现，实现教育公平的最大化。在俄罗斯，普京总统多次在年度总结报告中专门提及加强发现天才儿童、注重天才儿童培养的议题，加强建设专门培养天才儿童的“天狼星”机构，开办面向天才儿童的国际数学中心，表彰国际奥林匹克竞赛成就等内容不止一次地出现在总统的年度国情咨文和教育法令文件中。在德国，2004年联邦和各州教育规划与研究促进委员会发布《各州中小学英才促进：措施与趋势》，汇总了16个联邦州英才促进的报告，介绍各州的英才促进措施以及新的发展。在英国，2005年政府颁布白皮书《为了全体学生：更高的标准，更好的学校》，规定学校应为英才儿童提供个性化教育，教育与技能部为所有中小学英才教育提供指导和专家教师培训。这些政策的出台及相关措施的实施，从不同角度表明了英才教育在各国教育体系中地位的提升，甚至在相当程度上被提高到国家发展战略的层面，被视为提升国际竞争力的国家“秘密武器”。

“英才教育”“超常教育”“天才儿童的发现与培养”等，这些在我国早已不是新词汇或新事物。而在中华人民共和国成立后，政府在较长时间内把发展教育的重点放在普及义务教育方面，着力于整体提升国民基本的文化与教育水平。改革开放四十多年来，我国英才教育得到了一定的发展，在理论和实践领域都有一些探索与实验。一些高校和中小学先后开展了形式各异的英才教育实验活动：1978年中国科学技术大学创办了第一个大学少年班，1984年天津实验小学创办了第一个超常儿童教育实验班，1985年北京市第八中学创办了第一个缩短中学学制的超常少儿实验班，等等。同时，国内对英才教育的研究也相继展开，1978年中国英才儿童研究协作组成立，经过四十余年的发展，在英才教育研究领域取得了一些成绩。但总体上，与英才教育比较发达的国家相比，我国对英才教育的研究还存在一定的差距。

在理论层面，我国关于英才教育的概念以及一系列的基本假设，都存在模糊之处和争论的问题，需要从理论上加以澄清。只有进一步开展有关英才教育的理论研究，才能对英才及英才教育的一系列相关概念形成更加明晰的界定，从而进一步明确英才教育的对象，理清英才教育的发展思路、实施路径及有效方法。此外，我国英才教育的研究视角和研究方法也有待拓宽。

在实践层面，我国至今还没有建立与英才教育相关的国家推进机构，也缺乏相应的、成系统的法律政策体系，缺乏客观有效的英才鉴别体系，缺乏相应的师资队伍；英才群体的社会适应性和心理发展受到社会质疑，有待认识和引导。就当下而言，《国家中长期人才发展规划纲要（2010—2020年）》《青年英才开发计划实施方案》《基础学科拔尖学生培养试验计划实施办法》等重要教育政策文件中多次提出培养应用型人才、复合型人才、拔尖创新人才等问题，同时也努力完善机制以保障基础学科及其他领域拔尖人才的选拔与培养。但关于制度层面如何设计，操作层面如何去做，非常有必要通过一系列国际考察和比较研究寻找有益经验，以助力国家拔尖人才培养政策的落实，促进人才强国战略的实现。

显然，基于国家对人才的迫切需要和我国英才教育实践与研究中存在的诸多问题，认真研究英才教育的理论基础，分析在该领域有成功经验的国家和地区英才教育的发展历史、政策制定、实施与评价、实践特色和存在的问题，不仅具有比较教育学的重要学术价值，而且具有推进我国教育改革不断深入的实践意义。这也正是本研究选题立项与成果发表的初衷。

本书是2014年教育部人文社会科学重点研究基地重大课题“英才教育政策与实践的国际比较研究”（肖甦主持）的最终研究成果，是对世界主要国家和地区近三十年来英才教育政策与实践的系统考察。本书集英才教育的理论研究、英才教育国别政策与制度研究、英才教育实施及具体个案于一体，核心板块由理论梳理、国别研究、专题探讨和中国考察四大部分构成。对国家层面英才教育政策与实施的全方位研究主要涉及俄罗斯、美国、英国、法国、德国、西班牙、澳大利亚、日本、印度、中国等十个主要国家；从英才教育不同专题切入的聚焦研究涉及六个国家和地区。

本研究的特点或可体现在五个方面：

(1) 对英才教育领域研究的立体性。本研究对英才及英才教育的理论热点进行了探讨和梳理，同时也研究了各国的相关政策和具体实施，尽可能多角度、全方位地勾勒出国际英才教育发展的立体图景。

(2) 研究客体及主题选择的丰富性。本研究涉及的国家（地区）数量众多，类型丰富，区域分布甚广，不仅探讨了俄罗斯、美国、英国、法国、德国、日本等世界主要国家英才教育的整体情况，还对政策实施有特色的芬兰、西班牙、匈牙利、澳大利亚、印度等国家进行了不同角度的专门研究。在内容安排上，努力做到政策完整、实例多样、信息丰富新鲜，并尽可能增强对我国相关实践的可借鉴性。

(3) 全景考察与专项聚焦的互补性。国家对英才教育的重视既需要强有力的政策体系支持，也需要对具体有效的操作进行仔细追问。本研究尝试发挥全面与具体、广角与聚焦两种研究架构的互补性，尽可能透彻地呈现了当今国际英才教育的全貌与专项特色。

(4) 国别比较与中外比较并举。本研究通过大量准确、新近的资料考察了多个研究对象国的英才教育。在梳理各国英才教育不同特点的基础上，不仅进行了国家之间的比较，而且尝试总结和辨析我国之于别国的不同点与相同点。

(5) 兼顾理论研究与实践研究。本研究在放眼世界的考察中立足中国问题，在明晰理论问题的基础上关注实践探索。我们将中国问题单独设章探讨，不仅研究我国英才教育的发展，讨论问题和瓶颈，而且把国内研究的重头工作放在英才教育实施的个案考察上，对北京市第八中学超常儿童教育的长期实践进行了不同角度的探讨，运用访谈、问卷等方法完成了内容相对丰富的个案研究，为整个比较研究增加了一个亮点。

本书是团队协作的共同成果。具体章节任务的分配大致如下。

序言：肖甦；第一章：韩云霞（第一节），徐娜（第二节），肖甦（第三节）；第二章：王贺（第一节），韩云霞（第二节），葛俏丽（第三节），张梦琦（第四节），张诺亚（第五节），何泠樾（第六节），王蓉（第七节），李建民（第八节），韦娇（第九节）；第三章：刘晓璇（第一节），张爱玲（第二、四节），葛俏丽（第三节），刘民建（第五节），廖青（第六节）；第四章：张诺亚（第一节），孟雅君（第二节）；代结语：肖甦、韩云霞。此外，韩云霞、朋腾、王世赟、朱佳悦、宋瑞洁等在课题总报告的集成，以及整合成书的勘校过程中协助做了大量工作。全书由肖甦统稿。

我们的研究团队既有专职教育科研人员，也有高校教师，还有基础教育一线的校长、教师，从课题立项到研究计划的落实，从调研访谈的铺开到最后落笔成文，都离不开课题组成员和研究生团队的集体研讨和分工协作。在通过文献法进行理论研究和国别研究的同时，为了完成个案研究及专题研究，我们还深入学校进行调研，对教育管理者、教师、学生、家长等不同对象进行了访谈和问卷调查，个中辛苦、焦灼与劳顿尽在不言中。在此，请允许我向所有参与者表示至深的敬意和至诚的谢意！

尽管呈现在读者面前的这份研究成果还存在诸多方面的缺欠和遗憾，但我依然期望，我们研究团队经过近五年不懈努力的成果，能为我国英才教育领域的比较研究留下些许有价值的东西。

2020年8月16日

Contents

目 录

第一章

总　论

第一节

国际英才教育的理论主题与相关研究

英才教育在西方已经发展成为具有丰富的理论基础和实践范式的研究领域。西方英才教育范式经历了从本质主义的单一论到现象主义的多元论的范式转化。区别化教育成为研究的焦点，英才教育与个体的生活经验、英才教育的元分析、STEM英才[1]、双重特殊天才学生也成为近年来的关注热点。在国家创新体系建设的背景下，中国的教育研究者应加强英才教育的理论研究和本土化探索，厘清英才教育与普通教育的关系，重视英才教育的课程开发。

一、英才教育的学术史梳理

“天赋”是英才教育中的核心概念，对天赋的不同定义主要受心理学、历史事件以及政治和经济的影响；同时，这一界定也影响着英才的识别与实践模式。对天赋的系统研究始于19世纪末20世纪初。这一时期，研究者主要从心理学角度对个体进行研究，通过心理测验关注个体的认知能力与智力，英才被定义为高智商。19世纪英国科学家高尔顿（Francis Galton）将天赋定义为天才的成就，或儿童表现出来的具有天才的潜力，并认为智力具有高度遗传性，智力与天赋之间具有

[1] STEM是科学（science）、技术（technology）、工程（engineering）、数学（mathematics）四门学科英文首字母的缩写。

很强的联系。1925年，推孟（Lewis M. Terman）修订了《比内—西蒙智力量表》(Binet-Simon Intelligence Scale)，使其符合美国的社会文化，从而形成《斯坦福—比内量表》(Stanford-Binet Intelligence Scale)[1]。他认为智力是统一的特质。推孟将英才界定为智力测验中成绩排在前1%的人。目前用于测试天赋的还有《韦氏儿童智力量表》(Wechsler Intelligence Scale for Children，简称WISC）以及其他智力量表。随着发展心理学的研究进展，以斯腾伯格（Robert J. Sternberg）和加德纳（Howard Gardner）为代表的心理学家对传统的一元智力理论提出挑战，重新定义了人的能力。例如，斯腾伯格的“智力三元理论”提出智力的灵活性与流动性的理念。一百多年以来，关于“天赋”的心理学概念依然是支离破碎的，且对天赋的定义通常是互相冲突的。

古代英才教育主要受社会文化的影响，局限于培养处于社会上层地位的精英人才。2 300年前，柏拉图（Plato）提出对不同智力层次的儿童进行区分培养，对天才儿童进行识别并给予相应的教育，将他们培养成为国家领袖人才。同时，他认为也应该给予其他两个层次的儿童相应的教育：对普通智力的儿童给予音乐和体育教育，将其培养成为音乐家和骑士；将另一部分儿童培养成为侍者和劳动者。古罗马吸收了柏拉图的部分思想，主张对智力高的青年进行培养，使其在战争、论辩和政治中成为领袖。世界各国早期的英才教育都围绕如何加强和巩固统治阶级的地位和既得利益而展开，受教育对象主要是贵族子弟，平民百姓的子女很少能享受英才教育的机会和待遇。[2] 17—18世纪，受“人人平等”观念的影响，有组织的英才教育尚未出现。到

[1] ZIEGLER A, STOEGER H, VIALLE W. Giftedness and Gifted Education: The Need for A Paradigm Change[J]. Gifted Child Quarterly, 2012, 56(4): 194-197.

[2] 李建辉.英才教育的发展历程［J］.教育评论，2007（3）：113-116.

19世纪，受当时社会达尔文主义的影响，一些国家开始通过智力测验对天才儿童进行筛选。1867年，公立学校中最早开始对天才儿童进行教育。1900年前后，肯尼迪（H. John Kennedy）博士提出，学校应该为天才学生提供个性化教学，每个班配备两名教师，分别面向整个班级和个别学生进行教学。到1920年，美国已有三个州开始为英才学生提供充实教育的机会。19世纪后半叶，随着心理学成为一门独立科学，针对天才儿童的个性化教学形式开始出现。随着现代英才教育对卓越、天赋、早熟和才能的关注，英才教育研究开始走向基于实证研究的科学化和规范化范式。20世纪80年代以来，区别化教育成为英才教育的基本趋势，英才教育正从培养少数精英向兼顾全体学生才能发展的因材施教方向转变，针对天才儿童的各种有效干预和教学方法层出不穷，英才教育迎来了发展的新时期。

二、天赋及其相关理论

英才教育研究的核心概念是“天赋”，对天赋的研究决定并影响着英才教育的政策与实践。总体而言，目前对“天赋”的理解主要有四类，即智商（Intelligence Quotient，简称IQ）、成就（achievement）、创造力（creativity）、事实（de facto）。基于智商的定义和由它引申出的定义依然受到很多研究者的偏爱。斯坦利（Julian Stanley）和本博（Camilla Benbow）的研究使得天赋的“成就”概念被广泛接受。创造力更为强调在某一领域创造新知识或通过所做工作带来所在领域的巨大变革。天赋的事实性理解则是不同利益相关者基于不同的默契形成的天赋概念，通过对学生进行分类来选拔英才儿童。在英才教育的未来发展中，概念碎片化的现象可能会更加严重。

英才教育理论分两种：英才教育理论/模式，与英才教育相关的理论。英才教育理论通常指一些课程和教学模式，比较有代表性的有英才教育区分化模式、全校充实模式、天才搜索模式、综合课程模式。加涅（Françoys Gagné）的天赋与才能区分模式（the Differentiated Model of Giftedness and Talent，简称DMGT）可视作一个理论里程碑。该模式将天赋（gifts）定义为在某些特定领域的先天能力（如智力、创造力、社会情感、感觉等），具有这类先天能力的儿童占同龄人群体的前10%。才能（talent）是天赋在学科、艺术、商业、休闲、社会活动、体育或技术方面表现出来的一系列能力，具有这些特定能力的儿童位于同龄人群体的前10%。通过天赋—才能（gifts-talents）的定义，加涅区分了潜力和真实世界的成就之间的区别，天赋没有转变成才能，则表现为学业成绩不良。加涅意识到，个体和环境的催化作用可以支持或阻碍才能的发展。也就是说，变量的存在作为一个独特的条件，会阻碍或有助于推进才能的发展。

英才教育相关的理论包括：多元智能理论，以斯腾伯格、加德纳为代表；发展理论，以费尔德曼（D. H. Feldman）为代表；学习与发展理论，以布卢姆（B. S. Bloom）、维果茨基（Lev Vygotsky）、班杜拉（A. Bandura）为代表；创造性理论，以斯腾伯格、托兰斯（E. P. Torrance）为代表；动机理论，以戈特弗里德（A. E. Gottfried）、奇凯岑特米哈伊（M. Csikszentmihalyi）为代表；社会心理理论，以费斯廷格（L. Festinger）、戈夫曼（E. Goffman）为代表；人格理论，以达布罗斯基（K. Dabrowski）、皮耶霍夫斯基（M. M. Piechowski）、埃里克森（E. Erikson）、马斯洛（A. H. Maslow）为代表，等等。引入这些理论是因为它们能够解释和回答优先发展、高能力、某一方面的创造力及其发展、天才、惊人的行为或其他现象。例如，“托兰斯创造性思维测试”（Torrance Tests of Creative Thinking）是迄今为止应用最为广泛的发散性思维测试。科尔曼（L. J. Coleman）和克洛斯（T. L. Cross）将戈夫曼的污名理论应用于英才教育，来解释天才儿童的调适行为。科尔曼还创造了另一个英才教育特有的理论，主要关注住宿制教育项目中英才学生的社会生活。

三、英才教育理论的范式转变

（一）本质主义视野下的智力结构范式

对天赋所持的不同观念反映了不同时期英才教育的理念与实践。19世纪英国科学家高尔顿最早开始对智力进行科学研究，认为人的智力与感官（如眼、耳、口、鼻）的灵敏度和反应时间有关，并提出智力遗传的观点。现代智力测验于1890年在法国萌生。1905年编制的《比内—西蒙智力量表》是历史上首次记载的智力测验量表。比内（Binet Alfred）在西蒙（Theodore Simon）的帮助下，运用智力量表识别那些不能在正规课程中接受教育的智力较差的学生，以便把他们编入特殊班级进行特殊训练。他提出了智龄的概念，认为智龄是描述儿童智力增长的概念，任何一个儿童都有一个相当的智力年龄，而且智力年龄可能超前或滞后于实际年龄。[1]早期的英才教育认为，高智商儿童具有与生俱来的独特品质，因高能力和独特人格而区别于同伴群体；这些人有着不同的思维方式、社会情感特征、教育需求和发展轨迹或路径。[2]这一时期“智商”成为天赋（giftedness）的代名词，培养这类儿童的动机在于提高人类福祉。

智力结构范式从20世纪初英才教育诞生到20世纪80年代，一直

[1] 戴维斯，里姆.英才教育［M].杨庭郊，等译.北京：新华出版社，1992：6.
[2] TORRANCE E. Education and the Creative Potential[M]. University of Minnesota Press, 1963.

占据英才教育的主流。1925年，美国斯坦福大学心理学家推孟将《比内—西蒙智力量表》予以修订和美国化，并对天赋进行了系统研究，带来了天才儿童鉴别的技术突破。从此，智商（IQ）测验成为鉴别天才学生的标准路径，英才教育开始具有实践操作性。推孟认为，只有很小比例的学生需要特殊教育，对天才儿童划分的临界值具有随意性。[1][天才儿童大约占所在学区总人数的3%~5%；美国国家英才儿童协会最近将这一比例扩大到学区总人数的10%。]今天，许多英才教育领域的研究者仍强调将智力因素和智商测验量表作为天才鉴别的依据和工具。

智力结构范式通过不同形式的抽离或完备的项目为天才儿童提供服务，以提高学生的创造力、领导力和高级思维能力。不同的内容加速和年级加速形式也是满足天才学生较快的学习速度的主要方式。

（二）发展主义视野下的才能发展范式

由于智商测验无法鉴别出在特定领域具有天赋的个体，[2]因此无法测量“学校天赋”和“创造性生产天赋”之间的差距。[3]20世纪70年代，天赋这一概念超越了将智力作为天赋唯一指标的一元论，认为人的潜力是在与环境互动的过程中动态形成的，从关注静态的个人特质或智商，转向关注英才在特定情境中的动态构成或实践中的人。兰祖利（J. S. Renzulli）提出的天赋三环概念，首次将创造力作为英才

[1] HERTZOG N B. The Arbitrary Nature of Giftedness[M]//SHAVININA L V. International Handbook on Giftedness. New York: Springer Science, 2009: 205–214.

[2] WITTY P A. Who Are the Gifted?[M]//HENRY N B. Education of the Gifted. 57th Yearbook of the National Society for the Study of Education. Chicago: University of Chicago Press, 1958: 41–63.

[3] RENZULLI J S, REIS S M. The Enrichment Triad/Revolving Door Model: A Schoolwide Plan for the Development of Creative Productivity[M]//RENZULLI J S. Systems and Models for Developing Programs for the Gifted and Talented. Mansfield Center: Creative Learning Press, 1986: 216–266.

教育的目标。他认为，如果为所有学生提供机会、资源，鼓励学生潜力的充分发展，那么每个人在社会发展中的作用都将得到提高。[1]受加德纳多元智能理论的影响，斯腾伯格的智能三因素理论扩展了对天才儿童的界定。斯腾伯格认为，人的智力技能的发展与决定发展的方向有关，无论是专业网球运动员、艺术家、小提琴家，还是管道工人，要在某个职业领域取得成功，都需要培养一系列不同的智力技能。[2]兰祖利、加德纳和斯腾伯格扩展了教育者对天才与天赋可能的形式和表现特征的认识。而且，这三种理论都强调社会文化背景在天赋的定义、鉴别和培养中的作用。

随着智力和创造力的概念对多维结构和环境影响的强调，天赋的定义开始发生转变，成为替代智商结构的新范式。[3]天赋的范围有所扩大，研究者将天赋看作具有延展性的一系列能力和潜力、认知或非认知能力，[4]超出了将天赋界定为在一般智力测验中取得高成绩的正统观念。而且，用天才行为和表现的多样化代替了通常所指的作为一类儿童的“天才”。尽管不排除一般智力在才能发展特定层面的作用，但才能发展范式对天才潜力的假设具有更广泛的心理基础，强调发展、变化和不断的区分化或特定领域才能的性质，强调动机的重要作用、及时的机会和深入领域经验的重要作用，以及发展各阶段的技术

[1] RENZULLI J S. A Rising Tide Lifts All Ships: Developing the Gifts and Talents of All Students. Phi Delta Kappan, 1998, 80: 104–111.

[2] STERNBERG R J. Who Are the Bright Children? The Cultural Context of Being and Acting Intelligent. Educational Researcher, 2007, 36: 148–155.

[3] ROBINSON N M, Robinson H B. The Optimal Match: Devising the Best Compromise for the Highly Gifted Student[M]//FELDMAN D. New Directions for Child Development: Developmental Approaches to Giftedness Aid Creativity. San Francisco: Jossey-Bass, 1982: 79–94.

[4] FELDMAN D H. A Developmental, Evolutionary Perspective on Giftedness[M]//Borland J H. Rethinking Gifted Education. New York: Teachers College Press, 2003: 9–33.

和社会支持（包括指导）。[1]才能发展范式的目的主要是培养优势与兴趣的广泛性和多样化，帮助学生在其选择的领域实现卓越。

（三）区别化教育范式

基于需要的区别化范式直到最近才出现，区别化的概念也仅有几十年的历史。区别化范式认为，课程和教学应适应天才儿童的个体需要。罗宾逊（N. M. Robinson）提出，通过提供灵活的学习进度代替严格的年龄分级，为高能力学生提供教育环境优化匹配的概念。[2]沃德（M. Ward）认为，学校内的普通课程应该作出调整，为学习进度快的学生提供全天性的学习环境，保证其学习经历的持续。[3]融合教育运动是区别化范式出现的主要催化剂，[4]班级的包容性和异质性让课程和教学区分势在必行。[5]随着学生多样性的增加，如何在普通课堂中通过相应的、个性化的教育服务来满足早熟和优秀学生的独特需要，成为教育者关注的突出问题。

威蒂（P. A. Witty）尝试通过对天赋的重新界定来挑战传统假设；[6]在艺术、协作或社会领导力方面具有卓越潜力的儿童可以很容易地通过他们的表现得到鉴别。威蒂认为对天赋的定义应该扩大，并

---

[1] BLOOM B S. Developing Talent in Young People[M]. New York: Ballantine Books, 1985.

[2] ROBINSON N M, ROBINSON H B. The Optimal Match: Devising the Best Compromise for the Highly Gifted Student[M]//FELDMAN D. New Directions for Child Development: Developmental Approaches to Giftedness Aid Creativity. San Francisco: Jossey-Bass, 1982: 79–94.

[3] WARD M. Myth: The "Ostrich Syndrome": Do Gifted Programs Cure Sick Regular Programs?[J]. Gifted Child Quarterly, 1982, 26(1): 34–36.

[4] SAPON-SHEVIN M. Playing Favorites: Gifted Education and the Disruption of Community[M]. Albany: State University of New York Press, 1994.

[5] BORLAND J H. The Death of Giftedness[M]//BORLAND J H. Rethinking Gifted Education. New York: Teachers College Press, 2003: 105–124.

[6] WITTY P A. Who Are the Gifted?[M]//HENRY N B. Education of the Gifted. 57th Yearbook of the National Society for the Study of Education. Chicago: University of Chicago Press, 1958: 41–63.

将任何在人类活动潜在超值线的具有一贯显著表现的儿童认定为天才。萨波尼克（R. F. Subotnik）和库比柳斯（P. Olszwski-Kubilius）提出并发展了这些主题。[1]从20世纪80年代开始，借鉴加德纳和斯腾伯格的多元智能理论，[2]天才教育的研究者开始探究不同领域天赋的多种表现形式，以及这些才能是如何发展的。[3]

与其他两种范式一样，区别化范式也具有多种应用形式。马修斯（D. J. Matthews）和福斯特（J. F. Foster）认为，英才教育应该“为与所学普通课程不匹配的学生提供一个动态反应的教育匹配”。[4]波兰德（James H. Borland）将区别化课程看作天才教育存在的理由。汤姆林森（Charles A. Tomlinson）则将区别化课程和教学作为英才教育的主要形式。最近，英才教育借用了特殊教育中分层教学的干预—反应模型（Response to Intervention，简称RtI），以对学习速度快的学生进行干预。

随着天赋的定义和标准从标准测验转向“真实评估”（authentic assessment），从一般心理优势转向多种能力及能力性向（aptitude）的培养，天赋概念包括了一系列的认知或非认知性向标准，指向适合才能发展的特定层面，目标更具包容性。一些正式的选拔形式（如在专业学校或项目中）通过量化评价和质性评价的相互结合来决定谁可以从才能发展的给定机会中获益。此外，儿童还可自主选择一些特别的

[1] SUBOTNIK R F, OLSZEWSKI-KUBILIUS P. Restructuring Special Programs to Reflect the Distinctions Between Children’s and Adults’ Experiences with Giftedness[J]. Peabody Journal of Education, 1997, 72(3-4): 101-116.

[2] GARDNER H. Frames of Mind[M]. New York: Basic Books, 1983.

[3] SUBOTNIK R F, OLSZEWSKI-KUBILIUS P, WORRELL F C. Rethinking Giftedness and Gifted Education: A Proposed Direction Forward Based on Psychological science[J]. Psychological Science in the Public Interest, 2011, 12(1): 3-54.

[4] MATTHEWS D J, FOSTER J F. Mystery to Mastery: Shifting Paradigms in Gifted Education[J]. Roeper Review, 2005, 28(2): 64-69.

机会（如社团、可选择的充实项目、大学先修课程、研究机会等）。兰祖利及其同事[1]提出了旋转门人才识别模型，该模型为人才库中的学生提供一般的充实经验，提供自主选择进入类型三（创造性生产经验）的机会。[2]在学生选拔中智商测验已经不再具有核心地位。

总之，英才教育范式经历了从本质主义到发展主义，再到区别化范式的转变。近年来，英才教育开始关注才能发展，对少数族裔和弱势群体中天才儿童的鉴别，以及动机和自我调节在天赋发展中的作用。一些人尝试建构实证的观点，另一些人则建立了更模糊的天赋概念。后者通常认为，对天才儿童的研究还有很多未知的东西。由于不同利益群体选择的角度不同，英才教育领域的研究呈现多元化，在基本概念与理论基础内部尚存有争议。

21世纪初期英才教育研究秉持的还原论已经面临严重危机。近二十年来，英才教育的这种变化源于教育的整个外部环境的改变。20世纪末尤其是21世纪以来发生的重大变化，对英才教育提出了新的挑战，也为英才教育的发展提供了新的可能。总体而言，天才教育范式在世界范围内依然占据主流，其辨认方案主要基于国家政策规定。传统意义上英才教育所培养的素质，如批判性思维、创造力、领导能力等，现已成为21世纪教育的一般标准。英才教育正在变得更加开放和多元。由于技术的发展和社会的进步，不拘一格培养人才的古训在21世纪的教育中可能成为现实。[3]

---

[1] RENZULLI J S, REIS S M. The Schoolwide Enrichment Model: A How-to Guide for Educational Excellence[M]. Mansfield Center: Creative Learning Press, 1997.

[2] LOHMAN D F. Identifying Academically Talented Students: Some General Principles, Two Specific Procedures[M]//SHAVININA L V. International Handbook of Giftedness. New York: Springer Science, 2009: 971–997.

[3] 戴耘.二十一世纪英才教育的十大趋势：兼谈亚洲的机遇与挑战［J].资优教育论坛，2015（13）：1–16.

第二节

我国关于英才教育的文献研究

面对日趋激烈的科技大战，我国提出了“2020年建成创新型国家，科技发展成为经济社会发展的有力支持”的发展理念。科技发展离不开人才支撑，人才的培养离不开教育。教育是培育创新人才和实现知识创新的重要土壤，一个国家所拥有的英才数量和质量与这个国家的命运息息相关。拥有英才就意味着知识与科技的创新、新型产业的涌现和国家的可持续发展。可以说，英才是引领知识经济发展的生力军。21世纪初，我国倡导的科教兴国战略与世界各国推出的英才教育政策，均是知识经济背景下满足国家及社会对创新人才需求的一种积极应对之举。如此一来，英才教育的研究逐步成为热点领域。

近20年来，国内有关英才教育的研究著作多达数十部，论文达数百篇。研究的内容主要集中于英才教育理论，英才教育政策与制度，以及英才教育的课程实施等方面。对于英才的概念界定，英才教育的内涵和外延，英才教育的国别比较，尤其我国英才教育的现状，我国当前英才教育制度、政策存在的缺陷和不足，以及英才教育的未来发展趋势等方面，已有的研究并不充分。

近些年，我国对英才教育的研究日益增多，目前国内关于英才教育的研究主要包括以下几个方面。

一、英才教育的理论研究

我国最初关于英才教育理论的研究成果多为译著。例如，杨庭郊等人于1992年翻译了美国英才教育专家戴维斯（G. A. Davis）和里姆（S. B. Rimm）所著的《英才教育》一书，将国外英才教育的研究成果介绍给了国人。该书从哲学、心理学与教育学角度，介绍了英才教育领域的理论与实践，包括英才教育的目的宗旨、基本原理、历史与现状，英才的特征与识别，特殊教学计划的实施策略与评估等诸多内容。1996年，全国中学超常少儿教育协作研究组就中国超常儿童教育问题出版了专著《中国超常少儿教育的理论与实践——英才教育与潜能开发》。该书对智力、智力超常、超常少儿等概念进行了界定，并就超常儿童的特征及其鉴别与选拔、教学组织形式、教学策略、班主任工作等事项进行了系统阐释。该书的序言里提到，“这是我国有史以来第一部专论超常少儿教育专著”。[1] 作为国内首部专著，其论证主要源于1978年成立的中国科学技术大学少年班的实践。

此外，有研究人员将研究落在英才教育方法的考察上。例如，武杰的《发现天才——怎样帮助孩子学习》一书以问答形式，通过129个具体问题和大量古今中外的生动事例，阐述了科学育才的知识与方法。作者在寄语中开宗明义地提出，每个孩子都有自己的天赋才能，而发现孩子的潜能就是发现天才。同时指出，每个孩子的天赋潜能又是各不相同的，主要表现为智力倾向的差异，或文学型智力，或数学型智力，或文理相兼型智力。该书还进一步揭示天才教育必须因人而

[1] 全国中学超常少儿教育协作研究组.中国超常少儿教育的理论与实践——英才教育与潜能开发[M].北京：新华出版社，1996：2.

异、因材施教。[1]

与此同时，国内期刊中有关英才教育的理论探讨日益增多，具体涉及英才的概念界定、英才教育历史的探析、英才教育方法、实施英才教育的必要性等诸多方面。上述理论研究无不强调英才教育的重要性，并从各自的视角加以阐释。

（一）关于英才和英才教育内涵的研究

所谓英才，即指精英人才。汉语中可考的“英才”一词，最早源于孟子的“得天下之英才而教育之”，孟子视之为人生一大乐事。在传统儒学思想的主导下，我国古代的教育价值观是“学而优则仕”。所谓英才，即“士大夫”，泛指那些通过读书、考试跻身官僚阶层的有才干的人物和社会名流。西方“英才”概念的出现较晚。古希腊最初意义上的“天才”意为英才，是指神而不是人。文艺复兴时期，天才的概念由“神格化”为“人格化”所取代。

很多学者将英才教育的对象定义为天才与专才（the gifted and talented），也就是承认专才或特殊才能有各种各样的表现，因此具有多样化的评鉴标准，而且与后天努力和经验有关。这比“神童”说更合乎实际情况，在学理上也更为通顺。持有这种观点的如日本学者涩谷宪一，他认为英才儿童特指优秀儿童，是在心理发展上比普通儿童优异得多的儿童，一般可以分为两类：一类为智力全面优异的儿童，另一类是在音乐、美术等特定方面表现优异的儿童。涩谷宪一认为，被称为英才或天才的人，有许多是智力早熟的，早熟的天才同时也受益于接受早期教育以发展其能力的环境。

---

[1] 武杰.发现天才——怎样帮助孩子学习［M］.北京：华夏出版社，2005：1.

我国学者也对英才教育的内涵进行了广泛的探讨。赵厚勰认为，“超常教育”“英才教育”“天才教育”和“资优教育”虽然概念相近，但是具体内涵不同：“超常教育”过于偏重智力而忽视其他方面的能力；“英才教育”是为“少数人集团”服务的教育，而他们中间不一定个个都是“英才”；“天才教育”过于强调先天遗传的因素；“资优教育”则相对较为科学与合理。[1]

杨广学等人认为，英才教育是指针对资质优异，具有相当的发展潜能而具有特殊教育需要的儿童（包括有各种障碍和处境不良的儿童）采取专门的课程和施教方式的创造教育。[2]

贺淑曼提出，要通过实施个性优化教育来促进英才的三个同步发展，即身体与心理同步发展，智力因素与非智力因素同步发展，社会化与学业成绩同步发展；通过实施复合素质教育促进复合型人才的培养，同等重视科学素质与人文素质的教育。[3]

根据施建农提出的生物—社会—心理模型，英才教育必须考虑儿童的身体发育、社会化成熟和心理发展。也就是说，每个英才儿童首先要具有健康强壮的体格，其次要有良好的社会意识和社会责任感，最后才是高度发展的智力。[4]

官群提出“双超常教育”理念，以智力与非智力、左脑与右脑、学业与心理、显能与潜能、加速与加深的和谐互动教育为结构要素，以兼顾天赋儿童和特殊才能儿童为基本原则。为了英才的健康成长，英才教育必须是全面性和系统性的教育。英才系统教育就是综合规划

---

[1] 赵厚勰．“超常教育”“英才教育”“天才教育”“资优教育”辨［J］．中国特殊教育，2003（3）：89.
[2] 杨广学，王宇琛．英才教育的几个理论问题［J］．中国特殊教育，2009（9）：65-69.
[3] 贺淑曼．中国超常人才教育的发展、困惑及改革［J］．中国人才，2003（3）：23-26.
[4] 施建农．超常儿童成长之路［M］．北京：科学出版社，2008：396.

英才的身体、心理、社会性、智力、创造力、领导力等多方面的发展需求，并施以相应的适合性教育，实现英才的全面健康发展。

（二）关于英才教育的理论和代表性观点

教育公平（education equity）不同于教育平等（education equality）。平等的本质是均等性，公平的本质是合理性。平等并不必然意味着公平，而不平等有时反而是公平合理的。英才教育作为因材施教的一种形式，体现了教育的差异性公平。教育公平的差异原则是指，根据受教育者个人的具体情况区别对待，受教育者的先天禀赋或缺陷以及他们的需求是进行资源分配时必须考虑的前提，要尊重学生的差异，提供多样化的教育资源，让学生的不同需求得到满足。提供多样化的教育资源意味着差异和不同，但目的在于追求公平。

基于公平教育的理念，很多学者都认为英才教育不仅是重要的，而且是必要的。例如，中国人才研究会超常人才专业委员会原会长褚宏启提出，英才是国家战略性资源，是人力资源中最稀缺的资源。以2010年的相关数据为参照，是年我国有中小学生约2.02亿人。如果按10%的比例计算，那么我国有英才儿童约2 000万人；如果按1%的比例计算，约有200万人。早发现，早培养，精培养，才能早成才，成大才。在国际竞争日趋激烈的背景下，英才教育势在必行。[1]

杨必武认为，英才教育在我国正遭遇种种尴尬和无奈，折射出国人在教育思想和人才观念方面存在较为严重的偏差和误区。他认为，教育应在充分尊重个人需要，注重发掘个人潜力的基础上，寻求个人

[1] 吴春艳，肖非，陆莎.英才的早期培养：理性思考与实践探索——中国人才研究会超常人才专业委员会第八届年会暨两岸小幼英才教育首届学术研讨会综述［J].中小学管理，2012（11）：34-36.

利益与社会需要的交汇点，努力实现二者的最佳结合。[1]

很多学者从教育公平和教育平等的角度论证实施英才教育的必要性。例如，石世美认为，所谓的公平教育并没有实现因材施教，目前我国存在大众教育和英才教育不能兼容的现象，不能正确对待英才教育，从而不能挖掘英才教育的优势，以至于很难培养出在国际上有卓越成就的人才。[2]李更生认为，实施英才教育就是承认人与人之间由遗传、环境等因素造成的能力及素质的差异，对待英才要实施英才教育，只有承认差别，才能承认平等。[3]

吕型伟认为，教育平等是指人人都有机会受到教育、参与竞争，根据智力、能力实行分流。教育平等是指机会的均等，通过平等竞争，每个人得到适合于自己的教育与培养，因材施教，最后达到不同的水平与高度，而不是拉平。[4]祁发明认为，现在及今后五十年，中国将处在发展和超越的关键时期，在这个竞争日趋激烈的时代，社会建设和发展对精英人才的需要特别突出，也就是说，精英教育思想的确立、精英教育内涵的认识、精英教育体系的建构显得十分迫切。从国家发展和民族振兴的意义上讲，英才教育是教育事业长期的使命。[5]

中国人才研究会超常人才专业委员会第九届年会于2013年10月中旬召开，会议提出："对科学的无限向往"是杰出人才的核心特质；可在儿童11岁左右进行英才的科学识别；应为英才学生提供"一人一课表"的个性化课程服务；要通过思维训练，提升学生的创造力和

---

[1] 杨必武.从英才教育遭遇的尴尬看我国教育观念的变革［J］.湖北社会科学，2009（8）：156-158.
[2] 石世美.对英才教育的必要性和意义分析［J］.教育教学论坛，2014（49）：57-58.
[3] 李更生.实施英才教育的可能性、必要性及重要性［J］.教学与管理，2001（11）：5-8.
[4] 吕型伟.要重视英才教育问题［J］.教育发展研究，1999（5）：3-5.
[5] 祁发明.英才教育是教育事业长期的使命［J］.基础教育参考，2008（9）：91-91.

批判力；尽快进行有效的人文素养教育。会议指出，在普通班可以也应该实施英才教育。[1]

除了教育公平理论，很多国内学者也从其他理论视角对实施英才教育的必要性进行了探究。例如，台北教育大学吕金燮教授结合对大脑学习机制的研究，分析了幼儿潜能发展的影响因素，尤其是家庭和学校环境因素。她根据皮亚杰（Jean Piaget）的儿童发展阶段论，以及众多杰出人才的成长经历，尤其是一些家庭教育的案例，提出英才要从小培养，认为潜能开发已由“逻辑的可能性”发展为“现实的可能性”。她提出，幼儿园、小学阶段的英才教育与高品质的学校教育经验、良师益友型的社群经验、家庭的陪伴经验有关。

二、英才教育的课程实践及学校个案研究

国内关于英才教育的学校个案或者具体学科的英才教育实践也有一些有益的研究。例如，王晶莹探讨了发达国家中小学英才教育课程设置的三种模式，即智力倾向型培养模式、综合型培养模式和活动倾向型培养模式，并提出了英才教育课程的设置原则：英才教育的课程模式需要具备实用性和有效性，能够较容易地应用于学校教育的各个学科之中；英才教育的课程模式必须灵活多变，能适用于英才所在的各个年级阶段；英才教育的课程模式必须能区分学生对课程和教学指导的特殊需求。[2]

沈茂德以20世纪80年代起就开始摸索和实践英才教育培养模式

---

［1］ 孙金鑫，温爱丽.适性扬才：英才教育的再行动与深思考［J].中小学管理，2014（1）：37-38.
［2］ 王晶莹.发达国家中小学英才教育课程模式探究［J].世界教育信息，2013（17）：44-47.

的江苏省天一中学为个案，论述了该校英才教育具有的研究型、合作型和课程系统设计三大特征。其课程体系以经营人性化的校园等为指导思想，设计了多元化的基础课程、拓展课程、研究课程及其他课程，以全面提升学生的学习品质和能力素质。[1] 许芹也以江苏省天一中学为个案，持续研究传统课程中存在的诸多问题，明确由“知识导向”向“能力导向”转型的英才课程设计基本理念：凸显课程的价值性、人文性与情感性，增强课程的综合性、丰富性与选择性，提高课程的系统性与创造性。她提出学校应通过立体多维的英才教育课程体系的建设，为英才学生发展营造富有创造性的成长环境。[2]

在不同学科英才培养方面，国内学者也作了一定的探讨，大多是就数学、物理、化学等学科对英才培养提出了一些建议。例如，王光明等人提出我国中学阶段的三种数学英才教育形式：设立特殊班级；实施培养项目；开设丰富多彩的选修课，实施有助于英才教育的校本课程。同时他们认为，我国数学英才教育的课程中也存在一些亟待解决的问题：缺乏整体的设计与制度保证；缺乏英才培养的课程资源和学术研究；英才培养的趋同化、功利化。[3]

张英伯认为我国一贯重视英才教育，但对比美、英、法等几个发达国家英才教育的各自特点和发展趋势，我国数学学科的英才教育有如下三点令人担忧：（1）激烈的高考竞争导致了英才教育的“异化”；

[1] 沈茂德.课程：英才教育的核心竞争力——对英才教育课程设计与实施的若干思考［J］.创新人才教育，2013（2）：60.

[2] 许芹.突破中考限制整体构建中学阶段英才教育课程体系——基于江苏省天一中学英才教育课程设计与实施的若干思考［J］.中小学管理，2013（2）：11-13.

[3] 王光明，宋金锦，佘文娟，等.建立中学数学英才教育的数学课程系统——2014年中学英才教育数学课程研讨会议综述［J］.课程·教材·教法，2014，34（5）：122-125.

（2）数学竞赛越来越多的功利性使我们偏离了英才教育；（3）过度统一的标准和教材使我们难以实现英才教育。因此，她倡导数学教育要回归数学本质。[1]

国内学者的研究还涉及国外某一学科的英才教育。例如，倪明认为俄罗斯的数学英才教育值得借鉴。俄罗斯新的教学计划与课程标准中，完全中学的数学课程标准有两套，分为基础水平和专业水平，专业水平的课程标准是为深入学习数学的英才学生设置的，内容多、要求高。他认为俄罗斯普通教育和英才教育并举的做法，数学课程标准中设置的内容和要求，以及相应教材的内容、体系和习题配置等，都值得我们借鉴。[2]

朱浩认为物理竞赛在英才教育中具有不可替代的作用。他指出，在教学活动中，应强调非智力因素培养与专业素质的和谐发展，处理好知识与能力的关系；在教学方法上，要坚持超前自学、专题讲座和实验探究，理论与实验并重；在解题训练上，使学生真正懂得解题的本意和选题的准则，是取得竞赛好成绩的关键。[3]

李水英以本科阶段的英才教育为切入点，对浙江大学16年来实施的英才教育进行了回顾。浙江大学根据自身的有利条件，于1984年创建了混合班，实施英才教育。该教育模式集全校工科新生中的优等生单独编班，从教学思想、教学内容、教学方法等各个方面进行了全面改革和探索。[4]

---

[1] 张英伯，李建华.英才教育之忧——英才教育的国际比较与数学课程［J］.数学教育学报，2008，17（6）：1-4.

[2] 倪明，熊斌，夏海涵.俄罗斯高中课程改革的特色——数学课程普通教育与英才教育并举［J］.数学教育学报，2010（5）：12-16.

[3] 朱浩.物理英才教育的理论思考［J］.物理教师，2013（11）：91-96.

[4] 李水英.关于“英才教育”十六年的思考［J］.高等工程教育研究，2001（2）：32-34.

三、英才教育政策及实践的国别研究

（一）英才教育政策的国别研究

世界各国英才教育的发展并不平衡，但总体看来，进入21世纪后的十余年，是英才教育发展的一个兴盛期。这可能是各国对21世纪带来的新挑战的回应，尤其是对全球化时代和知识经济时代的回应。

为培养创新人才，美国在20世纪80年代便推行了英才教育政策。1988年美国联邦政府出台了英才教育法。1990年美国建立了英才教育国家研究中心，目的是为英才教育的推进提供智力支持。2008年布什总统签署了《高等教育机会法案》，对从事英才教育教师的专业发展提出了要求。2010年奥巴马政府出台了《教育改革方案》，明确要求加强英才教育。

英国于2000年制定了《教育基准预算法》，提出对5%~10%的学生进行英才教育，并于2002年设立了国家英才学院，开展英才教育基础研究、课程开发和教师培训。

新加坡于1983年出台了国家英才教育法案，并于次年在教育部设立专门机构，面向1%的学生提供英才教育课程（Gifted Education Program）。课程对象为小学三年级以上的英才学生，主要通过设置在常规学校中的英才班级来实施。教师需经过教育部的严格选拔后才能被聘用。

澳大利亚主要由各地方政府推动英才教育事业。例如，1991年新南威尔士州制定了“英才教育推进战略”。

以色列在教育部下设英才教育政策管理机构，以推动英才教育。

我国学者对世界各国的英才教育政策进行了一定的分析和评价。

例如，曹原、朱庆环从选拔、培养、师资和管理四个方面对美国英才教育的相关政策进行了梳理，并结合我国实际提出了促进我国英才教育发展的政策建议。[1] 刘继和、赵海涛对韩国英才教育的背景、契机和缘由予以剖析，并对《英才教育振兴法》及其施行令加以深入解读，全面呈现了韩国英才教育的基本理念、实施领域、制度模型以及实施模式。[2]

方芳、方涛认为，通过立法和制定政策给予英才教育以全面的制度保障是世界各国英才教育共同的特点。他们对美国、韩国、中国香港、中国澳门、中国台湾等国家和地区的英才教育政策的特点进行挖掘，认为上述国家和地区在英才教育制度构建上具有专门的教育管理机构、规范的人才选拔与评价体系、专业的师资选拔与培训、充足的经费保障以及广泛的社会资源支持等五大特点。[3]

（二）英才教育实践的国别研究

关于英才教育实践的国别研究，国内的研究成果颇丰。研究对象涉及美国、英国、新加坡、俄罗斯等多个国家。研究视角可分为宏观的概况介绍和微观的教育细节考察。宏观研究勾勒了各国英才教育的基本情况，微观研究则介绍了各国在英才教育实践过程中某一领域取得的成就。

针对美国英才教育，2002年桂勤、黄建伟在《美国英才教育研究评析——以美国国家英才研究中心为例》一文中，对美国国家英才研

[1] 曹原，朱庆环.美国英才教育政策及启示［J].比较教育研究，2012（12）：49.
[2] 刘继和，赵海涛.韩国英才教育制度及启示［J].比较教育研究，2012（12）：59-63.
[3] 方芳，方涛.关于英才教育法律政策的国际比较［J].四川教育学院学报，2012（5）：48-52.

究中心及其最具代表性的研究成果进行了介绍与考察。[1]2008年，张建红在其硕士论文《试析美国对英才教育教师的培养——以教育学院硕士计划为个案》中，探讨了该培养计划的兴起与发展背景，并分析了教育学院培养计划类型、实施机构、培养目标、入学标准、课程机构等相关内容。[2]

针对英国英才教育，原青林以英国公学为切入点展开了一定的研究，他在《英国公学英才教育的主要特点探析》一文中分析了英国公学英才教育的主要特点，认为英国公学的英才教育具有独立性、封闭性、严酷性和全面性。[3]2006年原青林在所著《揭示英才教育的秘诀——英国公学研究》中，从公学的历史沿革、公学现代办学模式、公学与英国民族传统以及公学与英国现代社会等方面对英国公学进行了系统研究。该书被认为是我国教育史学界第一本有关英国公学研究的专著，丰富了我国对英国公学的研究。[4]

国内学者对新加坡英才教育也有一定涉猎，研究视角主要集中在分流制度、质量保障、实践成效等方面。例如，黄松赞在《新加坡社会与华侨华人研究》一书中，就新加坡实施英才教育政策的背景和依据、政策要点、实施现状等问题进行了系统阐释。[5]

---

[1] 桂勤，黄建伟.美国英才教育研究评析——以美国国家英才研究中心为例［J].外国教育研究，2002（7）：26-29.

[2] 张建红.试析美国对英才教育教师的培养——以教育学院硕士计划为个案［D].北京：首都师范大学，2008.

[3] 原青林.英国公学英才教育的主要特点探析［J].外国中小学教育，2006（12）：12-18.

[4] 原青林.揭示英才教育的秘诀——英国公学研究［M].哈尔滨：黑龙江人民出版社，2006.

[5] 黄松赞.新加坡社会与华侨华人研究［M].北京：中国华侨出版社，2005：110-126.

第三节

本研究的设想、核心概念和研究设计

前面两节主要探讨了英才教育的理论问题、不同发展范式、主流理论等基本问题和相关理论与实践的研究现状。这些前期梳理为形成本课题研究的整体设计提供了理论基础和操作思路。

一、“英才教育政策与实践的国际比较”研究设想

在科技迅猛发展、经济全球化的背景之下，国与国之间的竞争日趋激烈。国家竞争力的提升归根到底是人才实力、人的综合素质的提升。充足的智力资源是国家必须具备的战略优势，拔尖创新人才已然成为国家科技创新的主力军。显然，作为国家最宝贵的资源，人才是参与国际竞争、提升综合国力的关键。这不仅是当今世界的共识，而且，培养高精尖人才已成为各国发展进程中极其重要的任务。这就使得英才教育作为积蓄国家核心竞争力和战略性储备的重要途径，越发受到各国政府和教育部门的重视。英才教育与国家发展的联系不断被强化。一方面，人才培养、人的智力潜能开发、人的创新力培养进一步得以强化；另一方面，发现天才儿童，以区别化教育与教学方式保证其超常智力潜能不被埋没、不流失，越发成为各国教育极为关注的问题。

21世纪以来，世界各国对英才教育的重视达到了前所未有的程度。各国政府纷纷以不同形式，从不同角度制定、出台推进英才教育

的政策，甚至将英才教育作为增强国际竞争力的秘密武器，提升至国家发展战略层面。

在美国，1972年联邦教育部正式成立英才儿童教育局，先后出台《1978年英才儿童教育法案》(Gifted and Talented Children's Education Act of 1978)、《贾维茨英才学生教育法案》(the Jacob Javits Gifted and Talented Students Education Act) 等政策法案，并在财政上予以大力支持。继21世纪初《不让一个孩子掉队法案》(No Child Left Behind) 颁布和实施十余年后，2015年颁布《每一个学生都成功法案》(Every Student Succeeds Act)，为英才教育带来新转向。该法案要求学校教育必须注重培养下一代的科学领军人物和创新者，关注弱势群体中的天才儿童，切实提高卓越在公平中的体现，实现教育公平的最大化。

在俄罗斯，叶利钦政府于1997年颁布了《1998—2000年天才青少年教育总纲要》。随后，尽管普京、梅德韦杰夫的政府处于轮回状态，但政府陆续出台多个政策文件，支持英才教育发展，而且在21世纪以来的年度国情咨文中，英才教育屡屡被专门提及。发现天才儿童，注重天才儿童培养始终是俄罗斯国民教育领域极为重要的任务。

在英国，1974年成立了英才儿童国家协会。1997年，英国教育与人力部在向国会提交的特殊教育报告书《让所有儿童迈向卓越——满足其特殊教育的需求》(Excellence for All Children: Meeting Special Education Needs) 中，主张英才教育既要满足每个儿童才能发展的需求，又要照顾少数有特殊天分的儿童。2005年政府发布白皮书《为了全体学生：更高的标准，更好的学校》(Higher Standards: Better Schools for All)，规定学校应为英才儿童提供个性化教育，教育与技能部为所有中小学英才教育提供指导和专家教师培训。

在法国，智力早熟儿童是英才教育中的主角。1971年提拉斯耶（Jean Charles Terrassier）创建国家智力早熟儿童协会，将更多的社会支持力量凝聚在一起，推进英才教育的展开。智力早熟儿童培养的体系化机制逐渐形成，通过国民教育部定期发布《智力早熟儿童培养模式设计指南》来统领此项工作，一直持续至今。

在德国，进入21世纪，政府加强了英才教育的推进力度。2004年，德国联邦和各州教育规划与研究促进委员会发布《各州中小学英才促进：措施与趋势》，汇总了十六个联邦州英才促进的报告，介绍各州的英才促进措施以及新的发展。2015年8月，联邦教育部发布了德国现阶段英才教育发展的报告《英才儿童的发现与促进》。报告强调，加大投入，支持和促进英才成长，充分发挥其天赋，发展其技能，是对德国未来社会的投资。

在日本，从20世纪60年代起，一些民间教育机构在财界的帮助下，逐步开展英才教育的研究与实验。进入21世纪，虽然受到公平教育观念等因素影响，日本官方没有公开、正式的英才教育概念的提法，但实际上有很多教育机会是给予英才儿童的，如建立“超级科学中学”项目，提出“高中—大学联合计划”“大学提前入学计划”等，这些举措一直隐性地推动着英才教育的发展。

类似地，其他国家关于英才教育的政策与举措同样丰富而具体，不再一一列举。

在我国，“英才教育”“超常教育”“天才儿童的发现与培养”等早已不是新词汇或新事物。早在20世纪三四十年代，陶行知就提出英才教育并开展实践。中华人民共和国成立后，我国在较长的时间内将发展教育的重点放到普及义务教育上，与世界发达国家相比，无论是英才教育的实施还是英才教育的研究，都处于滞后状态。改革开放以来，我国英才教育得到了一定的发展，为国家建设输送了高质量的人才。不少大学、中学、小学都开展了多种形式的英才教育实验，积极探索英才教育的可能形式。例如，1978年中国科学技术大学创建了我国第一个大学少年班；1984年天津实验小学建立了第一个超常儿童教育实验班；1985年北京市第八中学（以下简称“北京八中”）建立了第一个缩短学制的超常少儿实验班，其三十余年持续发展的历程，以及21世纪以来很多新型学校教育中对英才儿童培养的探索，是我国在实践领域积极探索英才教育的缩影。与此同时，国内对英才教育的学术研究也不断增多，主要集中在英才教育理论、各国英才教育政策与制度以及英才教育的国别研究等领域。必须承认，目前我国英才教育的实践发展和理论研究还存在许多不足。我国至今还没有建立与英才教育相关的国家推进机构，缺乏相应的法律政策体系，缺乏系统客观的英才鉴别体系和专业的师资队伍，英才的社会适应性和心理发展受到社会质疑，有待认识和引导；在英才教育的理论研究方面，很多具体问题有待深入研究，研究视角和方法也有待拓宽。

面对国家对人才的迫切需要和我国英才教育实践与研究存在的诸多问题，深入研究英才教育的理论基础，分析其他国家在英才教育实践中的先进经验，具有鲜明的学术价值与实践意义。人才强国战略的提出和《国家中长期教育改革和发展规划纲要（2010—2020年）》中“探索多种培养方式，形成各类人才辈出、拔尖创新人才不断涌现的局面”的要求，充分表明我国对人才培养的重视进入了一个新阶段。本课题通过开展对策性研究，或可为教育部和其他有关部门制定教育改革决策提供前瞻性和政策性建议，使我国在推进英才教育发展的进程中获得可资借鉴的参照系，为具体实践提供可操作性的建议。

本课题是关于英才教育政策与实践的国际比较研究，具体涉及对相关政策制定、实施及评价的系统梳理与理论探讨，以及对实践层面的具体考察与效果分析。研究中，首先要甄选在相关方面有历史、有特色的主要国家为研究对象，在纵向上梳理各国英才教育政策与实践的整体形态，在横向上就一些专题进行国别比较，并从不同国家的教育实践中选择一些典型个案进行专门探究，进而在实践层面总结经验，寻找特色。比较研究的落脚点必然是针对我国英才教育的现状与问题，进行本土化创新的分析思考，并给出科学可行的政策建议。

鉴于此，本课题作如下设计：在阐述英才教育相关理论的基础上，对一些代表性国家英才教育的发展历程、政策形成、实践措施的现状进行比较研究和专题研究，探索国际领先的英才教育理念及政策措施和具有典型意义的英才教育实践个案，分析作为教育体系重要一环的英才教育系统的运作机制及特点，在明晰我国英才教育现状与问题的前提下，尽可能为我国英才教育相关政策的科学制定与有效落实提供经验和借鉴。

基于上述研究目的，本课题的主要任务在于回答以下四个方面的问题：

（1）作为一种教育类型的英才教育，其理论与实践研究的发展现状如何？具有何种特征和趋势？

（2）世界主要国家和地区英才教育政策形成与实施机制的整体状况如何？在实践层面有哪些具体的经验？问题何在？

（3）不同国家和地区英才教育的政策与实践有哪些典型模式和特色？高效促进拔尖创新人才培养的具体案例能带来哪些启迪？

（4）我国英才教育的政策与实践存在哪些问题？基于理论研究和实地调查，可否生成有助于政策制定与学校实施等方面的意见和建议？

本研究希望通过对以上四方面问题的回答，同时完成英才教育的理论与实践两方面的探索。

在理论方面，试图为完善我国英才教育的理论体系做一点工作。从国际比较的视角借鉴国外先进的英才教育理论，并结合我国英才教育发展的具体实践，丰富、完善和创新我国英才教育的理论体系，从而更好地指导我国英才教育实践。教育的国别研究是比较教育研究的重要组成部分，目前国内对英才教育的国别研究主要集中在美国、英国、韩国等国家，少量研究涉及新加坡、日本等国家，但现有研究对英才教育理论、政策制定、国别研究等方面的分析和探讨较为零散，尚不成系统。因此，本研究将系统梳理一些代表性国家英才教育的历史进程、政策制定、实施与评价、实践特色与问题，分析英才教育的普遍规律，比较各国特色，补充和丰富我国英才教育的国际比较研究。

在实践方面，一些发达国家在英才教育领域有比较长的历史，形成了相对完善的英才教育制度体系，重视英才教育师资建设，并开发了一些有特色的课程与教学模式，社会对英才教育有较高的关注和开放的态度。显然，研究他国英才教育的历史和现状，以及相关系统与机构的英才教育实践，对我国解决英才教育发展中存在的问题具有良好的借鉴意义。同时，通过对我国相关学校教育实践的调查，可进一步厘清我国英才教育中的现实问题与发展瓶颈，从而提出可操作性建议。

二、本研究对英才教育及相关概念的内涵辨析

尽管英才教育在西方已经发展成为具有丰富的理论基础和实践范式的研究领域，英才教育范式也经历了从本质主义的单一论到现象主

义的多元论的范式转化，但我们认为，还是有必要在本课题框架内对英才教育的内涵作进一步解读。

要解释英才教育的内涵，首先要辨析英才的内涵。

17世纪，西方开始使用“英才”这一概念，但那时英才是指特别优质的商品，不是指人。其后，英才被用来指称军队中的精锐部队或地位高贵的社会集团。19世纪，欧洲各国和美国在社会与政治文献中正式使用“英才”的概念，并与统治阶级联系起来，把那些在某方面得到高度评价的社会价值，如权力、财产、知识等的拥有者，或善于占有这些价值的人称为“英才”。随着“英才”概念的不断演化，20世纪以来，各种英才论流派纷纷出现。美国著名英才教育专家、“能力英才论”的代表帕索（H. Passow）认为，“英才就是在各种人类活动领域中具有高水平的潜能或成就的一批人”。美国著名社会学家、“能力与地位统一论”的代表贝尔（D. Bell）把后工业社会的英才定义为“那些挣得了地位，即靠自己能力取得了具有合理权威职务的人”。日本“社会集团英才论”的代表麻生诚则认为，英才“在一定社会中有比普通人更优秀的内在和外在属性”。

广义的“英才”，其概念内涵有两方面含义。在《现代汉语词典》中，“英才”一方面是指才智出众的人，另一方面是指杰出的才智。[1]在前一个逻辑维度中，“英才”的主要限定对象是人；在第二个逻辑维度上，“英才”指人的能力品质。

根据以上对“英才”概念内涵的辨析，广义的“英才教育”同样包括两方面含义。其一，“英才教育”是指针对特殊人群的教育，此特殊人群包括以下几个类型：（1）在思考、推理、判断、发明和创造

[1] 中国社会科学院语言研究所词典编辑室.现代汉语词典［M］.北京：商务印书馆，2005：1631.

等智力和能力方面明显超出一般同龄儿童的特殊儿童或青少年，针对这一群体的教育在部分对象国家和地区语境中称为“超常儿童教育”；（2）在智力领域，或在艺术、音乐、体育、领导力等非智力领域拥有特殊天赋的天才儿童或青少年，针对这一群体的教育在部分对象国家和地区语境中称为“天才教育”;（3）在特定学业领域具有专长，学校日常课堂提供的教学和活动无法满足其成长需求的儿童或青少年。此时，英才是人才大军中的一支“特种部队”，有卓越的创新能力，承担更为重要的国家使命，是人才资源中最有价值的部分，是衡量一个国家人力资源质量的关键要素。在我国的学术话语和政策文本中，对“英才”有多种称谓，如高端人才、拔尖创新人才、杰出人才、高层次人才、高级专门人才、领军人才、卓越人才等。[1] 本研究认同上述称谓，并将其视为对“英才”的广义界定，即将这些表述统称为“英才”。

其二，英才教育也指针对以上人群的特殊才能的培养，即对区别于或优于普通人的特殊才能的培养。这一过程更关注才能（talent）的培养，就是通过教育将天赋（gift）中的智力、创造力、社会情感、感觉在学科、艺术、商业、休闲、社会活动、体育或技术方面表现出来的一系列能力进行培养。本研究中的“英才教育”将对人的培养和对能力的培养合为一体。

与此同时，也有学者对“英才教育”的狭义内涵进行了辨析。例如，赵厚勰对“超常教育”“英才教育”“天才教育”“资优教育”这四个在天赋才能儿童培养教育问题中常见的术语进行了区分。他认为，在汉语语境中，“英才教育”中的“英才”对应的英文是“elite”，

[1] 褚宏启.追求卓越：英才教育与国家发展——突破我国英才教育的认识误区与政策障碍［J].教育研究，2012（11）：28-35.

指具有权力、才能、财富等而被视为最好的或重要的社会集团，“英才教育”相对于大众教育而言，是为少数人服务的教育；“超常教育”过于偏重智力而忽视其他方面的能力；“天才教育”过度强调先天遗传的因素；“资优教育”较为科学，资优者是资赋（或天赋）较为优异的（青少年儿童）。[1]

这里有必要明确两点：首先，“资优教育”这一表达多在中国香港和台湾地区使用，但一直没有得到学术界的普遍认可。“英才教育”一方面在西方已经发展成为具有丰富的理论基础和实践范式的研究领域，在我国也是学术界普遍认可并广泛使用的术语；另一方面，“英才教育”本身就是发展主义视野下的人才培养范式，可以随着时代的发展被丰富和补充，从19世纪末20世纪初“英才”概念出现伊始被学术界定义为“高智商”，到如今对智商、成就、创造力和事实等内涵的延伸与观照，“英才”概念本身拥有与时俱进的发展特质，可被赋予新的时代内涵。其次，基于本章第一节对相关概念的梳理，我们不难发现，学术界普遍认可将英才教育的对象定义为天才与专才（gifted and talented），也就是承认专才或特殊才能有各种各样的表现，对其有多样化的评鉴标准，且与后天努力和经验有关。这比“神童”之说更合乎实际情况，在学理上也更为通顺。这实质上也就是广义的“英才”概念的内涵所在。

本研究关注的“英才”主要是年龄在18岁以下的儿童和青少年。一般而言，英才儿童（gifted and talented children）是指那些与处在同一环境中的同龄人相比，能够表现出高成就或有着取得更高成就潜能

[1] 赵厚勰.“超常教育”“英才教育”“天才教育”“资优教育”辨［J］.中国特殊教育，2003（03）：91-93.

的儿童，他们在智能、创新能力、艺术能力、领导能力等方面表现突出，或在特定的学术领域具有较强的能力。对于这类儿童，还有“天才儿童”“资优儿童”“超常儿童”“高才儿童”“优才儿童”“早慧儿童”“神童”等各种称谓，[1]这里统一称为“英才儿童”。广义的“英才”不仅包括“英才儿童”，还包括“英才青少年”，此概念在本研究中可延伸至青少年群体。同理，无论是“超常教育”“天才教育”还是“资优教育”，都是针对具有天赋才能儿童的培养和教育，只不过在不同国家或地区的语境中形成了不同的表述，但从实质上讲，这些概念都可以纳入广义的“英才教育”内涵。

谈及一个国家的教育，不可能离开政治、历史、社会文化等因素。鉴于不同国家和地区有自身不同的历史文化传统和发展阶段，因此在不同语境下形成的对“英才教育”的理解也不尽相同。也就是说，本研究中的“英才教育”包括了“天才教育”“超常儿童教育”“资优教育”“智力早熟儿童教育”等概念表述，是适应不同国家和地区的语言使用习惯与概念表达的产物，也是基于我国国情和文化传统而形成的。因此，在本研究中“英才教育”的具体内涵会因研究对象的差异而有不同的表达，研究者必须具体情况具体分析，并在具体国家或地区的社会发展和教育框架内进行具体解读。

三、本研究的内容与研究路线

从已有文献来看，能够从多维度深层次、系统性地对世界各国英才教育政策与实施进行跨国或跨区域比较研究的文献较为匮乏。针对

[1] 褚宏启.追求卓越：英才教育与国家发展——突破我国英才教育的认识误区与政策障碍［J].教育研究，2012（11）：28-35.

这一现状，本课题以理论研究为先导，厘清英才概念的内涵和英才教育的不同发展范式，并通过对英才教育研究现状的梳理，辨析我国英才教育研究需要解决的问题；对各国不同制度文化背景下英才教育的发展历程、政策理念、具体措施、实施路径进行系统考察，力求全方位勾勒出在科技创新成为经济发展新引擎的时代条件下，各国英才教育的特征、经验以及存在的问题。为进一步细化了解相关政策的执行及特色措施，本研究还将从几个国家和地区的英才教育实践中选取富有特色的专题进行深入研究。

本研究采用文献研究法、比较研究法，通过纵向梳理和横向对比呈现国际英才教育全景图。这也为本课题的立体开展提供了广阔的视野。此外，相关子课题的研究还运用了个案研究法和调查法。这不仅有助于深化对国内英才教育现状的具象了解，也是英才教育研究翔实的一手资料。

本研究遵循从我国英才教育问题出发进行国别比较，最终回归并指导我国英才教育实践的技术路线。这使得对北京八中的个案调查成为本课题一个突出的研究重点。研究者力求通过对这所学校的考察，详细呈现其英才教育的历史发展脉络，对英才学生的认识、甄别、选拔程序与培养过程，以及取得的成就和面临的挑战。而对教师、学生、家长的访谈，促使研究者更加深入地思考英才教育实施过程中不同利益相关者的价值诉求与实践需求。

本研究用四部分内容回答预设的研究问题。

1. 关于英才教育的理论探讨

此部分侧重探讨英才教育的核心概念、主要内涵、基本功能等内容。首先，基于对世界范围内英才教育的历史演进与现状的分析，勾勒出国际英才教育发展的整体脉络和阶段性特征；其次，基于对各国英才教育理念的演进过程以及英才教育基本模式的分析，介绍现阶段英才教育研究中比较有代表性的理论；再次，从认知心理学、哲学、教育学等相关视角出发，分析英才教育所依托或赖以充实的理论基础，也为推动我国英才教育发展寻找坚实的理论支撑。

2. 英才教育政策与实践的国别研究

选择俄罗斯、美国、英国、法国、德国、西班牙、澳大利亚、日本、印度等在英才教育方面既有历史又各具特色的主要国家作为研究对象，研究其英才教育制度与政策，包括政策演变过程、阶段性发展特点以及英才教育的现状等。重点考察各国英才教育政策的内容与导向、推行过程、实施模式、核心功能与具体效果等方面的情况。

3. 英才教育的专题研究

从不同国家或地区选择具有鲜明特色的专题，以具体政策或具体实践入手，探寻不同国家或地区推进英才教育的侧重点。在国别（地区）的横向对比中，发掘各国（地区）英才教育的侧重点和关注点；在对政策演变的探究中，梳理不同国家或地区开展英才教育的思路。通过对世界各国英才教育的研究，引起我国对英才教育的高度重视，将英才教育视为创新型人才培养的重要方式，更将英才教育与国家长远发展紧密结合，将培养英才作为国家领先发展的关键。

4. 探究我国英才教育现状、问题与政策建议，开展个案研究

比较教育研究的目的在于探讨并解释不同时间或空间教育发展的一般规律、原理和趋势，最终为本国的教育提供借鉴。对我国英才教育实施现状、存在问题和发展走向进行系统考察和建设性思考既是本研究的动因，也是根本目的。在概要梳理我国英才教育历史演进和基本形态之后，我们以北京八中为个案，进行深层次的调研，借此了解中国英才教育的真实现场。课题组将调研对象分为教师、学生、家长

和地方教育行政机构等群体，采用座谈、访谈、问卷调查等方式，调查北京八中英才培养的模式、特点，以及制约其发展的因素等方面的问题。通过个案研究，反思我国英才教育的不足，揭示我国英才教育从顶层设计到学校落实各环节面临的政策缺失、发展瓶颈与症结所在。

好的教育一定是在保证教育公平的前提下，充分满足受教者不同智力需要，保证并促进每个儿童充分发展的教育。认知心理学、教育学等学科的发展，以及信息技术、人工智能带来的深刻的教育变革，使满足每个学生的学习需要、为学生潜能的充分发展提供个性化的教育成为可能。这也指向本研究最为关注的一个问题：国家对教育进行资源配置时，如何在教育公平和促进英才教育发展之间实现平衡。近些年，我国努力倡导教育公平，教育公平既要符合社会整体的发展和稳定，使人人都有平等的受教育机会，同时也要符合社会成员的个体发展和需要，使英才儿童的天赋得以发展，让每一个儿童获得适合其发展的教育资源。在总结国际先进理念、成功经验和趋势性特征的基础上，提出有助于我国英才教育政策改进的意见和建议，是本研究的亮点所在。

第二章

英才教育政策与实践的国别研究

第一节

俄罗斯英才教育的政策与实践

俄罗斯的英才教育具有发展历程曲折、管理集权化、政策体系化、实施科学化的特点。对俄罗斯英才教育的研究启示我们，首先要在观念上重视英才教育，政府应给予英才教育的发展以合适的定位，在具体实施中设置类型丰富的培养机构，积极开发相应课程，培养专项师资以满足英才发展的需要。

一、俄罗斯英才教育现状

21世纪以来，俄罗斯的英才教育蓬勃发展，这主要缘于国家和政府的重视以及相关法律、政策、保障措施的出台和落实。如今，俄罗斯的英才教育形成了从中央法规、政府令到地方规章持续完善的政策体系，从国家到地方，从社会、教育机构到家长全面支持的格局。

（一）政府的态度

相对于西方国家而言，英才教育在俄罗斯起步晚，发展曲折。尤其在苏联前期，政府倡导整齐划一地培养人，完全抑制了倡导个性发展、天赋解放的英才教育。随着社会变革和现代教育心理学的发展，国家逐渐开始注重对英才的培养。尤其是21世纪以来，俄罗斯迎来新的发展契机，政府花大力气进行国家创新体系建设，走人才强国之路。希望通过科技和人才的振兴重回世界舞台的中心位置，重振世界大国威望，社会对高端人才的需求不断提升，国际人才较量愈发激烈，推动了俄罗斯英才教育的全面发展。国家重视人才的培养和维护，在教育体系内部不断推行改革，注重人才培养模式的现代化、高效化。在接下来的一段时间里，俄罗斯或将继续加大对英才教育的政策倾斜、科研支持和实践保障投入，为应对日益激烈的国际竞争储备充足的智力资源。

政府对英才教育的重视反映在其出台的一系列法律和政策以及国家支持体系的构建上。1992年《俄罗斯联邦教育法》出台，其内容涉及对英才教育机构进行资格认定，自此英才教育在俄罗斯的发展得到了合法化保障。从那以后一直到现在，俄罗斯政府连续出台了一系列相关政策，并采取了一系列措施来支持和发展英才教育。在机构设置、师资培养、课程设计、信息服务和财政支出等方面给予一系列扶持，足以表明政府对英才培养和国家智力资源储备的重视程度。尽管近几年出现了外交压力和内部经济危机，但面对复杂严峻的国际形势，俄罗斯仍然坚持在英才培养方面大量投入，不肯放松。

（二）相关法律政策

苏联的解体给作为其主体部分的俄罗斯社会发展带来重创，百废待兴之中正是需要人才之时。俄联邦成立后的首部教育法——1992年《俄罗斯联邦教育法》中，“公民受教育权”一章的“社会保障”一条明确规定：国家权力机关和管理机关可以为才华出众的儿童、少年创办英才教育机构，此类机构的创办者负责儿童选拔，并有义务公布选拔标准。这为国家集中高效培养高素质人才提供了法律保障，也奠定了俄罗斯英才教育合法化的基础。

1997年，俄联邦以政府令的形式颁布了《1998—2000年天才青少年教育总纲要》。纲要指出，在符合个人、社会和国家利益的基础上，国家和社会要为天才青少年的教育和发展创造良好的条件，包括建立天才青少年实验基地，发展天才青少年教育机构，完善物质技术环境，对从事天才青少年教育的工作者进行培训等。1998—2007年，俄联邦相继出台了《1998—2003年“俄罗斯儿童”专项纲要》《2003—2006年“俄罗斯儿童”专项纲要》《2007—2010年“俄罗斯儿童”专项纲要》，其中均包含“英才”子纲要，其主要目的就是为建立发现、培养和支持英才的国家统一体系提供有力保障，包括加大对农村地区英才教育的支持等。

2001年，俄罗斯联邦政府发布了《2010年前俄罗斯教育现代化构想》。构想强调，培养业务精英，发现并支持最有天资、最有才华的儿童和青少年是重要任务。在教育政策方面，优先保证为英才教育机构提供国家支持。2008年，联邦政府通过《教育和创新经济的发展：2009—2012年推行现代教育模式国家纲要》，强调了在纲要实施的最终预期效果和社会—经济效益指标中，14—25岁英才青少年指标所占比例的重要性，并明确指出从学前教育阶段开始注重英才的早期鉴别。

2010年，时任总统梅德韦杰夫签署国家教育倡议《我们的新学校》。倡议明确指出，将发展天才青少年支持体系作为俄罗斯普通教育发展的六个主要方向之一。随后，梅德韦杰夫提出把构建寻找和支持天才青少年体系作为战略目标，在教育系统中建构一套明确的制度保障体系。2011年1月，俄联邦教育科学部出台《发现与培养天才青少年有效机制的综合方案》草案。草案将发现与培养体系措施化，提出建立全俄体系的信息与教育门户网站。2012年4月，梅德韦杰夫正式批准《构建发现和发展青少年天才的全国体系方案》，确定全国发现和发展青少年天才体系的主要任务、构建原则及职能方向。同年，联邦政府批准实施该方案的综合措施，包括完善政策法规和教学方法，支持教师队伍建设，完善天才青少年的竞赛机制，发展天才青少年教育工作的基础设施等方面。随后，在《关于国家支持俄罗斯青年人才协调委员会的决议草案》中指出，政府决定成立国家支持俄罗斯青年人才协调委员会，来配合《构建发现和发展青少年天才的全国体系方案》的实施，使相关工作有序展开。

2014年8月，俄联邦教育科学部表示要增加天才儿童学校数量，并对天才儿童教育机构进行全面整顿。2014年9月，对相关教育机构成立及其工作规章加以规范的法律生效。该法案的主要目标在于，最大限度地创造舒适条件使天才儿童充分全面地发挥自身才能。法案调整了天才儿童教育机构的师生比——一名教师最多只能辅导3名天才儿童。开展天才儿童教育的学校可以自行设立学生学习成果的评价系统和中期考核方案。与此同时，所有学生不论在哪类学校接受教育，都必须参加九年级结束时的中考和十一年级结束时的统一国家考试。[1]

2015年3月、5月和8月，联邦政府、教育科学部先后制定和颁布了由普京总统签署的关于《授予考入高校的英才俄联邦总统奖学金》的总统令（草案）、由梅德韦杰夫总理签署的关于《向以天赋儿童身份考入全日制教学形式高校的大学生授予和支付总统奖学金的条例》的政府令（草案）和关于《英才发现、支持和监督》的政府令（草案）、由教育科学部部长里瓦诺夫（Д. В. Ливанов）签署的关于《科技、人文、发明天赋倾向儿童的判定方法和标准以及对其支持和长远发展监督办法》的政府令。这些文件进一步细化了英才的鉴别

[1] 俄罗斯的统一国家考试相当于基础教育结束阶段的总结考试和高校升学考试[EB/OL].［2017-05-27］.http://povtoriashki.ru/news/v_rossii_uvelichivajetsa_chislo_shkol_dla_odarennyh_detej/.

标准和方法，明确对其发展进行跟踪支持和监督，采取激励措施并给予英才培养工作充分的资金保障，进一步完善了英才的挖掘和培养机制。总统令规定，从2015年9月1日起为以英才身份在高校接受面授形式教育的大学生设立5 000份联邦总统奖学金，颁发额度为2万卢布/人/月，并规定奖学金获得者毕业后有义务在俄联邦境内就业至少3年。俄罗斯天才儿童教育的相关重大政策法令见表2-1。

表2-1 俄罗斯天才儿童教育相关重大政策法令汇总

颁布时间	政策法规	核心内容
1992年	《俄罗斯联邦教育法》	明确天才儿童教育机构创办的合法性
1997年	《1998—2000年天才青少年教育总纲要》	要求为天才儿童教育发展创造条件
1998年 2003年 2007年	《“俄罗斯儿童”专项纲要》	建立发现、培养和支持天才儿童的国家统一体系
2001年	《2010年前俄罗斯教育现代化构想》	再次强调天才儿童教育发展的重要性，定为国家政策优先支持方向
2008年	《教育和创新经济的发展：2009—2012年推行现代教育模式国家纲要》	将天才儿童青少年培养指标定为纲要效果评价指标，开始关注天才儿童的早期鉴别
2010年	《我们的新学校》教育倡议	将天才儿童支持体系建设作为普通教育发展主要方向之一，作为战略目标，构建制度保障体系
2012年	《构建发现和培养青少年天才的全国体系方案》	明确天才儿童培养相关法规、教学法、教师队伍建设、竞赛机制、基础设施建设等各方面的落实；成立国家协调委员会配合以上工作
2015年	天才儿童总统奖学金授予系列政策草案	明确支持与激励措施，完善挖掘和培养机制，对获奖者要求其服务祖国3年以上

（三）英才教育规模

就学生规模而言，理论上，俄罗斯英才的数量水平为适龄儿童总数的7%左右，潜在英才数量占儿童总数的30%左右。而实践中，俄罗斯英才支持体系惠及的儿童达到学龄儿童总数的30%左右。国家为这些儿童提供免费专项培养课程，并设立联邦和地方政府专项奖学金给予大力支持。

就培养机构规模而言，目前俄罗斯建立起了足够有效的英才支持体系，英才青少年可以在类型丰富的英才教育机构中接受特长和天赋的培养。例如，在青少年宫、文化宫、全年活动营和补充教育机构中获得免费的特长培养、天赋发展训练。[1]

二、俄罗斯英才教育的发展历史

俄罗斯英才教育起步较晚，苏联社会的变革和教育心理学的发展，促使国家开始关注英才的培养。时至21世纪，随着全球竞争的加剧，社会对高端人才的需求不断提升，国际人才较量愈发激烈，推动了俄罗斯英才教育的全面发展。为响应国家创新体系建设的需要，政府将英才教育推上了战略意义的高度。

（一）20世纪初期：在儿童教育科学发展中初步形成

20世纪初期，俄国就形成了关于儿童综合研究的系统教育科学。参照欧美国家关于儿童天赋的研究思想，苏俄的教育学家和心理学家

[1] Одаренные дети – ресурс человеческого потенциала современной России[EB/OL]. dshi-tayturka.irk.muzkult.ru/media/2018/11/24/1223500506/Lunyakova_L.G._Odarennye_deti.pdf.

开展了广泛的英才研究工作，如研制并采用不同的儿童诊断方法，对英才儿童进行诊断测试。这些工作是在与欧美研究者合作的环境下开展的，关于天赋问题的许多国外著名学者的著作被译成俄语，同时本土学者也作出了重大贡献。此时，苏俄关于儿童研究的教育科学已经具有了初步系统性和完整性。

20世纪20年代末，包括美国斯坦福大学研发的《斯坦福—比内量表》在内的智商测量工具传入苏联，对儿童的智力检测随之开始。1928年，俄罗斯的学校中开始应用保图诺夫（Александр Павлович Болтунов）研制的名为《智力测试学校》的新型测试工具。与此同时，法国心理学家比内提出智力测试具有社会功能特征，表现为社会各阶层之间存在智力差异。

在苏联的学校中，教师作为一线教育工作者进行了以分析、分类、描述和解释不同儿童类型为目的的测试，测试儿童类型包括高智力水平儿童、学业成绩不佳儿童和心理发育不全儿童。在中小学，运用改编过的学者量表进行儿童智力测量，以了解先天水平、年龄变化、有利环境作用（家庭、学校和社会）等对儿童发展的影响。

（二）20世纪中期：在否定个体差异的社会中曲折前行

随着研究的不断深入和实验的展开，“智力水平具有阶层差异，富人阶层儿童智力水平高”的科研观点刺激到了苏联政府。1936年，联共（布）中央通过了《联共（布）中央关于教育人民委员部系统中的儿童学曲解的决定》，严肃批判了教育理论和教育科学。苏共中央委员会反对在学校中应用儿童智力研究的相关教育理论，要求中小学教师终止天赋测试的相关实践，甚至在师范类院校废除相关教育科学的教学。所有关于儿童天赋领域的研究被制止，对英才智力潜能的具体诊断方法的开发遭遇“封冻时期”。在教育学者和心理学者的词典里，“英才”“天赋”等相关的词汇就此消失。政府行为导致学术界的沉默，更导致民间形成一种将英才选拔和培养等同于资产阶级精选主义的原则，反对英才教育某种意义上成为社会主义社会对“公平”的追求。[1]

政府限制对儿童天赋理论进行实证研究。这一限制持续了数十年，直到20世纪80年代，随着针对身体残疾儿童等弱势群体和少数群体的特殊学校体系的建立，以及分科课程中成绩优异学生的涌现，区别和选拔性教学才逐渐放开。

（三）20世纪末期：在动荡的时局中重获生机

20世纪80年代末，苏联国家国民教育委员会最终承认了鉴别和培养英才的重要性。尽管此时苏联的英才教育研究与实践和世界上英才教育研究与实践的普遍方向有着明显的不同，但苏联由此开始重视英才教育。

苏联解体前夕社会动荡，经济出现危机，教育领域的专业队伍也开始缩减，教育机构财政支持也不断减少。这些都使得英才教育开展所必需的师资、教学法和物质技术资源受到极大限制。但与此同时，苏联解体对社会造成巨大冲击，时局的动荡也为天才教育埋下了伏笔。国内经济不堪、时局不稳，科研经费不足，科研成果难以推广和应用，再加上西方国家的高薪聘请和优质科研环境的吸引，随之而来的是大量人才乃至高端人才的外流，这使得俄罗斯在发展之初元气

[1] Поескова Г. И. Ретроспективы образования и воспитания одаренных детей России в исторический период[J]. Молодой ученый, 2013. — № 2. — С. 395.

大伤，其在世界舞台上业已建立的科技大国地位受到严重威胁。为避免损失加剧和事态的进一步恶化，政府必须采取措施解决国内人才短缺的问题。一方面，解决人才外流问题；另一方面，着力加快本国人才，尤其是关键领域关键类型的高端人才的发掘和培养。英才教育的重要性此时凸显出来。英才恰恰是高端人才的储备力量，是国家建设的核心力量。以其突出的智力和创造力水平，如加以充分选拔、科学培养，英才可以在相对短的时间里取得更高、更多的成绩，为国家建设和科研进展作出更大、更有突破性的贡献。

苏联解体后，俄罗斯作为独立国家在1992年联邦首部教育法中就明确提出成立英才培养机构，随后出台联邦专项政策鼓励英才教育的发展。1998年，俄联邦政府颁布了《“俄罗斯儿童”专项纲要》，其中包含专门针对英才教育的“英才”子纲要，并通过了《天赋工作方案》。该方案指出，儿童的个性引领其能力的发展，肯定了儿童的个性发展具有突出意义。自此，俄罗斯英才教育随着新兴国家的成长一同迎来了属于它的春天。

（四）21世纪以来：在人才战略调整中蓬勃发展

21世纪以来英才教育在俄罗斯蓬勃发展，并上升到了战略高度。

从社会政治经济大环境来看，苏联解体后的俄罗斯经济每况愈下，国家要发展就面临经济的转轨。进入21世纪，面对严峻的国际竞争形势和本国经济发展模式中逐渐显露的弊病，俄罗斯开始反思并探索新的发展之路。借助本国良好的科学传统和科研基础，俄罗斯开始探索构建国家创新体系，充分发挥国家权力指挥棒鼓励企业创新、高校创新，在管理体制上创新最终服务于科技创新，来推动经济、科技和教育的发展。创新的核心是创造力，创造力来自能够对已有结构进行重塑，对未知结构进行探索的具有高品质思维的人才，而英才可以说是这类人才最主要的储备力量来源。

相应地，在千禧年之后，俄罗斯开始在教育领域构建英才援助体系，目的就是发现更多的英才，并对其进行培养，给予支持，最终促进其发展成为国家建设的栋梁之材，成为国家最宝贵的智力资源。

回到教育本身，俄罗斯先后在2000年和2004年参与了经济合作与发展组织（OECD）的基础教育领域国际学生评估项目PISA测试和QS世界大学排名——国际高等教育质量测评。然而，无论在基础教育还是在高等教育方面，俄罗斯的排名均不理想。虽然一部分人认为这样的结果对于评价具有独特教育体制的俄罗斯来说并不公正客观，但这样的结果依然引起政府和社会对本民族教育发展的反思。政府开始反思本国教育制度和方向，加大教育投入力度，提高俄罗斯教育与世界主流教育在体制、内容上的融合度，并促进英才教育的发展。2010年时任总统梅德韦杰夫提出了基础教育现代化的国家教育倡议，将发展、健全英才援助体系作为基础教育改革的六大主要方向之一，并将英才援助体系建设上升至国家教育现代化的战略高度。

至此，关于英才选拔和培养的理论成果不断涌现，相关教育实践工作也在全俄广泛展开。俄罗斯政府持续颁布英才教育相关的联邦级别和地方级别政策法规，初步形成了英才援助体系，英才教育实践也开始蓬勃发展。

三、俄罗斯英才学生的选拔机制

这里从俄罗斯心理学和教育学学者具有代表性的研究成果出发，介绍俄罗斯界定、区分和发现英才的理论基础，并展现实践中的英才鉴别标准和以竞赛为主的选拔方式。

（一）科学理论指导英才鉴别

21世纪以来，俄罗斯国民教育体系在人文、个性确定和发展方面的教育技术革新，以及英才工作热潮的兴起，对英才教育相关领域的科研起到了极大的促进作用，推动了对天赋发展心理学规律与机制的探索研究，以及案例调查、验证与挖掘方法的推行。与此同时，英才的界定和选拔工作中也遭遇了教学和心理学方面的困境：天才种类多样性，表现程度的差异性，理论成果和方法产生大量矛盾，现代教育的变化等。于是，学者们开始研究针对各类教育机构中各类英才的理论与实践工作方面的心理学、普通教学法、心理—教学法及教学材料体系。

1. 英才的早期特征与鉴别依据

英才的发展常伴有早期特征。例如，科学领域的天赋可在中小学学龄儿童这一被认为还不具有科学素养基础的群体身上体现出来。然而，英才的鉴别又具有复杂性。俄罗斯学者帕诺夫（В.И. Панов）认为，造成这种复杂性往往是因为其天赋特征没有被及时发现，教师、心理学者在英才鉴别领域具备的知识和技能不足，或是“休眠”的天赋在个人发展过程的特定阶段、在某些特定推动因素的作用下突然被点燃，抑或有些天赋因为遗传因素在很晚的年龄阶段才被发现，还有就是在未来的特定活动条件下对社会体现特殊价值、凸显天赋的特征没有受到重视，等等。专家借助以上指标来鉴别出早期具有不寻常智力的、带有这样或那样明显智力特性的、具有超前科学天赋特征的学生。这些特征只在超前部分上具有意义，而且在一些孩子身上可能没有得到预期的发展，或停留在了不理想状态下。与此同时，其他孩子的真正能力可能隐藏了起来或者在偏后期被发现。[1]

关于天赋分类鉴别的研究主要有以下观点，英才教育工作的相应实践也在此基础上展开：

（1）把天赋理解为能够运用相应测试工具测量出来的思维过程的高级水平——感知、注意力、记忆力、思维能力和想象力，有时还将情绪和意志力加入其中作为指标。

（2）把天赋理解为能够运用智商测量工具（如《斯坦福—比内量表》）测量出来的智力、智商的高级水平。通过极微差别分析的途径研究天赋。这一观点首先由苏联心理学家吉普洛夫（Б.М. Теплов）提出，并在俄罗斯学术界得到广泛推行。

（3）把天赋与创造潜力的高水平关联起来。这种创造潜力的高水平通过儿童高度的科研积极性，轻松并创造性学习的能力，以及在科学、艺术、技术和社会生活中创新发明的能力等方面体现出来。

在现代心理学发展中，上述科学成果和观点共存共生。俄罗斯学者在共性与个性特征的结构，智力与创造力的相互关系等方面进行大量的实验和理论研究，相应成立了数学、音乐、体育等学科专攻学校，研制并实施了智力培养（通过智力测试选拔）教学法体系，并取得了良好效果。

2. 英才类型及其天赋类型

俄罗斯学者对天赋类型主要采取以下划分方式：按表现范围，分为共性的和专门的天赋；按活动倾向性，分为智力、学术、创造、艺术、运动、设计、领导等天赋；按天赋体现强度，分为学习高度积极型、具有天赋型、具有高度天赋型、特别或极具天赋型（天才、神

[1] В. И. Ланов. Одаренные дети: выявление - обучение – развитие[J]. Педаготика, 2001(4): 30–43.

童）；按体现形式，分为显性天赋和隐性天赋；按心理发展速率，分为符合正常年龄发展速率的天赋和显著超前发展的天赋；按体现的年龄特点，分为长期稳定的天赋和暂时性的天赋；此外还有个体的、性别的和其他特征。

还可以将英才划分为以下两类：一类是认知、情感、调节能力、精神活动、个性和其他精神心理方面协调发展的儿童；另一类是在上述各精神心理因素方面发展不均衡的儿童，比如，有些儿童具有高智力水平，但同时存在情感的不稳定性和其他心理因素的发育不足。那些具有高天赋和极高天赋水平的儿童通常体现出第二类英才的特征。这类儿童发展过程中体现出的不均衡在很大程度上决定了对其提供心理帮助和支持的必要性。

天才种类的多样性、表现程度的差异性以及理论成果和方法中存在大量矛盾等多重因素，致使英才的划定具有复杂性，各国都难以形成统一标准。在俄罗斯，理论上将英才的比例设定在适龄儿童总数的7%左右，潜在英才占适龄儿童总数的30%左右。[1]

（二）竞赛体系作为主要选拔工具

英才在适龄儿童中占有一定的比例，那么这部分儿童要怎样从整个人群中被合理地挖掘出来呢？具体到天赋和英才的鉴别工作，可运用的方法多样：从单纯的教育者和家长的观察到专门的、标准化的有效性实验，甚至演练手段。天赋鉴别工作需要心理学理论与实践的统一，这使得英才的鉴别工作需要由接受过专业培训的心

[1] Из выступления д.психол.н. Синягиной Н.Ю., на пленарном заседании Всероссийской научно-практической конференции «Опыт работы с одаренными детьми в современной России». 27 октября 2008 г., Ставрополь.

理学工作者和教育工作者通过专业科学的鉴别工具来实施。在俄罗斯的英才选拔实践中，目前应用最为广泛也最为有效的选拔工具就是以全俄罗斯中小学生奥林匹克竞赛（Всероссийская олимпиада школьников，俄文缩写ВсОШ，简称全俄中小学生奥赛）为代表的完善的竞赛体系。

这种竞赛体系建立在承认部分学生认知、智力水平超前或超出平均水平发展且可测的基础上，将全俄中小学生奥赛作为俄罗斯教育体系中英才工作的重要选拔形式。以中小学生学科奥赛为代表，每年都会针对国立、市立和私立教育机构中，按照基础普通教育和中等普通教育大纲学习的学生开展竞赛，通过竞赛挖掘五年级及以上的英才。中学生学科奥赛含21个学科，分四个阶段进行：校级学科竞赛阶段、市级学科竞赛阶段、地区学科竞赛阶段和联邦学科决赛阶段。取得优异成绩的中学毕业年级竞赛获奖者可获得俄联邦所有大学相应学科专业的免试录取资格。八至十一年级总决赛获奖者将代表俄罗斯参加相应学科的国际中学生奥赛。国家将全俄奥赛的开办目标定位于挖掘并培养俄罗斯中学生的创造才能，以及对科研和学术活动的兴趣，在各知识领域选拔体现出优秀技能的高年级学生，并组成俄联邦代表队参加国际中学生学科奥赛。

除由各级教育行政部门主办的中小学生学科奥赛，全俄社会活动部组织的“英才——俄罗斯的未来”项目之“莫斯科英才国际论坛”也是一种有效的英才选拔活动。该论坛于2007年为响应“俄罗斯儿童”联邦专项计划而诞生，并于2008年起每年举办一届。目前其参与者已经涵盖了白俄罗斯、乌克兰、哈萨克斯坦、立陶宛等其他国家的适龄儿童。论坛通过比赛、竞赛等活动形式挖掘在人文、社科、自然科学各领域体现出天赋的5~18岁儿童，并对其进行支持，以期培养更多爱国英才。[1]

近年来，俄罗斯通过一系列举措进一步完善竞赛体系：促进奥赛作为中小学、高校科研机构一体化发展模型；扩大竞赛选题范围、学科范围；扩大学生参与度，提高中低年级学生包括身体有缺陷儿童参与的积极性；提供丰富的激励；提高国际竞赛的参与度；在大学生中开展竞赛，提高职业教育质量，吸引优秀大学生进入国内重点高校、科研机构和国家科研中心继续深造；完善国家和社会对竞赛活动的监督机制，保证透明度和公平性；通过专门机构进行管理，提高竞赛有效性。

（三）官方统计选拔成果

通过政府主导、高校扶持的各类竞赛活动的推广，全国各地适龄儿童的英才选拔活动参与度普遍提高，进一步扩大了英才选拔活动的覆盖面。

就竞赛体系建设来讲，2012年《我们的新学校》项目实施成果报告显示，该年度由中央和地方教育主管部门以及社会力量组织的各类青少年竞赛达210项，其中联邦级别127项、跨地区级别83项。该年度全俄中学生竞赛校级初赛阶段五至十一年级学生参与率为66.50%，市级复赛阶段七至十一年级学生参与率为29.88%，地区级复赛阶段九至十一年级学生参与率为5.15%。2014—2015学年，中小学报名参赛者超过1 400万，决赛阶段的获奖者有1 683名，其中产生了370名各学科冠军。俄罗斯中小学生学科竞赛的参赛选手数量不断增加，同时参赛地区的范围也在不断扩大。校级初赛学生参与度最高的地区为楚瓦什共和国、克拉斯诺亚尔斯克边疆区、车里雅宾斯克州、基洛夫

[1] 资料来源于2012年《我们的新学校》教育倡议项目实施成果报告。

州、斯塔夫罗波尔边疆区、涅涅茨自治区、伏尔加格勒州。[1]

就资金激励措施来讲，建立了各类竞赛和奥林匹克竞赛优胜者获得实名制奖学金制度。2009—2012年联邦教育科学部为此提供保障资金3.83亿卢布，使2012年获得实名制奖学金的优胜者人数达到1.3万人。2012年向参与国际、全俄和地方级竞赛的5 350名14—25岁的获奖者颁发了奖金，其中包括：奖励额度为6万卢布的国际竞赛获奖者1 250名，奖励额度为3万卢布的全俄竞赛获奖者2 500名，以及地区、跨地区竞赛获奖者1 600名。2014—2015学年中小学生学科奥赛决赛阶段的1 683名获奖者均获得了实名制奖学金。[2]

学科竞赛作为英才选拔工具，与日常教学活动中教师观察的方式相比更具客观性、普及性和公平性，但也使得一些具有特殊天赋的儿童不易通过此种手段鉴别出来，这就需要教师的个性观察、长期跟踪等其他鉴别形式作为辅助，以更全面、更科学地发现英才并鼓励其发展，避免人才的浪费。

四、俄罗斯英才教育的培养机制

俄罗斯英才教育机构类型众多，培养形式丰富多样，这有利于满足不同天赋类型的英才的个性化发展需求。不同类型的英才教育机构所采用的教学大纲、教学模式以及课程也各具特色。

（一）实施机构

在俄罗斯当前活跃的英才培养机构类型丰富，数量众多。英才教

[1] 资料来源于2012年《我们的新学校》教育倡议项目实施成果报告。
[2] Талантливое освоение бюджета[EB/OL]. [2017-03-14]. http://svpressa.ru/society/article/62178.

育和发展中心、高校附属寄宿学校和以英才教育为办学特色的新型普通中学最为普遍，影响也最为广泛。青少年宫、各类夏令营和补充教育机构也在英才教育中发挥了极为重要的作用。它们与普通中等教育机构（非英才专门教育机构）广泛合作，通过丰富多样的实践教育和专长教育为英才的发掘和培养作出重大贡献。

1. 英才教育和发展中心

近年来，俄罗斯中央和地方建立了丰富多样的英才教育和发展中心。这类中心并不开展学历教育，作为英才教育管理与实施培养的衔接机构，旨在促进该领域中学与高校的合作，校内课堂教育与校外补充教育的衔接，学生、教师与家长的自我提升，大多属于补充教育机构。英才教育和发展中心一般是以高校科研资源为依托，综合现代化教学技术和丰富多样的线上线下、面授函授等课程形式，集英才身心发展、教师业务提升、英才家长援助、相关政策解读、学术科研、竞赛活动信息发布等功能于一体，是对英才教育援助体系的一种现代化探索。当前，在俄罗斯比较有影响的英才发展中心有彼尔姆青少年天赋发展中心、诺夫哥罗德州天才青少年发展中心、基洛夫州天才学生补充教育中心、索契英才中心等。以索契英才中心为例，它是根据普京总统2014年末提出的在索契创建新的英才中心的倡议而成立的，[1]于2015年6月1日正式招收第一批学生。首批600名学生来自全俄36个地区，学习方向为科学、艺术和体育（数学、音乐和体育），其教师是来自全国著名高校的优秀教师和学者。中心采取短期集训课程的教学形式，在23天的集训中，集课程、运动、城市游览于一体，让英才

[1] В Сочи создадут общероссийский центр для одаренных детей[EB/OL]. [2017-05-11]. http://rg.ru/2014/12/18/imeretinskaya-dolina-anons.html.

在学习的同时愉悦身心，是一种兼具休养特色的健康的英才培养形式。

2. 高校附属寄宿学校

高校附属寄宿学校是在一些联邦大学和国立研究型大学开办的培养天才青少年的重要机构，是俄罗斯探索英才教育过程中最早建立起来的专门培养机构，通过这类学校使更多的天才青少年可以尽早地接触科学研究，接受高质量的学科加强性教育。通过吸引有能力的人才进入这些地区，也能推动当地社会经济的发展。这类学校往往严把入学关，即需要通过本校的入学考试，符合一定标准才可以进入，并采取寄宿制管理。其中具有代表性的是附属于莫斯科大学、圣彼得堡大学、新西伯利亚大学和乌拉尔大学的4所天才青少年寄宿学校。

这4所学校中，又以莫斯科大学附属的柯尔莫哥洛夫寄宿中学[1]最为有名。该学校由俄罗斯国家财政拨款，其前身是莫斯科大学附属数学—物理寄宿学校，是当时全国唯一的英才教育工作实验项目学校。该校的成立和发展是苏联著名数学家柯尔莫哥洛夫关于天才中学生选拔和培养教育思想的落实。柯尔莫哥洛夫寄宿中学的教学体系与大学相似，是俄罗斯专业（学科特色）性中等教育机构的典范。在俄罗斯中等教育机构中，该校数学、信息学、物理学、天文学、化学和生物学领域的中学生学术会议和学科奥赛获奖者人数均处在领先水平。该校还培养出了众多著名学者。

柯尔莫哥洛夫寄宿中学招收包括毕业班在内的中学各年级学生，进入该校需通过学校组织的暑期选拔考试，班级按学科方向设置，如化学班、生物学班、物理—数学班。该校还采用函授、远程辅导、网络奥赛和面授补习班等教学形式；注重提高学生的数学和物理知识水

[1] 柯尔莫哥洛夫寄宿中学官网[EB/OL].［2017-05-13］.http://internat.msu.ru/.

平，发展其批判性学术思维；帮助学生获得解决加深难度习题和奥赛题目的能力，了解莫斯科大学和柯尔莫哥洛夫寄宿中学入学考试题目及解题方法。

3. 其他普通中等教育机构和补充教育机构

普通中等教育机构，包括普通中学、重点文法中学和数理中学等，作为俄罗斯基础教育的主要阵地，也承担着英才教育的职责。尽管近年来国家政策鼓励将英才转移到专门机构培养，但因为学生基数大，普通中等教育机构中仍有一定数量的英才，他们通过发展学科兴趣，参加补充教育活动表现出一定的天赋。近几年俄罗斯也兴起了以英才教育为办学特色的普通中学，如奥金佐沃人文学院附中。这类学校与严把入学关的英才专门教育机构（高校附属寄宿学校）相比，环境更自由，不设置高入学门槛，推崇一种如果引导方法科学得当，每个儿童都能成为具有独特天赋的英才的教育思想。

补充教育机构是英才识别和培养的重要部门。它是发展个人爱好、专长、技能和职业兴趣定向的重要基地。补充教育是俄罗斯普通教育体系（相对于职业教育体系而言）的重要组成部分。俄罗斯的普通教育（公共教育）由学前教育、初等教育、基础教育、中等教育和补充教育组成。其中，补充教育是以儿童和成人的自我实现，以及职业方向的自我认知为目的，依据补充教育大纲实施的专项教育。

补充教育由教育科学部负责，针对儿童开设六个方向的教育：自然科学、技术创造、旅行方志、艺术、社会师范教育（关注领导力培养，服务特殊需要儿童和英才）、体育运动。其教育大纲和课程方向丰富，分为教学类、综合类、研究类等。其体系庞大、实施机构类型丰富，包括奥林匹克竞赛学校、高等教育预备学校、专门课程班等在内的机构近20万个。俄罗斯的补充教育具有全国普及、收费低和部分免费等特点，多数由国家财政拨款支持。补充教育机构的主要任务之一就是发掘和发展天才青少年的创造性潜能。丰富的教育大纲、教育机构和深化课程促进了有特殊教育需要的英才的发展。

此外，根据国家英才援助体系建设要求在联邦大学建立英才支持中心、在国立研究型大学建立远程学校的倡议，所有联邦大学、国立研究型大学以及地区重点大学都与中学建立了密切合作，并且形式丰富多样：高校教师参与中学高年级英才培养过程；在高校设立英才特别教育班级或教育机构；吸纳中学高年级学生加入高校科学实验室进行学习；在独立教研室或高校的基础上建立英才支持中心；举行大学暑期学校；开展高校远程教学，等等。

（二）教学方式与课程模型

在俄罗斯，英才培养的主要机构包括英才教育和发展中心、高校附属寄宿学校、普通中等教育机构中的特色班和其他补充教育机构。这些机构的教学多数是在与高校合作的基础上开展，如邀请或聘请高校教师进行教学或学生辅导。一些教育机构还采取导师制的形式培养专项英才学生。根据国家规定，每名教师所带的英才不得超过3名，并且每所教育机构都有各自擅长的领域，着重对该领域的英才进行培养。比如，莫斯科大学附属寄宿学校就是以数学—物理学科为核心，兼顾培养信息学、物理学、天文学、化学和生物学领域的天赋儿童。

英才教育的课程类型也丰富多样。以彼尔姆青少年天赋发展中心为例，该机构针对具有不同学科兴趣和天赋类型的英才研制出了自然科学领域的中学—高校合作整体课程模式（化学—生物学方向），技术、数理和工程设计专业的跨学科中学—高校合作教育心理模式，艺术审美专业以加深教育内容为特色的中学—高校合作开放信息模式，中学毕业年级促进学生社会领袖天赋形成的中学—高校合作组织模式；针对英才的早期职业兴趣研制出了中学生职业预培养和早期专业化适应中学—高校分组合作培养模式。

以高校科研、师资和教育技术资源为依托，通过上述不同的活动模式开展不同学科学术和实用两个方向的教育实践活动，进行英才培养体系的科学化建设，俄罗斯中学与高校合作的天才儿童教育模式如图2-1所示。

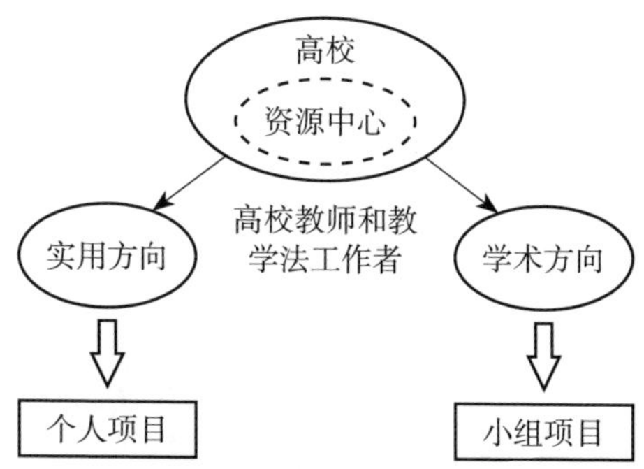

图2-1　中学—高校合作框架下的天才儿童实践活动组织模式[1]

以下列举不同类型的中学—高校合作模式作为例证进行具体分析：

1. 中学—高校合作自然科学领域整体课程模式（化学—生物学方向）

学生职业定向是青少年阶段不间断教育过程的重要任务。英才培养中准确的职业方向选择有助于提高英才在中学和未来在高校校园生活中的积极性、有效性，帮助学生形成更高水平的学习动机。

中学—高校合作模式中学生的心理—教学跟踪开始于八至九年级学生的天赋诊断。在七至九年级学生中应用智力发展测验、团体个性

[1] 根据彼尔姆青少年天赋发展中心平台官网相关配图译制而成。

测验、阿姆特豪尔（R. Amthauer）结构智力测验的研究方法来评估学生智力发展水平。同时运用美国教育心理学家兰祖利的观察图表式学生特征研究法，在九年级应用确定思维类型和创造力水平的调查表予以考查，见表2-2。

表2-2　思维类型和创造力水平调查表[1]

班级类型	课程能力指标	指标描述	专长构成
公共科学专长班（OHK）	OHK1	具备学科、研究对象、研究方法、最新方案论点、成果和自然科学（化学、生物学、生态学）的界限的相关知识。	了解：自然科学研究的前沿动态。 学会：运用本学科的学术期刊，按研究主题查找整合相关学术文章，形成专题论文的摘要述评。 掌握：印刷和电子版本形式的信息搜集技术。
	OHK2	科学规范地表达学术问题，并开展学术研究活动解决相应问题的能力。	了解：学术与日常知识的区别；学者科研工作的原则；现代社会的伦理价值。 学会：确定研究领域，形成研究假设。 掌握：专业文献研究经验；研究计划设计技能；研究成果应用的社会影响预测。
	OHK3	思维艺术的掌握及其基本原则的了解，以书面或口语形式准确表达研究成果的能力。	
生态学大师班（12~16岁）		有效探索活动	创造能力；人对外部环境的改造——寻找、改变、定位和适应机制。

[1] 根据彼尔姆青少年天赋发展中心平台官网译制。

2. 中学—高校合作毕业年级学生社会领袖天赋课程组织

人文领域的教学倡导接纳儿童的个性和特殊性，维护他们的自我认同权和自主选择权，推崇全人类的共同价值、个体的生命与健康以及个性的自由发展。学校教育和补充教育的结合就是在充分考虑学生利益和需求的基础上所进行的最为灵活的、有选择性的、直观的，并完全符合以上标准的教育方式。

补充教育遵循自愿原则，鼓励学生认识自己和自己的能力，并根据自身需求作出相应的活动、交流领域的选择。当今社会，培养具有不同社会生产领域活动技能的青年人并促进其成长具有非常重要的意义。因此，政府需要研制出一种社会领导力模式，来保障俄罗斯未来公民、爱国群体的社会增长。

建立英才早期鉴别、教育和培养体系是一项战略性任务，意义深远。为实现这一目标，中小学校应与高校形成积极互动。在不同的社会和教学团体中构建英才培养和发展的有效条件需要作出以下努力：

（1）研制英才工作方案；

（2）提高英才教育师资专业技能；

（3）以高校附属资源中心为依托开展市级项目竞选；

（4）组织开展学生学术社团活动；

（5）组织“英才家长学校”；

（6）对英才进行社会教育和心理援助；

（7）对教育环境进行设计和评价，包括对教育技术和教育大纲的制定和监督；

（8）发展教育服务，进一步满足英才的需求；

（9）构建资源中心与市级教育机构、文化机构在英才教育领域的合作机制；

（10）与高校签订研究领域学术领导和学生个性化咨询方面的合作协议。

这些努力旨在借助高校丰富的科研和教学资源，积极探索出一条中学高校间合作的道路。

五、俄罗斯英才教育的实施者

英才特殊的心理特征以及复杂的生理心理互动关系，对承担发现和培养英才工作的教师提出了更高、更专业的要求。英才的发现和培养工作的质量与教育工作者的职业水平密切相关。因此，提高从事天才青少年培养工作的教师的职业素养成为英才教育工作的主要方向之一。英才教育工作体系的现代化要求对教师进行最新教育学研究成果的补充培训和再培训，包括专业技能培训和开展英才教育工作所必备的个人素质的养成。

现代教育工作者需要具备成型的积极的个人教育观点，具备成熟性和情绪稳定性。除较高的职业技能水平之外，还应具备独立思考的意识与能力，不教条，不墨守成规，具有创造（创作）才能，博学多识，精通教育心理学，具有较高的人际关系处理（尤其是与儿童相处）方面的文化、人文修养。这类教师身上最显著的特征就是，能够按照学生本身的样子去理解和接纳他，在教育实施过程中知晓并关注学生的年龄和个性特征，以每个学生的优势特征为基础开展教学。为此，俄罗斯学者提出对英才教育工作效果的评价标准：

——教学培养过程中学生活动的组织；

——开展活动的动机构成；

——对技术、文献资料等各类资源的运用；

——各种信息加工方法的传授；

——个人学术成果；

——对学生独立性和独立活动的支持程度。

按照上述标准，可以将教师就开展英才教育工作的适合程度从高到低分为以下三个类型：职业个性显著型；普通职业技能型（即具备一般教师的师范—心理职业素养）；职业技能基本掌握型。

为建设一支了解英才特点，具有专业素养的教师队伍，俄联邦层面的主要做法有：（1）组织职业培训，提高专门从事天才青少年教育工作的教师和专家的技能水平，在高校的研究生院对天才青少年教育专门学校（或班级）的教师进行培训，在地方进修学院培训识别学龄英才的现代技术和方法。2010年，俄联邦有25个联邦主体开设了提高英才教育师资技能的专门课程。（2）针对从事天才青少年教育的教师开展职业技能大赛，对取得成果的教师进行物质激励和表彰。（3）在师范类高校和综合高校的教育学和心理学学科中增加"英才"分支，以提高未来从事英才教育工作的教师的教育学和心理学素质，组织编写和出版关于发现和支持英才发展的方法类教师指导用书。通过职业培训提升英才教育专项技能，通过职业技能大赛对取得的成果进行检验和激励，通过高校教育学和心理学新设学科分支注入新鲜教师血液。为保障英才支持工作的开展，俄联邦还根据人均定额核算的特点，建立新的教师薪酬制度。

除接受职业再培训的普通中等教育机构的在职教师和高校英才教育师范专业培养的新型师资，高校教师也是目前俄罗斯英才教育师资中的重要组成部分。他们常作为受邀专家对英才进行补充性或专门性授课，并成为中学、高校、科研机构在英才教育合作和一体化建设工作中的重要衔接环节。

除教师以外，家长也是英才的重要教育者。在专业兴趣和天赋发展方面家长虽力量有限，但在英才的心理陪伴和辅导以及社会融入等方面，家长发挥着重要作用。目前，在一些英才支持服务公共平台上均发布有大量针对家长的教育学、心理学辅导资料，可供家长学习和参考。

六、俄罗斯英才教育的特征、问题与趋势

现代意义上的英才教育在苏俄经历了百年的发展，在这个过程中一方面积极吸收借鉴欧美国家的先进理论和实践经验，另一方面结合自身形成了本国英才教育的发展特色。

（一）特征

1. 教育进程曲折

从英才教育发展的背景与进程来看，俄罗斯英才教育起步晚，发展曲折，经历了从否定到认可的过程。21世纪以来国家的战略性重视，为英才教育的迅速崛起奠定了重要基础。在发展过程中，俄罗斯不断吸收以美国为代表的西方先进国家的英才发展理论成果和实践经验，积极探索本国特色，形成了包括竞赛体系和补充教育体系在内的英才选拔与培养模式，并进一步关注英才的后续发展，为其提供长久支持。在PISA测试和英国QS高校排名中，俄罗斯基础教育和高等教育的排名均不理想，这引起俄罗斯本土的争议与反思，也强化了政府培养高端人才的决心，进而大力支持英才教育，建设英才援助体系，以为这个民族的未来发展储备人才资源。

2. 政策体系完善

俄罗斯英才教育政策的制定、出台、落实和保障具有制度化运

行、系统化建设的特点。俄联邦充分发挥集权国家的统治管理效率和优势。联邦成立之初的首部教育法就肯定了英才教育开展的合法性，为英才教育的发展奠定了法律基础。在政策规划上，既有中长期的英才教育发展纲要作为宏观指导，也有地方性、专项性法规和发展方案从实际出发保障落实；在政策内容上，明确联邦、州、校、教师乃至社区和家长的教育职责；在落实保障上，建成了从联邦到地方的英才教育组织机构和培养机构网络，构建了相对完善的教育援助体系，依托科研院所、高校等建立英才教育协会或服务中心为师生、家长提供支持，并设立专门机构加以管理，有效组织工作效果监控与评价；在资源利用上，给予英才教育经费制度保证，争取社会支持，充分整合网络平台、远程教育等学习资源。

3. 英才的选拔、培养和发展路径畅通

从英才教育的发展现状及彼尔姆青少年天赋发展中心、奥金佐沃人文学院附中等英才培养机构的实际运行来看，俄罗斯英才教育运行模式具有科学化选拔、多样化培养，以及充分考虑英才覆盖面的特点。

以现代教育心理学和儿童天赋学的学术成果为理论基础，根据不同天赋类型及儿童特征运用不同的鉴别工具，形成以竞赛体系为主、教学观察为辅的选拔模式；设置多样化培养机构——普通教育机构与专门教育机构、补充教育机构互相配合；配置丰富的大纲——根据不同的英才类型及其特征设置个性化、多样化的教学大纲；形成多样化教学模式——以高校、科研单位为依托进行中学—高校联合培养的导师制模式，以网络平台课程和资源为基础开展远程英才教育和家长教师援助的线上教育模式，开展兴趣夏令营、中学生科研学术项目、学术研讨会等丰富的实践活动；运用远程教学和加大国家对边远地区儿

童天赋中心建设的物质与技术支援倾斜力度，为教育水平相对落后地区充分发展英才教育提供了必要保障。

开展中学与高校的密切合作，打通学生发展路径。通过竞赛体系帮助英才拿到高校升学“绿卡”，让获得一定级别奖项的学生免试进入俄罗斯任意一所高校学习，同时获得政府英才专项奖学金，并持续跟踪与支持。这为英才的持续发展和国家智力资源的有效管理创造了良好的条件。

（二）问题与趋势

俄罗斯的英才教育发展虽然整体形势向好，但也存在一系列矛盾和问题需要解决。

1. 俄罗斯英才教育发展中的问题

尽管俄罗斯在整体上非常重视英才教育，也确实给予了足够的政策支持，并配备管理机构，然而在实际发展中仍然存在观念和实际条件等方面的矛盾和问题：社会对文化创作领域英才的需求与教育、文化、艺术工作者较低的社会职能之间的矛盾，许多天才儿童的家长不情愿其子女的职业定位指向这一领域；教师队伍对保障每一个天赋儿童的发展环境以开发其天赋潜能的意愿与现实中补充教育机构的物质基础、信息技术和教学法保障不足之间也存在矛盾；英才在研究、创作中对教育援助的需求与教师关于儿童天赋能力展现特点方面的知识不足、挖掘培养方法不足之间的矛盾；对天才儿童自我实现的意义及其成绩的认可与支持英才参加更高级别竞赛的资金保障不足之间的矛盾。

这些矛盾如得不到重视和有效处理，就会影响英才教育的健康发展。

2. 俄罗斯英才教育的发展趋势

从目前来看，俄罗斯英才教育趋于重视学生科研能力的培养和职业兴趣的引导。近年来，俄罗斯的英才选拔工作不再单纯依靠智力测评工具对儿童进行分类，更注重对学生多方面能力和潜能的考察。全俄5~18岁的中小学生中，有一半参加过政府和大学组织的各类竞赛、奥赛，其中联邦级、地市级的奖项和名额设置非常丰富。考虑到英才的心理特征和隐性天赋的开发，俄罗斯的英才选拔工作以竞赛体系为主，但又不拘泥于用这种固定生硬的诊断工具。包括彼尔姆青少年天赋发展中心在内的许多科研和服务机构倡导要明确诊断依据，但不拘泥于用诊断工具去选择儿童，全部接纳并在活动中观察结果、进行诊断——动机正是个体天赋的核心特征，引导其在专门设计的教育环境中高效地自我实现。

此外，英才教育师资建设趋于规范化和专业化。对英才教育师资的高标准要求有助于推动教师队伍的建设，促进科学教学法、心理教学协作等培训课程的研发和落实。具备天赋相关知识，了解英才心理特质，掌握英才工作方向和形式，了解教学规则、策略和教学技术是对英才教师的基本要求。同时关注教师的个人品质：认知和内部职业动机的高度发展、移情能力、内部自我监督、高度且合理的自我评价、个人发展欲求等。此外，教师还需要进行鉴别方法的研发，与家长开展心理教学协作。针对现有师资队伍，通过精心设计的培训课程提高不同学科领域英才教育工作者的业务和综合素质；进行导师制培养等工作模式的尝试，巧借高校资源援助师资建设。

第二节

美国英才教育的政策与实践

美国的英才教育具有政府高度支持、各州拥有高度独立权等特点，但也存在鉴定标准单一、优质教师不足等问题。

一、美国英才教育现状

美国国家超常儿童联合会估计，在K-12年级（Kindergarten-Grade 12）中约有300万~500万在学术上有天赋的英才儿童，学术英才儿童占全部学生人数的6%~10%。目前没有联邦机构进行过明确的数据统计，这些学生与一般学生在学习方式、深度、理解的复杂性以及潜力方面有所不同。这种与正常年龄不相符的差异需要特殊的教育项目来提供解决方案，以满足这类儿童的发展需求，引导其实现个人潜力的最大化。

（一）英才教育政策支持

美国对各行各业高技术专业人才的需求在持续上升。2015年，州英才项目理事会（The Council of State Directors of Programs for the Gifted，简称CSDPG）和国家英才儿童协会（National Association of Gifted Children，简称NAGC）联合发布的2014—2015年美国英才教育实施情况报告显示，在受调查的41个州和华盛顿特区中，各州之间在英才教育和问责方面有很大差异性，大多数州2014—2015年的英才教育经费有所增加，弱势群体英才学生的鉴别和教育则需要更多关注，英才教育教师培养也是有待加强的方面。

由于美国没有规定各州必须为英才教育提供服务，英才教育在各州独自进行，且各州之间实施情况不同。2014—2015年，35万所公立学校的学生总数为39 034 865人，其中英才学生数为1 897 902人，参加英才教育项目的学生数为2 023 469人（注：得克萨斯州只统计了参加英才教育项目的学生数，没有对该州获得认定的英才学生数进行统计。故而，后者学生数大于前者），接受英才教育的学生数约占学生总数的5%。[1]

（二）英才教育财政支持

英才教育的财政拨款主要来自联邦政府，并通过《贾维茨英才学生教育法案》分配给各州。2009年联邦政府对K-12年级每100美元的投入中，英才学生获得的资金仅占2美元，有26%的州没有为英才教育提供相应的资金支持。一些州提供了充分的资金，由当地学区决定英才教育的实施计划和资金投入。根据国家英才儿童协会的统计，各州在资源、资金投入，以及英才教育服务相关规定方面很不均衡，这意味着英才教育的可行性和服务范围取决于学区的能力和愿望。2009年和2010年，联邦政府通过《贾维茨英才学生教育法案》共投入746.3万美元来保障英才教育项目。2011年联邦政府削减了财政支持，未通过针对英才学生特定项目的联邦立法。国家英才儿童协会获得的39个州的统计数据显示，只有27个州为当地教育委员会提供英

[1] National Association for Gifted Children. 2014-2015 State of the States in Gifted Education[EB/OL].［2016-01-07］. http://www.nagc.org.

才教育财政拨款，由于缺乏对这些学生的资金支持和关注，部分学区对英才的期望就是处于年级优秀水平。[1]对高能力学生来说，大多数州关于英才教育的政策和项目处于不连续状态，这些政策主要关注教师培训、英才教育服务，以及数据的收集、报告，并将决定权留给各学区。

2014—2015年，各州通过当地教育委员会向英才教育提供的资金支持如下：在国家英才儿童协会调查的34个州中，有12个州没有为英才教育提供专项拨款，有2个州的财政拨款少于100万美元，拨款100万~990万美元的州有8个，拨款1 000万~2 990万美元的州有5个，拨款3 000万~4 990万美元的州有5个，拨款超过5 000万美元的州有2个。

时任总统奥巴马反复强调，一个国家今天没有充分的教育，明天就没有足够的竞争力。尽管有来自商业、工业和政府方面的呼吁，很多州仍没有或极少关注英才教育的发展。对英才教育的长期忽视导致美国学生在数学、科学、阅读等方面的国际测试中落后于其他国家。联邦政府没有要求各州为高成就学生的学业表现负责。这就意味着各州没有收集或报告这些学生如何实现与其能力相称的学业表现和旨在满足他们需要的服务信息。[2]美国在英才教育问题上的过度政治化，其结果就是教育制度在培养人才上的不作为。好在美国的教育并非完全由政府主导，一些民间组织、大学和企业的积极作为与资源上的投入（其中包括大量私立精英学校），使美国的英才教育资源依然是世界上最丰富的，其研究团队、师资和资源配置也是相对完备的。

---

[1][2] National Association for Gifted Children. 2014-2015 State of the States in Gifted Education[EB/OL]. [2016-01-07]. http://www.nagc.org.

总体来看，过去的十几年中，美国公立学校将主要的精力放在对学业困难、低学业成就学生的关注上，以使他们的学业水平达到国家标准，而忽视了对英才学生和其他高能力学习者的关注。这种忽视英才学生的教育成了社会不公平的一个方面，并且让国家处在危机之中，影响了本国的政治、经济和全球竞争力。美国在追求卓越的过程中为什么忽视了对本国英才学生的教育？联邦政府、各州以及学校董事为什么会选择忽视高能力学生的学术需要？对此人们大多归因于成本或资金问题，但是国家不应该再继续忽视这些最聪明的、最有能力的学生的教育需求。公众和联邦政府在《不让一个孩子掉队法案》时代对英才教育的关注程度可能是历史上最低潮时期。美国现在正在逐步扭转这种趋势。随着《不让一个孩子掉队法案》的结束和《每一个学生都成功法案》的颁布，英才教育未来如何实施也是需要关注的方面。在2015年《每一个学生都成功法案》中，《贾维茨英才学生教育法案》被重新授权，作为联邦政府对高成就和高潜能学生的唯一支持项目，贾维茨英才教育项目得以延续。2016年2月，奥巴马政府宣布，将从2017年的财政预算中拿出1 200万美元资助贾维茨英才教育项目，用于基于课堂的研究，发展有效的英才儿童鉴别策略，为一直以来没有受到关注的高潜能学生提供帮助。[1]将贾维茨项目纳入财政预算，将英才教育纳入国家的未来发展计划之中，释放出政府对英才学生持支持态度的信号。从国家对英才教育态度的动摇中可以看到，美国政府没有对学校中最聪明却获得相对较小成就的人给予足够的重视，这种对英才教育兴趣的循环往复对美国教育来说是独特的，没有其他群

[1] National Association for Gifted Children. Jacob Javits Is the Only Federal Program Focused on Gifted Education [EB/OL]. [2016-02-09]. http://www.nagc.org/about-nagc/media/press-releases/nagc-applauds-obama-administration-including-12-million-jacob-javits#sthash.hfo9Vr7g.dpuf.

体像英才群体一样时而受到教育者和“门外汉”的支持，时而又受到阻碍。加德纳看到了公众对英才教育的犹豫而不是浮躁，他这样评论道，“我们社会争论的焦点在于强调个人成就还是抑制个人成就”，[1]这种冲突源于公共教育中“卓越”和“公平”之间未调和的矛盾。

二、美国英才教育的发展历史

英才教育在美国有着很长的历史，给予社会上最聪明且有天赋的学生以多种形式的教育已有几百年的时间，为这些孩子建立学校也有100多年的历史。1869年出版的《遗传的天才》（*Hereditary Genius*）通常被认为是关于高能力、高成就学生的第一本科学研究著作，其作者高尔顿则被认为是“天才儿童运动的祖父”。霍林沃斯（Leta S. Hollingworth）对纽约市区天才教育和天才学生给予了大力支持，并于1926年和1942年先后出版了两本著作《英才儿童：他们的天赋与培养》和《斯坦福—比内智商180以上的儿童：起点与发展》，她被称为“英才儿童运动之母”。推孟对加利福尼亚州天才儿童作了长期研究，其另外一项重要的贡献则是对《比内—西蒙智力量表》的修订和美国化，制定了作为美国智力测验工具的《斯坦福—比内智力量表》，他被称为“天才儿童运动之父”。

美国的英才教育在世界上居于前列。早在19世纪初，美国就出现了英才教育的雏形，正规的英才教育则始于1918年，至今已有一百多年的历史。经过一百多年的发展，美国形成了比较完善的英才教育法律体系。由于美国分权的政治体制，联邦和各州都具有立法权，教育立法主要在州一级，联邦政府主要在政策上进行引导，规定英才教

[1] John Gardner. Excellence: Can We Be Equal and Excellent Too?[M]. New York: Harper and Row, 1961: 33.

育的标准和提供财政保障，如对英才儿童定义的规范、培养目标的提出以及经济支持等方面，英才教育的实施在各州独立进行。

（一）国家英才教育立法

1950年，杜鲁门总统签署《国家科学基金法案》（National Science Foundation Act），强调战后重视科学的重要性。此时，联邦政府才正式对英才学生予以重视。1957年，苏联人造卫星的成功发射不仅意味着美国在军事和科学技术竞争上的失败，也意味着苏联最聪明的人超过了美国。在第一颗人造卫星发射之前，美国教育工作者就曾批评学校对英才教育的忽视。例如，1950年美国教育政策委员会谴责学校对最聪明学生的忽视导致科学、艺术和专业领域人才的缩减。20世纪50年代，美国将主要精力放在国际争端方面，除了麦肯锡主义和越南战争，同时还处于冷战时期，两个超级大国都试图瓦解对方的政治体系。在人造卫星发射前，美国自信其在科学和技术方面具有不可动摇的地位。当这种幻想在冷战期间被苏联第一颗人造卫星的成功发射打破时，美国朝野认识到国家在教育方面的落伍，于是对教育进行了深刻反思。为提高国际竞争力，美国开始把英才教育作为一项国家战略。1958年，美国国会通过《国防教育法》（National Defense Education Act），这部有重大战略意义的法案将教育的重要性提高到国防的高度，美国历史上第一次以法律的形式把教育置于事关国家安全的重要战略地位。在此后的十年里，美国掀起了一场轰轰烈烈的英才教育运动。《国防教育法》旨在促进英才教育，培养数学、科学和外语专门人才。政府通过该法案向国家科学基金会拨款数百万美元开设课程。1959—1962年，联邦政府拨款8亿美元资助美国的各级各类教育，将较大的比例用于英才儿童选拔测试项目和学校英才教育咨询人员培养等。随着美国宇航业的快速发展，苏联成功发射第一颗人造卫星带来的威胁和恐慌逐渐消失，美国对英才教育提供的支持也逐渐减弱。

1970年，《初等和中等教育法》（Elementry and Secondary Education Act）修正案要求开展英才教育项目，并规定了联邦财政支持的细则。1972年，美国国会通过了由前教育署署长马兰（S. P. Marland）提交的《英才儿童教育：提交给美国国会的报告》（又称《马兰报告》），该报告标志着美国英才儿童教育模式的转变，从主要以群体为单位识别英才儿童，并为他们提供专门项目来培养学术潜力，转向强调对每一个英才儿童的评价以及根据个体需求进行培养。该报告还对英才儿童的概念进行了重新定义，认为其涵盖的能力包括：（1）一般能力；（2）特殊的学术能力；（3）创造性或富有成效的思维；（4）领导能力；（5）视觉和表演艺术才能；（6）心理动作能力。该定义表明，美国承认英才儿童的智力具有多元化的特点，并为英才儿童提供不同的教育计划来促进其个性化的发展。

1974年，美国总统福特对《初等和中等教育法》进行了修订，最终出台了《特殊项目法案》。其中第404条规定，联邦政府从1974至1978年，每年要为英才教育提供1 260万美元的财政支持。但实际每年拨款仅256万美元，用以资助各州和地方的英才教育。在该法案的推动下，美国建立了英才儿童办公室（The Office of the Gifted and Talented），负责协调、推动、监督、处理各州英才教育的活动和计划。该法案还批准建立了全国英才儿童情报交流所（National Clearinghouse for the Gifted and Talented）。

1978年，美国对《初等和中等教育法》进行了再修订，其中第一章第九节为《英才儿童教育法案》。该法案肯定了英才儿童的重要性，认为英才儿童是国家重要资源之一，应努力促进英才儿童在中小学阶段发展其才能，要关注弱势群体中的英才儿童，如来自经济困难家庭和地区的英才儿童，使他们享受到特殊的教育机会，这有助于促进美国社会的整体发展。该法案旨在为各州和地方教育部门、高等教育机构以及其他机构与组织提供帮助，帮助他们开发、实施和改善旨在满足英才儿童特殊教育需要的计划。该法案在《马兰报告》对英才儿童定义的基础上，扩大了英才儿童的年龄范围，将学前教育也包括在内，从而规定了英才儿童的受教育阶段包括学前、小学和中学。由于许多具有较高心理动作能力的英才儿童水平与运动员相当，在学校已经得到很好的教育资助，该法案没有将《马兰报告》中英才儿童定义的第6项“心理动作能力”指标包含在英才儿童的定义中。另外，该法案还明确提出，英才儿童需要特殊的服务，要扩大英才教育项目的财政支持，为英才教育提供人力、物力和法律上的保障。但该法案随着里根总统签署《1981年综合预算调整法案》而被废除，新法案取消了联邦对英才教育的专项拨款，将英才教育优先发展权和其他29个项目合并为“块型拨款”，并撤销了英才儿童办公室。

进入20世纪80年代，美国的英才教育向纵深发展。1983年，联邦政府发布了报告《国家处在危机中：教育改革势在必行》(A Nation at Risk: The Imperative for Educational Reform)，指出美国最聪明的学生的成绩以及他们与国际同龄学生竞赛遭遇失败的事实。该报告中包括英才教育的政策和实践，提出要提高学术标准以及推动适宜的英才课程的实施。1988年，国会通过了《贾维茨英才学生教育法案》，再次确定向英才教育提供拨款，同时授权拨付资金用于英才教育教师培训、技术帮助、州级拨款、课程设计的改善以及示范性英才教育项目的开发。法案强调优先为来自贫困家庭、英语水平有限和有身体障碍的天才儿童提供财政支持，并将此作为再次授权《初等和中等教育法》的一部分。法案还要求重新恢复联邦教育部下属英才儿童办公室的设立，同时由弗吉尼亚大学、康涅狄格大学和耶鲁大学合作，在康涅狄格大学设立英才教育国家研究中心（National Research Center on the Gifted and Tanlented，简称NRC-GT）。另外，该法案还对《马兰报告》中关于英才的定义作了重新修改，不再将表演艺术能力作为辨识英才儿童的指标，认为在智能、创新能力、艺术能力、领导能力和特殊的学术才能等方面有突出表现的儿童都是英才。新的定义还扩展了英才儿童的范围，不再局限于学前、小学和中学范围。然而，2008年金融危机爆发后，美国财政逐渐吃紧，从2011年开始，《贾维茨英才学生教育法案》中止了对英才教育的拨款。

1993年，美国联邦教育部下属的教育研究与发展办公室首次发布了英才教育白皮书《国家卓越：培养美国的天才》（National Excellence: A Case for Developing America's Talent）。白皮书指出了当时美国英才教育面临的危机：与其他工业化国家相比，美国顶尖的学生在很多国际性测试中成绩落后；英才儿童和少年要么被埋没，要么没有得到适合其特点的英才教育。针对这一危机，白皮书提出为英才学生提供更富有挑战性的学习机会，增加贫穷却有杰出才能的少数民族学生的学习机会，并扩充了英才的定义。在这份报告中，英才的鉴定标准不再局限于智力，还包括其他方面显示出的超常能力，如创造能力、领导能力等。在这份报告的推动下，从20世纪90年代至今，美国的英才教育不再是少数人才能享有的特殊教育，而是面向全体，向所有学生提供发展其特长和才能机会的教育形式。

1998年，美国国家英才儿童协会发布《学前—幼儿园—十二年级英才计划标准》，为英才教育项目的一些关键领域提供指导。2002年，《不让一个孩子掉队法案》通过，其中包括贾维茨英才学生项目，并由此扩大了全国范围内竞争性资助的投入。在该法案的影响下，美国更加关注那些弱势群体中的英才儿童，通过改善学习环境，增加学习机会，来促进弱势群体中天才儿童的发展。2004年，《被欺骗了的国家：学校如何阻止了美国最聪明的学生》（A Nation Deceived: How Schools Hold Back America's Brightest Students）的报告发布。这份报告由爱荷华州立大学的贝兰—布兰克（Belin-Blank）中心基于对全美范围英才学生加速学习策略的调查而完成。2006年，美国国家英才儿童协会发布《国家英才教育标准》，为英才教育的教师提供培训标准和相应的知识、技能要求，并于2013年对这些标准进行了重新修订。2008年，《高等教育机会法案》（Higher Education Opportunity Act）提出教师候选人为满足所有学生，包括英才学生的特殊学习需要应掌握的技能，包括理解有效教学的策略。这项法案再次强调了教师必须关注学生的特殊教育需求，特别认识到英才学生的需要，并能够实施有效的教学策略满足其需求。2010年，《教育改革方案》（A Blueprint for Education Reform）出台，明确要求加强英才教育。2015年，《每一个学生都成功法案》继续强调加强对英才学生的教育。

（二）州英才教育立法

美国国家英才儿童协会发布的《2014—2015年各州英才教育情况》报告显示，全美有32个州通过立法的形式制定了英才教育政策。此外，各州几乎都成立了专门的英才教育管理部门，并设专门资金用于英才教育及教师培养。各州的学校之间以及州内各学区之间对英才的选拔都有不同标准。

宾夕法尼亚州、亚拉巴马州、佛罗里达州、堪萨斯州、路易斯安那州、新墨西哥州、田纳西州和西弗吉尼亚州的英才教育法中明确规定，学校要为英才学生的学习需要提供支持。新罕布什尔州立法中没有提到关于英才教育的内容，南达科他州取消了关于英才鉴别和服务的相关项目。经过近百年的发展，美国已经成为世界上英才教育最普及、研究和从教人员力量最强的国家。但奇克尔（Perry Zirkel）认为，美国的英才教育缺乏连续性，各州的英才教育立法与联邦政府的《残疾人教育法案》（Individuals with Disabilities Education Act）类似，提供英才的鉴别和相关服务，即使在有严格的英才教育立法的州，英才教育的实施也主要在学区层面进行。

三、美国英才学生的选拔机制

（一）英才的定义

英才学生通常表现出这些特征：学习速度快，知识储备丰富，有很强的问题解决能力，能保持长时间的注意力，敏感，完美主义，精力旺盛，兴趣广泛，偏爱同年长的同伴一起学习，富有幽默感，较早开始阅读并喜爱阅读，喜欢玩谜语和迷宫，具有成熟的判断力，有毅力，富有想象力/创造力等。

英才定义的重要性在于，学校或地区所采纳的定义将决定谁有资格接受英才教育，受到特殊的教育和训练，以及谁将被排除在英才教育项目之外。英才的识别标准和选拔程序都建立在所采用定义的基础上。英才的定义可归为五类。第一类是基于事实的定义，强调把某种职业的突出成就作为衡量天才的标准。这样，英才就指在各种有益人类的活动中不断取得突出成就的人。但这种方法把英才限定在成人的范围之内。第二类是智商定义，划定一个智商分数线，智商超过这个线就是英才。推孟修订后的《斯坦福—比内智力量表》把智商在140以上的儿童认定为英才就是一个典型例子。第三类是关于英才的定义，集中在艺术、音乐、数学、自然科学和其他一些特殊艺术及学术领域的杰出者。第四类是百分比定义，为学校（或地区）确定英才人数的一个固定比例。第五类是创造性定义，强调把卓越的创造能力作为英才主要标准的意义。[1]兰祖利认为英才分为学习型英才和创造型英才。他针对创造型英才提出了三环理论，认为创造型英才同时具备三种能力：高于平均水平的能力（ability above average）、创造力（creativity）、对任务的执着（task commitment）。[2]

2015年《每一个学生都成功法案》对英才（the gifted and talented）的界定为，"在某一领域，如智力、创造力、艺术、领导力方面展现出高超的能力或在特定学业上获得优异成绩的儿童或青少年"。

（二）英才的鉴别

英才学生的鉴别是实施英才教育的前提，英才内涵的丰富性决定了英才鉴别的动态性。英才鉴别过程一般由推荐/提名—选拔/筛选—教育安置三个环节构成，在选拔/筛选阶段采用多样化的评估手段和标准。英才选拔主要在各学区进行，各学区采用系统化、多阶段的方式选拔英才儿童。英才儿童的发现主要有两条路径：一是父母觉得自己的孩子有天赋，主动向教师推荐；另一条则是教师或者辅导员首先发现孩子智力突出，主动提出建议并与家长协商。此外，学生本人、同伴、朋友也可以提出建议。学校设立英才儿童鉴别委员会进行英才的选拔，委员会由校长推荐的三名代表组成，鉴别委员会成员需要

[1] 戴维斯，里姆.英才教育［M］.杨庭郊，吴明泰，等译.北京：新华出版社，1992：10-12.
[2] RENZULLI J S. The Three-Ring Conception of Giftedness: A Developmental Model for Promoting Creativity[M]//STERNBERG R J, DAVISON J E. Conception of Giftedness. NewYork: Cambridge University Press, 2005: 246-279.

熟练掌握英才学生的特征和行为表现。希望参加英才选拔的学生，将由学校或者学区的英才儿童鉴定小组进行智商测试及其他考核，鉴定小组除了要全面了解孩子的个性、成熟度以及智力和天资上特殊的地方，还要考察他们的兴趣、领导能力、协作精神，甚至家庭背景等。

目前，美国英才鉴别主要有四种模式：（1）基于推孟对英才的操作定义而形成的卡特尔—霍恩—卡罗尔智力理论（Cattell/Horn/Carroll Theory of Intelligence，简称CHC智力理论）识别法。（2）兰祖利三环理论指导下的六步动态识别法。（3）基于斯坦利的数学早慧青少年研究而实施的人才搜索计划。该计划基于美国四所区域性学术英才学生鉴别发展中心，依托校外平台（如大学、企业、基金会）进行鉴别，包括诊断测试和培养两个部分。（4）对弱势群体和非主流群体的人才鉴别。这类鉴别方式通常采用多维度评估法、档案袋评估法、动态评估法、学业成就评估法来识别传统上代表性不足群体中的英才儿童，以及针对语言障碍者进行非语言测试和识别。

1. 选拔的标准

通过多元标准对K-12年级具有较强学习力学生的智力、学术成就进行鉴别，提供满足学生需要的服务项目。英才选拔标准从智力测试发展为更包容的定义，考虑高能力学生的多样性，包括在标准化智力测试中获得高分者，以及在艺术或其他领域表现出高创造性的学生。2004年联邦政府对英才的定义为，儿童或青少年在诸如智力、创造性技能、艺术、领导力或某个学科领域等方面有突出表现，应该为这些学生提供不同于校内常规的服务或活动，来充分发展其能力。智力测验成绩不再包含在联邦政府对英才的定义中。

但是，许多州依然将智力测试成绩作为鉴别英才学生的重要手段。测试所用的语言方式，实际上更利于白人中产阶级学生。一个学生是否应该接受英才教育主要取决于该学生是否位于智力测试的前5%，其他重要的指标还包括某一方面的学术能力、创造力、领导力，以及艺术方面的表现。

2. 选拔工具与方法

目前，英才的选拔工具主要分为两类，即表现性选拔工具和非表现性选拔工具。[1] 随着英才定义和标准的变化，英才的选拔工具也随之发生改变，从单一的智力量表发展为量表与教师和家长推荐及个人评估等多种形式的结合。在“真实评估”（authentic assessment）风潮和其他非传统人才识别理论模式的推动下，标准测试与主观评估的结合运用已成为当今人才选拔的主流设计。[2]

（1）表现性英才鉴别工具

通过量表进行智力测验标志着现代意义上英才教育的开始。20世纪20年代，推孟进行了美国第一个英才教育研究项目，其对“天才儿童”的操作定义是在《斯坦福—比内智力量表》中得分处于前1%的早慧儿童。目前最常用的鉴别工具是《斯坦福—比内智力量表》第5版和《韦氏儿童智力量表》第4版。

表现性英才鉴别工具的显著特征是，测试成绩作为决定是否具有英才资格的唯一指标，教师或家长的观点、观察或传闻不作为参考依据。尽管基于表现的英才鉴别可以预测学生的学术成就、能力性向、创造力和工作表现，但将智力测试成绩作为英才的唯一指标存在一定的问题。期待的行为（如成就）不能仅仅归功于智力，研究发现，智

[1] ACAR S, SEN S, CAYIRDAG N. Consistency of the Performance and Nonperformance Methods in Gifted Identification: A Multilevel Meta-Analytic Review[J]. Gifted Child Quarterly, 2016(2): 81-101.
[2] 戴耘，蔡金法.英才教育在美国［M］.杭州：浙江教育出版社，2013：30.

力最多能解释成就的50%[1]。标准化测试针对学生的智力和成就水平进行测量，其不足在于容易忽视一部分英才儿童。智力测试常让教师产生很大偏差。按智力测试分数可能会将学生永久地分成聪明、一般或笨拙，从而常常对学生造成伤害。[2]智力量表的信度十分有限。

根据兰祖利三环理论指导下的"旋转门人才识别模型"，才能由三个要素构成，即对任务的执着、创造力和高于平均水平的能力，将英才的智力门槛设定为高于平均水平，即表现水平处于所在领域前15%左右。三环理论在很大程度上颠覆了标准单一、近乎苛刻的传统人才识别准入标准。基于三环理论，兰祖利及其团队提出动态识别的理念，认为才能不是恒定的，会依据情境而变化。所有具有高于平均水平智能的学生都有机会被纳入人才库，当他们对某个课题或项目有兴趣时会被转入英才项目，在他们完成英才项目的课题后又会被转出英才项目。

(2)非表现性英才鉴别方式

非表现性英才鉴别方式是除表现性英才鉴别工具之外的其他英才选拔方式的统称，包括教师评定量表、教师和家长推荐、自我评价、同伴评价等。这种鉴别方式的显著特点是基于判断，如借助一种工具，由个人、同伴、家长或教师通过量表来给予分数。美国国家英才儿童协会发布的《2014—2015年各州英才教育情况》报告显示，多元化标准是各州进行英才选拔的普遍方式。其中，智力测试依然是最普遍的一种测试工具，有19个州使用这一方式进行英才选拔，有19个州基于学业成就数据进行英才选拔，有12个州通过提名的方式选拔英

[1] VANTASSEL-BASKA J, FENG A X, EVANS B L. Patterns of identification and perfo-rmance among gifted students identified through performance tasks: A three-year analysis[J]. Gifted Child Quarterly, 2007(51): 218-231.

[2] 戴维斯，里姆.英才教育［M].杨庭郊，吴明泰，等译.北京：新华出版社，1992：93.

才儿童，有9个州通过多样化的州级测评实施选拔，有8个州借助档案袋的形式选拔英才儿童。多元化标准不仅使得英才选拔超越了智力测试，而且允许使用其他可供选择的测评方式，如教师和家长推荐、教师评定量表等。[1]非表现性英才鉴别的发展趋势推动了多种评定量表的发展，如天赋评定量表[2]、超常学生行为特性及评定量表[3]。评定量表和清单可以提供标准化测试中无法获得的信息。目前正在研究如何将以上不同的量表进行综合，便于教师和家长将有意义的信息放入英才选拔过程。[4]

3. 选拔的生源

波兰德（J. H. Borland）与怀特（L. Wright）强调了利用多元化标准，如观察、动态评估、成就表现，而不仅是标准化测试的成绩表现来选拔英才的重要意义，尤其是对经济处境不利和少数族群的学生。但是，教师和家长推荐、评定量表的选拔方式容易忽视有特殊性格的英才学生，以及来自其他文化背景的学生。英才的选拔应该采取更加公平的方式，以扩大英才的覆盖面，规避对种族、性别和年龄组的偏见。

教师和家长推荐也容易遭受科学严谨性的质疑，教师更倾向于选拔那些与他们的价值观、期望、规则和教学相符的学生。通常，有特殊的兴趣爱好、喜欢阅读、表现出社交意愿（如利他主义）、有毅力、勤奋、真诚、有礼貌、按时完成作业的学生属于教师较喜欢的类型，但这些学生不一定就是真正的英才。英才学生与普通学生一样具有好

[1] PFEIFFER S I. Essentials of Gifted Assessment[M]. Hoboken: John Wiley, 2015.
[2] 主要是作为IQ测试的一种补充手段，用于鉴别是否符合英才标准。
[3] 通过这种量表评价学生的智力、创造力、动机和领导能力，提供了一种结构式的定量方法。
[4] GENTRY M, MANN R L. Total school cluster grouping and differentiation: A Comprehensive, Research-Based Plan for Raising Student Achievement and Improving Teacher Practices[M]. Mansfield Center: Creative Learning Press, 2008.

奇心和独立思考能力，同时表现出高智商、独立判断能力、提前掌握学习内容、毅力、愿意挑战、不愿接受权威判断等特征。[1] 一些真正的英才儿童因为与教师的期望不符，可能不会出现在英才学生的推荐名单上。另外，教师可能对女性或某些族群有偏见。目前，西班牙裔和非洲裔美国学生，以及来自低收入家庭的学生获得英才选拔资格的人数很少。教师对经济地位较低的学生有偏见，很少认为他们需要接受英才教育。教师教育中依然需要提高教师的文化敏感性来完善对英才儿童的鉴别和培养。

4. 选拔的过程

英才的选拔需要在不同时期进行，让儿童通过多次机会来展现天赋，只通过一次测试，不能决定一个学生是不是英才。

由于英才鉴别和选拔的复杂性，表现性和非表现性的英才鉴别各有利弊，多元化的选拔方式对不同能力和不同背景的英才学生具有更多的包容性。一些州或学区将两种选拔方式交替进行，以非表现性的英才选拔方式作为标准测试的补充形式。但已有研究证明，非表现性选拔方式并不比表现性选拔方式能发现更多的英才儿童，也就是说，这两种方式应同时进行，而不是分先后实施。

四、美国英才教育的培养机制

（一）课程模式

英才教育目标的实现、培养理念的落实都需要以课程为载体，课程模式、教学方式与策略影响着英才教育的质量。巴斯卡（J. V.

[1] PASSOW A H. The Gifted and the Talented: Their Education and Development[M]. Chicago: The University of Chicago Press, 1979: 35.

Baska）和布朗（E. F. Brown）认为：英才教育课程应具有课程设计和发展框架，以便在校内学习的主要领域应用；必须针对特定人群，K-12年级都能够使用；具有灵活性，必须与多种场所和学习环境相联系，可以个别辅导，也可以大班进行。

目前，美国英才教育领域有多种课程模式，包括斯坦利的才能识别与发展课程（the Study of Mathematically Precocious Youth）、兰祖利的学校丰富课程（School Enrichment Model）、加德纳的多元智力理论课程（Multiple Intelligence）、马克矩阵（the Maker Matrix）、平行课程模式（the Parallel Curriculum Model）、吉尔福特（J. P. Guilford）的天赋无限（K-6年级）与天赋二次元课程模式（7—12年级）、斯腾伯格的智力三元理论课程、普渡大学的小学三阶段丰富课程模式与中学课程模式、巴斯卡的英才教育一体化课程模式（Integrated Curriculum Model）。[1]这些课程模式作为天才搜索计划的支撑，为英才学生提供高水平的学习经验。像大学先修课程（advanced placement）、国际学位课程（international baccalaureate），由于只针对特定年级，因此没有包含在这些模式中。

美国英才课程在增加课程内容的抽象性和模糊性（多角度看问题的能力），课程资源的复杂性和拔高性，强调多元观点、开放性问题，培养高于年级水平的批判性思维等方面还在不断改进，力求通过课程与教学改进，通过跨学科的学习为英才教育提供更复杂的概念和原则。

（二）培养模式

美国英才教育中比较普遍的培养模式主要有加速教育模式、充实

［1］ BASKA J V, BROWN E F. Toward Best Practice: An Analysis of the Efficacy of Curriculum Models in Gifted Education[J]. The Gifted Child Quarterly, 2007, 51(4): 342-358.

教育模式和能力分组模式三类。其中，加速教育模式与充实教育模式是普通课堂和特殊教育中实施英才项目的主要形式。充实教育模式主要包括抽离式项目、周末或暑期项目、资源教室等形式，通过补充新知识和深度学习满足英才学生的需求。加速教育模式则强调较快地转向新的学习内容，如提前进入幼儿园、一年级、初中、高中或大学，跳级，压缩课程，压缩学习年限（如将学习时间压缩一年），学科加速（主要针对在单科领域中具有专门天赋的学生）等。二者都是适应英才学生较高能力和个人要求，拓展深度和广度，培养创造力和其他高级思维能力的有效方式。在有些英才计划和活动中，二者的界限是模糊的。此外，能力分组有多种形式，从普通课堂中的完全参与到完全分离的专门英才学校，不同形式的分组教学为英才学生提供专业性的教育。

1. 加速教育模式

加速作为适应英才学生学习需要和能力的一种调节方式，获得了大量实证研究的支持。加速课程通常包含最大量的课程调节，以促进学生学业的快速完成，从而产生很大的成就。罗杰斯（Karen Rogers）的合成研究表明有6~12种加速培养模式，包括早入学、跳级、早毕业、浓缩课程（如原本需要4年学习的内容用3年时间学完）、导师制和大学课程先修等，参加这个项目的学生具有更好的学业成就表现。[1] 加速课程对英才学生具有积极的意义，但也有教师不提倡英才学生跳级，认为这样不利于学生的社会化。[2]

---

[1] KULIK J A, KULIK C C. Effects of Accelerated Instruction on Students[J]. Review of Educational Research, 1984(54): 409-425.

[2] NEIHART M. The Socioaffective Impact of Acceleration and Ability Grouping: Recommendations for Best Practice[J]. Gifted Child Quarterly, 2007(51): 330-341.

目前，针对加速班如何实施教学还缺乏深入研究。比如，教师怎样决定教学内容，参考标准是什么；使用哪种教学策略，如分组、家庭作业、课程安排、课堂活动、评估技术，这些教学策略与学年常规教学有何异同；教师如何认识快班中英才学生的动机、态度、准备和成就，这种认识又如何影响教师对英才学生的教学与课程调整，等等。

2. 充实教育模式

充实教育模式，是指在不改变就读年级的情况下，向英才学生提供常规课程之外的拓展课程，包括垂直充实（增加课程的深度）和水平充实（增加课程的广度）两种。学校充实模式已经成为英才教育最普遍的教学形式。学校充实模式通过三种充实经验提高学生的参与性，即通过对现实生活中多种职业的接触来扩展传统课程的内容，增强对现实生活问题进行信息加工的能力，以及通过培养兴趣和解决现实生活问题的能力来发展探索性与创造性。

与普通课程相比，学校充实模式的课程为英才学生提供了广泛的话题和一定的学习深度，更复杂的问题解决和探究能力，以及超出普通课程框架的学业成就。[1]这种模式提倡在真实背景和问题中进行有意义学习，其课程和教学从两个方面强调了基于问题的学习（problem-based learning）：以学生为中心，鼓励他们学习自己感兴趣的话题；关注学生如何学习，从而改进学习过程，以开放性问题作为学习刺激和框架。这种以学生为中心的学习方式有助于培养自我导向意识，形成内在学习动机和终身学习能力。学生必须明智、有效地利用掌握的

[1] REIS S M, RENZULLI J S. Research Related to the Schoolwide Enrichment Triad Model[J]. Gifted Education International, 2003(18): 15-39.

知识和技能解决非结构性问题，如设计超出已有常识的问题解决方案，而绝非对已有知识的简单引用、复述、复制，学生必须进行探究性学习。学校充实模式有助于学生创造能力的培养，个性化和社会化发展，以及自我效能的提高。[1]

3. 能力分组模式

能力分组模式主要与教学的组织形式有关。英才学生与同龄人相比具有不同的学习方式，但在普通学校中这些需要往往得不到满足，结果导致学生潜能得不到充分发挥，导致社会情感问题和行为问题的出现。大部分学校都会为英才学生提供针对性的教育和服务。能力分组具体分为以下三种类型：

（1）普通型分组。英才学生与普通学生同处一个教室学习，但课内和课后都有针对英才学生的区别性课程，如资源教室、班内分组（within-class grouping）。班内分组是指同一班级中学生按能力分成小组进行学习，每组学生与教师有一段时间的直接交流，同时其他的小组独自完成安排的学习任务。

（2）特殊型分组。为英才学生专门开设英才班或者英才学校。英才班根据学生大部分或全部学业表现对学生进行分组。尽管英才学生和普通学生共同参加音乐、艺术或体育课，但英才组的学生与普通学生在课堂上很少接触。英才专门学校的通常做法是英才学生被安置在一个独立场所一起学习并接受快进度的教学。专门学校通常是私立的非营利性组织，其办学指导思想是为学生个性化学习需要提供综合服务。

（3）混合型分组。这一类型是上述两种分组方式的混合，可以同

[1] SCHACK G D, STARKO A J, BURNS D E. Self-efficacy and Creative Productivity: Three Studies of Above Average Ability Children[J]. Journal of Research in Education, 1991(1): 44-52.

时具备二者的优点，如抽离式项目（pullout programs）。抽离式项目是指在学期内，学生离开普通课堂几周时间，与其他英才学生共同参加专门班的充实或拓展活动。在普通课堂中，教师压缩英才学生的课程，即学生在较短的时间内掌握统一要求的学习内容，从而能够参与课堂外的充实项目。这种方式有助于良好师生关系的建立、技能的提升和学习动机的增强。在一个同龄的数学抽离式项目中，学生从不同的班级而不是常规数学教学中抽离出来。这些学生对分组有积极的态度，有机会和能力相近的同龄人一起学习。

抽离式项目根据英才儿童的水平和学习步调提供不同的学习资料。在这种项目中，由于不需要等其他同伴对学习内容的理解掌握，学生更能找到适合其学习程度的方式。一方面，学生不需要将自己的学习期望和步调与学习能力较低的同伴保持一致；另一方面，教师也不需要关注学生基本技能的掌握，从而可以将注意力放在高水平的思考和研究技能的获得上。这为英才学生提供了更具有挑战性的学习环境，有助于获得更加积极的学习态度。此外，他们既可以与普通班的普通学生进行交流，也可以与一起参与抽离项目的英才学生进行交流。在后一种交流中，他们能够更好地认识自己，不会感受到“不同”，与同伴的相处也更轻松。在这种项目中，学生不是完全脱离一般教室，对英才学生和非英才学生都有积极的影响。通过这种形式，普通学生也可以向英才学生学习。英才学生也可以学习如何与非英才学生沟通。而且，这种形式可以避免“大池小鱼”（small fish in a big pond），让英才学生对自我有更好的认识。

当然，英才培养模式还需要在以下几个方面进一步完善：提供的学习活动应有利于学生在任务完成中培养更多的独立性；在课堂内容呈现中减少基础性信息；在学习方式上提供多样化选择，以提高教学的效率。

（三）英才教育实施案例

1. 华盛顿大学早入学计划

1977年，华盛顿大学罗宾逊英才教育中心（Robinson Center for Gifted Education）建立了“早入学项目”（the Early Entrance Program），让小于15岁的英才学生进入大学加速学习，为期1年。2001年，青年人才学院（the Academy for Young Scholars）加入罗宾逊英才教育中心，作为第二个为十年级以上学生提供的早入学项目。从成立至今，罗宾逊英才教育中心在英才学生的学业发展、社会交往和情感发展方面进行了深入研究。其入学条件是，学生参加超年级水平测试，如美国大学入学考试（ACT），成绩一般要求达到百分等级95以上，并参考其近两年的在校成绩。申请者及家长首先利用一个整天的时间参观学校，然后与已进入早入学计划的学生交流，最后学校分别对家长和学生进行面试。每年约有25%的申请者可以通过面试，班级人数通常限制在16人左右。罗宾逊中心还建立了家长联盟，为英才学生家长提供咨询服务，帮助解决学生入学第一年可能遇到的社会与情感问题。

在正式进入华盛顿大学之前，英才学生会在预备学校中就读，大多数的两年课程压缩为3个学期，与华盛顿大学的学期一致。在前两个学期，学生学习5门课程：英语（写作、文学）、历史（中世纪和现代西方文明史，美国史）、物理、数学和伦理学。在第三学期，物理和伦理学被5个学分的大学选修课代替，教学工作依然由罗宾逊中心的教师承担。学生从罗宾逊中心毕业后，将成为华盛顿大学的全日制本科生。

2. 英才搜索计划

英才搜索计划在美国已有30多年的历史，作为鉴别英才的基本手段，该项目有利于发现和发展学生的特殊潜质。美国主持天才搜索计划的中心大多设立于大学中。人才搜索计划主要通过人才搜索（discovery）、特质描述（description）、教育发展（development）和计划推广（dissemination）四个方面发掘并培养数学和语文英才生，为这些学生提供加速学习项目。天才搜索计划主要为英才学生提供如下服务：采用标准化年级水平测试，再通过超年级水平测试（如SAT、ACT、Explore等）对学生的能力水平进行评估；基于测试成绩为学生提供个性化教育计划；为学生提供周末课程、暑期课程、比赛、竞赛、远程教育等额外教育资源；通过新闻简报、杂志、会议或个人咨询的形式为学生提供服务。

例如，约翰斯·霍普金斯大学针对二至八年级英才学生设立了英才青少年中心（Center for Talented Youth）。该中心通过暑期课程、远程教育课程、周末课程、家庭学术活动、专题研讨、研讨会等形式为英才学生提供相应服务。首先，学生的学业成就测试成绩需达到前5%，州能力测验达到精熟水平以上，或由家长推荐。之后，学生接受超年级水平测验（如SCAT、ACT、SAT、STB等）。1981年，杜克大学仿照约翰斯·霍普金斯大学英才搜索计划模式设立了人才识别项目（Talent Identification Program）。另外，西北大学设立了人才发展中心（the Center for Talent Development），丹佛大学启动了落基山人才搜索项目（the Rocky Mountain Talent Search Program），随后艾奥瓦大学和卡耐基梅隆大学也成立了英才中心。

目前，美国的英才搜索计划在合理性方面进行了提升。为了避免太过独立于学校，英才中心正在逐渐加强与中小学的合作，通过为学校提供当地学生的测试成绩，鼓励学校基于天才搜索成绩的相关信息开展校内的英才教育或普通教育。

3. 大学先修课程

大学先修课程项目（the Advanced Placement Program，简称AP项目）于1955—1956年正式设立，由美国大学理事会负责开发与管理，AP课程与AP考试构成了该项目的核心。AP课程是在高中阶段开设的、达到大学学术标准与学业水平的课程，供高中生选修。据统计，美国有60%的高中学校已经开设了AP课程。学生在AP课程结束后参加全美统一命题的相应AP考试，若考核合格（即获得3~5分），则可以在进入大学之前就获得大学认可的学分或直接学习高级课程的机会。

五、美国英才教育的实施者

（一）英才教师

英才学生由于其独特的心理特征和个性化学习要求，需要专门教师帮助他们更好地了解自己的能力，解决个人和社会方面的挑战，并制订恰当的学习目标。英才学生需要特殊的课程、最优的学习环境和能满足这些需要的教师。同时，教师对课程、学习环境和教育的其他方面都有积极影响。[1]教师通过接受适当的培训可以为英才学生提供满足其特殊需求的教学。

通常，英才教育项目的成功很大程度上取决于高能力水平的教师，如果教师掌握了英才教育所需要的知识技能，英才教育项目的成

[1] GROSS M U M. Musings: Gifts to the Gifted—Training Our Teachers[J]. Understanding Our Gifted, 2002, 15(1): 25-27.

功率将会大大提高。教师的个性与英才学生的个性越相近，越有利于学生的学习进程和教师的教学过程。纳尔逊（K. C. Nelson）和普林德尔（N. Prindle）认为，英才教师应具备六项基本能力，即较高的思维水平、创造性解决问题的能力、组织教学材料的能力、情感能力、独立研究的能力、对英才学生特质的了解。[1] 菲尔德豪森（J. F. Feldhusen）认为英才教师应努力发展以下方面的能力：教学技能、思维能力、问题解决能力、创造性、与英才学生互动的能力、激发学生学习动机的能力、开展以学生为中心的活动的能力、独立研究能力。[2] 此外，教师的个体特质，如丰富的教学经验、成就动机、对天赋有积极的态度等，都对其教学效果具有影响。具有这些特质的教师在课程设计和教学实践中会更加积极地去关注英才学生的学习速度、学习障碍和学习热情。

一般认为，英才学生占同年龄段学生人数的3%~5%，这意味着教师队伍中也应该有相近比例的英才教育教师。但实际情况并没有这么完美。21世纪以来，由于英才教育财政经费的紧缩和融合教育的开展，美国大多数K–12年级英才学生都是在普通教室接受教育的，相应地，多数教师没有接受过专业的英才教育培训。

通过培训有助于教师了解英才的定义、选拔标准、智力测验的作用，从而更有效地鉴别英才学生，在教学时也更加充满活力，并关注到学生的学业水平、学习兴趣、学习方式和学习动机。美国从1974年开始，逐渐将英才教育教师培养纳入教师培养体系，要求在师范院校

[1] NELSON K C, PRINDLE N. Gifted Teacher Competencies: Ratings by Rural Principals and Teachers Compared[J]. Journal for the Education of the Gifted, 1992(15): 357–369.

[2] FELDHUSEN J F. Educating Teachers for Work with Talented Youth[M]//COLANGELO N, DAVIS G A. Handbook of Gifted Education. Boston: Allyn & Bacon, 1997: 547–552.

开设英才教育专业学位课程，培养英才师资。在全美获得资格认定的1 700多所大学和学院中，有115所学校提供英才教育教师培养项目，有十多个培养英才教育硕士的计划，提供英才教育需要的学历、认证和资质。进入21世纪以来，随着美国对低学业成就和问题学生的关注，教师对高潜能学生特殊需求的关注逐渐减少。因此，英才教育师资培训的问题转变为如何为所有关注英才学生的教师提供培训。传统上，英才教育的师资培训主要通过研究生教育进行，但只有少数小学教师会选择英才教育硕士学位。因此，大部分针对小学教师的英才教育培训只能以在职工作坊的形式展开。

为了更好地对全国英才教育教师进行评估和培训，2006年美国英才教育协会（The Association for the Gifted）、国家英才儿童协会与特殊儿童教育委员会（Council for Exceptional Children）联合制定了《PreK—12年级天才儿童教育教师标准》（Teacher Preparation Standards for Gifted Education in Pre-K to Grade-12 Settings）。[1] 该标准规定了英才教育教师所需掌握的知识和技能，规定必须按照此标准对职前教师进行培养。该标准提出，英才教育教师应了解英才教育政策、法规、原则，认识英才儿童发展特点、个性特征、学习差异、鉴别方式、教学策略与评价等方面，从而促进和提高自身的专业发展。全国教师教育资格认定委员会（National Council for Accredition of Teacher Education）依据《PreK—12年级天才儿童教育教师标准》对天才儿童教育机构和毕业生质量进行审核，规范天才儿童教育教师培训机构办学。2013年，国家英才儿童协会与特殊儿童教育委员会重新

[1] National Association for Gifted Children, Council for Exceptional Children, The Association for the Gifted. NAGC-CEC Teacher Knowledge and Skill Standards for Gifted and Talented Education[EB/OL]. [2016-02-20]. http://www.nagc.org/index2.aspx?id=1862.

对《PreK—12年级天才儿童教育教师标准》进行了修订，以适应天才儿童教育的发展需要。[1]

英才教育教师培养包括三个层次，即培养主要从事课堂教学的教师、资源教师以及主要从事英才教育管理的教师。目前，美国英才教育教师培养模式主要包括高校中的职前培养，暑期学院、师范中心、服务中心的在职培养、函授、合作和辅导，以及英才教育专业学士、硕士和博士培养。由于受到交通不便、英才教育资源不足等问题的困扰，农村地区英才教育教师职前培养主要通过函授和网络形式进行。在职培训模式则主要有暑期学院、师范中心、服务中心三种。

（二）家长

家长提名是英才儿童鉴别的一种有效方式。家长在鉴别儿童才能方面具有可靠性。作为孩子的第一任老师，家长从儿童早期的行为表现中发现他们的兴趣和某些方面高水平的能力，承担孩子的早期教育。家长可以通过多种途径优化孩子的学习经验，不仅可以引导孩子参加一些活动或取得成就，还可以在一些特殊领域培养利于孩子取得成就的态度、行为方式。另外，重视教育、学习、学校和尊重个性的家长通常会意识到培养兴趣的重要性，为儿童营造积极的成就导向氛围。

英才儿童的特性和需求构成了养育的复杂性，这使得家长的作用更加复杂，且面临更多的挑战。[2]他们需要选择适合孩子的教育形式，会为学校不能提供充分满足孩子需要的教育而苦恼，甚至觉得为

[1] National Association for Gifted Children. Comparison of 2013 NAGC-CEC Teacher Preparation Standards in Gifted and Talented Education to 2006 Standards [EB/OL]. [2016-02-20]. http://www.nagc.org.

[2] WEBB J T, GORE J L, AMEND E R, DEVRIES A R. A Parent’s Guide to Gifted Children[M]. Scottsdale: Great Potential Press, 2007.

了找到合适的学校有必要搬到新的社区。另外，英才学生的家长常常为社会缺乏对英才儿童的正确认识和合理应对而苦恼。与此同时，大部分天才儿童的家长缺乏足够的育儿经验，他们往往比普通学生的家长承受更多的压力。[1]

当家长参与到英才教育的教学实践过程中时，他们会增加在家庭中与孩子的互动，且对帮助英才儿童持有更加积极的态度。除了参加公立学校的英才教育项目，英才儿童家长通常还会选择其他形式的教育途径，如私立学校[2]、早入学项目[3]、天才搜索项目、在家上学等。

六、美国英才教育存在的问题与发展趋势

（一）美国英才教育存在的问题

经过一百多年的发展，美国英才教育已经形成了完备的教育体系，但在快速发展的同时，也面临着一些问题：第一，英才儿童鉴定标准单一。尽管英才教育理论研究和实践表明英才儿童的鉴别需要多重标准，但学校或地区在实践中，仍主要借助智力测验和学业测试成绩来对英才儿童进行识别，很少按多元标准去鉴别英才学生。第二，英才教育优质师资不足。2008年，美国联邦教育部对某学区的教师情况进行了调查，结果显示，当年1—10月招聘的2 224名教师中，有77名属于短缺的英才教师，占比约为3.5%。而这77名教师中，有31人所学

[1] MORAWSKA A, SANDERS M R. Parenting Gifted and Talented Children: Conceptual and Empirical Foundations[J]. Gifted Child Quarterly, 2009(53): 163-173.

[2] HISHINUMA E. Parent Attitudes on the Importance and Success of Integrated Self-contained Services for Students Who Are Gifted, Learning Disabled, and Gifted/learning Disabled[J]. Roeper Review, 2000(22): 241-250.

[3] NOBLE K D, CHILDERS S A, VAUGHAN R C. A Place to Be Celebrated and Understood: The Impact of Early University Entrance from Parents' Points of View[J]. Gifted Child Quarterly, 2008(52): 256-268.

专业与之不符，40%的教师未获得英才教育资格证但从事着英才教育工作。英才教育中这种职业资格与任职岗位不符的情况在所有特殊教育中是占比最高的一类，远高于残疾人、盲人、聋哑人教师资格匹配程度。尽管校长通常安排教学经验丰富的学科教师来担任英才教师，但这些教师并未接受过系统的英才教育课程培训。第三，英才教育教学方法单一。英才学生的特质以及个体之间的差异决定了英才教育教学方法的多样化，但实际教学过程中教师往往采取单一的教学方法，无法满足英才学生的学习、心理、情感和社会发展需要。第四，英才学生的潜能发展不足。英才学生在知识水平方面可能超过同龄学生1至2个年级，其学业成就通常高于最低学业标准，为此教师要提供具有挑战性的教学活动来促进其潜能得到发展。但由于联邦《不让一个孩子掉队法案》对标准化测试的强调，学校降低了对高学业表现的要求，没有对英才学生予以充分的重视，大部分英才学生在普通班级学习，因此他们的学习兴趣和某一方面的才能没有得到充分发展。

（二）美国英才教育的发展趋势

尽管大量的研究为学校开展英才学生提供了充分的理论支持，但根植于社会大众的态度，以及平均主义思想和民主主义的观念阻碍了为英才学生提供满足其教育和社会情感需要的相关服务的步伐。21世纪以来，美国联邦政府对英才学生发展的关注相对较少。首先，社会对英才教育持有敌意，害怕知识精英的发展。因此，大众对学术英才的特殊教育怀有抵抗心理。其次，人们通常认为英才学生已经掌握了基本的知识，即使在没有额外资源支持的情况下，他们也能取得学业进步，不再需要针对性的教育。还有一种观点认为，只有当英才儿童测试成绩达到很高的分数，他们才需要接受特殊教育，或认为通过英才学生可以促进其他学生的发展。这些错误的认识都导致学校对英才教育关注不够。再次，对英才学生社会交往能力和情感伤害的担心也形成了一种社会阻力。例如，有些家长担心加速课程会使孩子变得孤独，或增加他们的学业压力。最后，一些学生由于特殊能力被遮蔽而未被鉴定为英才学生，因此得不到合适的教育，尤其是那些有学习障碍的学生，如阅读困难的学生。

近年来，许多学者和社会大众对基于智力遗传理论的天才观和一些有违社会公平的教育实践提出了批评，对忽视少数族裔儿童或贫困儿童的倾向进行了激烈批判。相关学者呼吁在美国英才教育实践中应加强融合，不断拓展英才教育服务对象的范围。融合教育的呼声对于英才教育领域优质教师资源的配置、跨机构的合作提出了更高的要求。

第三节

英国英才教育的政策与实践

英国英才教育的发展并非一帆风顺，传统的精英教育思想是英才教育普及化的桎梏。但从整体上看，英国的英才教育在20世纪90年代至21世纪初的快速发展阶段中形成了自身的规模和体系。相关政策与立法在这一过程中不断完善，英才的鉴别、培养模式和支持体系也逐步稳固下来，为现今的英才教育自主发展模式积累了丰富的资源。

自20世纪五六十年代起，世界主要发达国家纷纷将精英人才培养作为国家战略发展的重要举措。英才教育作为对普通教育的必要补充，被许多国家提上议事日程。英国政府也开始以立法的形式将其确定下来，设立专门的英才教育管理与研究机构。英才的选拔、培养及教育支持在各大项目的运行中形成了相对稳定、具有较高水平的体系。本节将探讨英国英才教育鼎盛时期的学生选拔与培养以及英才教育支持体系，了解其如何让英才教育面向全体，保证每一位英才学生都能得到适合的教育，发展个人潜能。

一、英国英才教育的发展历史

英国英才教育的发展有着曲折的历史。由于阶级森严的社会时代的局限，最初英国英才教育的受众面相当狭窄。在20世纪初，英国的教育体制是严格的双轨制，英才儿童有两种截然不同的出路：出身富贵家庭的英才儿童能进入文法中学和公学接受优质教育，而出身贫寒的英才儿童受限于家庭环境，所获得的教育机会很少，大多数未能实现潜能发展。当时的精英教育限制了普通家庭英才儿童迈向卓越的教育。战后社会民主思想席卷英国，依旧阻碍着英才教育的发展。在民主化思想的影响下，人们对教育公平的追求与日俱增，为了实现教育机会的公平，政府大力推行综合中学，旨在让所有儿童，无论其家庭背景如何，都有机会接受中等教育。“在综合中学，‘平均主义’和‘机会公平’是热门词汇，在这样的背景下，英才学生无法获得特殊的教育照顾，因为这会让人们联想到这是一种特权或偏爱。”[1] 在综合

［1］ WALLACE B, ADAMS H B. An Examination of the Development of the Concept of Gifted Education in the United Kingdom an Analysis of the Current Position with Suggestions for a Positive Way Forward[J]. Gifted Education International, 1985, 3(1): 4–11.

学校，教师教学的关注对象是中等能力水平的学生，而高能力学生被大部分教师忽略。教师们认为“英才学生可以照顾好自己”，学校为他们提供的特殊教育服务很有限，甚至有教师对英才教育持反对态度，认为“在一所综合学校中承认存在一批需要特殊教育的特殊学生是错误的”[1]。英国皇家督学团也多次在调查报告中指出，大部分英才学生没有得到具有挑战性的教育。

到了20世纪70年代，英国学术界开始关注英才教育。1974年，由政府资助的全国英才儿童教育协会（National Association of Able Children in Education，简称NACE）正式成立。1975年，第一届世界英才儿童大会在伦敦召开，会议主题聚焦在如何鉴定和教育英才儿童。1977年，英国教育部第一次以“英才儿童的教育”为题，组织来自地方教育当局的课程顾问和教育心理学家举办了大会。1979年，英国教育部为中小学教师组织了同主题的研讨大会。但在1979年至1997年间，以撒切尔为核心的保守党政府对英才教育问题持消极态度，英才教育并未得到应有的重视。英才教育一直仰赖的是地方慈善团体或教师个人的付出和奉献，当时的英才教育处于边缘地带，以一种补充学校教育、零散的、片段化的方式进行。随后新工党上台执政，布莱尔政府开始将英才教育列入国家法律规定。1997年，布莱尔政府发布教育白皮书《追求卓越的学校教育》（Excellence in Schools），这标志着英国英才教育进入快速发展阶段。布莱尔政府认为英才学生没有获得公平待遇，处于弱势地位，这就相当于打着“公平”的旗号剥夺了英才儿童“受教育”的权利。政府决议将英才

[1] INSPECTORATE H M. Gifted Children in Middle and Comprehensive Secondary Schools. From the Department of Education and Science. HMSO: London, 1977.

教育融入普通教育，英才教育不再是一种校外补充式的教育。1997年，英国教育与人力部在向国会提交的特殊教育报告书《让所有儿童迈向卓越——满足其特殊教育的需求》中提到，每个儿童都有才能发展的需求，英才教育不能仅仅照顾少数的精英，也要发展全民的潜能（包括向残障儿童、贫困生以及少数族裔等特殊群体的英才学生提供英才教育机会）。2003年的英国教育白皮书提出“个性化学习”的教育方针，强调关注学生群体中有不同天赋、才智、兴趣和需求的学生，依据学生的特点和需求制定并实施适合学生发展的教学计划，确保儿童天赋和潜能得到最大限度的实现，并且特别指出要满足英才学生的特殊学习需求。[1]在“面向全体，照顾特殊”的全民卓越理念下，英国教育部门开始划拨巨额教育经费，陆续运作一系列英才教育项目，相关的政策文件也对英才学生的鉴定、英才教育模式、师资培训和管理体制等作了详尽的说明（见表2-3），将英才教育落实到基础教育的各个学段。

表2-3 英国英才教育发展历程简表

时间	事件
1993年	全国英才儿童教育协会（NACE）和教育部联合启动“支持公立学校中的英才教育”（Supporting the Education of Able Pupils in Maintained Schools）项目。
1999年3月	启动“卓越城市计划”（Excellence in Cities，简称EIC），包括“英才教育”子项目。
2001年4月	颁布绿皮书《奠基于成功的学校》（Schools: Building on Success），打算为英才儿童建立一个新机构，为其学校课程学习和大学校园暑期项目提供支持。

[1] MILIBAND D. Opportunity for All: Targeting Disadvantage through Personalised Learning[J]. New Economy, 2003, 10(4): 224-229.

（续表）

时　间	事　　件
2001年9月	颁布白皮书《迈向成功的学校》（Schools: Achieving success），明确提出支持英才教育的发展，并宣布要建立国家英才学院（National Academy for Gifted & Talented Youth，简称NAGTY）。
2002年2月	颁布绿皮书《14—19岁：机会延伸、水准提高》（14—19：Extending opportunities，raising standards），提议英才学生可以跳过GCSE考试，区分A-level考试难度，为英才学生提供更具挑战性的试题。
2002年	国家英才学院在华威大学建成，为全国前5%的11—19岁英才学生提供特殊课程服务，政府每年出资475万英镑,赞助其运行5年。
2005年	颁布白皮书《为了全体学生：更高的标准，更好的学校》，规定学校应为英才儿童提供个性化教育，教育部与国家英才学院、国家战略委员会、特色学校联合会、青年体育基金会等部门合作，为所有中小学英才教育提供指导和专家教师培训。
自2006年起	学校必须在每年一月的普查统计表上登记本校的英才学生比例，被登记的学生才有资格申请加入国家英才学院。
2007年5月	政府出资360万英镑，赞助9所地区性卓越中心（Excellence Hub）运行4年，这些中心与大学、中小学和其他机构合作举办暑期学校等英才教育服务项目。
2007年9月	成立青年英才学院（Young Gifted and Talented，简称YG&T），接管NAGTY的诸多事务，该机构主要通过网络平台服务于4—19岁的英才儿童。
2008年7月	政府出资支持“城市挑战计划”（City Challenge）的英才教育部分，旨在提高伦敦市区、黑人社区以及曼彻斯特地区贫困英才学生的学业成就。
2009年	政府颁布策略书《全面卓越计划：全校英才教育提升方案》（Excellence for All: A Gifted and Talented Approach to Whole-school Improvement，简称EFA），为英才学生、家长、教师及学校分别提供指南。
2010年11月	政府颁布策略书《国家战略英才项目评估：最终报告》（Evaluation of the National Strategies Gifted and Talented Project: Final Report）。

（续表）

时　间	事　　件
2011年	政府与华威大学的合约到期，国家英才学院解散。华威大学与合作伙伴自主设立了一个新的服务机构——英才青少年国际社区（International Gateway for Gifted Youth，简称IGGY），主要服务各国前5%的11—19岁英才学生，英才教育开始走向国际化。

资料来源：The Sutton Trust: Educating the Highly Able [EB/OL]. [2018-12-19]. http://www.suttontrust.com/wpcontent/uploads/2012/07/Educating-the-Highly-Able-Report.pdf.

2010年，新工党结束执政，卡梅伦保守党重新制定国家政策。可惜的是，新政府并没有延续工党的教育政策，“国家战略”没有后续的资金支持，教育部的英才教育小组被撤销，之前政府组织开发的英才教育方面的资源被转入国家文献网站，成为历史资源。扶持英才教育的经费也被并入一般教育经费，英国政府在各校推行的英才教育项目陆续终止。但之前的快速发展阶段已基本实现英才教育的普及化，在继承与变革中，英国英才教育开始进入学校“各自为政”的自主发展模式，更多的家长和社区资源也开始渗透进来。

二、英国英才学生的鉴别

（一）英才学生的定义

英国教育部文件[1]将英才学生（gifted and talented students）定义为：具有一种或多种明显优于同龄人的能力（或潜能）的青少年。英国教育部门的语境中，“gifted”一词指代那些有较高学术天赋的学生，“talented”则指代在体育、表演、创造性艺术、社会活动和领导

[1] Identifying Gifted and Talented Learners-Getting Started (Revised May 2008) [EB/OL]. [2017-12-19]. http://webarchive.nationalarchives.gov.uk/20130401151715/https:/www.education.gov.uk/publications/eOrderingDownload/Getting%20StartedWR.pdf.

力等方面有突出天赋的学生。

可见，英国鉴别英才学生并不局限于学术能力，还包含更广阔的领域。政府权威文件《鉴别资优生——从此开始》（Identifying Giftedand Talented Learners-Getting Started）把英才学生划定为在全校综合排名前5%的学生，但这一比例设定并没有理论依据，只在统计学上存在一定意义，所以这一比例并非绝对，各校在英才学生数量的确定上有弹性变动空间。

（二）英才学生的鉴别流程

在英国，英才学生的鉴别是一个系统的持续化的过程，而非特定时间内一连串的考试。鉴别英才学生的具体程序在各校进行，主要由英才儿童的授课教师完成。为了避免受到教师的主观影响，确保每个英才儿童的教育机会，英国学校建立了一套完整的英才学生鉴别流程（见图2–2），教师需定期审查英才学生的学习表现，并根据学生反馈来修订这套体系。

英国教师要为英才鉴别与评定搜集丰富的支撑材料。在平时，教师要从不同角度仔细观察学生，可依据被评价者的年龄和评价的能力范围，有选择性地参考指导文件[1]中提到的几种方法去发现英才儿童：

——提名：包括教师提名、自我提名、同伴提名、家长提名、其他教育者或者教育机构提名。

——参考学业成绩（如SAT考试）、心理测验、行为观察。英国

[1] Gifted and Talented Pupils: Guidelines for Teachers [EB/OL]. [2017-12-19]. http://ccea.org.uk/sites/default/files/docs/curriculum/guidelines_general_strategies/sengifted_guidelines_for_teaching.pdf.

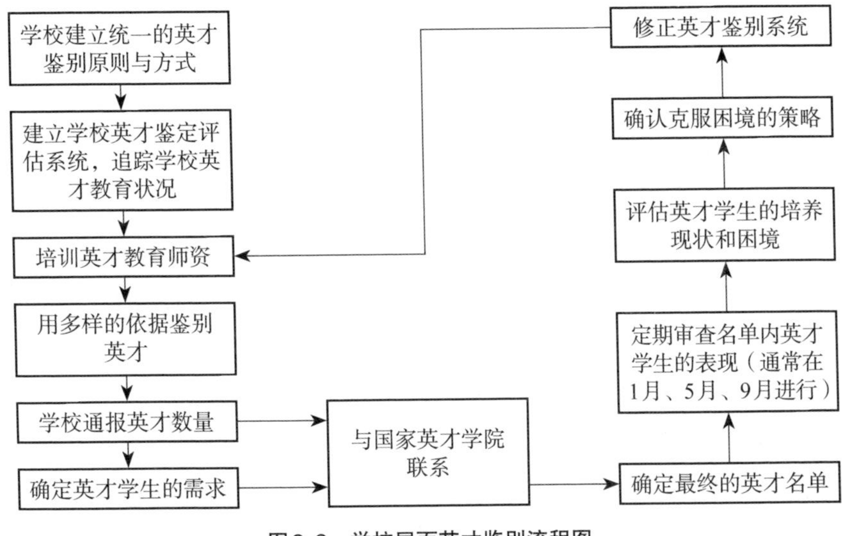

图2-2　学校层面英才鉴别流程图

资料来源：DCSF. Identifying Gifted and Talented Learners—Getting Started (2nd ed.). 2008.

的教育研究者基于几十年来对英才儿童的研究已形成一定的成果，其中包括对英才学生的一般行为特点进行总结的量表（学术潜能、创造力方面的观察量表见表2-4、表2-5），教师可通过对照量表来判断学生是否具有特定的能力。

——参考课程标准划分的达标要求。其中，对于单科能力突出的学生，也就是俗称的“偏才”，英国教育部建议参考国家课程标准中对能力水平的描述来发掘该科目的英才学生。国家课程标准对学生在7岁、11岁、14岁、16岁时各科目应掌握的知识、技能和理解水平作了规定，教师可以参考对比学生处于哪个阶段的能力水平。

以上几种评价方法中，英国教师最常用的是行为观察和成绩参考。此外，英国英才教育特别关注特殊群体的英才学生，如低成就英才学生，身体有障碍的学生，少数族裔和弱势家庭背景的学生。所

表2-4　学术潜能观察量表

<table>
<tr><th>姓名/学号</th><th>等　级</th><td rowspan="21">你可以从以下维度来判定学生的此项潜能（学生不需要满足所有的条件，符合其中几项即可）：
• 逻辑思维/分析能力
• 抽象思维能力
• 数学能力
• 科学/技术能力
• 语言技能（词汇量丰富，表达流畅，在外语学习上有天赋）
• 学习能力（理解力强，记性好，复述能力好，学习积极）
• 推理、组合能力
• 知识面广
• 在某些特定领域有扎实的知识基础

评级标准：
1=前10%
2=前10%~20%
3=前20%以外</td></tr>
<tr><td>1</td><td>1　2　3</td></tr>
<tr><td>2</td><td>1　2　3</td></tr>
<tr><td>3</td><td>1　2　3</td></tr>
<tr><td>4</td><td>1　2　3</td></tr>
<tr><td>5</td><td>1　2　3</td></tr>
<tr><td>6</td><td>1　2　3</td></tr>
<tr><td>7</td><td>1　2　3</td></tr>
<tr><td>8</td><td>1　2　3</td></tr>
<tr><td>9</td><td>1　2　3</td></tr>
<tr><td>10</td><td>1　2　3</td></tr>
<tr><td>11</td><td>1　2　3</td></tr>
<tr><td>12</td><td>1　2　3</td></tr>
<tr><td>13</td><td>1　2　3</td></tr>
<tr><td>14</td><td>1　2　3</td></tr>
<tr><td>15</td><td>1　2　3</td></tr>
<tr><td>16</td><td>1　2　3</td></tr>
<tr><td>17</td><td>1　2　3</td></tr>
<tr><td>18</td><td>1　2　3</td></tr>
<tr><td>19</td><td>1　2　3</td></tr>
<tr><td>20</td><td>1　2　3</td></tr>
</table>

表2-5　创造力观察量表

<table>
<tr><th>姓名/学号</th><th>等　级</th><td rowspan="21">你可以从以下维度来判定学生的此项潜能（学生不需要满足所有条件，符合其中几项即可）：
• 好奇心，知识探索欲望
• 想象力
• 创造性思维/创新思维
• 独创能力
• 思维灵活度（反应敏捷，能从多角度考虑问题）
• 自我满足，独立思考能力
• 独立解决问题能力
• 兴趣导向型，爱好多样
• 有稳定的爱好

评级标准：
1=前10%
2=前10%~20%
3=前20%以外</td></tr>
<tr><td>1</td><td>1　2　3</td></tr>
<tr><td>2</td><td>1　2　3</td></tr>
<tr><td>3</td><td>1　2　3</td></tr>
<tr><td>4</td><td>1　2　3</td></tr>
<tr><td>5</td><td>1　2　3</td></tr>
<tr><td>6</td><td>1　2　3</td></tr>
<tr><td>7</td><td>1　2　3</td></tr>
<tr><td>8</td><td>1　2　3</td></tr>
<tr><td>9</td><td>1　2　3</td></tr>
<tr><td>10</td><td>1　2　3</td></tr>
<tr><td>11</td><td>1　2　3</td></tr>
<tr><td>12</td><td>1　2　3</td></tr>
<tr><td>13</td><td>1　2　3</td></tr>
<tr><td>14</td><td>1　2　3</td></tr>
<tr><td>15</td><td>1　2　3</td></tr>
<tr><td>16</td><td>1　2　3</td></tr>
<tr><td>17</td><td>1　2　3</td></tr>
<tr><td>18</td><td>1　2　3</td></tr>
<tr><td>19</td><td>1　2　3</td></tr>
<tr><td>20</td><td>1　2　3</td></tr>
</table>

资料来源：HELLER K A, HANY E. Identification of Gifted and Talented Students[J]. Psychology Science, 2004, 46(3): 302–323.

以，教师除了及时发现那些已显露出非凡能力或天赋的英才学生，在平时还要关注因内外部环境限制而暂未表现出潜能的"隐形"英才学生。教师对英才学生的具体鉴别流程如图2-3所示。

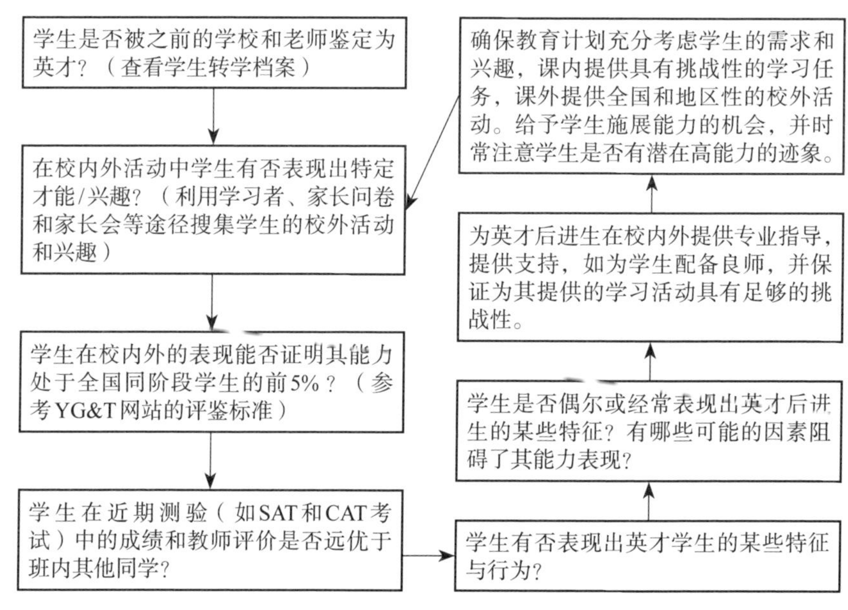

图2-3　英国教师鉴别英才学生的流程图

资料来源：DCSF. Identifying Gifted and Talented Learners-Getting Started (2nd ed.). 2008.

三、英国英才教育的培养机制

与因材施教理念相仿，英国的英才教育界也极力推行以学生兴趣和能力为基础的差异化教学，为英才学生提供丰富的学习项目，以满足不同学生的学习需求，实现真正的教育公平。

（一）教学模式：差异化教学

英国并不像美国那样设有专门的英才学校，而是采取一种融合制的教育模式，通过差异化教学，让英才学生与其他学生一起在主流学校课堂（mainstream classrooms）接受教育，这种培养模式被称为“英国模式”，其突出特点为“融合”。但这并不代表“平均化”，为了照顾英才学生的学习需求，教师必须坚守差异化教学理念，根据英才学生的学习特性向其提供适才教育，其教学策略主要有加深教学和加速教学。对于英才学生，教师通常会针对其特长加深某方面的学习内容，如在常规课程以外提供拓展课程（如周末课程和暑期学校），或在常规课程的基础上深化课程主题（如教师指导下的自主探究、田野调查）。此外，教师允许英才学生以自己的速度进行学习，可适当加速，如提前入学、跳级、与高年级孩子一起学习、较早毕业等。

（二）培养项目：金字塔式的校内外学习项目

英国的英才学生培养并不局限于学校。英国教育部、地方教育局、民间机构和学校合力为英才学生提供了丰富多样、金字塔式层级推进的校内外学习项目（见图2–4）。第一层级的普通课堂学习主要局限于校内的课堂学习，教师通过区别化教学满足英才学生的个性化学习需求。第二层级的跨校学习是指各校与同级或高等级学校合作开展学习项目，比如小学和初高中沟通，让本校学生提前升入下一学段，允许学生先修高年级课程。第三层级的地区性充实活动是指地方英才教育服务机构（如伦敦英才教育中心）或当地教育局为英才学生组织的学习项目，如暑期学校、超级星期六等。第四层级的地区性培训主要聚焦于学生特殊技能的提升，如艺术创造和运动技能的训练。第五层级的全国性项目主要是指那些由教育部出资支持的全国范围的英才教育项目，如“卓越城市计划”下的英才教育子项目，“体育、学校竞赛运动与俱乐部联合国家战略”（The National Strategy for Physical Education, School Sport and Club Links, 简称PESSCL）下的体育英才生项目。

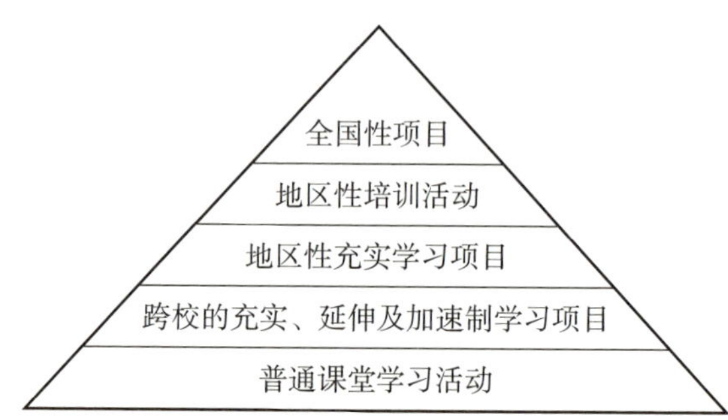

图2-4　英才学生学习项目金字塔

资料来源：DCSF. Identifying Gifted and Talented Learners-Getting Started (2nd ed.). 2008.

（三）特色英才项目

1. EIC中的贫困英才生项目

英国政府在1999年启动了“卓越城市计划”（EIC），旨在提高英国贫困地区公立学校的教学质量、学生表现、出勤率和领导力。[1]该项目的一个子项目就是针对贫困地区的“英才学生项目”（the Gifted and Talented Programme），主要为处境不利英才学生的培养提供资金、学习活动支持和技术指导。英才学生项目在每所学校分配有管理英才教育事务的协调员，协调员要负责实施和监控学校鉴别与培养英才学生的方案，并与同地区的其他协调员保持联系，与学生辅导员（mentor）合作解决弱势英才生的需求，以恰当的挑战和支持确保他们的社会心理需要得到满足。该项目的具体目标是[2]：

——使英才学生在学业成就、抱负、动机以及自尊方面获得显著

[1] HAIGHT A. A Review of Identifying the Gifted in Mainstream Secondary Schools: the Experience of England’s Excellence in Cities Programme. 9th Conference of the European Council for High Ability, Pamplona, Spain, 2004.

[2] Council of Curriculum, Examinations and Assessment (CCEA). Gifted and Talented Children in and out of the Classroom [EB/OL]. (2006-02) [2017-12-19]. http://www.nicurriculum.org.uk/docs/ inclusion_and_sen/gifted/ gifted_ children_ 060306.pdf.

可测的进步，特别是那些低成就表现的英才学生，包括那些处境不利的英才学生。

——提高学校、学院和地方教育局鉴别英才、培养英才以及支持英才教育三个方面的质量，优先发展最薄弱的部分，并建立稳固的质量标准以支持这项工作。

——开发英才鉴别工具，用杠杆策略促使地方教育局管辖的每个学校和学院都能用个性化教学满足高能力学生的个性化需求。

英才学生项目的培养活动主要包括四个分支：大师课、暑期学校、公私立学校合作以及整个计划中横跨前三个分支项目的内容。项目中的大部分学习活动在校外进行。最初只有25个地方教育局参与，到2007年，随着项目的扩张，参与其中的教育局达到57个。临近计划结束时（2007年2月），已经有超过1 000所小学和1 000所中学参与该项目。2008年，随着新一届政府上台，英国启动了升级版的EIC——“全面卓越计划”（EFA）。该项目将全国所有中学都纳入其中，支持学校开展英才教育试点项目。试点项目包括三个部分：（1）如何通过领导和管理来改进英才教育；（2）如何对英才学生进行分流；（3）如何改进英才教育的教学模式。总之，EIC中的英才学生项目最初针对贫困地区英才学生，而后延伸至全国中小学，是在全英范围内最持久、拥有资源最丰富的政府项目。

2. PESSCL中的体育英才生项目[1]

2002年10月，布莱尔政府发起了“体育、学校竞赛运动与俱乐部联合国家战略”（PESSCL）行动，旨在加强学校竞赛性运动的开展，

[1] Council of Curriculum, Examinations and Assessment (CCEA).Gifted and Talented Children in and out of the Classroom [EB/OL].(2006-02) [2017-12-19].http://www.nicurriculum.org.uk/docs/ inclusion_and_sen/gifted/ gifted_ children_ 060306.pdf.

提高每周能参加高质量体育活动的学生比例。该项目由青年体育信托（the Youth Sport Trust）管理运营，于2003年4月执行，政府为此拨款9.78亿英镑作为该项目2003—2008年的行动经费，国家彩票基金也为学校体育设施投入6.86亿英镑。“体育英才生项目”是该项目的核心组成部分，旨在结合体育英才生的发展需求，通过高质量的学习和训练提高其成绩、抱负、动机和自尊，以实现潜能的最大发展。除了聚焦高成就体育生，体育英才生项目也关注残疾运动员和那些有运动潜能的学生，包括学习成绩不佳和来自弱势背景家庭的学生。

PESSCL下的体育英才生培养活动主要通过少年体育教育项目（Junior Athlete Education）、复合技能学院（Multi-skill Academies）和复合技能俱乐部（Multi-skill Clubs）进行。少年体育教育项目旨在帮助体育英才生平衡自己的训练、学校学习和社会生活，并在学校中专设辅导员，来帮助运动员规划、平衡每日的时间表。此外，该项目还为体育英才生和家长设立工作坊，促进校际间的体育项目合作。复合技能学院服务于8~12岁的英才生，关注发展学生的核心技能，如动作技能、协调能力、反应度、身体感知能力以及思维技能。复合技能俱乐部为7至11或12岁的英才生提供每周一次的校外体育活动，发展学生的基本动作和体育技能，如灵敏反应、平衡能力、协调能力、跑跳和扔抓能力。

3. NAGTY的英才会员项目

国家英才学院（NAGTY）成立于2002年，它与教师、学生、家长、教育专家、大学和企业通力合作，为英国英才教育提供服务和专业性支持。国家英才学院旗下的英才会员注册后就可以参加以下丰富多样的学习活动。

（1）学术研究小组（Academic Study Groups）

学术研究小组是为那些有相同学科或话题兴趣的英才学生创建的

虚拟学习社区，并由该学科领域的专家进行在线指导。研究内容涵盖天文学、文学经典、电影研究、哲学与伦理、工程和历史等领域，英才会员可以免费加入感兴趣的小组，各小组无人数限制。作为在线学习的一部分，NAGTY也为英才学生提供了一个可24小时在线的论坛，在论坛上学生可以就各种话题（如对伊拉克战争的看法）进行辩论或一般性的讨论。在与同伴的网上讨论中，英才学生的视野得以开阔，思辨能力也得以锻炼。

小组讨论案例：伦理与哲学

讨论话题：背叛

启发性提问：

- 背叛是一种邪恶的行为吗？若是的话，它为什么是邪恶的呢？
- 背叛朋友和背叛陌生人是一样的吗？
- 背叛能否是一种合理的行为？（在什么情况下是可取的？）
- 在我们这个发达的社会，背叛是不可避免的吗？

（2）暑期学校（Summer Schools）

NAGTY在英国各大学为11~16岁的英才学生专设暑期课程，为期2~3周，由大学教师授课，研究生做助教。开课学校包括华威、利兹、达拉谟、约克郡、坎特伯雷、兰卡斯特等地的高校。课程主题涵盖法律研究、机器人、宗教研究、高等数学和创意写作等。除了常规课程，暑期学校还为学生提供了广泛的社会活动，包括体育、戏剧和选秀节目。学生在这2~3周时间内，完全沉浸在暑期项目的各种活动中。这既为学生课外友谊的建立创造了机会，也锻炼了其离家独立生活的能力。

（3）拓展项目（Outreach Programme）

该项目在英格兰和威尔士地区推广，通常是在周末或假日进行的短期课程，参与课程的可以是当地学生，也可以是外地学生。上课地点大部分是在大学内，不过有些时候也会设在专业场所，如戏剧院、博物馆或者与科学技术相关的工作室。

（4）天才企业家项目（Gifted Entrepreneurs Programme）

该项目在2004—2005年间运营，由高盛投资公司赞助。学生在课上学习商业相关的实际技能，学习如何做商业计划、如何运营自己的公司、如何考虑企业的未来发展。课程导师由高盛投资公司的员工或华威大学商学院的学生担任。学生还有机会接受创业教育网络（The Network for Teaching Entrepreneurship）组织的创业技能培训。

四、英国英才教育的支持体系

英国英才教育辉煌时期的支持力量主要来自规范的管理体制、专业的师资、各大服务机构以及家庭和社区。

（一）政府主导的管理体制

英国英才教育模式[1]的推行是自上而下的，国家政府部门协调地方教育局和学校力量，组成了三层级推进的英才教育管理体制，其中英国政府在英才教育管理中起着主要作用。政府组建了专门的英才教育机构对英才教育进行宏观指导，并给予法律、经费、人力、研究等全方位的保障与支持。教育部门的白皮书及相关政策性文件也明确规定了英才教育标准、英才鉴别程序、学校英才教育评估体系和英才教育拨款计划。地方教育局在政府的号召下负责培训各校英才教育管理者和教师，并积极动员地区学校进行跨校合作。在政府项目的推动下，英国基层学校专设英才教育管理者负责监督、评估学校英才选拔

[1] 本章讨论的英国英才教育模式指的是英格兰和威尔士地区自1997年至今形成的英才教育模式。

与培养工作，并指导其他教师开展英才教育。[1]

（二）专业化的师资培训

英才儿童具有与平常儿童不同的人格特征，教师只有通过专门化、专业化的培训，具备专业的知识和技能，才能对英才学生因材施教。英国教育部门制定的英才教育教师专业标准推动了本国英才教育教师的专业化发展。其中，课堂质量标准（Classroom Quality Standards，简称CQS）与教师专业成长联系最为密切，是教师行动的操作性指导工具。建立课堂质量标准的目的在于提升教师对天才儿童教育理解的一致性，促进教师之间相互合作，提升课堂教学实践效果。英国教师培训和发展机构规定，教师只要持有合格教师认证（Qualified Teacher State），并满足国家职业标准——英才儿童教学标准，就可以从事英才儿童教育领域的工作，同时享受政府和其他高等院校提供的培训和支持项目。教育部教师培训发展委员会（TDA）和行业技能发展机构（SSDA）联合制定的英才儿童教师职业标准（Standards for Learning and Teaching for Gifted and Talented）规范了教师行业知识和技能等方面的要求，对英才教师应该做什么、怎么做以及达到何种程度作出了具体的规定，主要包括三方面的内容：（1）了解英才儿童，包括英才儿童的特殊天赋和才能，以及在学习中的需求；（2）了解课程，包括加速性课程、拓展性课程（侧重于能力的开发）、充实性课程（内容上的充实）；（3）设计和实施教学活动，包括教学内容的深度、广度、速度，教学资源在教学活动中的设置、配备

[1] Council of Curriculum, Examinations and Assessment. Gifted and Talented Children in and out of the Classroom [EB/OL]. (2006-02) [2017-12-19]. http://www.nicurriculum.org.uk/docs/rinclusion_and_sen/gifted/gifted_children_060306.pdf.

和使用，学生学习技能的提高，独立自主学习风格的养成，学习动机和兴趣的激发、维持等教学目标的达成。

对于英才教师的培训，英国采取的是自愿形式，一般以新手教师培训和在职教师培训为主。国家英才学院为教师的专业发展提供了很好的平台，其教师学院参与制定教师培训方案，为英才教师开展暑期学校、会议和各种拓展性项目。其中，具有代表性的“PGCE+”项目[1]就是针对数学和科学新教师的暑期学校项目，培训的内容包括：

——英才教育被纳入日常教学的重要性；

——英才学生的鉴别；

——从学生视角深入了解英才；

——逻辑思维重要研究的概况；

——特定学科和一般背景下，对英才学生最有效的教学策略；

——英才教育资源支持；

——对英才学生的评价；

——学校英才教育系统评估与调整；

——国家英才政策的相关理念。

国家英才学院还专设“智囊团”，组织各关键学科领域的专家进行为期两天的讨论，在明晰英才儿童学科教学困境的基础上，会议参与者往往就如何推动英才学生在这些领域的学习开发出一系列资源，并对教师进行在线培训和会议面谈。参与“PEGC+”项目的教师在培训课程结束后还能得到国家英才学院的后续服务。此外，国家英才学院会将那些英才教育成果突出，受到英国教育标准局点名表扬的学校认定为“大使学校”（ambassador schools），并提取其创新教学实例来构建区域网络，

[1] PGCE是师范生毕业时获取的文凭，PGCE+指的是师范教育后的培训。

为教师创造学习交流的机会。英国政府推行的“国家战略”（National Strategies）项目[1]也为早期教育、小学教育、中等教育学校及其教师提供培训，旨在提升教师的教学技能，促进教师专业的发展。它根据英才教育学校质量标准设计开发培训内容，提供教师专业发展的资源和指导，包括在线的学科材料和帮助低成就英才学生的指导材料，[2]培养英才教育的领头教师，建立地区层面学科带头教师的资源共享网络，并通过作用于带头教师和地方教育当局，推动全国教学质量的提高。

为了宣传英才教育的理念和政策，英国政府制作了很多精美的网络资源，供教师参考，所以除了国家英才学院等实体组织的资源支持外，在线学习资源也很丰富，教师可以随时参考如教师网（Teacher Net）、高能力论坛（High Ability Forum）等网站的信息。很多地方教育局也积极推出从英才教育的理论到操作的在线资料，指导教师如何识别和理解英才学生、如何改变教学、如何利用资源、如何为英才学生设置挑战性任务等，支持教师的专业发展。一些大学也将英才教育教师培养纳入师范教育体系，尝试运行针对英才教师的博士学位方案。例如，牛津大学布鲁克斯学院就为英才教育教师及相关从业者开设了专业必修课和教师资格认定等方面的课程。

（三）多方合作的服务机构

英国英才教育在全国范围内的蓬勃发展离不开政府机构和地方、民间组织的合作与实干。在几十年的发展中，各层级政府机构和民间

[1] A Committee from the Children’s Plan: Effective Provision for Gifted and Talented Children in Primary Education [EB/OL]. [2017-12-21]. https:/www.education.gov.uk/publications/eOrderingDownload/GTPrimary.pdf.

[2] Gov. UK[EB/OL]. [2017-12-01]. http://www.standards.dfes.gov.uk/secondary/keystage3/issues/focus/ws_gt_pri_sec/prevent_underachieve/.

组织形成了相互配合、相互补充的合作伙伴关系，是英国英才教育支持体系中不可缺少的重要组成部分。

英国英才教育中最典型的政府机构当属2002年由英国教育部与华威大学合办的国家英才学院。该机构由学生学术中心（the Student Academy）、专业学术中心（the Professional Academy）、专家中心（the Expertise Centre）和研究中心（the Research Centre）四个部门组成。政府每年提供475万英镑支持其工作。国家英才学院既承担英才学生的校外培养工作，同时也参与制定教师培训方案，并监督与指导地方教育局开展教师的培训工作，在英才教育的管理水平和服务方面得到了国际性的认可[1]。从2007年开始，国家英才学院的许多事务由新建的青年英才学院（YG&T）接管。2011年，英国教育部与华威大学的合同到期，国家英才学院被撤销。YG&T负责4~19岁英才教育的所有事务，包括向艺术、体育、科技协会以及大学提供资金支持，使在艺术、体育等方面以及其他学科课程上有特殊潜力和特长的学生获得足够的课外支持与引导。

伦敦英才教育中心（London Gifted and Talented）是地区性服务机构的代表，于2004年1月成立，分设研究部、信息部、宣传部和课程部等。因与政府的合约到期，从2008年初陆续缩减人力，至今只留存研究部门。但之前的教学资源依然保留，只要有账号和密码，教师和学生可随时进入网站（http://londongt.org）获取信息。伦敦英才教育中心的服务范围为伦敦市内的33个自治区。该中心自2006年起开始关注弱势群体的英才教育，其发起的实现学习者的公平与成就项

[1] The Guardian [EB/OL]. [2017-12-01]. http://www.guardian.co.uk/education/2007/aug/28/highereducation.schools.

目（Realising Equality and Achievement for Learners）主要针对黑人及弱势族群学生、英语非母语的学生、难民及寻求庇护者，为这些英才学生和英才教育者提供个性化的支持。

全国英才儿童教育协会（NACE）是英国最有影响力的英才教育民间组织之一。该机构成立于1984年，按属性具有担保责任有限公司和注册慈善机构的双重身份。其宗旨是为英才教育的教师提供服务，同时也使所有儿童能从中受益。最初成员来自学校委员会天才儿童项目，随后吸引大批对英才教育感兴趣的人并支持他们的工作。NACE现今是英国领先的服务英才教育事业的独立机构，在国际上也享有盛名。该机构服务的对象包括学校、英才学生、地方教育当局以及教师群体。NACE既组织英才教育大会，也出版书籍，提供教师专业发展培训，并设立挑战赛激励教师提高教学技能。

此外，教育信托公司也为英才学生提供科学和人文相关的短期课程，致力于扩大和丰富英才教师教育课程，帮助教师重新发现他们的学科兴趣，并希望教师把这种学习热情传递给学生。[1] 例如，一门名为“教学中的神经科学”课程不仅促进教师加深对大脑解剖学和生理学的认识，也给予教师一个机会来接触一些最近的理论与临床研究成果，激发、提醒教师自己所教学科对这个世界的重要意义。英国著名的教育信托公司萨顿信托公司（The Sutton Trust）成立于1997年，致力于通过平衡教育资源来增强社会阶层流动。该公司的项目主要集中在如何让弱势家庭[2]的英才儿童能得到充足的信息，为

---

[1] Council of Curriculum, Examinations and Assessment. Gifted and Talented Children in and out of the Classroom [EB/OL]. (2006-02) [2017-12-01]. http://www. nicurriculum.org.uk/docs/inclu sion_and_sen/gifted/gifted_children_060306.pdf.

[2] 在英国，弱势家庭的学生指的是社会经济地位较低家庭的、单亲家庭的、少数民族家庭的、非主流文化家庭的以及有生理或心理残障的学生。

自己的前途作出最佳选择。

（四）家庭和社区的支持

英国的英才教育是开放式的，学校充分利用家庭和社会资源，为英才儿童提供更好的发展平台。依托家长委员会，家长从学校了解有关英才教育的信息，如知道什么是英才，什么样的教育适合英才。学校也从家长那儿获得更多关于英才学生的信息，如兴趣爱好、性格和学习方式等。学校还会不定期组织英才学生参观科技馆、博物馆、剧院等，让学生在理论与实践的结合中获得知识技能。此外，社区也会与学校合作开展教学活动，如探访历史古迹、学习乡土文化、组织寒暑假交流营等，促进英才学生在社会体验中全面发展。

五、英国英才教育的特点

英国的英才教育经过鼎盛发展时期，已稳步进入基层学校自主发展模式，在长期的发展中积累了丰富的经验。

在英才教育立法方面，政府的教育立法是英国英才教育转型的主要力量，政府文件倡导的英才教育项目提高了基层学校的参与度。政府通过建立英才教育的法律体系，转变英才教育的零散状态，承担起主导责任。通过政府部门的配合与支持，英才儿童培养的实践项目覆盖面不断扩大。

英国针对英才教师制定了专业化的职业标准，规范教师对英才儿童特质的理解，指导英才教师的教学设计与课程调整能力。英国将英才教师培养纳入教师教育，配有专业的培训机构，并开设相应的课程，提高未来英才教育教师的职业资格。教育部门还建立了丰富的在线学习平台，宣传英才教育理念，为英才教师在职发展提供支持。

各类机构协作配合是英才教育持续性和连贯性的重要保证。英国通过大中小学、校内外组织、家庭和社区牵手合作建立起来的社会支持系统打通了英才培养的通道，这是英才教育得以快速发展的重要支持力量。校内的差异化教学，与政府、大学、社会组织共同建构的金字塔式的面对不同学生群体的英才项目，丰富了英才教育的培养模式。科技馆、博物馆和图书馆等各类教育文化机构共同为英才儿童的知识技能发展提供社会性支持。

第四节

法国英才教育的政策与实践

法国有着久远的精英教育（éducation d'élite）历史，但主要集中于高等教育阶段。当然，法国同样重视儿童和青少年的英才教育。在基础教育领域，法国对初等教育阶段（小学）天赋高于一般同龄人的儿童的认识、甄别、入学与陪护等教育问题给予了相当高的关注；在中等教育阶段（初中和高中），法国鼓励有特殊才能的学生发展自身特长，并在学校内部为其开设各类特长班。

法语中，对天赋高于一般同龄人的儿童有着不同的称谓，如“天才儿童”（enfant doué）、“超天才儿童”（enfant surdoué）、“高潜力儿童”（enfant à haut potentiel）、“超常儿童”（enfant hors norme）、“小神童”（zèbre[1]）等。其中,“天才”（doué）可以指在某一领域具有某种天赋，它可以延伸到许多领域，如智力、绘画、体育运动、艺术等。“超天才”（surdoué）倾向于专指智力方面具备天赋。[2]“高潜力”（à haut potentiel）侧重于数学–逻辑或言语–语言方面具有突出能力，特别是在解决数学或其他科学问题时具有良好的计算、测量或逻辑验证能力，或具有较强的文字和语言处理能力。[3]1981年，法国儿童心理学和病理学专家让·提拉斯耶从智力“不同步性”（dyssynchronie）的角度提出“智力早熟儿童”（Enfant Intellectuellement Précoce，简称EIP）一说，指那些拥有完成多数同龄儿童无法完成的某些活动的能力的儿童。人们可以明显看出他们超出同龄人的非凡能力。2002年，法国国民教育部开始使用“智力早熟儿童”这一内涵明确、无特殊倾向性的表达。[4]智力早熟儿童专指具有特殊认知能力，在学习、理解的过程中以及注意力上有显著特性的6~16岁青少年。[5]

法国重视对英才学生特别是对智力早熟儿童的培养和帮助，并逐步将其纳入义务教育体系。因此，智力早熟儿童教育构成了法国英才教育的主体。法国英才教育的独到之处在于，兼顾公平和个性化的基本教育理念，既摆脱了英才教育过于功利化的色彩，也在追求教育卓越的过程中关注儿童的发展困难和自身特征，顺应儿童的成长心理，并为其提供宽松的教育环境。这与其他国家在基础教育

[1] zèbre原意为斑马，在口语中表示“怪家伙”“小怪才”，属亲近说法，笔者在此译为小神童。
[2] Mythes et idées reçues [EB/OL]. [2016-09-20]. http://www.douance.be/douance-ehp-mythes. htm.
[3] Enfant“à haut potentiel”, enfant précoce : une autre manière defonctionner [EB/OL]. [2016-09-22]. http://www. e-sante.fr/enfant-haut-potentiel-enfant-precoce-autre-maniere-fonctionner/2/actualite/836#paragraphe4.
[4] LIGNIER W. Comment la question des enfants «surdoués» est-elle devenue scientfiquement sérieuse en France (1971-2007)[J]. Quaderni. Communication, technologies, pouvoir, 2009(68): 87-90.
[5] La scolarisation des élèves intellectuellement précoces[EB/OL]. [2016-04-20]. http://les-tribu lations-dun-petit-zebre.com/wp-content/uploads/2013/10/Module formation EIP_268994.pdf.

阶段推行的英才教育政策有很大不同，可谓法兰西的又一“例外”。

一、法国英才教育的发展及基本理念

法国主要关注智力早熟儿童教育的两个方面：从智力早熟儿童教育问题的历史源头看，它重视发现并解决智力早熟儿童的心理问题、成长和教育困难，并予以特殊照顾；从法国传统的教育核心价值取向看，它重视教育的公平性，强调每位学生都应掌握“知识和能力的共同基础”（socle commun de connaissances et de compétences），主张帮助智力早熟儿童顺利融入正常的学校教育。

（一）法国英才教育发展背景

法国对智力早熟儿童的关注缘于20世纪初政府意识到智力落后儿童的存在。1904年，法国国民教育部授权著名实验心理学家比内对巴黎学校中的智力落后儿童展开研究，并提出教育改进方法。1909年，法国开始设立改进班（classe de perfectionnement）以帮助学业落后生。1911年，比内及其研究团队共同推出了《比内—西蒙智力量表》，对智力落后儿童开展智力测验。该量表的出世，为法国乃至全球辨别、诊断正常与异常儿童的智力水平提供了重要依据。在此契机下，拥有天资禀赋的高智商儿童也走入法国民众的视线。[1]

尽管法国是首个开发智力测试的国家，但一直以教育公平为追求目标的中央政府并未由此开始积极挖掘、培育智力早熟儿童，而是将重点放在提高落后学生的学业成绩上，且在将近半个世纪的时

[1] BLÉANDONU G. Les enfants intellectuellement précoces: «Que sais-je?» n° 3698[M]. Presses universitaires de France, 2004: 12–14, 27.

间里，政府在教学大纲中多次为学生“减负”。然而，法国的一些心理学家[1]发现，社会上一批在智力方面早熟的儿童，由于发展节奏太快，不仅难以适应周围的环境，甚至常给家长和学校教师带来麻烦。“如何让这些儿童回归正常的教育环境”所引发的社会关注不容忽视。特别是在20世纪70年代，法国正值第二次世界大战后“辉煌三十年”（Trente Glorieuses）的尾声阶段，伴随后工业化时代信息与通信技术的革命和第三产业的蓬勃兴起，以脑力工作为主者激增；从事脑力工作的职业女性数量也不断增长；同时，家庭主妇的子女教育观念比以往更加开放、多元。法国心理学家又进一步引入美国斯坦福大学教授推孟修订完善的《斯坦福—比内智力量表》，有关智力早熟儿童的科学研究在法国逐渐丰富。1971年，让·提拉斯耶创建国家智力早熟儿童协会（Association Nationale Pour les Enfants Intellectuellement Précoce，简称ANPEIP），凝聚了更多社会支持力量。因此，经济发展、社会文化转变的双重作用，家长、教师、心理学家等群体的不断争取与请愿，逐渐唤起了法国政府对智力早熟儿童群体的重视。[2]

（二）法国英才教育的基本理念

法国社会对智力早熟儿童基本形成两方面认识：一是肯定这个群体表现出非凡的才智发展水平[3]；二是关注智力早熟儿童在社会环境中存在的适应性困难等问题。

---

[1] 详见阿胥瑞雅盖拉（Julian de Ajuriaguerra）、舒万（Remy Chauvin）等人的研究：De Ajuriaguerra J. Manuel de psychiatrie de l’enfant, 1974. Chauvin R. Les surdoués. Journal de la société de statistique de Paris, 1976(117): 274–276.

[2] BLÉANDONU G. Les enfants intellectuellement précoces: «Que sais-je?» n° 3698[M]. Presses universitaires de France, 2004: 12–14, 27.

[3] 对超智商标准各国有不同判定.法国国民教育部将IQ测试达到132分以上的儿童，视为高智商儿童。

在发现智力早熟儿童方面，法国学者让·提拉斯耶的研究比较有代表性。他通过总结智力早熟儿童的常见特征提出“鉴别清单”[1]，并获得社会认可。此后，鉴于每个儿童可能表现出不同的智力早熟特征，法国国民教育部就采用哪种鉴别方法向239位专家征求意见，并对鉴别方法的有效性进行从高到低的排序。获得专家一致认可的有个别智力测试、儿童日常学习成绩、教师评价、心理学专家意见、创造力测量、学习水平测验、集体智力测验等7种方式。除进行专业的智力测验外，国民教育部在吸收法国本土和域外研究（以美国学者的研究为主，如多元智能理论）的基础上，于2013年推出《让智力早熟儿童就学》报告，并从认知、社会情感和行为/个性三方面为智力早熟儿童的日常辨别工作提供了参考框架（见表2–4）。

表2–4　智力早熟儿童的特征表现

认知特征	社会情感特征	行为/个性特征
口语表达迅速、词汇量丰富； 可进行快速甚至是自发阅读； 存在书写困难（笔法笨拙）； 文字书写和口头表达存在差距； 记忆力极强； 超强的抽象能力和追求复杂性； 论证严密、恰当、持久； 直觉思考力强（学生不	敏感（对外部刺激的感知）； 强烈的情感反应，过度易感性； 强烈的正义感，对不公正现象有激烈反应； 难以接受团队的沟通规则； 对接受规则和命令有需求感； 能力需备受认可； 焦虑、有被误解感、低估自我；	好奇心、洞察力极强； 渴望知道和理解，不需要特别学习； 有充分想象力、创造力； 对学生的年龄差距感到担忧； 幽默感强； 杂乱、作业不细心或追求无用的完美主义； 偶尔不合时宜地积极参与活动抑或吹毛求疵； 烦恼、拒绝上学，甚至心情抑郁；

[1] 具体包括：(1) 突出的好奇心，促使儿童发问，提出多样且具有创造性的问题；(2) 喜欢与成年人交谈；(3) 选择比自己年长的伙伴交往；(4) 对书籍，特别是百科全书和字典有极大兴趣；(5) 对复杂游戏感兴趣；(6) 喜欢独自做事；(7) 对简单、一成不变的琐事无感；(8) 有极强的洞察力和判断力；(9) 风趣幽默等。详见Bléandonu G. Les enfants intellectuellement précoces: «Que sais-je?» n° 3698[M]. Presses universitaires de France, 2004: 33.

（续表）

认知特征	社会情感特征	行为/个性特征
需解释便可给出答案）； 成绩的无规律性不可解释。	寻找年长的同伴交往； 可能成为被骚扰欺凌的受害者。	一心多用，给人不听话的印象； 易激动、易受教唆，举止挑剔，难以控制自己的攻击好斗性； 有孤独寂寞感，常被同伴拒绝孤立； 对练习和辅导表现出犹豫； 喜欢独处。

资料来源：Ressources d'accompagnement pédagogique-Scolariser les élèves intellectuelle ment préc Oces (EIP) [EB/OL]. [2016-06-02]. http://cache.media.eduscol.education.fr/file/eleves_intellectuellement_precoces_/99/4/Module_formation_EIP_268994.pdf

就智力早熟儿童的社会适应问题而言，让・提拉斯耶将适应困难问题归纳为智力早熟儿童的"不同步综合征"（symptôme de dyssynchronie）[1]。"不同步综合征"不同于儿童病理心理和临床医学中儿童自身存在单方面发展不同岁或不协调问题（如"异时性"），而是指儿童在与社会环境的相互作用中所遇到的各种特殊困难，这些困难恰是由儿童智力发展的早熟状态及社会环境等因素造成。其中，社会教育状况和家长的教育引导问题可能是矛盾的主要方面。[2] 对此，法国政府提出，当小学或初中阶段学生表现出不适应，或存在学习障碍，或其行为引起教师注意，或家长提出对学生进行特别关注的要求时，学校应当立即采取行动了解学生的真实状况，而不应仅靠普查手段对智力早熟儿童进行辨别。[3]

---

[1] 不同步综合征主要表现为：运动发展与智力发展不同步；不同智力方面的发展不同步；智力和情感发展不同步；儿童行为与社会要求不同步。

[2] TERRASSIER J C. Les enfants surdoués ou la précocité embarrassante[M]. ESF éd., 2009: 4.

[3] Le collège en pratique-La scolarisation des élèves intellectuellement précoces [EB/OL]. [2016-04-20]. http://www.education.gouv.fr/cid28645/la-scolarisation-des-eleves-intellectuellement-precoces.html#Créer un guide d'aide à la conception de modules de formation.

尽管一些智力早熟儿童表现优秀，但国民教育部的统计数据显示，在智力早熟儿童中三分之二的学生或多或少在某一方面存在学业困难问题，其中的三分之一甚至出现留级情况，有20%的学生甚至未获得高中会考文凭。[1]面对智力早熟儿童的教育和发展问题，追求“公平至上”的政府认为每位学生都应掌握基本知识和使用知识的能力，并具备由诸如乐观开放、好奇心、创造力和自尊友爱等终身必需的性格态度所构成的“知识和能力的共同基础”[2]。[3]因此，首先要确保智力早熟儿童掌握同龄人所必需的基本知识技能，再充分开发其聪明才智，从而解决“不同步”问题。对于已在文体、艺术等领域表现出非凡才能的初、高中学生，法国政府认为学校应采用适宜其特长的特殊教学方式，从而充分满足智力早熟儿童的发展需求。

二、法国英才教育的政策措施

2000年，法国政府在《教育优先区促进卓越教育》的公告中首次提出，“关注所有学生的学业进步和促进优秀青年的发展同样重要……因此要注重协调好卓越教育的两个方面，即学生的共同进步和显著成功”。[4]2002年，法国教育部委托国民教育总督学得劳彼耶（Jean-Pierre Delaubier）对智力早熟儿童情况进行调查，并发布第一份与智力早熟儿童教育相关的官方报告。此后，中央政府从法律和制度

[1] Académie reims-Scolarisation des élèves intellectuellement précoces [EB/OL]. [2016-05-12]. http://www.ac-reims.fr/cid75572/scolarisation-des-eleves-intellectuellement-precoces.html.

[2] “知识和能力的共同基础”包含法语、外语、数学及科技文化、实用通信技术、人类文化、社会与公民能力、自主与主动精神七项。2016年9月，法国教育部将其扩展为“知识、能力和文化的共同基础”（soclecommun de connaissances, de compétences et de culture）。

[3] Le socle commun de connaissances et de compétences [EB/OL]. [2016-06-10].http://www.education.gouv.fr/cid2770/le-socle-commun-de-connaissances-et-de-competences.html.

[4] Bulletin Officiel de l’Education Nationale-Circulaire n° 2000-008 du 8-2-2000[EB/OL]. [2016-06-10]. http://www.education.gouv.fr/bo/2000/8/encart.htm#texte.

两个层面为智力早熟儿童逐步搭建起完善的英才教育框架。[1]

（一）英才教育的法律基础

法国政府十分关注智力早熟儿童的就学问题，相继出台法律，从基本态度、指导措施和行动方针等方面为智力早熟儿童教育的顺利开展提供法理参考和保障。

2005年，法国颁布《面向未来学校的方向和计划法》（Loi d'orientation et de programme pour l'avenir de l'école），其中第27条321-4款规定明确指出，“对智力早熟儿童或在学习活动中有特殊资质的儿童提供适宜的教育，以充分开发其潜力。可根据其学习节奏提前就学”。[2]《面向未来学校的方向和计划法》的出台标志着法国政府首次将智力早熟儿童教育问题纳入国家监管范围，其规定为日后英才教育制度的形成和改进奠定了基础。

2007年，法国政府通过的第2007-158号关于“智力早熟儿童学业历程”的通函对《面向未来学校的方向和计划法》作了详尽补充。通函提出从三方面着手关注中小学阶段的智力早熟儿童教育。一是提高对智力早熟儿童的检测。当学校或家庭发现儿童学习不适或行为不当时，要尽早开展进一步观察、诊断，及时作出适当回应并做好后续的陪护工作。做好对智力早熟儿童的检测首先需要教师在对学生的日常评估中拥有高度的警觉性，并就学生状况及时通知家长，如有必要

---

[1] Ressources d'accompagnement pédagogique-Scolariser les élèves intellectuellement précoces (EIP) [EB/OL]. [2016-05-12]. http://cache.media.edusco.

[2] Article L321-4, La loi d'orientation et de programme pour l'avenir de l'école [EB/OL]. [2016-04-20]. https://www.legifrance.gouv.fr/affichCodeArticle.do;jsessionid=F16FB7EF996382CA94DF41D26E40D7D5.tpdila14v_1?cidTexte=LEGITEXT000006071191&idArticle=LEGIARTI000006524797&dateTexte=20160512&categorieLien=id#LEGIARTI000006524797.

可向学校心理学专家寻求专业帮助。二是加强教师、家长对儿童智力早熟及其具体表征的认识，和作出正确回应的能力。其中特别提出，法国教师培训学院（Institut universitaire de formation des maîtres，简称IUFM）[1]应在教师的初级培训阶段将“辨别学生多样性”作为对教师职业能力的要求之一。教师培训学院还应当引导教师及时关注智力早熟儿童并确保其正确对待学生的智力早熟问题。在教师的继续教育阶段，教师培训学院所开展的相关培训活动应以提升教师对智力早熟儿童的敏感性和清晰区分不同教育对象的不同教学实践工作为目标。此外，最好可以针对中小学校长和学校心理学（指导）教师提供更明确、可选择的培训活动。三是完善省和学区层面信息系统的组织。当学生表现出不能适应学校的学习生活或学生家长提出申请时，省和学区层面应迅速、有效落实《面向未来学校的方向和计划法》的相关规定，即刻核查学生情况并提供可能的解决措施。学区长、学区督学和国民教育的省级行政主任将动员中小学督导队伍参与确定实施措施，并借助教师培训学院、受培训教师以及各协会的专家代表等资源共同保障智力早熟儿童顺利完成学业。[2]

2009年，法国国民教育部发布第2009-168号通函——《智力早熟儿童培养模式设计指南》（以下简称《指南》），为与智力早熟儿童教育相关的各级教育部门和一线教师提供了行动参考方针。《指南》首先重申了智力早熟儿童教育的四大目标：全社会要对智力早熟儿童形

[1] 2013年，教师培训学院被师资与教育高等学校（Écoles supérieures du professorat et de l’éducation，ESPE）取代。目前，师资与教育高等学校作为法国教师硕士化培养的“摇篮”，旨在为将来希望从事教师、教育和培训类职业的硕士生提供正规的教师职业培训，为教师资格考试作好准备。它以学区为单位设立在综合性的大学中并且主要接受政府的拨款和资助。

[2] Circulaire n°2007-158 du 17 octobre 2007[EB/OL]. [2016-06-10]. http://www.education.gouv. fr/bo/2007/38/MENE0701646C.htm.

成开放、积极的认识；尽早发现并理解智力早熟儿童的困难；从班级教师到学校校长，再到省和学区教育部门，应尽量满足智力早熟儿童的就读需求；帮助教师与智力早熟儿童家长形成良好且具有建设性的关系。[1] 其次，《指南》提出了智力早熟儿童教育应秉持的原则：由学区主导，建立、协调和评估中小学智力早熟儿童的培养策略，并形成完整框架，再由学区长指定责任人落实各项建议。为有效落实培养计划，通函要求设立一名身份明确且受广大行动者认可的学区级代表（référent académique）专门负责智力早熟儿童教育事务，从而进一步加强地方政府与学校的对话联络。[2] 此举体现了中央政府将智力早熟儿童教育的具体工作下放至学区及以下层级，从而促使地方教育积极发挥能动作用。

近年来，法国教育部在其年度开学教育通函中，几乎都将改进智力早熟儿童的教育问题列入重点发展项目。例如，2012年关于“2012—2013年入学准备的方针与教学”通函强调，每个学区由一名智力早熟儿童教育学区代表优先同家长和教育团体进行沟通。为确保对学生进行有效追踪，不仅要加强对智力早熟儿童的培养，还要促进组织的清晰化及其在公共教学中的发展。[3] 又如，2013年第2013-60号通函除提及帮助智力早熟儿童正常入学外，还要求接收智力早熟儿童的每位教师从2013年新学期起，参照教育部专业门户网站（Éduscol）所提出的培养模式对学生开展教学工作。[4]

[1] Guide d’aide à la conception de modules de formation pour une prise en compte des élèves intellectuellement précoces[EB/OL]. [2016-06-10]. http://www.education.gouv.fr/cid49838/mene 0900994c.html.

[2] Guide d’aide à la conception de modules de formation pour une prise en compte des élèves intellectuellement précoces[EB/OL]. [2016-06-10]. http://www.education.gouv.fr/cid49838/mene 0900994c.html.

[3] Orientations et instructions pour la préparation de la rentrée 2012 [EB/OL]. [2016-06-10]. http://www.education.gouv.fr/pid25535/bulletin_officiel.html?cid_bo=59726.

[4] Circulaire d’orientation et de préparation de la rentrée 2013 [EB/OL]. [2016-06-09]. http://www.education.gouv.fr/pid25535/bulletin_officiel.html?cidbo=71409.

（二）英才教育的制度举措

为有效解决智力早熟儿童的学习困难，法国政府从外部环境和内部陪护两方面进行制度设计，提出了针对智力早熟儿童的具体教育措施。

1. 营造智力早熟儿童教育的专业环境

在相关法律的指引下，学区层面推出与智力早熟儿童相关的教育策略并明确其基本内容，通过制度设计，动员全社会共同解决智力早熟儿童面临的学业困难，满足其特殊培养需求，从而打造专业的智力早熟儿童教育环境。具体的制度手段包括三方面。

首先，设立学区级代表作为沟通人员。学区级代表既可以是学区参事、督导人员，也可以是校长或教师，其职责是从教育一线收集各类信息，如了解部分智力早熟儿童的过往经历，收集学生的日常表现和教师、家长的教育反馈，对学生的学业成绩进行优劣分析，从而通过案例掌握学区内的智力早熟儿童教育情况。之后，向学区长递交完整、切实可行的智力早熟儿童培养计划，并为各中、小学提供行动参照，协助该计划得以落实。

其次，形成智力早熟儿童教育人员/资源网。以学区级代表为核心，全面了解、调动参与智力早熟儿童教育的人员的能力，在区分教学人员、研究人员以及督导和指导人员的主要作用后，引导其相互交流，促进教师培养团队与协同合作机制的建构。具体可先从各学校出发，一方面为教师提供鉴别和衡量指标，另一方面对鉴别方法的目标及其局限性形成深入思考。同时，扩大知识研究，委托大学研究人员从智力、早熟性、心智测验等方面提供理论帮助。此外，推进家校互动和教育落实工作。例如，教师或专业人员与学生家长就日常（教学）观察和对学生的认识开展圆桌会议，进行定期沟通并提出针对性的解决方案。

最后，制定学区协调发展计划。学区、省、区域（市镇）等不同层级分别设定有关智力早熟儿童教育的量化目标、进度表、实施和评估模式，再由学区长集中提出涵盖所有地方公众，明确各操作阶段的发展计划。具体实施时，可先向一线人员详细介绍适应智力早熟儿童需求的教学措施（并非具体的教学模式），助其研究形成一套改善智力早熟儿童教育的有效操作方法。学区可立足地方情况、围绕教育使命，拓展教育发展计划的特殊部分，致力于满足智力早熟儿童的所有需求。其中，智力早熟儿童存在的各种问题可作为制定发展计划时"更多可能性"的出发点和实践点。[1]

2. 完善智力早熟儿童就读的陪护工作

政府重视对智力早熟儿童的陪护，除加强学生在优势课程领域的知识能力外，还积极发现和弥补学生在薄弱课程方面的知识漏洞，从而避免智力早熟儿童因某一类学习能力过于突出而偏废其他方面。

（1）开展个性化学业成功计划

个性化学业成功计划（Programme personnalisé de réussite educative，简称PPRE）是为满足智力早熟儿童特殊需求，助其掌握知识与能力共同基础的行动协调方案。该计划通过教学团队、家长和学生共同探讨、协作，帮助有需要的中小学生设定个性化学习目标、形式、期限和评估模式，最终促进学生学业进步。该计划的特色教学内容为法语和数学两个科目，通过让智力早熟儿童在限定的几周内接受特殊辅

[1] Guide d'aide à la conception de modules de formation pour une prise en compte des élèves intellectuellement précoces[EB/OL]. [2016-06-10]. http://www.education.gouv.fr/cid49838/mene 0900994c.html.

导，有效检测学生集中学习的成果，考查是否达到预期目标。

（2）完善个性化教育陪伴

并非所有的智力早熟儿童在各门学科均表现优异。个性化陪伴主要针对这类学生群体的薄弱环节，围绕支持、深入、方向指导三方面开展教学辅导活动，从而帮助学生适应课时节奏、教学方法、内容和学习环境等。同时，根据学生自身的学习情况，对其作业或课后学习疑惑进行解答。具体包括：深入（分层次逐步推进，最终培养学生的概括、逻辑证明、知识迁移能力等）和丰富（如在同一科目的学习中，向学生抛出多个问题以供其思考，通过预先选定的文字、视听资料，扩展学生眼界，并逐级培养学生的学习自主性）学生的知识内容；借助创新教材（工作手册、戏剧、视频、展览、艺术或技术作品）展示学生在某一科目上的理解力或掌握力；根据学生能力调整甚至延缓评估（在过程中进行预测试，制定积极却更为复杂的评价档次）。

此外，政府还倡导在学校内部设立心理咨询师、国民医生、校医务人员等专门岗位，为智力早熟儿童、教师和家长及时提供相应帮助。[1]

三、法国英才教育的实践路径

在中央政府的基本教育方针下，各学区内的中小学可自主开展智力早熟儿童的培养工作。同时政府与社会力量进行合作，从加强师资培训、丰富教学资源等方面保障和落实针对智力早熟儿童的特别

[1] Ressources d’accompagnement pédagogique-Scolariser les élèves intellectuellement précoces (EIP) [EB/OL]. [2016-05-12]. http://cache.media.edusco.

教育。

（一）多元化的教学组织形式

法国政府强调要保障智力早熟儿童能在正常的环境中入学，为此，教育部为解决智力早熟儿童“吃不饱”或某方面存在困难等问题，提出了三种可能的教学形式供学区和学校自主选择。[1]

一是在一般课堂中进行融合教学，即将甄别出的智力早熟儿童融入普通班级，在与普通学生相同的环境中进行培养。融合培养并非一刀切，而是在为智力早熟儿童提供正常教学外，再为其量身加入适宜的学习计划。教师可利用信息交流技术，根据学生的问题提出学习建议，或提前制定教学项目、提供阅读材料，因材施教；通过课内教学陪护和课外活动观察，及时了解学生兴趣中心的转变；作为学生的“帮手”，辅助学生进行自主研究、报告，锻炼其责任心，以发挥学生的自主能动性；围绕个性化学业成功计划等措施，建立真正满足学生需求的学习方案；及时评估学生学习情况，并促进学生的自评和反思。

二是设置特殊教学组织的能力分组教学，即在必要时，按照智力早熟儿童的兴趣特点和学习能力进行分类，在学校中组建专门班级以集中授课。例如，为智力早熟儿童专设各类英才班，或允许学生参加某学科领域的高年级班，从而加速其学业历程的分化。设置特殊教学组织既可以是学校根据特殊学习计划/需要对学生进行“集成化”教学，也可为其专门提供统一的额外教学活动，还可以学校为核心向全

[1] Guide d’aide à la conception de modules de formation pour une prise en compte des élèves intellectuellement précoces [EB/OL]. [2016-06-10]. http://www.education.gouv.fr/cid49838/mene0900994c.html.

校智力早熟儿童制定总体就读计划，从而达到消除隔膜、深化学生学习所长的目的。

三是提供与学习节奏相适应的加速教学模式，主要包括跳级或压缩学习年限两种形式。学校根据学生的知识水平，在成绩极其优异的前提下，允许学生在本年级学习时提前修习下一年级课程，待到本年级学习结束后直接越过下一年级跳至更高年级学习；或加快学生的学习进度，使其在更短年限内完成学业。加速教学需要做好充分的准备和陪护工作。

一般情况下，接收少量智力早熟儿童的学校主要开展融合教学；专门接收智力早熟儿童的中小学需向学区报备，再由学区通过官网发布学校信息。例如，凡尔赛学区在其官方网站发布（接收）智力早熟儿童（学校）的相关信息，并在艾松省的若干所小学、初中、高中设立了接收智力早熟儿童实验点，这些试验点受到欧洲社会基金（Fonds Social Européen）的资助。在凡尔赛学区，智力早熟儿童的家长若希望其子女进入这类学校就学，只需在官网上提交“智力早熟儿童就读”申请表和相关材料，通过省级委员会审核后，便可直接入学。[1] 而在能力分组教学模式中，鲁昂学区一些中学从初一年级开始就设立了双语班/组（section bi-langue）、欧洲班/组（section européenne）和国际班/组（section internationale），进入这些班级的学生主要接受文学写作和外语方面的培养。[2] 在某些中文国际班，学生还使用中文上数学课。此外，一些学校根据学生情况，还提供音乐、

[1] Ac-versailles-Élèves intellectuellement précoces (EIP) [EB/OL]. [2016-05-10]. http://www. ac-versailles. fr/public/jcms/p2_168203/eleves-intellectuellement-precoces-eip.

[2] Des classes à projets particuliers[EB/OL]. [2016-06-01]. http://lycees.ac-rouen.fr/laprovidence/Nicolas-Barre/category/college/structure-college/des-classes-a-projets-particuliers.

舞蹈、唱歌、体育等文体艺术类专门课程，对学生进行高密度教学（enseignement plus intense）。[1]

（二）合作形式下的师资培训

法国对智力早熟儿童的教育主要依靠学校的普通教师，因此政府要求对教师开展与智力早熟儿童教学和指导方法相关的培训工作。就培训范围和内容而言，不仅限于对普通教师进行基本知识素养培训，还注重培养专门人员（负责从技术层面鉴别和诊断学生困难，为家长提供咨询）、学校心理学专家、心理辅导员、校医、督导人员和学校领导在诊断、咨询、帮助、评估等方面的专业能力。

师资培训主要采取合作化模式。师资与教育高级学校（Ecoles supérieures du professorat et de l'éducation，简称ESPE）作为法国培养专业教师的高等教育机构，主要对教师进行初级和继续培训。近年来，法国智力早熟儿童协会（Association Française pour les Enfants Précoces，简称AFEP）也参与到ESPE对智力早熟儿童专门教师的培训工作中。[2]它们应各学区、学校之邀，共同为教师提供专业辅导，而且协会所研发的培训模块成为学区开展教师培训的主要参考方案（见表2-5）。

上述3个模块的培训方案由法国智力早熟儿童协会委派专职人员主持，模块1和模块2主要由多位智力早熟心理学专家共同主持，模块3由具备相关丰富经验的校长主持。在学校培训阶段的模块3中，

[1] Des classes d'élite au collège et au lycée-31 octobre 2012. http://www.franceinfo.fr/emission/modes-de-vie/2012-2013/des-classes-d-elite-au-college-et-au-lycee-10-31.

[2] Enseignements élémentaire et secondaire-élèves intellectuellement précoces[EB/OL]. [2016-06-10]. http:// www.afep-asso.fr/documents/bo-25102007.pdf.

模块	培训主旨	培训对象	培训内容	培训阶段
模块1 智力早熟儿童与学校	认识教育制度的关键	教师、指导顾问（conseiller d'orientation）、心理学专家、校医、校长及其他教育工作者	认识智力早熟性（précocité intellectuelle）相关概念； 深入了解这一特性对学校教育的影响； 对适应性教学计划形成初步认识。 制度框架： 官方文本和对智力早熟儿童所承担的主要教育责任。 主要特点： 与具体教学内容相关； 确定智力早熟性的身份特征； 认识智力早熟儿童的认知与行为特征； 提出适应性计划和教学设计。	学校、学区和ESPE多级培训阶段
模块2 深化研究	认识教师与智力早熟性，以及智力早熟儿童教学的特征	智力早熟儿童专门教学团队中的成员（包括模块1所涉及的相关人员）	从认知和人际关系角度辨别智力早熟儿童的行为； 掌握优化智力早熟儿童潜力的相应教学方法和工具； 保证适应性计划的内外部统一； 分析智力早熟儿童学业失败的原因并提出调整建议； 加强与学生家长的联络； 掌握儿童教育心理学相关知识； 明确（推动学生）加速与深入学习的相关策略； 在混合学习小组（groupe hétérogène）中根据智力早熟儿童特殊需求整合不同教学资源。	学校、学区和ESPE多级培训阶段
模块3 方案追踪	教育团队的动力源泉：接收智力早熟儿童	学校中已参与智力早熟儿童教育实践的教学团队成员	重新审视、改善或更新教学计划； 分享经验并确保教学实践策略的一致性； 更新智力早熟研究小组的相关知识； 创新与制度、科学计划相关的知识； 分析教学实践：多学科转化的可行性； 观摩志愿教师的课堂设计，加强同行交流； 必要时对智力早熟儿童指导计划开展现状分析和评估工作。	学校培训阶段

资料来源：Module-Organisme de formation [EB/OL]. [2016–05–10]. http://www.afep-asso.fr/documents/triptyqueFormation.pdf

首先要对学校参与智力早熟儿童教育实践的教学团队成员进行培训需求评估，并根据评估结果制定具体的培训内容。在培训开展之初，培训人员将提前半天上岗，对学校做好实地考察。法国智力早熟儿童协会将依据学校所需对培训方案的组织与运行进行督检。[1]总之，在ESPE和AFEP的合作下，法国智力早熟儿童教育形成了层层递进且极具针对性的师资培训机制。

（三）多样化的社会资源整合

在社会力量方面，除上文提及的由让·提拉斯耶创建的国家智力早熟儿童协会和1995年由索菲·高特（Sophie Côte）创立的法国智力早熟儿童协会外，法国民间还成立了许多机构，帮助智力早熟儿童更好地开发所长、弥补不足，或为专业人士和学生家长提供帮助。一些民间团体由于有效促进了智力早熟儿童的教育融入和学业成功，甚至得到法国教育部的认可。[2]例如，各类智力早熟儿童协会受邀参加由国民教育部学校教育司组织的工作会议，并一同为法国官方教育网站编辑《智力早熟学生的个性化学习》专栏[3]。他们还积极扩大与国际智力早熟儿童协会或天才儿童协会的联络，主动引进他国先进理念和经验。同时，一些家长还组成家长工会，凝聚智力早熟儿童家庭的力量，利用网络社交平台，通过发布新闻、发表相关著作、组织学术会议、创建论坛等形式为家长提供咨询和交流机会，合力推动智力早熟

---

[1] Module-Organisme de formation [EB/OL]. [2016-06-10]. http://www.afep-asso.fr/documents/triptyqueFormation.pdf.

[2] BLÉANDONU G. Les enfants intellectuellement précoces：«Que sais-je?» n° 3698[M]. Presses universitaires de France, 2004: 12-14, 27.

[3] Ressources pour la personnalisation des parcours des élèves intellectuellement précoces[EB/OL]. [2016-06-11]. http://eduscol.education.fr/cid59724/eleves-intellectuellement-precoces.html.

儿童的顺利发展。此外，法国社会各类文化机构，如艺术中心、剧院影院、管弦乐团、戏剧舞蹈中心等，为学校或各类英才班提供教学资源、课外活动场所和机会，从而增加了学生学习的积极性和趣味性。同时，法国在基础教育阶段还开展各种全国性学科知识、才艺类竞赛（活动），如小袋鼠全国数学竞赛、音乐教育总竞赛、体育运动周等。这类竞赛一方面设有专门网站，为学生提供丰富的学习资源，另一方面为智力早熟儿童搭建了施展才能的舞台，增进其学习热情和自信心。

以小袋鼠全国数学竞赛为例，该竞赛始于1991年，由法国教育团队发起，每年举办一次，所有中小学生均可参与。目前，这一竞赛已推广至全球40多个国家。在法国，该竞赛于每年春季开展的“法国数学周”（la Semaine des mathématiques）[1]期间举办。学生可以通过网络在线报名，或寄送邮件报名，由组织竞赛的专门负责人接收。考试时间为50分钟，可在上午8点至中午12点间举行，每所学校的考试进程由一名教师或教学团队委派其成员负责，从而确保其正规性。考试内容由24道多选题组成，考题难度顺次递增。每道问题有5个备选答案，但不存在唯一正确答案。竞赛者从小学三年级到高中毕业班分为6个等级：小学三、四、五年级学生为一组；初中一、二年级学生为一组；初中三、四年级学生为一组；职业高中方向为一组；除理科生外的普通和技术高中学生为一组；普通和技术高中的理科学生为一组。竞赛结果将进行全国排名，排名以学校为单位通过信件反馈给参

[1]“法国数学周”是由国民教育部发起的旨在促使法国学生和家长对数学的当前发展形成积极认识，提升数学学科吸引力的活动周.数学周的主题每年均有侧重，如2017年的主题为“数学和语言”.具体包括加强数学在公民培养和日常生活中的重要性，展现数学在各类职业中的重要作用和同其他学科的丰富联系，呈现应用数学是自然审美的来源，并揭示数学、趣味性和创造力之间的关系等。

赛者。解题方法与答案也将在全球其他国家的小袋鼠数学竞赛结束后公布。[1]

四、法国英才教育的特点

在基础教育阶段开展英才教育，挖掘和激励具有潜力的优秀学生，并为其提供适宜的学习环境，对开发和培养未来社会的拔尖人才、创新人才等具有长远且现实的意义。法国以智力早熟儿童为主要对象的英才教育从最初无意间的关注，到如今“中央引导—地方推动—全民参与”的发展局面，已形成了较为完善的教育体系。法国英才教育的特征和值得我们思忖的方面在于：

（一）以教育公平为原则，关注英才儿童的发展与个性需求

法国历来重视教育公平，主张任何学生都应受到相应的关爱与教育保障。但公平绝不是均质化，而是要满足学生的个性化需求。在法国，智力早熟儿童的教育困境在于如何发挥其优势，同时避免和摆脱其融入正常教育时产生的不适，从而陪伴和辅导每一位需要帮助的学生。于是，一种看待英才能力及其教育价值的新角度由此形成：首先要关注、解决智力早熟儿童的困难和问题，助其顺利融入学校教育，在此基础上充分发挥学生的能动性和智力优势，积极开展卓越培养。因此，学校在保障每个学生掌握必要的基础内容外，避免过于标准化和统一化对智力早熟儿童的重压，并对其实施个性化教育。

---

[1] Kangourou des mathématiques [EB/OL]. [2016-09-10]. http://www.education.gouv.fr/cid66724/kangourou-des-mathematiques.html.

（二）以法律与制度为基础，保障学生接受系统且有针对性的英才教育

从2000年起至今，法国在注重辨别与肯定智力早熟儿童的特殊性，以解决其学业问题为导向的理念下，通过法律通函的形式明确了智力早熟儿童的教育目标、认知甄别、个性化教育和追踪方式，并从外部环境和内部陪护两方面形成对智力早熟儿童自上而下的教育制度。相较于零散、随意的发展计划或“拔尖”项目，法国的英才教育系统设计更加完整，教育思路更加明晰；并且从法理自身出发，避免了英才教育的功利化取向，转而重视教育的根本——对学生的培养与陪伴。

（三）以技术和环境为支撑，打造集政府、学校、家庭于一体的人员培训和社会互动机制

法国的英才教育以学区政府作为实践的领航者，以学校作为具体的教学单位，以教师和专业人员作为行动者，每位参与者均有明确的职责分工和操作要求。同时，多元的教学方式，专业教育机构和民间组织相结合的师资培训模式，以及由教育协会、家长工会和公共文化机构提供的社会资源，为英才教育创建了专业的技术支撑和持续性的环境支持。其中值得一提的包括：建立学区级代表，由其深入教育一线甚至学生家庭，通过调查与沟通，了解英才教育实情，从而帮助学区制定更具针对性的协调发展计划；委托大学研究人员开展科研工作，鼓励心理学专家、校医介入智力早熟儿童的教育实践，为解决智力早熟儿童的困难、充分发挥其才智提供有效的指导建议和对话平台；允许智力早熟儿童专业协会参与相关的教师培训活动，不仅互

通有无，节约了信息成本，也使教师培养工作更“接地气”，避免理论和实践的脱钩。可以说，法国的英才教育通过调动全社会力量，让普通但有特长的孩子获得更适宜的教育，同时形成了基础教育的多赢局面。

第五节

德国英才教育的政策与实践

德国的英才教育因其多种学校类型共存、各州教育自治的国情背景而形成本国独有的特点。

一、德国英才教育现状

人类并非生来相同，而是各有所长。人的潜能一半由天赋决定，另一半则由后天开发形成。为了发挥最大的潜能，人类应当找到自己的天赋所在并对其加以深度开发，因为天赋与成就并不具有天然的正相关性。然而，很多天赋极高的英才往往缺乏必要的帮助，英才儿童所需的“精英”教育模式常被社会所诟病。因此，国家有必要为英才儿童开发一种特殊的教育模式，既能最大限度开发英才儿童的潜能，也能将这种促进过程与大众教育系统区分开来。英才教育并非精英教育，而是实现教育公平的一个很重要的方面。“天赋”（Begabung）一词在德国教育界一直广受争议。当然，诸如“高资质”“精英”等词汇也在学术界引起激烈讨论。德国联邦总统约翰内斯·劳在2000年7月于柏林召开的首次教育论坛大会上表示："我们现在正站在一个错误的选择面前。教育即是要消除不平等。这意味着，那些英才儿童也应当受到相应的教育。我们应当及时地发现和鉴别英才儿童，并对他们的进一步发展进行积极的促进和引导。这个目标与我们整个国家的教育目标并不冲突。”事实上，很多未来产业、现代科技、社会文化产业以及国家政治经济效益等的发展都离不开社会对英才的鉴别和开发。我们应该让这些在认知行为能力上具有极高潜能的英才能够在日后为经济、科学、文化乃至整个国家作出贡献。[1]

（一）德国教育系统基本概况

德国教育系统的结构极具多样性，其教育主要由各个联邦州自治，各州因自身实力的不同体现出教育形式和制度上的差别。20世纪上半叶，德国教育系统开始引进并实施18岁前的通用义务教育以及四年或五年制的基础教育。德国的教育系统共分为五个阶段，包括基础教育阶段、第二级初级阶段、第二级进级阶段、第三级高等教育、衍生教育。学校教育从小学开始，即基础教育阶段（Primarstufe），通常是四年制。有些地区小学阶段采用六年制，其中第五、第六年是指导年，这取决于各个学校的不同情况。小学之后就是第二级初级阶段（Sekundarstufe I），与中国初中阶段类似。第二级初级阶段又分为三种类型，由学生能力和教师推荐决定小学生毕业后进入哪种类型的

[1] Begabtenförderung—Wie Begabte gefunden und gefördert warden [EB/OL]. [2016-09-20]. http://doku.iab.de/ibv/2003/ibv0503_605.pdf.

初中。文理中学（Gymnasium）一般由学习成绩较好的学生构成，这类学生的主要目的是为上大学作准备，学制一般为8年或9年，由各个州的政策决定。实科中学（Realschule）主要由成绩中等的学生构成，学制6年。普通中学（Hauptschule）主要是为将来进入职业学校的学生准备的。第二阶段的教育以小学和初中毕业证书为节点。小学主要提供进行职业培养所必需的基础通用课程，技术职业学校提供延展性课程。中学阶段成绩较好的学生在经过毕业考试后可以进入更好的高阶文理中学。第二级初级阶段之后紧接着就进入第二级进级阶段（Sekundarstufe II），分为两种形式，一种是高阶文理中学，另一种是职业教育（Berufsschule，又称为双轨制教育）。职业教育主要包括学徒训练、职业学校教育、预备职业训练年、专业职业学校教育、职业中学教育以及职业文理中学教育。职业学校往往会提供8至9学年的课程。几乎所有的联邦州都要求学生在参加完12年的课程之后进行资格考试。职业文理中学主要侧重于职业训练，并且是以实科中学的证书或其他同等资格学校的证书为基础的。职业文理学校还可提供通用高等学校资格证书，即毕业文凭。德国教育的第四个阶段为高等教育，学生需参加完高中毕业考试之后才能进入高等教育机构就读。这一阶段的教育主要由大学、专业技术学院、技术大学等三种形式构成。第五个教育阶段主要包括私人教育机构进修和职业进阶培养。那些有着特殊教育需求的学生也在这种类型的教育机构中就读，其教育目标则由各个学生的障碍程度决定。特殊需求学校毕业的学生将会得到等同于基础教育阶段低年级水平的资格证书。[1]

[1] János Gordon Győri. International Horizons of Talent Support[J]. Magyar Tehetségsegítő Szervezetek Szövetsége, 2011(77).

（二）德国政府对英才教育的态度

德国心理学家斯特恩（William Stern）提出，要在所有的学校中为英才儿童设置学术咨询中心，用以鉴别英才儿童并方便其进行咨询。另外，中心还可以负责对教师进行英才教育的辅助指导。[1] 1933年纳粹党执政之后，由斯特恩发起的一系列先驱性英才教育措施被迫停止。此后，德国开始了由联邦政府进行统筹和政策制定，各联邦州具体落实促进措施的英才教育体制。对学前和中小学阶段的英才促进是各联邦州的职责。联邦政府通过全联邦范围内展开的各项竞赛（如“青少年研究家/实验家”等）来支持和配合各联邦州的英才促进政策。

2004年，德国联邦和各州教育规划与研究促进委员会发布《各州中小学英才促进：措施与趋势》报告，汇总了16个联邦州英才促进的情况，介绍了各州的英才促进措施以及新的发展，最后以“天才女孩的特殊促进措施”“天才儿童家长和教师信息手册”“为天才儿童缩短中小学学习年限的更多举措”等主题概括了联邦范围内的发展情况。

2015年8月，德国联邦教育与研究部发布德国现阶段英才教育发展报告——《英才儿童的发现与促进》。报告认为，通过加大投入来支持和促进英才充分发挥天赋、发展技能，是对德国未来社会的投资。德国联邦教育与研究部部长万卡（Johanna Wanka）在报告前言中指出：“对于原材料缺乏的德国而言，知识与技能是国家未来发

[1] ZIEGLER A, STOEGER H. The Germanic View of Giftedness[M]//PHILLIPSON S N, MCCANN M. What Does It Mean to Be Gifted? Socio-cultural Perspectives. Hillsdale: Erlbaum, 2007: 65–98.

展最重要的资源。因此，识别儿童的天赋与潜力并促进其发展，是国家的一项重要投资。同时，确保每一个儿童得到最适合其能力的发展是机会平等原则的要求。各个州有义务在幼儿园、小学以及中学阶段帮助英才进行发展。联邦政府将通过各种研究项目、'教育＆英才'天才资助项目、青少年科学院以及青少年竞赛等方式对各州的英才培养政策进行资助。"[1]这份报告从为什么要选拔英才儿童,如何鉴别英才儿童，家长、幼儿教师和中小学教师应该如何做等方面，对德国现阶段学校教育（大学之前）中英才儿童的发现和促进措施作了详细的解读。报告认为，学校首先要正确认识英才儿童认知快速发展的需求，区别高资质英才儿童（Hoch begabte Kınder）和普通英才儿童（durchschnittlich begabte Kinder）的不同认知发展需求。其次，要通过综合运用行为观察、学业测试、竞赛、智力测试等方式来判定英才儿童，有效避免家长和一线教师由于偏见、喜好、性别观念、期待等造成的评判偏差。报告指出，英才儿童的选拔与培养应贯穿学校教育的各个阶段。同时，参与主体应多元化，家庭、学校、社会需共同参与英才教育。

（三）相关法律政策

德国英才教育政策是由联邦政府制定的，且联邦政府主要负责统筹规划，具体权责划分则因教育阶段的不同有所区分。学前教育阶段统一由联邦政府负责。基础教育阶段由各个联邦州自行负责，联邦政府只为各个州提供政策上的引导，不负责具体实施。高等教育阶段和

[1] Bundesministerium für Bildung und Forschung. Bundesministerium für Bildung und Forschung. Begabte Kinder finden und fördern. Ein Wegweiser für Eltern, Erzieherinnen und Erzieher, Lehrerinnen und Lehrer[R]. Druck- und Verlagshaus Zarbock GmbH & Co. KG, Frankfurt. 2015.

职业教育阶段的英才教育全部由德国联邦政府负责规划和实施。学校教育范畴之外的社团或私人机构提供的英才教育则并不由联邦政府及各州负责。

2016年12月，德国联邦教育与研究部和德国联邦州文化部长常务委员会共同颁布《中小学英才教育促进计划》。该文件指出，德国将在全国范围内按照各州情况进一步推行英才教育计划，并以此政策为基础促进英才的培养和发展。计划对来自受教育水平较低家庭的英才儿童给予了格外的关注。此外还涉及性别平等问题，如在数学、信息技术、自然科学与技术专业就读的女性学生资助问题。该计划从理论和实践两个层面对英才教育系统的构建进行了详细的规划。此项计划主要面向学校系统中一至十年级的学生，即包括基础教育阶段和第二级初级教育阶段，且部分涵盖第二级进级教育阶段。计划中涉及的学科主要有数学、自然科学、德语（写作及论证中的创造性语言能力）以及外语（如英语）等。另外，对于社会情感、艺术创作以及精神运动学等方面的潜力开发也有所涉及。该计划自2017—2018学年开始实行，为期10年，分为两个阶段。第一个阶段的目标是开发并发展校内英才及高资质英才儿童的培养战略，确定核心概念，完善具体举措。第一阶段在德国各个联邦州共选出300所学校推行该计划，小学和中学各占一半。被选中的学校主要以两个原则为核心发展英才教育。原则一是以提高学校效益为目标建立模范试点院校，并形成合作关系网络，以此将教育理论与具体实践活动结合起来。另一层意义在于，将这种培养模式与教育结构结合起来，构建和谐的校园文化，从而有利于不同观点在学校里得到认同和尊重，注重每个学生的个人能力，做到因材施教，让家长也参与到对学生的教育过程中。此外，中小学还应当尝试与校外机构，如一些基金会、社团以及高校等建立合作关系，以便在完成教学任务目标的基础之上让学生更加深入地了解职业及未来发展规划。原则二是对日常课程进行规范与促进。这一原则的目标是对专业教学法的概念进行加工，以期对英才学生及高潜力的学生进行个性化培养。这个过程主要是促进认知能力及元认知能力，同时对教学模式进行试验。所有被选中参与项目的学校都必须落实以上两个原则所涉及的内容。各州的学校之间还要建立起地区性、跨地区乃至整个联邦范围内的网络结构，以方便各个学校在计划实施过程中进行经验交流。如有必要，还可以建立与学校之外的教育机构的联系网络。计划实施过程并不拘泥于个别学科，而是跨学科、跨媒介式的。具体地，项目参与学校的选择、基础支持、额外资讯以及指导问题则由各州负责。[1]

德国卡尔格基金会（Karg Stiftung）分别对各联邦州现有的天赋儿童促进机制及措施进行了系列研究。以柏林为例，该地区关于天赋儿童促进的相关举措包括：《柏林学校法》中关于天赋儿童促进的相关法律规定，关于提前入学和灵活入学的法规，关于跳级的法规；柏林负责天赋儿童的联系机构；中小学校内的促进项目；学校心理咨询与建议服务；校外竞赛类项目；培训及继续教育；对于特定目标群体的促进项目；科学项目以及信息公开服务等。

（四）德国英才教育整体状况

德国各联邦州都允许学生提前入学。1995—2008年，一年级学生提前入学率从2.5%提升至5.4%。2004年，在满足一定条件的情况下，

[1] Richtlinie zur Förderung von Forschungsverbünden im Rahmen der ersten Phase der Bund- Länder-Initiative, Förderung leistungsstarker und potentiell besonders leistungsfähiger Schülerin nen und Schüler[J]. Bundesministerium für Bildung und Forschung, 2017(5).

13个联邦州的学生都可以跳级。勃兰登堡州、下萨克森州以及石勒苏益格-荷尔斯泰因州已经开始对英才儿童进行鉴别并通知其父母，其他州则仍旧要靠传统的教师判断和父母判断的方法对英才儿童进行鉴别。2004年，德国的5个联邦州已经开始在第二阶段教育中提供对英才儿童进行群体教育的方法。有些院校开始与大学合作，允许英才儿童上学期间就在大学进行科研工作，并获得大学学分。

现阶段，德国联邦教育与研究部制定了覆盖中小学、大学以及职业教育领域的英才促进措施，旨在将德国打造成为“世界人才锻造工厂”。中小学阶段的英才促进主要是各州的任务；联邦政府通过开展全国范围内的竞赛，如青少年研究/实验、外语竞赛等，以及建立中学生学院[1]来发掘有天赋的儿童，并为其提供发展平台。在继续教育和终身学习理念的指导下，联邦教育与研究部开展“智能天才”项目，为在工作领域表现出色的人才提供“继续教育奖学金”和“上升奖学金”，为其在职业领域的晋升和进入大学学习提供资助。在高等教育领域，从2011年开始，为有天赋的在校大学生和博士生颁发“德国奖学金”，这在德国是一个全新的奖学金文化。德国联邦教育与研究部通过举办“英才日”为英才儿童和青少年提供了一个展示和交流的平台。2016年9月，德国举办了第11个“英才日”。此外，德国还设有“英才工作坊”等激励和促进措施，对英才学生在大学和职业中的发展提供支持，以促进其持续发展。

二、德国英才教育的发展历史

1879年，德国心理学家、哲学家冯特（W. Wundt）设立了德国第

[1] 中学生学院开设暑期课程，英才学生通过学习这些课程，为提前进入大学作准备。

一个实验心理学院（Institut für experimentelle Psychologie）。许多国家进行智力研究的代表性学者即出自这所学校。1866年，实验心理学院的一名学生设计出了第一个儿童智力测试量表《吕克量表》（Lücken Test）。1905年，佩措尔德（Petzold）提出要为具有卓越才能的学生建立特殊学校。20世纪初，德国的教育学家就已经在鉴别英才天资程度等方面做了许多研究。[1] 贝戈尔德（Sebastian Bergold）在教育学期刊《教育环视》（*Pädagogische Rundschau*）发表题为《德国天才儿童研究和促进的历史发展》的文章，综述了德国不同历史阶段关于天才儿童培养的争论和发展特征。[2] 20世纪初期，德国关于天才儿童培养的研究曾达到高峰。1916年，德国著名心理学家斯特恩开始进行天才儿童的研究，他在汉堡大学组织了一个研究团队，负责分析天才儿童。第一次世界大战之后，受到世界性经济危机的影响，德国关于天才儿童的研究因资助受限而结束繁荣期。第三帝国时期，在纳粹统治下，大批研究者逃离德国；与此同时，在纳粹种族优劣论的指导下，关于天才儿童的选拔标准已完全不同。

第二次世界大战之后，西德地区建立了天才儿童研究所，并成立了多个基金会用以资助天才儿童的研究。此时，天赋和个人能力再次成为天才儿童选拔的唯一标准。20世纪60年代，德国出现天才儿童促进的危机。德国大学入学率低于当时其他工业国家的原因在于三轨制的中学体系。[3] 他们反对人为地选二级中学，以便使更多的学生有

[1] Kinder mit besonderen Begabungen erkennen, beraten, fördern, Ministe- rium für Bildung, Wissenschaft, Forschung und Kultur des Landes Schleswig-Holstein, o.J.

[2] Bergold, Sebastian. Historische Entwicklung der Begabungsforschung Bagabtenförderung in Deutschland[J]. Pädagogische Rundschau, 2013, 67(5): 517–533.

[3] 三轨制的中学体系是指文理中学、实科中学和主体中学三类中学。德国学生在小学毕业之后（一般为四年级毕业，在少数州是六年级毕业），在家长意愿和教师推荐下分流进入不同的中学学习.文理中学毕业生在通过毕业考试之后可获得大学入学资格.进入文理中学的一小部分学生被认为是有天赋的学生。

机会进入大学。70年代，德国的天才儿童研究和促进经历了重新复苏之前的徘徊期。汉堡的中学首次进行了“D段班”[1]的尝试;德国境内成功举办多项竞赛，包括“青少年研究”，语言、数学、化学和物理竞赛等，来选拔天才儿童。与此同时，针对天才儿童的促进措施越来越受到公众的关注和讨论。1978年，德国专门促进天才儿童发展和研究的“天才儿童社团”（Die Deutscher Gesellschaft für das hochbegabte Kind，简称DGHK）成立，这一社团与德国各个中学和大学合作开展促进课程，为天才儿童、家长、教师提供咨询和服务，为教育学、心理学专家提供探讨和研究的平台。20世纪80年代之后，德国天才儿童的研究和促进取得突破性进展。从80年代初开始，关于天才儿童的出版物数量增长迅速。在此影响下，1981—1982学年，德国有中学专门为天才儿童开设特殊班级（从十一年级开始）。从1980年开始，德国教育与科学部（Bundesministerium für Bildung und Forschung，简称BMBW）设定了使德国成为一个让有天赋的人可以自由发挥智慧潜能的地方的目标。在德国科学与技术部的资助下，各联邦州开展了多项天才促进项目。到1984年，巴登-符腾堡州所有的中学都成立了“天才儿童工作小组”。1991年，德国文教部长联席会议通过决议，指出中小学教育的任务就在于为所有学生提供与其能力相适应的教育。1995年，德国一所为天才儿童建立的幼儿园在汉诺威面世。在此期间，学校之外对于天才儿童的促进措施也取得了很大的进展。

1985年8月第六届世界天才儿童会议在德国召开。拉特耶（H. Rathje）等关于“成就动机、自我概念和天才”的研究对参加科学

---

[1] 有天赋的中学生在九年级结束之后经过选拔进入“D段班”学习.该班级学生在十年级学习半年之后跳级进入十一年级，比其他同龄人更早地参加中学毕业考试。

竞赛的天才儿童的成就动机进行了分析，力求找出坚持完成任务的一些决定因素，并在动机过程中强调儿童对自己能力的认识所起的作用。有研究者对影响自我概念和成就的因素进行了探讨。德国波恩大学的吕佩尔（H. Rüppell）等人认为，传统的智力测验是建立在一组个别项目的基础上的，这些个别项目分别测量智力的一个方面（单因素测量），可是天才儿童或成人的信息加工过程具有自己的特性。这种特性不是由智力的一个方面或几个方面组成。实际上，人在进行复杂推理过程时，智能总是整合协同作用的。因此，为了探讨天才儿童在解决科技问题中信息加工的特性，他们设计编制了一套新的测验，称为QI（Quality of Information Processing）测验，以代替IQ测验。[1]

20世纪80年代，德国学生在PISA测试中的成绩很不理想，远低于欧洲平均水平，造成这一结果的很大一部分原因是英才教育发展受限。因此，20世纪90年代德国联邦教育与研究部出台了一系列英才教育扶持政策，从选拔、促进以及校外英才辅助项目等方面入手，在法律政策上构建一个完整的英才教育系统。同一时期，在德国联邦政府的资助及德国文化部长会议的支持下，一个极具影响力的英才教育组织“教育与英才”（Bildung und Begabung）也慢慢崛起。该组织主要侧重于研究校外教育，由德国科学基金会（Stifterverband für die Deutsche Wissenschaf）资助，德国联邦教育与研究部领导。其宗旨是培养“德国的天才”，让组织内的学生可以自由地发展各自的天赋。该组织是德国英才资助的中心，通过网络、刊物以及展会等进行英才教育信息的传播和普及，对英才及其父母、教师都有相应的帮

[1] 查子秀.近年来国外关于天才儿童研究的动态［J].心理学动态，1986（2）：1–5.

助策略。该组织每年通过科学院、竞赛等方式对25万名英才进行资助，发掘他们的潜能并进一步开发。资助对英才学生的社会背景并无任何要求，并致力于进一步推进教育公平。在该组织建立的科学院中，英才学生可以编制智能手机应用程序，可以让自己制造的船只下水起航，总之每个英才儿童都有机会发挥自己的潜能。“展望英才”（perspektive Begabung）是该组织运营的一个科研实践项目，包括一系列连续的英才教育项目。这是德国英才教育领域一个较新的项目，开展与学者及教育实践者的对话，定期报道英才教育项目的学生成果等。[1]

联邦竞赛（Bundes Wettbewerbe）这一组织则主要负责国家级竞赛，包括语言类、数学类、国际奥林匹克竞赛等。德国中学生科学院（Deutsche Schüler Akademie）主要针对第二教育阶段的英才，已有近20年的发展历史。该院主要为第二阶段即将毕业的中学生提供为期16天的加强项目，学生可以在参与项目的过程中深入了解自己能力的极限，并且在具体的实践环境中探寻自己未来的学术及职业生涯发展规划。德国小学生科学院（Deutsche Schüler Akademie）创建于2003年，主要针对基础教育阶段的英才。以上组织全部由“教育与英才”机构负责管理。这些组织构成了德国英才校外教育的主要结构，旨在让那些在公立普通学校中就读的英才儿童也可以参与到英才教育中。小学生科学院主要由各个联邦州自治并资助，只有少数资金来源于“教育与英才”机构。需要注意的是，虽然小学生科学院与中学生科学院同属“教育与英才”机构，但是两者并没有自然的递进关系，也就是说，12~13岁的学生在参加完小学生科学院后不一定会参加中学生科

［1］ Bildung & Begaung [EB/OL]. [2012-12]. www.bildung-und-begabung.de.

学院。[1]

三、德国英才学生的甄别

德国联邦教育与研究部在关于德国现阶段英才教育发展的报告《英才儿童的发现与促进》中，对英才儿童的一些行为模式进行了总结，可以作为家长和教师甄别英才儿童的参考。运用社会行为模式可以从三方面来甄别英才儿童。

首先，在思维和学习方面，英才儿童往往具有以下特征：（1）在自己喜欢的领域通常具有极高的知识水平，对一些学科相关的细节内容也知之甚多；（2）词汇量非常大，极具表现力，语言流畅；（3）可以很快地记住某些事物；（4）能很准确地透过事物的表面看到根本和原因；（5）在寻求集体感的同时又显得非常与众不同；（6）能在处理复杂任务时很快地找到事情的脉络及原理所在；（7）极其擅长概括总结；（8）具有敏锐的观察力；（9）阅读能力很强，阅读范围很广，并且能对超越其年龄段的书籍做到融会贯通；（10）能够做到独立的批判性思考。

其次，在行动方面，英才儿童往往具有以下特征：（1）更愿意独立完成一项任务，这样就可以有充分的时间思考如何解决问题；（2）往往对很多“成人话题”感兴趣，如政治、宗教、哲学、环境、性以及平等问题；（3）追求完美；（4）对于日常任务缺乏耐心。

最后，在社会行为方面，英才儿童往往具有以下特征：（1）敢于藐视权威，对事物的判断非常绝对，通常是要么对要么不对，要么好

---

[1] István Benyhe, Anna Cseh, Ágota Fehérné Kiss, Andrea Frank, Csilla Fuszek, János Gordon Győri, Balázs Hornyák, Bernadett Kovács, Csilla Lenhardtné Zsilavecz, Tamás Nagy, Judit Pásku. International Horizons of Talent Support, I Best Practices Within and Without the European Union[J]. Magyar Tehetségsegítő Szervezetek Szövetsége. Hungaria, 2011: 77-89.

要么坏；(2)不会无条件随大流；(3)非常自我；(4)在没有经过自己的判断前不会相信任何权威表述；(5)能够很好地承担责任并且善于规划和组织；(6)往往会和与自己能力相当的人做朋友，一般都是年龄较大的人；(7)很善于感知他人的情绪，并且对政治和社会问题很敏感。

然而，这些行为模式尚未经过科学认证，并不是每一个英才儿童都会具有这些特殊的行为表现。在这种情况下，智商测验对于英才甄别就显得尤为重要。德国从20世纪90年代开始运用智商测验。然而，智商测验在全世界范围内仍旧广受争议，原因在于智商量表仅能反映出人类智力的一部分。现今德国应用最为广泛的心理学智商测验主要有以下几种。

考夫曼儿童成套评价测验（Kaufmann Assessment Battery for Children）：该量表主要应用于4岁零7个月至小学前的儿童的智商测验。

自适应智力诊断测试（Adaptives Intelligenz-Diagnostikum）：该量表主要应用于一年级至13岁儿童的智商测验。

汉堡—韦氏儿童智力测验1983年版（Hamburg-Wechsler-Intelligenztest für Kinder, Revision 1983）：该量表主要应用于一年级至13岁儿童的智商测验。

智力结构测验（Intelligenz Struktur Test）1973年版：该量表主要应用于12~16岁儿童的智商测验。

柏林智力结构测验（Berliner Intelligenz Struktur Test）：这一量表是目前德国公认的比较具有说服力的智商量表，但仅适用于15岁以上的青少年。

四、德国英才教育的培养机制

德国的英才教育主要分为校内培养和校外培养：校内培养方式主

要包括提前入学、跳级、学习小组、英才班等；校外培养方式主要包括竞赛、青少年科学院，以及中小学与高校或研究机构共同开发的合作项目等。鉴于其多种学校类型共存和各州教育自治的特点，现将德国英才教育的培养机制按照不同教育阶段进行分类，再分别对各个州的教育政策进行分析。

（一）核心原则

德国英才教育实施过程中的两个重要原则是“加速”和“加深”。“加速”即让英才儿童用更短的时间完成学习内容，主要体现形式为提前入学、跳级和在高年级听课。“加深”则是让英才儿童在原有的学习目标下完成更多的学习计划。这一做法并非是替换英才儿童原有的课程，而是要对现有课程内容进行补充和丰富。“加深”又分为纵向加深和横向加深。纵向加深即在学校一般课堂内容的基础上对学习计划的主题进行延伸和扩展。横向加深则是加入一些额外的主题和内容，这些内容都是在学校课程中未提及的。这两种加深方案的内部区别在于，纵向加深更具有个性化，以人为本；横向加深则主要侧重于企业、额外课程、补习班、竞赛等外部形式的英才培养。另外一种加深的形式是中小学生交换项目，让学生可以有双语教育背景。

前文提到的“D段班”属于“加深”和“加速”这两个原则的融合体。深化课程、项目班、年龄混合班、特殊学校、英才班等也属于这种混合形式的英才教育模式。

（二）学前教育阶段

学前教育对于人的一生有着极其重要的作用，对于英才儿童更是如此。德国各个联邦州中只有少数几个州为英才儿童提供个别的培养方案。以下举例予以说明。

巴伐利亚州：1999年，德国柯尼希斯温特文理中学在纽伦堡建立了一所日托托儿所，通过一体化的培养模式为英才儿童提供学前课程。

下萨克森州：1994年，德国柯尼希斯温特文理中学在汉诺威建立了一所面向英才儿童的日托托儿所。该托儿所是在本地区原有英才培训组织的基础上发展而来的。出乎意料的是，该托儿所提供的英才教育项目已经远远无法满足社会对于这种项目的需求，有兴趣的家长纷纷要求将自己的孩子送入这所试点学校。儿童首先要接受测试，测试通过方可入学。

石勒苏益格-荷尔斯泰因州：该州在平讷贝格地区的幼儿园中推行“周六课程”。这一项目已经在小学、初中和高中试行过一段时间。[1]

（三）基础教育阶段

德国基础教育阶段的英才教育系统已经较为完善，16个联邦州都有各自的教育方案。下面以5个联邦州为例。

巴登-符腾堡州：巴登-符腾堡州最为显著的英才促进政策是“灵活入学机会”。当年7月1日至12月30日之前年满6岁的儿童可以无需申请直接入学。有些小学还为那些当年年末满6岁的儿童提供额外的入学日期。需要注意的是，儿童入学前，家长、托儿所和小学的意见必须达成一致。还有一些小学提供一种学年混合制灵活入学模式，集合了两个第一学年（托儿所和小学），并且将学制缩短了1年。英才儿童可以由具有心理学鉴定资格的学校领导推荐，还可以直接进入二年

[1] Begabtenförderung.Wie Begabte gefunden und gefördert warden[J]. Nr. 5 vom 5. März 2003, 610−619.

级学习。每学年的上半年期末，根据考试成绩，第一名至第三名的学生可以跳级到下一年级。二年级的学年末尾，也可以跳级，此处没有年级限制，即从二年级可以跳级到更高年级。三年级成绩出众的英才学生可以被视作小学已经毕业，并且拿到所在小学的推荐，由班级委员会进行评定。

斯图加特青少年科学院（Die Kinder- und Jugendakademie Stuttgart）是一个面向斯图加特中小学生的英才教育机构，主要针对四年级和五年级的学生。该科学院提供的课程有生物学、自然科学、文学创作等。此外，弗赖堡、曼海姆、博登湖地区的青少年科学院也在建设中。

巴登–符腾堡州的某些小学还设有英才儿童学习小组。比如，纽伦堡市的内卡苏尔姆学校就设有一个名为“思考学习小组”的英才小组。

巴伐利亚州：该州规定当年年底之前年满6岁且身心健康、发展良好的儿童可以提前入学，每年有大约4%的儿童得益于这项政策，提前进入小学就读。当年1月1日至7月30日之间年满6岁的儿童同样可以提前入学，这意味着该州的英才儿童比其他州的英才儿童提前约半年入学。值得注意的是，所有提前入学的英才儿童都必须由学校出示合格的心理鉴定。巴伐利亚州同样有混合学年制入学政策，小学学制可缩短为3年。成绩达标的学生可以在经过学校领导同意后跳一个年级。公立小学只允许跳级一次。跳级学生应出示上半年的学习成绩表并在学年末进行跳级，然而在具体实践中，学生通常在学年中就跳级了。

柏林：柏林市对于提前入学的年龄限制是次年4月30日前年满6岁。一年级和二年级的入学期限都较为灵活。学生可以根据个人能力自行选择缩短学习年限。一年级第一季度结束时，成绩优异的学生可以跳级。柏林的每一个行政区都设有音乐、语言和体育类小学，有天赋的儿童可以选择在这些学校就读。

下萨克森州：下萨克森州允许儿童经父母申请后提前入学，前提是儿童在生理和心理上都已经足够成熟并具有一定的社会适应能力。跳级也没有年级和次数的限制。汉诺威市设有一所实验学校，其试点内容为“综合班级”（integrative Klasse）。该班级的学生都是经过多方考察后选入的，比如在课堂展示日表现优良的学生，经过校医鉴定后方可参加。汉斯-乔治-卡尔格小学（隶属于克里斯托弗中学）也设有这样一个“综合班级”。目前，下萨克森州的84所学校（小学、指导年级、文理中学）中已有16所开设了专为英才儿童服务的课程或项目。截至2006年，下萨克森州的47个机构已经形成了紧密的英才教育网络——英才教育联合会。这些英才教育促进机构的核心原则在于为英才儿童提供更多的辅助和支持。具体举措有在学校或班级层面提供额外的补充性课程、开设补习班、开设课程补充性学习小组、开发英才儿童可参与的研究项目、减少学习年限以及鼓励青少年英才创新等。此外，英才教育联合会还与大学、专科学校以及其他机构进行合作。英才学生经学校推荐并出示智商测试结果后可以直接拿到大学入学资格。

北莱茵-威斯特法伦州：该州规定，次年7月30日前年满6岁的儿童在出具校医心理鉴定后可提交申请，由学校领导决定能否提前入学。跳级仅可以由三年级跳至五年级。该州范围内有小学生数学竞赛，成绩出众的儿童可以参加多特蒙德的小学生数学科学院（Mathematik- akademie für Grundschüler in Dortmund）。

明斯特大学的国际英才研究中心（Internationale Centrum für Begabungsforschung）还为英才儿童提供一个名为“儿童大学”的项目。该项目举办面向英才学生的数学会面活动，每周一个下午让小学生到大学校园参观并与学者对话。这一项目并非仅仅针对高智商儿童，同时也面向那些在数学方面极具天赋的英才儿童。参加这一项目不需要提供智力测试结果。国际英才研究中心认为，智力测验在数学方面以及小学层面并不具有很大的说服力。

（四）中等教育阶段（第二级初级和进级教育）

德国的中学阶段教育又分为两个阶段，第二级初级教育和第二级进级教育，与中国的初中、高中类似。以下举例予以说明。

巴登-符腾堡州：巴登-符腾堡州截至2003年仍未设立专门的英才中学，但“合作小学”之类的机构仍旧存在，如“奥林匹亚竞赛点学校”、体育英才学校等。富特旺根地区以及陶贝尔比绍夫海姆地区等均设有此类学校。巴登-符腾堡州对于中学阶段的跳级政策是，五至十年级成绩达到标准的学生可以申请跳级，跳级的级数和次数并无限制，由学校领导决定能否跳级。巴登-符腾堡州的文理中学中，有五十多所学校允许学生在5年内完成6年的第二级初级教育课程，即八年制文理中学的教学内容也会为这些特殊跳级班级进行相应的修改。学生在进入第二级进级阶段后则恢复原有的教学进程。是否选择缩短一年学制，进行八年制文理中学的学习，由学生本人及家长意愿决定，并无规模性考核或测验。2002年末巴登-符腾堡州政府发布声明，将在施瓦布地区建立一所天才文理中学，这所学校仅设置五至十二年级，接收约160名学生，并分为8个班。此外，学校还开设有网络课程，招收120名学生。

巴登-符腾堡州在英才培养的过程中，并非将智力作为唯一的考核标准，创造力、自理能力、卓越的规划与行动能力、团队合作能力以及社会竞争力也都在考核范围内。巴登-符腾堡州文化部预先研讨会上提出了以下几种中学生竞赛：州数学竞赛（八至十年级学生可报名）、州德语及文学竞赛（十一至十三年级学生可报名）、州生活化学竞赛、实科中学自然科学竞赛。此外，巴登–符腾堡州还针对九至十二年级的艺术类英才儿童，设立了艺术工坊。优秀高中毕业生还可参加研习周活动。青年艺术奖（Jugendkunstpreis）也是一种分年龄组的竞赛活动，分为15~19岁的低年龄组和20~26岁的高年龄组。

巴登–符腾堡州所有形式的中学都设有英才学习小组（Arbeitsgemeinschaften für besonders befähigte Schülerinnen und Schüler），学习内容涵盖数学、自然科学、电子信息、语言以及社会科学等主题，通常每周进行两个小时的活动。学生可自愿报名参加这些小组，不合格的学生将会被剔除。弗赖堡、曼海姆以及康斯坦茨地区分别设有青少年科学院，即弗赖堡研讨会（Freiburg-Seminar）、曼海姆青少年科学院（Jugendakademie Mannheim）和博登湖研讨会（Bodensee-Hegau-Seminar）。

在巴登–符腾堡州文化部的领导下，斯图加特的一些文理中学还与弗劳恩霍夫研究所（Fraunhofer-Institut）合作，在信息技术方面对英才教育进行促进。同样类型的还有开普勒研讨会（das Keppler-Seminar），它是以自然科学为主要内容，对英才学生进行合作培养。

巴伐利亚州：巴伐利亚州借鉴巴登–符腾堡州和莱茵兰–普法尔茨州的英才培养经验，也设立了八年制文理中学，将六至十一年级的课程压缩至5年，入选学生主要来自五年级。此外，学生还可以在教师指导下报名参加中学生竞赛，主要有德国及其东部国家竞赛、巴伐利亚州中学生杂志竞赛、古语言竞赛、学校中的自然环境竞赛、数学竞赛、意外灾害竞赛、中学生写作能力竞赛。具体而言，德国及其东部的国家级竞赛面向普通中学和英才中学的九年级学生，全日制职业学校的十年级学生，文理中学、实科中学和残障学校的学生；巴伐利亚州中学生杂志竞赛，主要面向公立中学、英才中学、职业学校、实科中学以及文理中学的学生；古语言竞赛，主要面向十二年级的附加希腊语及拉丁语课程学生；学校中的自然环境竞赛，面向所有中学生；数学竞赛，主要面向实科中学和文理中学的中年级学生；意外灾害竞赛，旨在对六年级学生进行安全标示测试和对八年级学生进行安全意识测试；中学生写作能力竞赛（概括、加工文章），主要面向普通中学、文理中学、实科中学、职业学校、经济学校以及一些专科学校的学生。

除此之外，有兴趣或有天赋的学生还可以参加假期研讨会（Ferienseminaren）。这些研讨会由州总理办公厅及相关部门根据学生的成绩和集体表现确定参与资格。九至十一年级的高资质学生还可参加“附加课程”（Pluskursen），这是一种由专业教师负责讲授的选修课，也可理解为学校课程的延伸。雷根斯堡、纽伦堡以及乌尔茨堡等地区都有与当地大学合作的附加课程，每个周末上课，授课内容为学校课程之外的延展性内容。

慕尼黑的玛丽亚-特蕾莎文理中学和乌尔茨堡的德语之家文理中学都设立了试点“英才班”，分别从六年级和五年级开始。这种班级其实就是德国英才教育中“加深”原则的一种具体体现，其主要目标在于对现有教学计划进行补充。“英才班”的主要授课内容有外语、心理学、哲学、市场营销、信息技术学以及航天学。参加英才班的学生需提供学习成绩表、智力测试结果以及之前就读的文理中学的鉴定表。

同样地，除普通文理中学之外，巴伐利亚州也有音乐类和体育类特殊天赋学校。

柏林：柏林市将“快速班”（Schnelläuferklassen）作为试点班级，且只有少数文理中学中设有此类班级。学生可以将学习年限缩短至12年，即在九年级前、五至七年级就将八年级的课程学完。跳级仅允许跨一级进行。学生需具有德语、数学或其他专业知识能力并接受审核，出示之前就读学校的鉴定表，并与拟就读中学的领导进行谈话。该地区进一步的专业入学测试仍在开发中。值得一提的是，柏林教育局并没有组织本地的中学生竞赛。

柏林洪堡大学与中学生数学协会共同建立了“课外英才学习小组”（außerunterrichtliche Arbeitsgemeinschaften），并陆续建设数学–信息技术学网络。此外，鲁伯特–哈佛曼高中还与马克思代尔布鲁克中心（Max-Delbrück-Zentrum）建立了合作关系，资助英才学生进行分子医药学方面的自然科学研究。十年级的高中学生每年年末都可以参加“艺术工坊”（Künstlerische Werkstätte）。另外，还有一些学校以学科为基础进行针对性教育，如数学、自然科学、信息技术、音乐、艺术、语言以及体育等，招生条件各个学校有所不同。

下萨克森州：该州英才学生的跳级条件与基础教育阶段相同。在某些文理中学，学生可以在英才学习小组内部进行一个学年的跳级，这也被称为“小组跳级”（Gruppenspringen），这样的话学生在十二学年结束后即可取得高中毕业资格。具体流程是，学生从第十学年的前半学年跳至第十一学年的后半学年。位于布伦瑞克市的克里斯托弗中学设有“英才特殊促进班”（Sonderförderzweig für hochbegabte），其九年级和十年级的课程都在原有课程教学计划上进行了延伸。“英才特殊促进班”的学生必须在常规课程之外学习作为第三外语的日语，并且要参加电影学习小组。文理中学的高级阶段，即第二级进级教育阶段，学生主要学习各专业的高阶课程；每个学生至少要学习五门专业的高阶课程。整个第二级进级教育共计1学年，分为三个时段。第一和第二时段共计6个月，“英才班”学生在这两个时段将普通班级1学年的内容学习完。第三时段开始，学生将会按照个人特点选择自己感兴趣的课程进行深度学习。

下萨克森州也有为特殊天赋儿童开设的古语言、新语言、数学、自然科学、音乐以及体育类的特殊院校。州范围内设立的青少年竞赛有以下几种：中学生阅读平台、古语言竞赛、下萨克森州电影竞赛、下萨克森州中学生及青少年节、下萨克森州文化部设立的中学生和平奖竞赛等。汉诺威大学应用数学学院为数学天赋学生设立了“高斯学习小组”（Gauss- AG）。

对于文理中学进级阶段和学科文理中学的高资质学生，还有其他一些英才项目可供选择，例如由哥廷根大学设置的“超级实验室”（XLAB）项目。

北莱茵-威斯特法伦州：成绩优异的学生可以在学校相关部门协商、决议通过后进行跨一个年级的跳级。此外，学生还可以通过“小组跳级”的途径缩短学习年限。学习优异的学生在经过测试后，最早从七年级开始，在常规课程之外加入不同的英才小组，进行更深入和额外的课程学习。这一项目的目标在于让学生可以不用受到固定的学年限制，更早加入与其学习能力相匹配的高年级或高学年的班级中。这些学习小组的主要学习内容是高年级课程的预备部分，集中在数学、语文以及外语等主要学科。另外一种班级是“模范班”（Profilklasse），其主要目标是让学生在12学年结束后就通过高中毕业考试。这种班级的学生通常都是自七或九年级开始，成绩一直很优异的学生，他们在十年级结束后即可直接跳到十二年级，因为十一年级的教学内容已经被加工或补充到之前的课程中。“模范班”的主要特点是课程内容更为集中，摒弃了很大一部分重复性内容。“模范班”学生主要由学校相关部门推荐，然后由父母决定是否让孩子加入。学生可自愿选择在高年级上课。从七年级开始，学生就可以同时学习两门外语。

北莱茵-威斯特法伦州的英才教育体系最为完善，在中学教育阶段与大学的合作也最为丰富。

五、德国英才教育为教育者提供的支持

德国联邦教育与研究部提出，家庭教育对于英才儿童的发现和发展有着极为重要的作用。首先，家长不应盲目地让儿童过早参与到智力开发活动中，包括参加智商测验等。所有的智商测验都应在儿童达到学龄后才开始进行，因为孩子的年龄越小，智商测验的结果越不准确。由于后天发展和环境因素等多方面原因，孩子的智商会发生改变。

家长在英才儿童的早期发展中最应注意的问题是认知行为能力问题、情感问题以及社会能力问题。儿童在刚出生那一年是学习能力最强的时候。儿童在每一个发展阶段都有最擅长学习的东西，比如在6岁之前儿童的语言学习能力最强，在这一阶段家长应着重培养儿童的语言能力。另外，儿童的情感发展也极为重要。早期教育阶段，儿童自我认识的塑造与家庭教育有着密不可分的关系。在这一阶段形成的社会及情感能力将会伴随儿童的学习和职场生涯，乃至一生。

此外，家长应在儿童上小学前为孩子做一次心理测试。家长在经

过心理咨询后会对英才培养的整体框架有初步的了解，收集到更多有关英才教育的信息。最重要的是，家长在与英才儿童相处和交流的过程中，应该尝试引导英才儿童的心理发展。心理咨询可以让家长了解到英才儿童在对应年龄段的某些行为的含义，以及如何避免孩子在发展过程中出现心理问题。有些孩子可能不会展现出极为普遍的英才特征，这时候，家长就应当去心理咨询处进行咨询，了解如何促进孩子的天赋，如何正确引导孩子开发自己的潜能。同时，心理咨询处也能在家长、学校和孩子之间作出平衡，避免对孩子施加太多的压力，造成心理负担。

2014年，德国联邦教育与研究部开始为英才儿童的父母提供技术支持，并建立了专门的英才儿童父母帮助站，家长可以免费对自己的孩子进行英才甄别，并在英才儿童的教育方面得到专业和学术的指导。这一组织主要由各州教育局、家长联合会以及自我救助机构进行资助。有些帮助站旨在解决一些特殊英才的教育问题，比如，位于法兰克福的歌德大学附属的“大多数”（Mainkind）帮助站主要针对具有移民背景英才儿童的甄别和教育问题。

英才儿童的早期教育过程中，家长和托儿所的和谐关系是必不可少的。儿童早期教育中，家长是最为重要的教育决策者，比如到底哪种程度的课程内容才是最适合自己孩子的，孩子应该选择几岁进入小学读书。因此，家长在早期教育阶段应充分把握相关教育信息，以便作出适合的决策，在诸如小学和托儿所的选择等问题上须尤为注意。家长应当随时关注孩子的学习进度，适时与托儿所或小学进行沟通，以便及时作出调整，最大程度上对英才儿童的潜能进行开发，同时也要避免操之过急对英才儿童造成太大压力的问题。

第六节

西班牙英才教育的政策与实践

西班牙的英才教育在最近20年中进步很大，形成了英才甄别的常态化模式和多元化参与网络，但仍然存在反智主义思想蔓延、性别不平等、专业教师缺乏等问题亟待解决。

一、西班牙英才教育现状

西班牙的学校分为三类：公立学校、私立学校和享受公共经费的特许学校。西班牙采取“六四二”学制。学生在0~6岁接受幼儿教育，其中0~3岁为第一阶段，3~6岁为第二阶段。公立学校中针对3~6岁幼儿的教育是免费的，学校设有小学部和幼儿部。6~16岁属于义务教育阶段，包括6年的小学教育和4年的中学教育。在中学第四年（16岁左右），学生将进行选择：或进入预科学校读2年，毕业后进入大学，或进入职业学校学习。

在预科学校，学生将在文科、社会科学、自然科学和科技中选择一种进行学习。根据2013年颁布的《提高教育质量组织法》，初中生和高中生在毕业时需要通过官方考试，才能够拿到毕业文凭，而不是像以前一样由学校考试决定。学生参加高考，凭借考试成绩进入大学学习。

职业教育由学制长短不一、既有理论也有实践的不同专业组成。不同的职业教育阶段分为中专和大专，根据全国职业技能评定标准进行相应调整，在培训完成后获得文凭。拥有大专文凭的毕业生除了选择就业，还可以进入大学继续学习。

西班牙大学在“博洛尼亚进程”的影响下，已经与欧盟标准统一，分为本科、硕士和博士三个阶段。西班牙政府鼓励个人追求知识、终身学习，为完成义务教育的学生提供诸多奖学金和补贴，以支持他们完成学业。正因为这些资金上的支持，西班牙学生通常会继续读下去，拥有高学历的人数比例很大。

（一）西班牙英才教育的基本情况

西班牙英才教育是在全纳教育和“尊重学生多样性”的思想影响下，从20世纪90年代开始发展起来的，现在已经形成了较为完善的体系。西班牙对英才儿童的培养竭力避免“精英主义”或者“差别对待”，专门的英才学生班级在西班牙几乎不存在。英才学生和普通学生在同样的班级中学习，教师会考虑到英才学生的需求，对课程进行调整。在正常的学习之外，英才学生可以参加政府举办的周末班作为补充。如果有需要，他们可以申请提前入学或者跳级。

总的来说，西班牙英才教育的出发点是保证每一个学生都享有接受适合自己的教育的权利。英才教育不是培养精英，而是让这些学生发展自己的潜力，避免学业失败。英才学生与普通学生在权利上是平等的。在具体的培养机制中，管理人员与教师也会通过一些措施避免学生因此产生的特殊感。国家和学校为英才学生提供所需的帮助和便利，通过从幼儿园到大学完整的培养模式，让这些学生能够在大众教育的框架中，按照自己的节奏学习和发展。

西班牙的英才选拔从幼儿期开始，直到大学前，持续整个基础教育过程。一旦家长或者教师提出需求，教育部门将组织专业的团队对学生进行测评。如果确认学生是天才，学校会和家长一起为学生制订适合的培养计划。除了校内学习，政府、高校还会提供一些周末项目作为补充。在经历了基础教育阶段之后，英才学生可以参加高考，只要分数达到相应要求，他们可以提前进入大学学习。西班牙大学的专业设置相对中国来说比较自由，虽然不同的大学存在不同的情况，但在大部分学校，学生可以在考试合格之后自由改变专业，或者同时学习数门专业。这为英才学生提供了自由发展的平台，让英才教育不是局限于义务教育阶段，而是一个终身的、可持续发展的过程。

（二）大力开展英才教育研究

20世纪90年代，西班牙开始关注英才教育，在相关法律颁布之后，西班牙高校对英才教育的研究蓬勃发展。拉科鲁尼亚大学、阿利坎特大学、巴塞罗那自治大学、马德里康普顿斯大学、穆尔西亚大学、纳瓦拉大学、拉里奥哈大学和圣地亚哥大学等13所高校均设有与英才教育相关的课程和专业，有的高校甚至设有相关的博士项目。

在上述大学中，一些教授终身致力于英才教育研究。比如，纳瓦拉大学心理系教授图隆（Javier Tourón）成立了约翰斯·霍普金斯大学天赋少年教育中心西班牙分部，提供与英才教育有关的在线课程和暑期项目。

马德里康普顿斯大学的佩雷斯（Luz Pérez）教授从事与英才教育相关的研究近20年。她为家长开设在线课堂，提供相关的教育信息，主持西班牙英才研究协会，并主持编辑了西班牙最重要的英才教育学术期刊《珐伊丝卡：高能力杂志》，发布与英才教育相关的研究成果。

值得一提的英才教育重要研究组织是西班牙高能力研究专家最高委员会，该委员会协助政府制定关于英才教育的皇家法令。

综合来看，西班牙高校对英才教育的研究发展迅速，已经形成规范的组织并出版专属的学术期刊。高校学者在研究之余，也用自己的知识服务社会，努力推动英才教育在西班牙的发展。无论是在线课程、暑期课程、周末班的组织，还是法律政策的制定，所有与英才教育相关的地方都有他们的身影。

二、西班牙英才教育的发展历史

（一）英才教育历史沿革

因为一直受教育公平、反对精英主义等思想的影响，西班牙的英才教育起步晚，但是发展速度很快。20世纪90年代，西班牙才出现第一部和英才教育有关的法律，高校也才开始对英才教育进行相关研究。而仅在10年内，西班牙的英才教育就已经在法律上得到了完善，有了从选拔、培养到教师培训的完整机制，同时研究方面也逐渐成熟，十余所大学设置相关课程，甚至有相应的博士专业。

20世纪以来，西班牙的英才教育经历了三个阶段。佛朗哥独裁时期的西班牙教育重在为国家培养人才，因此注重对精英的培养，但从严格意义上来说，当时的教育体系中没有英才教育的概念。在佛朗哥统治结束之后，西班牙开始进入现代化，教育模式转为大众教育，注重教育公平，保证每个人都有均等的受教育权利。英才教育在这段时间被视为少数人的特权，属于禁忌。直到20世纪90年代后，西班牙完成现代化，迈入发达国家行列，教育也随之转向，开始关注学生的多样性，英才教育因此得以发展。

这三个时期西班牙英才教育的发展概况可以参见表2-6。

表2-6　20世纪以来西班牙英才教育发展阶段划分

历史时期	教育理念	相关措施	英才教育发展
佛朗哥独裁时期（1939—1978年）	精英教育：教育是为国家培养人才和精英。	注重教给学生科学技术知识；颁布《普通教育法》，建立八年制的基础教育体系；引入职业培训制度，并提供培训后进入大学继续学习的途径；大学面向精英，鼓励有能力的学生进入大学学习，提供奖学金支持。	虽然强调知识的价值，进行精英主义的教育，但是没有针对英才学生的特殊政策。
现代化第一阶段（1978—1990年）	大众教育：每个人都应当享有公平的教育机会。	将义务教育延长至16岁，实行十年制义务教育；改革大学课程，扩大高校数量及专业种类；完善三级职业教育，进行免费职业培训；提供丰厚的奖学金，保证学生受教育的权利。	强调“教育公平”，英才教育作为面向特殊群体的教育，被视为禁忌。
现代化第二阶段（1990年至今）	从关注机械的公平转为关注学生的多样性，让每个学生都能够接受适合自己的教育；因材施教，注重学生多样性，实施全纳教育。	出台特殊教育相关法案，实行全纳教育，公立学校配备师资和设施，为残疾儿童提供教育；尊重学生多样性成为教师培训中的重要内容。	英才学生作为有特殊需求学生的一部分，开始被社会所关注；国家开始颁布相关法律，高校跟进，对英才教育进行研究。

1. 佛朗哥独裁时期：为国家培养精英

1939—1975年，西班牙处于佛朗哥的独裁统治之下。佛朗哥是典型的民族主义和纳粹主义者，在其统治期间长期实行一党专政，镇压国内的运动和其他党派的活动，对新闻进行审查，对人民生活的方方面面进行严格限制。在教育方面，佛朗哥采取中央集权的方式，建立全国统一的教育制度，注重精英教育和科学技术教育，并将宗教（天主教）和爱国主义教育纳入教育体系之中。此外，佛朗哥在国内实行“西班牙化”，禁止少数民族语言和文化的发展，规定所有的学校都应当以西班牙语作为官方语言进行授课。

佛朗哥在其统治晚期认识到了自己的问题，对政策进行了相应的调整，努力向民主化过渡。佛朗哥去世之后，西班牙皇室成员胡安·卡洛斯一世继承了王位，实行民主改革。从此，西班牙成为君主立宪制的民主国家，政府由选举产生。1978年，西班牙宪法产生，这被认为是西班牙正式进入民主化和现代化的标志。

佛朗哥时期，西班牙教育得到大力发展。政府出台了西班牙历史上第二部完善的教育法，建立了义务教育制度，重视提高学生的知识素养，鼓励学生进入大学深造，为西班牙1978年之后的现代化提供了充足的人才储备。这种精英化的培养模式让那个时代的西班牙获益良多，可是因为和独裁者佛朗哥有关系，在很长一段时间内遭到摒弃。

2. 现代化第一阶段：对佛朗哥主义的反叛

佛朗哥统治时期在西班牙的历史中被认为是一段黑暗的时期，因此在1978年以后，西班牙社会为避免重蹈覆辙，极力规避与佛朗哥主义有关的政策和意识形态。这一时期的西班牙几乎走向了独裁时期的反面：独裁时期集权，民主化之后则自治区分权；独裁时期强调“西班牙化”的概念，民主化之后则推崇民族文化。教育上也是如此。独裁时期采取“精英主义”的培养方式，民主化之后就推崇大众教育，强调每个人都享有平等的受教育的权利。

在这样的背景下，英才教育被认为是“精英主义”教育，成为时代的禁忌，因而被政府和社会所忽视。这个阶段西班牙所提倡的“教育公平”是一种机械的公平，只关注同质化的教育，而忽视了个体的差异。

3. 现代化第二阶段：注重学生的多样性

1994年6月，联合国教科文组织在西班牙萨拉曼卡召开世界特殊需要教育大会，并在大会上通过了《萨拉曼卡宣言》。宣言提出了“全纳教育”的理念，即每个人都有受教育的基本权利，每个人也有其独特的个性、兴趣、能力和学习需要，学校要接纳全体儿童，并满足他们的特殊教育需要。

受此教育思潮的影响，西班牙开始关注有特殊教育需求的儿童，在90年代先后出台了几部法律，保证这些学生能够在普通的公立学校中接受适合自己的教育。英才学生作为有特殊教育需求的学生，也因此获得专门的政策和法律支持。此后的十来年中，又有数部法律或者法令中出现了与英才学生相关的内容，详细地规定了选拔、培养英才儿童的机制，以及各部门应当肩负的责任。

从1990年至今，西班牙英才教育的相关法律法规逐步完善，高校中的相关研究也随之推进，政策落实情况逐渐优化，学校和政府关于英才学生培养的经验也逐渐累积。现在的西班牙已经拥有了一套完善的英才培养制度。

（二）英才教育相关政策的逐步完善

20世纪90年代，西班牙跨越中等收入陷阱，成为发达国家。经济上的富裕也带来了教育思想上的变化。西班牙开始从机械的“教育公平”观，转为关注学生的多样性，试图为每一个学生提供适合的教育。也是在这个时期，受“全纳教育”思潮的影响，西班牙开始关注特殊教育，并颁布了与特殊教育相关的法律。

西班牙法律中对“英才学生”有具体而明确的界定，并且不与“高能力的学生”互相指代。西班牙没有英才教育的专门法律，而是通过不同教育法中的相关规定，建构出一个较为完善的英才教育体系。

总的来说，西班牙英才教育相关法律法规的发展趋势是从框架到细节：教育法规定框架，“决议”或者“公报”等规定细节。1990年至今，相关法律法规的制定经过了三个发展阶段：在特殊教育的框架下规定英才教育，确定其地位的合法性；将英才教育作为一个独立主体进行规定；将英才教育的范畴缩小为对“高智力水平学生”的教育。下面按照这三个发展阶段进行具体说明。

1. 特殊教育中的英才教育规定

《696/1995号皇家法令》[1]是西班牙最早的与英才教育相关的法律，它规定了对特殊学生的教育，这些学生包括天才学生、有精神障碍的学生和有运动感官障碍的学生。“天才”的概念在这部法律中被明确提出。法律中提到，发展英才教育的目的是让这些学生“在各教育阶段都能全面均衡地发展”。这部法律对相关组织结构及其职责进行了规定：

（1）有特殊需要的学生可以不考虑实际年龄，根据需要入学。

（2）学生应当在普通的公立学校就读，除非公立学校实在无法满足学生的需求，才考虑让学生在特殊学校就读。[2]

（3）教育部决定测评的方式和相应的措施。政府和学校内的心理

[1] 1995年的法令。法令是西班牙政府出台的法律，一般来说具有永久的法律效力，而不是像教育法那样，可能会因为新党派执政、出台新教育法而被废除。

[2] 这一点当时主要是针对残障学生的，但也对英才学生后来在普通学生的班级就读，而非单独开设一个班级有所影响。

教育咨询部门应当配备专业人员。在进行心理测试的同时，应当关注家庭和学校的环境，进行综合考虑。

（4）在相关的心理测试之后，行政部门应当尽快作出教育方面的决定。学生在校学习的过程将受到教育监督部门持续的监测，按照规定接受定期审查。

（5）应当在进行教师资格培训时纳入特殊教育相关的内容。此外，相关行政部门还应当组织专门教师的培训。

（6）相关部门和学校应当注重早期选拔，并为父母提供指导。在进行评估之后，相关专业指导部门应当指导学校制定合适的教学方案。教育部门为学校提供相应的教学设备和技术手段。

《教育制度总合整备组织法》（LOGSE）是西班牙第一部和英才教育相关的教育法。其中的第36号文件规定了甄别天才儿童的标准流程，以及甄别后个性化教学方案的实施。为了达到该法律的标准，学校应该配备相应资质的合格教师，同时提供有效的教学方式和课程，让学生能够参与学习的过程。学校应该确定合适的教学大纲，进行必要的课程修改，从而让学生能够达到教学目标。对有特殊教育需求儿童的关注，应该从确定甄别结果之后立即开始。教育行政管理部门应当保证这些学生能够接受适合的教育。

2. 自成一体的英才教育规定

《教育质量组织法》（LOCE）自2002年12月开始实施，它对英才教育的相关内容作出了明确规定。之前的教育法规通常把天赋儿童和残障儿童并列为有特殊需求的儿童统一进行规定，在这部法律中则单独拿出一章对天赋儿童的教育作出具体规定。

《教育质量组织法》第三章第三节第43号文件作出以下规定：

（1）智力方面有天赋的学生应当受到教育行政部门的特殊关注。

（2）为了能够更有效率地对这些学生提供帮助，教育行政管理部门应采取必要的早期甄别手段，并对天赋学生的需求进行评估。

（3）当地政府在与自治区政府进行沟通之后，应该建立相应的标准，不考虑学生的生理年龄，为他们安排合适的年级与课程。

（4）教育行政部门应采取合适的手段为这些学生提供便利。

（5）教育行政部门有责任鼓励参与英才教育的教师参加针对性的培训。同时，为家长提供相应的知识和咨询服务，为他们对子女的教育提供帮助。

3. 以“高智力水平学生”为对象的英才教育规定

《教育组织法》是2006年2月出台的一部新的教育法。这部法律中不再使用“天才学生”的概念，而改成了“高智力水平学生”这一概念。这让教育政策实施对象变得更加明确，也增加了可操作性。该法律规定，教育管理部门应该采取合适的措施尽早发现高智力水平儿童的特殊需求，并采取可以满足其需求的合适的培养计划。学校应当为学生提供合适的课程，让他们能够最大限度地发展个人的能力，达到《教育组织法》为全体学生设置的目标。相关的教育管理部门应当保证高智力水平学生能够正常入学。

此外，这部法律还明确了父母、专业管理人员在决定孩子入学计划和保障其学习过程中应发挥的作用。行政部门应采取合适的措施，让父母能够在教育子女的过程中收到合适的建议和必要的信息。

该法律规定，学校应当组织有效的教学，并对课程作出相应调整和丰富，以促进学生达到预期的成就。在现有法律框架内，学校拥有教育、组织和领导自主权，在组织教学活动时应关注学生的多样性。

在教育过程灵活性方面，该法律规定教育系统中每一个阶段的长度都可以根据这些学生的需求灵活变化，学生的实际年龄不会对这个过程有任何的影响。具体的方式包括提前某一个阶段（小学、初中）开始的年龄（提前入学），或者缩短某一个阶段持续的年限（跳级）。当日常的教学不能够满足这些学生的需求时，学校需要征求家长的同意，对这些学生采取特殊的措施。

一般规定，基础教育阶段可以调整三次（提前入学或者跳级），义务教育阶段之后可调整一次；特殊情况下没有以上限制。在缩短各年级、阶段的长度时，减少的长度不能超过规定年限的一半；特殊情况可以例外。每个地区的教育委员会决定灵活化处理的途径、方式和时间长度，以及确定实施灵活化措施的学校。

4. 其他相关法律规定

上述法律规定了西班牙英才教育实施的框架，除此之外，西班牙政府还颁布了一些更为细化的法律，规定了实施英才教育的细节。

《1996年4月24日命令》和《1996年5月3日官方公报》规定了天才儿童提前入学或者跳级的条件。《943/2003号皇家法令》在之前法律的基础上将跳级的最大年限从两年增加至三年，在有需要的时候还可以增加。这让之前对跳级的限制几乎不复存在。在天才儿童的教师培训方面，《1995年6月2日官方公报》作了相关规定。《1997年3月20日决定》规定了处理天赋学生申请特殊教育文件的工作期限和解决方案。

总体而言，从20世纪90年代起，与英才教育相关的法律逐渐细化、互为补充。各部法律的相关规定已经涵盖了英才教育的整个过程，形成了一个较为完善的英才教育体系。西班牙的英才教育在普通学校内实施，包含选拔、培养、监督三个部分，重视学校、专业指导人员和家长三方面的合作，政府在这个过程中发挥非常重要的作用。

三、西班牙英才学生的甄别方式

对英才概念的理解随着时代的发展逐步深化。从智力模型、效率模型，到社会文化模型、认知模型，英才不仅限于人们通常认为的高智商人群，他们还有其他方面的能力，如高创造力、高动机、完成任务时的持久力和其他相关的人格特点。此外，社会、学校、家庭甚至运气都会影响英才的形成。

因为对英才理解的差异，相应的甄别方式也有所不同。西班牙早期的甄别工具只有心理学量表，一般在小学入学时对所有学生进行测量。这种方式是固定而片面的，仅凭一次测试就给学生贴上了终身的标签。所以21世纪初，西班牙英才的甄别率非常低。

在这种情况下，教育管理部门认识到英才甄别方式的问题，于是对此进行了改进。现在，西班牙的英才甄别是贯穿整个基础教育阶段（从幼儿园到高中）的，只要教师或者家长有需求，就可以向教育委员会申请英才甄别。甄别由教育行政部门下属的专业机构免费进行，专业人员会对学生进行一系列心理学测试（测试工具包括智商量表和其他能力量表），并且对受测学生及其教师、同学进行问卷调查，将测试结果和问卷调查结果结合起来，进行综合考量。如果确定学生是英才，测试机构会出具具有行政效力的证明，用于学生接受相应的教学调整。专业机构出具的测试结果证明是进行相应教学调整和获取帮助的必要文件。

在甄别过程中，心理学测试的结果和受测学生及其教师、同学的问卷反馈都是必需的，缺一不可。下面就这两方面进行简要介绍。

（一）心理学测试

西班牙在英才甄别过程中采用心理学测试对学生总体智力和具体能力两方面进行测量。

在总体智力方面，最常采用的测试的是韦氏智力测验和瑞文推理测验。韦氏智力测验通过6个言语分测验和6个操作分测验，对6~16岁儿童的智力水平进行评估。瑞文推理测验则主要是测量儿童的推理能力。[1]

在具体能力方面，通常采用以下测试：

分辨能力倾向测验（Differential Aptitude Test，简称DAT），测量14岁以上儿童的言语、数字、抽象思维、文书速度和准确性、机械推理、空间关系等方面的能力。

智力一般因素测试（Inteligencia Generaly Factorial，简称IGF），测量学生三个方面的智力因素（一般智力、非语言智力和语言智力）和四个具体方面的能力（抽象推理能力、空间能力、语言推理能力和数字能力），这是西班牙本土的测试。IGF-M可用于初中一年级（初中为四年）到高中一年级的学生，IGF-S则适用于初中四年级以上的学生。

学校能力测试（School and College Ability Test，简称SCAT），测量学生从小学三年级到高中的语言和数学能力。

心理学测试的结果在英才甄别中发挥着主要作用，受测学生及其教师、同学的问卷反馈则是作为补充。

---

[1] TOURÓN J, REYERO M, Fernández R. La superdotaciónen el aula: claves para suidentificación y tratamiento educativo. En Bautista García-Vera, A. (coord.). Formación de profesores de educación secundaria. Programación y Evaluación curricular. Madrid, Universidad Complutense, 2009.

（二）受测学生及其教师、同学的问卷反馈

受测学生及其教师、同学能够提供一些心理学量表不足以概括的信息。由于同学或者教师的评价带有主观性，可能提供错误的信息，因此这类信息只能作为天才甄别时的补充材料。在收集信息时，通常让受测学生及其教师、同学填写已经通过信度和效度测试的问卷。

1. 学生填写问卷

这部分问卷包含了学生需要回答的一系列问题。例如，是否认为自己在某些领域是超出同龄人的？为什么会这么觉得？通过问卷调查，评估者希望看到学生对自己的生活、活动和兴趣的表达。我们可以把它看成由一系列问题引导的自传。

问题举例[1]：

在你的生活中，什么时候或者说什么场景会让你快乐？什么时候会让你悲伤？有什么事是你不那么喜欢做的？

对你来说，友谊的意义和价值是什么？

哪些书、电影、戏剧或者美术作品让你印象深刻？

对你来说，教育重要吗？

你觉得人类最大的问题是什么？你认为这些问题有解决的方案吗？

2. 教师填写问卷

教师填写问卷的信息收集形式通常是基于《李克特量表》（Likert Scale），从学习、动机、创造力、领导力、认知潜能等方面向教师询

［1］ TOURÓN J, REYERO M, Fernández R. La superdotaciónen el aula: claves para suidentificación y tratamiento educativo. En Bautista García-Vera, A. (coord.). Formación de profesores de educación secundaria. Programación y Evaluación curricular. Madrid, Universidad Complutense, 2009.

问学生的表现。教师根据受测学生相对于其他同学的表现对每一个部分进行独立评价。

3. 同学填写问卷

这部分问卷不仅会询问与智力相关的因素，也会问到创造力和领导力等方面的情况。

问卷中经常包含的问题如下[1]：

（1）如果要估计所购物品的价格及需要的经费，你们班哪位同学会是最擅长做预算的？

（2）如果要写一首欢迎歌的歌词，你们班哪位同学会写得最好？

（3）如果要颁一个最佳发明者的奖，你们班哪位同学会得奖？

（4）谁最有好奇心，最喜欢提问？

（5）谁是休息时间最好的玩伴？

（6）谁是最友善、最有趣的？

（7）如果你在学业上遇到了困难，要选一个人帮助你，你会选择谁？

总而言之，西班牙的英才甄别考察的是学生智力、学习能力、创造力、个人特点、认知潜力、动机、社会交往能力等多方面的情况。在选拔中，一般不考虑学生平时的学业成绩，或者在课外活动中取得的成就。

西班牙英才学生的整个选拔过程具有长期性，只要教师或者家长有相关需求，随时可以提出申请，由专业人员对学生进行测试。测试的目的是准确地了解学生情况，提供合适的培养方案。在评估完成之

[1] TOURÓN J, REYERO M, Fernández R. La superdotaciónen el aula: claves para suidentificación y tratamiento educativo. En Bautista García-Vera, A. (coord.). Formación de profesores de educación secundaria. Programación y Evaluación curricular. Madrid: ICE, Universidad Complutense. 2009.

后，如果确定学生是天才，评测机构会出具相应证明，学校应当立即向教育主管部门申请，为学生提供适合其发展的教学计划。

四、西班牙英才教育的培养机制

西班牙法律规定，当专业机构给学生出具天才证明之后，学校应当为该名学生提供必要的帮助。具体的操作流程见图2-5。

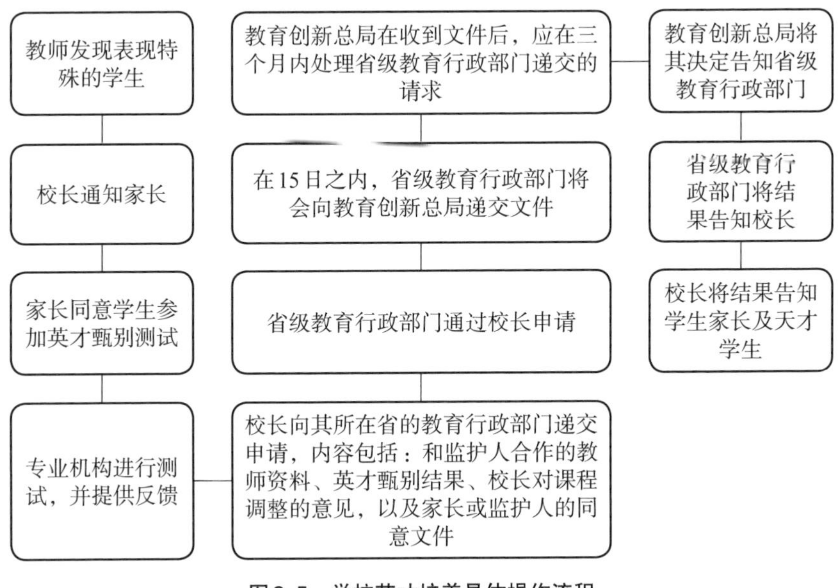

图2-5　学校英才培养具体操作流程

资料来源：世界报.如果我的孩子是天才呢［EB/OL］.［2017-07-15］. http://www.elmundo.es/elmundo/2012/03/30/espana/1333102000.html.

从这个流程中可以看出，西班牙政府在英才教育过程中发挥主要的作用。学校如果想对英才学生作出相应的教育调整，需按照一定的手续，向政府提出申请。如果程序合法，政府应当尽快予以批准，并且向学校安排专业人员，与家长、教师和学生一起商议培养方案。西班牙对英才学生的培养包含两个方面，即校内培养和校外培养。以下就校内和校外培养两个方面进行说明。

（一）校内培养

西班牙提供的校内英才教育包括以下几种方式，具体采用哪些方式，则根据个体的情况，在政府机构、专家、教师、家长和学生的共同协商下完成。

1. 课程灵活化

课程灵活化是指为天才儿童提供与其水平相当的，高于同龄儿童水平的课程。课程灵活化的目的是让天才儿童能够按照其需求学习，减少无聊感，享受校园生活。这也是最容易组织和管理的方式之一。在西班牙，课程灵活化使天才儿童可以根据自己的需要缩短就读年限、跳级，或者与高年级学生一起学习某些课程。

2. 丰富日常课程内容

这种方式属于日常课堂内部的调整，教师素质对这个环节的影响很大。在设计课程内容时，教师应当考虑不同学生的差异，加入一些额外的环节，让不同水平的学生可以有不同的学习目标。

具体措施包括个人指导、特别辅导、课外内容、个人发展项目、认知训练等。教师可以指导能力强的学生根据自己的兴趣和水平完成探究项目，也可以是给天才学生布置难度递增的作业，培养天才学生解决问题的能力、决策力、创造力和批判性思维，还可以组织小组活动，让天才学生和普通学生合作，共同进步。

3. 导师项目

导师项目是指让专业的成年人指导天才学生进行某些适合其能力、符合其兴趣的活动。因为该项目的活动都是课外的，需要付出额外的努力，所以学生需要自发性地对某一内容感兴趣，并且愿意为之投入。学生至少每两周和导师见一次面，每次一到两个小时，在导师的指导下进行学习。

4. 天才儿童分班教育

将天才儿童分在同一个班级中，对他们实施统一的课程。在西班牙，这种全部由英才学生组成的班级主要出现在周末学校中，旨在加强天才儿童之间的联系，不让他们觉得被排斥，或觉得与其他人不同。此外，这项措施还能极大地激励天才儿童的学习激情，因为有专业人士对他们进行指导，也有符合其需求的更为丰富的课程。这项措施的不足之处在于，对那些暂时的班级而言，教师无法顾及学生在正常学校班级中的需求。

5. 学期末或假期活动

通过参加学期末或假期活动，天才学生可以加深自己对某一领域的认识，发展自己的兴趣。与此相关的还有天才儿童夏令营。夏令营的教师都是专业人士，通常来自大学的研究机构或者预科学校。

6. 注重多样性的教育项目

除了以上几种方式，西班牙一些注重学生多样性的教育项目也为英才学生提供了发展的土壤。比如，在马德里自治区，所有接受公共教育资金的学校都参与了“学校教育项目”，在这个项目中有一个“关注多样性计划”。该计划要求学校里的所有人（教师、管理人员、领导人员等）都应当尊重学生的多样性。教师在教学和材料组织中要考虑到学生（包括天才儿童）的不同。教师可以通过团队学习的方式让孩子们互相学习，彼此受益。组织材料时可以准备一些相对深入的内容，给不同的学生布置不同的任务。类似的教育项目虽然不是针对天才学生的，但是营造了一种因材施教的教育环境，天才学生也能够从中获益。

（二）校外培养

除了校内培养，西班牙各自治区政府、大学研究机构和教育基金会等也会组织一些免费的英才教育项目，作为学校教育的补充。这些项目除了教给学生知识，还培养学生各方面的能力，让天才儿童能够聚在一起，更好地了解天才这个群体，从而更好地认识自己。以下选择两个项目举例说明。

1. 星星项目

“星星项目”开始于1990年，是马德里康普顿斯大学的一个教育心理学小组和相关教育机构合作的免费项目。该项目旨在开发天才学生的潜力，提高天才学生的能力，满足天才学生教育和情感的需求，从而促进他们的全面发展。4~16岁的天才学生都可以加入这个项目，且完全自愿。项目采取小班制（不超过10人），分班的标准不是年龄，而是学生的知识水平。课程分为四个方面的内容，具体包括：

（1）认知训练。这部分课程是为了发展学生的认知能力，并且优化学生获取信息时所采取的认知策略。

（2）对学生及其家庭的社会化辅导。社会化辅导的目的是让学生接受自己的高能力，更好地了解自己，认识到自己的不同并不是什么坏事。此外，还能帮助学生更好地与其他人进行交往，预防其可能出现的社会情感上的问题。

（3）具体的学科活动。这类课程通过教给孩子丰富的知识和提供充分的信息来发展其认知能力。学生在课程中会参与各种各样的活动，比如科学实验、亲近大自然、对给定课题进行单独研究、学习信息科学技术等。

（4）同伴间的交流。这类课程通常会给出某一个话题，可以是与科学相关的话题，也可以是与现实生活相关的话题。然后，让学生交换他们对这些问题的看法，学习如何发表自己的观点，学会倾听，学会思考，也训练其批判性思维。

总的来说，这个项目能够帮助天才学生学习更多的知识，优化学习方式，让他们更好地了解自己生活的环境，学会批判性思维，加强自主性。

2. 教育补充项目

“教育补充项目”是西班牙教育部、马德里教育委员会和马德里商业联合会（CEIM）一起签订的项目。在这个项目中，学校、家长和项目负责人相互合作。项目中有一个跨学科的教师团队，他们每隔一周给天才儿童上一次课（通常安排在周六），培养其认知、社会情感等方面的能力和创造力。相关负责人在课程开始前会和家长、学校一起来规划课程，课程以一年为一个周期。项目接受6~18岁的天才儿童，完全免费。

西班牙《世界报》在2012年4月1日的报道中提到了该项目。2012年，共有1 500名学生参加了此项目，学生分别在五个不同地点的12个班级上课。项目旨在培养学生科学技术、文学、艺术和社交技巧等方面的能力。

（三）个案举例

为了让读者能够更好地理解西班牙英才教育，此处引用《天才：对玛利亚的个案研究》[1]中的例子，来说明英才教育实施的具体情况。

[1] Raquel González Sanz; Marta del Olmo González; Jennifer Vera de Jesús; Miguel Lázaro Alcalde. La superdotación. El caso de María. Universidad Autónoma de Madrid, 2010.

玛利亚是幼儿园阶段被诊断为天才的，她在一所拥有幼儿部和小学部的公立学校就读。中班时，她的阅读课是和大班的孩子一起上的，大班时她的数学课与语文课是和一年级的学生一起上的。在整个过程中，玛利亚都是和同一个高年级班级一起上课，因为学校希望保持班级的稳定，让玛利亚可以拥有更好的社交体验。

进入小学阶段，学校直接让玛利亚在二年级就读。玛利亚就读的二年级班级，就是她幼儿园时期听课的那个高年级班级。在就读之前，学校对玛利亚进行了测验，确定她已经具备了二年级学生的能力。学校研究了玛利亚的相关资料，确定玛利亚能够完美地适应二年级的学习生活。之后，学校将结果呈递给马德里自治区政府，政府指派一位心理学家对材料进行评估。评估通过之后，玛利亚取得了有条件的跳级资格，她需要定期接受检查，以确定能否顺利融入比她年长的学生团体中。在检查中，玛利亚表现良好，因此她可以继续在这个班级中学习。到三年级时，玛利亚又表现出了比三年级学生更高的能力，于是开始跟随四年级学生一起上英语课。

玛利亚在学校中接受了特殊的培养方式。她有一本特殊的手册，手册中有一些提高创造力和认知能力的练习。在已经完成课堂上的练习之后，玛利亚可以完成这本手册上的内容。此外，班里定期开展汇报活动，玛利亚会根据教师给出的题目或者自己感兴趣的话题进行研究，并且对研究结果进行汇报。

为了不让玛利亚在同学中显得特殊，也不让她自己感到特殊，学校采取了很多措施。比如，班上其他同学如果提前完成了课堂任务，也可以完成玛利亚特殊手册上的题目；其他同学如果感兴趣，也可以对某一主题进行研究和汇报，学校鼓励玛利亚和其他同学以小组的形式进行汇报。

周末班方面，玛利亚在星星项目中学习了三年，时间为每个周六的10时至13时。在这个项目中，玛利亚先和同龄的孩子在一个班级，之后因为发展较快，就改为和比她大的孩子在一个班级。她学习儿童哲学、趣味科学、象棋、计算机等课程。这个项目还会组织学生去博物馆，或者亲近大自然。玛利亚最喜欢的是计算机课程，她在课堂上学习视频、音频和图像的制作。玛利亚所有的作业都在课堂上完成，课后不需要再花额外的时间。和其他天才儿童的交流让玛利亚更了解自己，她也很高兴，因为可以和同伴谈论一些她真正感兴趣的话题。玛利亚很喜欢这个项目，也学到了很多东西，但是3年的时间让她有些厌倦。现在玛利亚想要有自由的时间，可以自由地做一些自己感兴趣的事情，所以她可能会从这个项目中退出。

从上面这个案例可以看出，在面对每一个具体的学生时，学校不是在同一个模式下生搬硬套，而是会关注每一个学生的具体情况。学校的目的并非实施英才教育本身，而是更关注学生的身心能否按照其规律健康发展。比如，在进行灵活化安排的时候，玛利亚的学校尽量保证同伴的稳定，而不是突然让学生去一个陌生班级学习；学校还保证了合理的年龄差，让玛利亚可以尽快融入新的集体。在西班牙，对英才的培养并不是冷冰冰的规定或者方案，而是根据每一个学生的情况量身打造人性化的培养方式。

五、西班牙英才教育的师资培训

西班牙教师培训课程中对天才儿童的关注很少。《21世纪欧洲的英才教育：回顾与展望》[1]对教师培训课程的分析认为，在西班牙57所设有师范专业的学校中只有6所开设了英才教育相关的课程，这其中只有3所学校将这类课程作为必修。在一些行政单位和职业组织提供的培训课程中，英才教育是一个较为常见的话题。有一些大学也提供以“天才教育”为主题的继续教育项目，但是这些课程不够频繁。在西班牙，教师可以在综合培训之后得到欧洲高智能研究协会（European Council for High Ability）颁发的“英才教育专家”（Specialist in Gifted Education）证书。从总体上来说，专业的英才教育教师还是非常缺乏的。当下西班牙某些项目中的英才教育教师，主要是心理学专业人员或者相关领域的大学研究人员。

虽然缺少专业的教师，但是对学生多样性的重视从某种程度上弥补了这一不足。教师在接受培训时会学习英才教育相关内容，学习如何关照不同的学生，设计要求不同的课堂。接受过相关培训的教师能够提供更适合英才学生的教学。

六、西班牙英才教育的特色与问题

（一）西班牙英才教育的特色

1. 英才教育的制度化模式

西班牙英才教育起步晚，但是发展很快。西班牙政府通过立法，确定了英才教育的合法地位，在第一部涉及英才教育的法律出台后的十年内，又出台了几部相关的法律，确定了英才教育实施的细则。紧跟在法律之后的，是各大学的相关研究。学者们结合国外的研究情

[1] SCHILTZ L. Gifted Education in 21 European Countries: Inventory and Perspective[C]. Luxembourg. Gifted in Europe, 2000: 93-98.

况，丰富了英才教育的相关理论，并且在实践层面进行了很多实验和教学活动，为学校教育提供了有益补充。

当前，西班牙政府还在完善与英才教育相关的法律，相关的研究人员仍在通过不懈的努力让天赋儿童可以接受适合的教育。随着因材施教观念的普及，以及媒体曝光带来的社会认识的提高，英才教育在西班牙的发展应该会越来越顺利。

2. 英才甄别的常态化模式

天才的产生和成长都是渐进的，有的人可能因为没有合适的刺激源，一直没有表现出来。所以，在西班牙，英才选拔是一个持续的过程，不是通过一次选拔就给学生贴上了永远的标签。从幼儿园开始，只要教师或者家长发现学生有天才倾向，随时都可以向专业指导部门申请进行甄别。这样的选拔政策在提高英才甄别率中居功至伟。对天才的评估包含心理学测试，以及教师、同伴的意见，所有信息综合考虑。在权威机构开具证明之后，学校应当立即向教育行政部门申请对学生进行教学调整，并且在专业人员的指导下，和家长一起商量调整的方案。教育督查部门会定期对该学生的学习、社交情况进行考察，从而决定调整方案是否继续实施。

西班牙教育部2000年发布的《早慧、天才与高能力儿童》报告中，认为西班牙义务教育阶段应该有30万高能力的学生，但是因为种种原因其中99.4%的学生没有被发现，只有大约2 000名学生被甄别出来。这个数据在近十年内得到了很大程度的改善。根据西班牙教育部公布的2014—2015年高等教育以下英才学生人数统计结果，这个数据已经提升了近7倍，为15 876人。十几年的时间里，甄别出的英才学生人数有如此明显的增长，说明西班牙的英才选拔机制是行之有效的。

3. 英才教育的多元化参与网络

西班牙政府在英才教育中发挥先行者和保障者的角色。政府通过颁布和完善英才教育的法律，保证英才教育的合法地位，引起社会对英才儿童以及英才教育的关注。通过制定完整的法律政策，从国家层面保证英才学生能够接受适合其发展需求的教育。除此之外，政府相关部门能够为学校提供英才选拔、培养的专业人员，并且对英才培养过程进行监督和调整。大学的研究机构紧随政府之后，通过对相关理论的研究，帮助政府制定合适的英才培养模式。除了理论研究，大学的研究者也投身实践，通过在线课堂、周末项目等方式，对学生进行教育，对家长进行培训。

学校一方面是培养学生的主要场所，通过一系列帮助措施为学生提供适合的教育；另一方面，学校也是家长和政府间的协调者，转达双方的要求，使三方共同为学生服务。家庭能够为学生提供家庭教育，也能够代表学生为其利益发声。西班牙教育中非常重视家庭的作用。英才教育相关法律规定，教育行政部门应当保障英才学生家长获取相关的教育知识，在需要帮助时提供咨询服务。学校以及相关部门会向家长普及英才儿童的相关知识，增进家长对自己孩子的了解。在制定具体的培养计划时，家长可以代表学生与学校、专业人员进行协商，表达自己的意愿。

在西班牙的英才教育中，政府、高校、家庭和学校发挥各自的作用，彼此之间互相合作，从而建立起一个完善的培养体系。

4. 重视细节的人性化培养方式

西班牙英才教育是在大众教育的理念下实施的。英才教育的目的并非培养精英，而是为了达到教育公平，让每个学生都能接受适合自己的教育。西班牙的英才教育并非固定的、模式化的体系，而是提供可选择项，根据学生的实际情况量身定制培养方案。法律的规定都是灵活化的，比如，英才学生可以根据自身情况提前入学、跳级或缩短就读年限。培养方案以人为本，根据学生的实际情况设计。在就读过程中，监督部门也会定期对学生进行考查，保证学生能够适应学校进度。英才学生和普通学生在同样的教育系统中学习，主要通过加速学习（提前入学、跳级）的方式寻找适合自己的学习节奏。教育部对学校和教师的要求是，注重学生的多样性，因材施教。教师需要根据学生的不同认知水平，设计不同的教学目标和教学活动，对有需要的学生提供额外的任务和辅导，这其中也包括有天赋的学生。教师在日常教学中会考虑英才学生的实际情况，为其提供更难的或者灵活性更高的任务，让他们有所收获，减少无聊感和厌倦感。

在细节方面，相关部门非常关注学生的内心，旨在将学生培养成幸福的个体，而非博学的机器。比如，在玛利亚的个案中，学校尽量保证同伴的稳定，让玛利亚在跳级前一直跟着同一个班级学习部分课程，保证玛利亚能够顺利地融入新的集体。课外的补充活动主要是政府或者高校举办的周末课程。这些课程是免费的，完全自愿，并配备专业人员，为英才学生提供一些在学校中寻求不到的帮助。知识性的内容只占课程的一部分，除此之外，还有一些认知训练、社会情感方面的课程。这些周末班最主要的目的，就是让有天赋的学生能够聚在一起，学会与人相处，也更加理解自己，能够真正地接纳自己，认识到自己并不是特殊、孤立的个体。

从上述这些方面可以看出，西班牙在实施英才教育的过程中，真正地关注了每一个人，而不是将其作为“天赋学生”的群体来进行教育。这也与西班牙当下注重学生多样性的教育理念相呼应。

（二）西班牙英才教育中的问题

1. 反智主义思想

正如前文所述，西班牙社会是反对精英主义教育的，这种社会思潮带有一定的反智主义倾向。当一个家庭知道自己的孩子是天才时，父母并不会认为这是一件荣耀的事，反而会将这件事遮掩起来，尽量不让外人知晓。这种孤独感可能会造成英才学生自卑、厌学，甚至出现社交障碍。

2. 性别不平等

根据西班牙教育部2014—2015年的统计，在高等教育阶段之前的西班牙天才学生中，男性有10 366人，女性有5 510人，比例约为2∶1。而教育部统计的2013—2014年高等教育阶段之前在读学生数据显示，男性在总人数中的占比为51.5%，女性为48.5%，并没有明显差异。西班牙很多教育研究者都对这个问题进行了研究：为什么女性的天赋儿童不能够被诊断出来？或者说，为什么女孩逐渐“丧失”了自己的天赋，沦为普通人？主流观点认为，社会对女性的刻板印象造成了束缚，让女性恐惧成就，害怕自己因此在社交上受到拒绝、被孤立，因此宁愿变得“平凡”。这也成为当下西班牙女性主义运动的一个切入口。

3. 英才教育教师缺乏

因为不能实施精英教育，所以国家无法投入过多的人力和财力进行专业的英才教育教师培训。在西班牙，几乎没有专门的英才教育教师，国家主要是通过让普通教师学习掌握相关知识，然后对英才学生进行教育。除了这些教师之外，心理学专业人员和大学的研究人员也可以对学生进行指导。在国家财政紧缩、社会反对“精英教育”的情况下，这是教育部所能采取的最好的措施，但是这一切都不能改变西班牙没有专业的英才教育教师的现状。

这些问题不是教育制度上的问题，而是教育理念、社会文化的问题。只有当人们明白公平教育不是给所有人提供同样的教育，而是让每个人都能接受适合自己的教育之后，上述问题才能逐渐得到解决。

第七节

澳大利亚英才教育的政策与实践

经过几十年的发展，澳大利亚已经形成较为完善的英才教育制度。近年来，尽管在国家层面，联邦政府尚未颁布全国统一的英才教育相关的法律文件，但各州已经相继出台了英才教育的相关政策文件。英才教育主要在常规学校进行，专门的英才学校和班级较少。

一、澳大利亚英才教育现状

澳大利亚属于联邦制国家，教育权归属于各州和领地政府。联邦政府下设教育与培训部（Department of Education and Training）对全国各级各类教育给予政策引导，各州（领地）设立相应的教育主管部门负责该地区的具体教育事务。

澳大利亚的现代英才教育制度始于20世纪70年代，至今已有近

50年的发展历史。目前，各个州都已经出台了英才教育的相关政策文件。从对英才的理解、甄别与选拔，到英才的教育模式以及学习成果评估的整个培养过程，都可以在政府的政策文件中找到相关的规定。在实践层面，各州也逐渐形成了各具特色的英才教育与培养模式，如选拔性中学、英才班、差异化课程、课外拓展项目等。目前，澳大利亚最普遍的英才教育模式是在普通学校中通过特殊的教学方式来满足学生的需求。同时，在一些州和地区还开设了专门面向英才学生的班级或学校，但是这种培养模式的规模目前仍然较小。

澳大利亚的高等教育享誉全球，而在基础教育阶段，学校通过英才教育制度培养了一大批优秀学生，从而不断地为大学输送卓越人才，成为国家培养未来人才的重要环节。21世纪国家间的竞争是人才的竞争。因此，有必要研究澳大利亚的英才教育，以期为我国的英才教育制度建设提供一定的借鉴。

二、澳大利亚英才教育的发展历史

澳大利亚的英才教育萌芽于19世纪末，但真正意义上的现代英才教育制度始于20世纪70年代。澳大利亚英才教育的发展一波三折，大致经历了三个阶段：19世纪末至20世纪80年代中期的初步发展阶段，20世纪80年代中期至90年代末的再次发展阶段，以及2000年至今的加速发展阶段。在这一过程中，各州和领地政府在促进本地区英才教育发展中发挥着主导作用，通过颁布英才教育相关政策、设立英才学生教育项目、推动英才教育教师的培训等，逐渐形成了较为完善的英才教育制度。与此同时，澳大利亚国内的各类英才教育组织、大学科研机构等，也成为推动英才教育发展的重要助力。

（一）19世纪末至20世纪80年代中期：英才教育初步发展

早在19世纪末，澳大利亚就出现了英才教育的萌芽。1932年，新南威尔士州在小学开设了机会课堂（Opportunity Classes），为有能力的学生提供常规课堂中没有的挑战、指导和机会。现代英才教育制度在澳大利亚的建立实质上开始于20世纪70年代。1972年的《马兰报告》（Marland Report）指出美国教育体系中对高能力学生的忽视，这也给澳大利亚敲响了警钟，因为当时的澳大利亚在英才教育领域的正式规定几乎是空白的。1973年，联邦政府成立了学校委员会，通过报告正式承认了英才儿童的存在。但是，该报告对英才教育政策的制定和实施几乎没有任何影响，因为教育权仍然由各州保留。

从1975年起，随着英才教育相关会议的不断扩散，国际社会的影响不断增强。1985年，澳大利亚英才教育协会（Australian Association for the Education of Gifted and Talented，简称AAEGT）成立。1989年7月，第八届世界天才儿童大会（the 8th World Conference on Gifted and Talented Children）在悉尼举办，来自27个国家的代表参与会议，使得澳大利亚国内对英才教育产生了前所未有的关注。

在地方政府层面，各州和领地开始探索开展英才教育的相关实践。20世纪70年代，西澳大利亚州出现了许多为那些在语言、艺术、音乐、舞蹈等领域具有特殊才能的学生开设的特殊班级。1978年，西澳大利亚州政府颁布了《西澳大利亚学校天才儿童》的政策文件，指导本州英才教育教学实践活动的开展。之后在1981年，州政府又出台了《天才学生的教育》，对本州的英才学生项目及教学培养策略作出了具体规定。然而，上述政策并没有取得很好的效果，学校与教师认为，高智商的儿童不应该被贴上天才的标签而被送到专门的学校，这也使得西澳大利亚州的英才教育政策受到了诸多质疑和挫折。

南澳大利亚州在同一时期也开始关注英才学生的教育。1976年，州政府发起了适应性教育项目（Adaptive Education Project），为学习能力强的学生提供拓展学习的机会。同时，州政府建立了三所特殊中学，分别为音乐学校、语言学院和农业学校，为那些有天赋的学生提供特殊学习机会。1979年，州教育主管部门制定了《智力天才儿童的教育政策》（Policy on the Education of Intellectually Gifted Children）。之后在1983年，州政府又颁布了《促进儿童天赋与才能的政策声明》（Policy Statement on Fostering Gifts and Talents in Children），提出儿童所有方面的天赋和才能都应当在普通学校系统中得到最好的发展。

总的来说，澳大利亚的英才教育在这一时期刚刚起步。尽管各州开始尝试进行英才教育的实践，但从国家整体层面来看，英才教育的发展仍然受到重重阻碍。

造成这一问题的原因是复杂而深远的，当时在澳大利亚国内盛行的反精英主义和平等主义思潮则加剧了这一问题。一方面，英才教育被民众认为是“精英主义的借口”。教师认为学生的社会交往能力比学习成功更为重要，因此，任何突出单个学生比大部分学生更能干的学校规定，都可能危及学生自己的身份以及大众对他们的接受和认可。也就是说，如果教育将儿童培养成智力或学习能力超群的人，可能会将他们置于被同龄人拒绝的危险之中。另一方面，20世纪70年代至80年代，澳大利亚盛行平等主义（egalitarianism）的社会思潮。民众通常将教育机会平等曲解为，如果一个学生得到的教育机会不适合于该学生的其他同学，那么这样的教育机会事实上就是不平等的，任何孩子都不应当被给予这样的机会。[1]

（二）20世纪80年代中期至90年代末：英才教育再发展

20世纪80年代中期之后，澳大利亚的英才教育开始进入新的发展阶段。在这一时期，政府和社会民众对英才教育的态度发生了转变，同时联邦政府对英才教育投入了更多的关注，各州和领地的英才教育制度也在逐渐形成和发展。

政府和民众对英才教育态度的转变，一方面是由于国际形势的转变。在国际竞争加剧的背景下，澳大利亚为了增强国力和维持社会的繁荣，保持本国在科学研究领域的领先地位，提出国家的生存依赖于对资源包括智力资源的有效调动。而天才儿童作为国家强有力的资源，能够为社会发展作出更大的贡献。因此，澳大利亚提出要加强对天才儿童的投资和支持，从而更好地支持国家的发展。[2] 另一方面，随着对天才学生研究的深入，民众在这一时期对天才儿童的认识也有所转变。天才儿童被视为与存在听觉或视觉障碍的儿童一样，都属于特殊儿童。鉴于天才儿童有着更快的学习速度和特殊的学习方式，在课程的进度、内容方面进行一定程度的差异化处理也是必要的。

联邦政府在这一时期出台了若干英才教育的政策文件，推动了各州英才教育的发展。1985年，布拉吉特（Eddie Braggett）向当时的联邦学校委员会（Commonwealth Schools Commission）提交了关于澳大利亚英才教育现状的报告《英才教育：澳大利亚的政策》（The Education of

［1］［2］ GROSS M U M. Inequity in Equity: the Paradox of Gifted Education in Australia[J]. Australian Journal of Education, 1999, 43(1): 87–93.

Gifted and Talented Children: Australian Provision)。该报告指出，民众对英才教育的错误观念以及学校的教学和升学方式，都严重阻碍了英才学生的发展。联邦政府对该报告表示认同和支持，并在1988年发布了《参议院选举委员会关于英才儿童教育的报告》(The Report of the Senate Select Committee on the Education of Gifted and Talented Children)，回顾了20世纪80年代澳大利亚英才教育的相关政策和实践。1988年，澳大利亚参议院第一届选举委员会发布了《英才儿童教育》(The Education of Gifted and Talented Children)政策性报告，提出了英才教育发展的9条建议。

在这一时期，澳大利亚国内的各类英才教育组织相继成立，成为推动英才教育发展的重要力量。其中最重要的英才组织之一是1985年成立的澳大利亚英才教育协会。到1995年，各州和领地的英才教育组织正式成为澳大利亚英才教育协会的附属机构，从而形成了一个全国性的英才教育组织。新南威尔士大学于1991年成立了英才教育研究、资源和信息中心(Gifted Education Research, Resource and Information Center，简称GERRIC)，致力于为英才学生提供丰富的学习机会，同时为英才学生的教师和家庭提供支持。

与此同时，各州和领地政府也相继出台了英才教育的相关政策，并积极开展各类英才教育的项目和实践。新南威尔士州教育委员会于1991年发布了《课程计划实施方案》(Implementation of Curriculum Initiatives)，旨在提供高质量的课程以满足不同学生的需求，提出学校可以为特定的学生提供教学大纲之外的拓展性学习。同年，新南威尔士州政府发布了《英才学生教育政策》(Policy for the Education of Gifted and Talented Students)，明确阐述了“天赋”(gifted)和“才能”(talented)的概念。政策中还明确指出，“加速”对于英才学生的发展是恰当的措施，并提出了如何实施加速的建议。

1984年，西澳大利亚州教育部发布《比兹利报告》(Beazley Report)，提出要为天才学生提供适宜的教育。1988年，首都领地颁布了澳大利亚首个地方性的英才教育政策——《首都领地英才学生教育政策》(ACT Policy on Gifted and Talented Students)，并采取相关措施推动英才教育的实践与发展。南澳大利亚州教育与儿童服务部于1995年颁布了《天才儿童政策》，其中包括10条政策声明，并简要概括了学校管理者和教师的职责。

总的来说，澳大利亚的英才教育在这一时期发展较快，从联邦到各州和领地都颁布了英才教育相关的政策文件，探索英才教育实践的不同形式，英才教育的规模也在不断扩大。

（三）2000年至今：英才教育加速发展

进入21世纪以来，澳大利亚的英才教育进入加速发展阶段。联邦政府颁布了一系列英才教育的相关政策，显示出政府对英才教育的高度重视。同时，长期的英才教育实践为各州积累了丰富的经验，各州纷纷调整英才教育的政策规定。

在这一时期，联邦政府通过发布一系列英才教育相关的政策报告，推动了地区层面英才教育的继续发展。2000年发布的《参议院调查》(Australian Senate Enquiry)、《英才儿童的教育》(The Education of Gifted Children)等多份政策报告，指出很多英才学生在普通教室虚度学习时光是非常可惜的，并再次强调了教师培训以及国家制定英才教育政策文件等措施的必要性。2002年发布的《了解天才》(Understanding the Brain)报告，肯定了英才学生的客观存在及其特殊教育需求，并说明了因材施教的重要性。2003年，在阿德莱德市，南澳大利亚英才教育协会（Gifted and Talented Children's Association of South Australia）和世界英才教育委员会（World Council for Gifted and Talented Children）联合举办了世界英才教育研讨会。2005年，澳大利亚公布了《英才教育：教师专业发展包》(Gifted and Talented Education：Professional Development Package for Teachers)，成为各州英才教育师资培训的重要指导文件。

各州和领地政府根据英才教育发展的新变化，在修订英才教育相关政策的同时，也在不断探索中丰富英才教育的项目和实践形式。2014年，首都领地教育与培训部（ACT Education and Training Directorate）出台了新的《英才学生政策》，再次明确英才学生有特殊的教育需求，并致力于确保所有英才学生在首都领地公立学校中能得到适当的教育，实现他们的学习潜能。同时，政策强调所有的利益相关者都应当参与到英才学生的教育中，共同确保教育成果最大化。

西澳大利亚州教育部在2001年出台了有关天才教育的政策。这项政策强调了两个方面的内容，一是形成更为完善的天才学生的甄别及教育方法，二是建立一个恰当的问责程序。新南威尔士州政府于2004年重新修订并发布了《英才政策》(Gifted and Talented Policy)，对英才的内涵以及英才教育的流程，尤其是英才的甄别及教育培养的原则与方法作出了详细规定，并明确了学校、教师、地区等各方应承担的责任。2010年，南澳大利亚州教育与儿童服务部对1995年颁布的《天才儿童政策》作了修订，旨在让所有的天才学生都能实现学习、个人、社会方面的潜力。同时，该文件还对天才学生的鉴别、课程、教学法、教育途径等提出了指导意见。

澳大利亚的英才教育经历了一波三折的发展过程。英才教育从最初不被政府重视、得不到民众理解，经过几十年的曲折发展，如今已经形成了相对完善的教育制度。英才教育与国家整体教育事业乃至整个社会经济的发展联系在一起，已经成为澳大利亚教育制度的重要组成部分。尤其是进入21世纪以来，各州和领地在总结经验教训的基础上，不断完善本地区的英才教育制度与实践。

三、澳大利亚英才学生的选拔机制

英才选拔，是英才教育的第一步。目前，澳大利亚联邦政府并没有关于英才儿童选拔的统一规定。各州和领地的教育部门负责制定本地区的英才教育政策，因此英才儿童的甄别和选拔机制也各有不同。尽管如此，在英才的甄别与选拔过程中，各州和领地普遍遵循公平、公正的原则，强调学校、家长、学生和其他利益相关者的参与，从而最大限度地发展儿童的天赋与才能。

（一）对英才的理解

澳大利亚各个地区对“英才”的理解普遍认可和采纳加涅的天赋与才能区分模式（DMGT），如图2-6所示。

在澳大利亚英才教育政策中，“英才”对应的英文是“gifted and talented children”。显然，“英才”包含了“天赋”与“才能”两个概念。这两个概念具有不同的内涵，天赋指的是儿童在一个或多个领域的天生能力或天资，而才能指的是在一个或多个人类活动领域的出色表现或能力。天赋主要有两大领域：精神领域（智力、创造力、社会能力和感知能力）和身体领域（肌肉和运动的控制）。才能主要包含以下领域：学术、技术、科学研究、艺术、社会服务、企业管理/销售、企业运营、游戏、运动/竞技。

天赋与才能又具有紧密的联系。根据加涅的差异模型，儿童的天

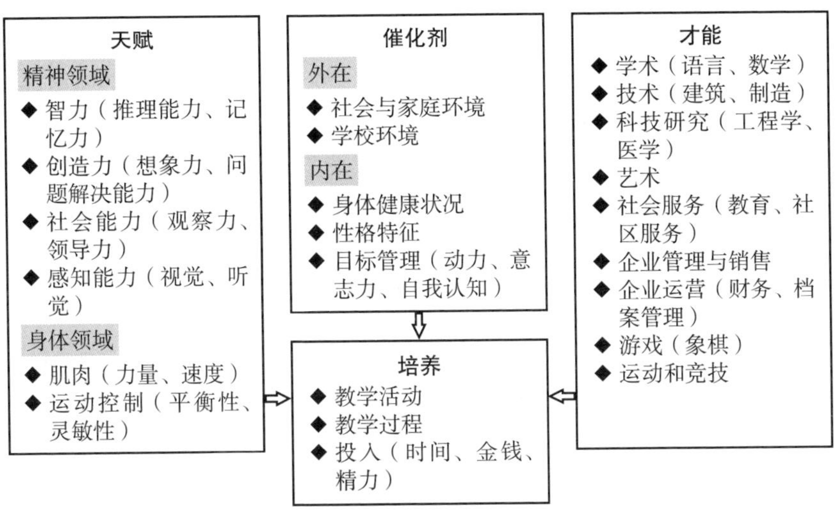

图2-6　加涅的天赋与才能差异模型（2008）[1]

赋通过特定的过程能够发展为才能。这一发展过程会受到一系列内部与外部因素的影响，这些因素既能促进学生内在天赋的发展，也可能导致天赋被掩盖。在使儿童的天赋发展为才能的过程中，产生影响的有六个关键的要素：（1）丰富的课程或培训项目；（2）清晰的、具有挑战性的、卓越的目标；（3）选择性的进入标准；（4）系统的、定期的实践；（5）对进度的定期的、客观的评估；（6）专业的加速节奏。如果天才儿童在发展过程中缺乏这些要素，他的天赋可能就无法发展为优秀的才能，儿童就难以获得成功。基于这一理论模型，儿童天赋的发展需要良好的、精心设计的教育过程，而这正是英才教育的目标所在。

（二）英才学生的选拔

英才学生的选拔在不同的州和领地有不同的程序和标准。但总体

[1] ACT Government. Gifted and Talented Education [EB/OL]. [2016-12-01]. http://www.det.act.gov.au/data/assets/pdf_file/0011/587306/Giftedness-and-Talent.pdf.

来说，甄别的过程都需要遵守公平性、综合性等原则，同时强调所有利益相关者，包括学生、家长、教师、学校相关负责人等共同参与选拔过程。

以新南威尔士州为例，英才学生的选拔过程必须遵循五个基本原则：（1）选拔程序应当能够甄别学生所有领域的天赋和才能；（2）教师应通过选拔的过程激发学生的学习兴趣，不应抱着学生在所有测试中都能有良好表现的心态；（3）公平性，在对残疾学生进行甄别时应当保证程序的公平性；（4）综合性，即应当通过多方来源的信息进行甄别；（5）甄别应当与所拥有的信息保持一致。选拔的过程主要包括三个阶段，即提名、审查和监督。首先，提名指的由家长、教师、同龄人、学校辅导员、社区成员对受测学生的甄别，以及学生对自己的甄别，通过专门的检查量表收集学生的相关信息。之后，进入学校审查阶段，通过使用一系列的方法如能力测试（ability test）、成就测试（achievement test）以及诊断性测试（diagnostic test）等，评估学生的天赋与才能水平。具体的测试方法需要根据学生的年龄、所甄别的领域等因素进行选择。最后，在监督阶段，由教师对学生进行观察，并记录学生的表现、兴趣、优缺点等相关信息。[1]

总的来说，澳大利亚认为“英才”内含了“天赋”与“才能”两个概念。前者是儿童先天具有的，而后者需要通过良好的教育才能得到发展。英才教育为儿童提供了良好的教育环境，采用特殊的教育手段和策略，使儿童的天赋与才能得到充分发展。英才儿童的选拔机制虽然在各州之间存在差异，但在选拔的原则和基本流程上仍然存在一

[1] NSW Department of Education and Training. Policy and Implementation Strategies for Education of Gifted and Talented Students Identification[Z]. 2004.

些共同点。首先，选拔过程主要在学校层面开展，学校承担着甄别英才儿童的职责，教师和学校相关负责人等共同参与到甄别过程中。其次，选拔过程强调全方位地评估儿童的天赋与才能，避免单一和片面的甄别方法。最后，选拔过程强调所有利益相关者的参与，学生本人、家长、教师、同龄人以及心理专家等，都参与到甄别过程中，确保选拔的公平性和全面性。

四、澳大利亚英才教育的培养机制

在澳大利亚，各个州和领地形成了多样化的英才教育与培养机制。具体而言，当前英才学生的培养机制主要包括三种类型，即普通学校中的特殊项目、普通学校中的英才班级和专门的英才学校。

（一）普通学校中的特殊项目

在普通学校中为英才学生提供特殊的教学项目，这是澳大利亚英才教育中最常见的培养机制。英才学生绝大多数时间与普通学生在一个班级中学习，同时学校会通过一些特殊的教学策略和拓展项目，为这类学习能力出众的学生提供更多的学习机会。这些项目存在于小学至中学的各个阶段。

一方面，学校会对这类学生采取特殊的教学手段，最常见的是差异化课程、加速、分组、导师制等方式。差异化课程指的是通过对课程内容、进度和技能的调整，为那些处于高水平的英才学生提供具有挑战性的学习内容。差异化课程在实践中主要有两种形式：充实和拓展活动。前者指的是增加课程在知识、应用、思考技能方面的复杂性，后者指的是通过让学生参与活动，在实践中深化他们对知识与技能的理解。学校在实行差异化课程之前，需要通过测试了解学生的能力与需求，以及学生的个体差异。根据测试的结果，学校再制定和调整课程计划。差异化课程往往具有以下五个特点：（1）对参与课程的学生保持高期待；（2）允许学生在已有知识的基础上，按照自己的速度进行学习；（3）强调对学生学习能力和学习方法的培养；（4）教师根据学生的水平提供相应的练习；（5）学习过程具有灵活性，教师可以基于学生学习情况的变化调整其教学。[1]

加速模式，即允许每个学生按照适合自己能力的速度进行学习。学校对学生进行前期测量，以评估学生是否适合加速模式。学校评估包括了两大方面，一是学生的学习能力与成就，二是学生社会和情感方面的发展与成熟。最终能够进入加速项目的学生，不仅具有超常的天赋与学习能力，而且具有超常的毅力、独立性、灵活性和学习动机，能够适应加速、灵活和严格的学习。学校为学生提供多样化的加速项目，如提早升学、科目加速、先修课程、远程课程、课外项目等。这些加速项目不仅能够满足学生的学习需求，同时满足了他们与其他能力、兴趣相近的同学交往的需求，从而促进其情感和社会交往的发展。

分组模式，指的是将那些具有相近的学习能力或成就的学生组成一个小组，教师根据学生的程度给予不同的指导，实现学生学习成效的最大化。为了满足学生的学习需求，可以采取不同的分组方式，例如，根据学生的能力或兴趣爱好进行分组，根据科目或学习主题进行分组，或者将所有的天才学生集中在专门的课堂中等。

另一方面，学校会给英才学生提供更多的课外拓展学习的机会。

[1] NSW Department of Education and Training.Policy and Implementation Strategies for the Education of Gifted and Talented Students Support package, Curriculum Differentiation [R/OL]. [2017-06-20]. https://school-sequella.det.nsw.edu.au/file/9d07fa8c-c2be-44fa-8ef766a06136fdd1/1/Gifted%20and%20Talented%20Policy%20and%20Implementation%20Curriculum%20Differentiation.pdf.

例如，新南威尔士大学国际联校学科竞赛，包括电脑技术、英语、数学、科学等各类测试。又如，澳大利亚数学信托机构（Australian Mathematics Trust）与澳大利亚国立大学联合举办了堪培拉数学强化项目（Canberra Mathematics Enrichment Program），学生先参加该项目组织的课外学习，之后再参加国际城镇锦标赛（International Tournament of Towns）。

（二）普通学校中的英才班级

在普通学校中，通过测试选拔那些在数学、科学、音乐等领域具有特殊天赋的学生，进入专门的英才班级学习。由学校设立选拔标准，并与学生家长、专业人士合作，通过全面的测试评估学生的天赋，并为这些学生制定专门的学习计划。英才学生平时与普通学生在一起上课，但在英才班学习特定的课程。在这些班级中，教师会根据学生的学习能力制定特殊的教学策略，而学生通常也需要在专设课程上投入更多的时间和精力。

例如，新南威尔士州在小学阶段为学习成绩优异的英才学生开设了机会课堂。机会课堂专为五年级和六年级的英才学生开设。截至2017年4月，新南威尔士州一共有76所小学开设机会课堂。在此类学校中设有专门委员会，负责英才学生的选拔工作。学生可以在四年级向学校提出申请，之后参加机会课堂测试（Opportunity Class Placement Test），此次测试的成绩结合小学阶段在英语和数学科目的学业表现，决定学生能否进入机会课堂。[1]

［1］ NSW Department of Education. What are Opportunity Classes? [EB/OL]. [2017-06-21]. https://education.nsw.gov.au/selective-high-schools-and-opportunity-classes/year-5/what-are-opportunity-classes.

南澳大利亚州在1997年设立了“高智力潜能学生”项目（Students with High Intellectual Potential），并在2004年更名为“点火”（ignite）项目，已经在三所中学开展。这类学校会设置一个专门的能力分组的班级。“点火”项目承认英才学生的特殊需求，为他们提供灵活的学习计划。该项目具有以下特征：学生与智力水平相近的同伴一起学习；关注批判性思维、创造性思维和关怀性思考（caring thinking）；全面、持续的训练与发展，确保惠及所有学生；选拔学生进入八年级时基于4个部分的测试；每个学校都具备杰出的技术和资源。大部分学生是中学阶段进入这类学校学习，用2年的时间完成高中阶段的学习。学生的选拔包括4个部分的测试，即数学能力、写作、理解力和IQ。测试结果出来之后，学校会邀请学生和家长参加一个面谈，旨在了解学生参与这个项目的动机是否契合。大部分学生在完成七年级学业之后进入该项目，在八年级时开始这一项目。

（三）面向英才学生的选拔性中学

在某些地区，如新南威尔士州、维多利亚州等，当地教育部门会设立专门面向英才学生的选拔性中学（selective high school）。学生在进入这类学校学习前需要通过选拔，考查内容包括学习能力、智力水平、以往的学习成就等。进入学校之后，教师会采用特殊的教学手段以适应学生的特殊学习需求。这类学校通常具备更加丰富和先进的技术和资源，以便为英才学生提供优越的学习环境。同时，这类学校通常数量较少，对学校和教师的要求也更高。

以新南威尔士州为例，该州的选拔性中学是针对七至十二年级的英才学生设立的，包括完全选拔性中学和不完全选拔性中学两种类型。截至2017年2月，新南威尔士州一共有21所完全选拔性中学，其中包括4所选拔性农业中学，此类学校中的所有班级都是英才学生班级。此外，还有26所不完全选拔性中学，此类学校通常只设有英语、数学和科学的英才班级，学生在学习其他科目时则是和普通学生一起进行。同时，教育部还设立了一所网上中学——极光学院（Aurora College），为那些偏远地区的优秀学生提供远程学习的机会。学生在五年级时提出申请，之后在六年级时参加选拔性中学考试，学校参考该项测试的成绩，结合小学阶段的学业表现，自主决定是否录取。[1]

维多利亚州同样设立了选拔入学高中（selective entry high school），旨在为那些在学习上有天赋的九至十二年级学生提供更丰富的教育资源。学生需要在八年级时参加入学考试，有资格参加考试的学生必须在本校排名前5%，考试的最终成绩占到最后总成绩的85%。同时，每一所学校还会公布其他的选拔标准，学生只有通过层层的选拔才能最终进入这类学校学习。[2]

目前，澳大利亚的英才教育主要依托于普通学校。学校和教师通过特殊教育手段和丰富的拓展学习机会，为英才学生营造良好的学习环境。各州还设立了专门的英才学校和英才班级，为英才学生提供学习和社会交往的良好氛围。与此同时，越来越多的大学、英才组织、社区等，也开展了英才儿童教育与发展的各类活动。总的来说，政府与社会为英才学生营造了良好的氛围，并为他们的发展提供越来越丰富的机会。

---

［1］ NSW Department of Education. What Are Selective High Schools? [EB/OL]. [2017-06-21]. https://education.nsw.gov.au/selective-high-schools-and-opportunity-classes/year-7/what-are-selective-high-schools.

［2］ Victoria Education and Training. Specialism Schools and Programs[EB/OL].[2017-06-02]. http://www.education.vic.gov.au/school/principals/spag/participation/Pages/selectiveentry.aspx.

五、澳大利亚英才教育的师资培养

在澳大利亚，英才教育教师的培养已经成为英才教育制度发展中的重要问题。2005年，联邦政府发布了首个关于英才教育教师发展的政策，也成为澳大利亚各州进行英才教师培养的重要指导文件。同时，澳大利亚部分大学开始尝试提供英才教育教师培训的相关课程，帮助教师在培养英才学生时作好准备。

（一）英才教育教师发展指导文件《英才教育：教师专业发展包》

早在1988年，澳大利亚参议院第一届选举委员会发布的关于英才儿童教育的政策报告中就提出，要关注英才教育教师的专业发展。但是，由于社会对英才教育的重视不足，同时缺乏来自政府的财政支持，这些建议并没有得到真正的实施。2001年，参议院对全国英才教育发展情况进行调查之后，发布了《英才儿童的教育》报告，建议各州和领地的教育部门在新教师招聘时，应要求新教师必须修读过至少一个学期的关于英才儿童教育的课程，了解英才儿童的甄别和教学方法。尤其是在针对英才儿童开设的选拔性中学或班级任教的教师，地方教育管理部门应当确保他们具有相应的教育资格。该报告得到了联邦政府的重视，随后联邦政府拨款100万澳元，用于开发大学中的英才教育教师课程。[1]

2005年，澳大利亚联邦政府教育与培训部公布了《英才教育：教师专业发展包》。这是澳大利亚首个在国家层面颁布的关于英才教育

[1] PLUNKETT M, KRONBORG L. Gifted Education in Australia: A Story of Striving for BalAnce[J]. Gifted Education International, 2007(23): 72-83.

教师培训与发展的政策文件，对英才教育教师的专业化发展具有十分重要的意义。

《英才教育：教师专业发展包》包含六大模块的内容，涉及英才选拔与培养的各个方面。模块1：理解天才。该模块旨在帮助教师理解天赋与才能的内涵与本质，因而详细介绍了天赋的类型与等级，天才学生在认知和情感方面的特征，以及这类学生与普通学生的差异。模块2：英才学生的甄别。该模块介绍了一系列甄别的程序，强调通过各类方法的结合而不是单一的方法进行甄别，尤其强调对来自不同文化背景和弱势群体的学生进行公平、有效的甄别。模块3：英才学生的社会和情感发展。该模块旨在帮助教师理解英才学生在社会和情感发展方面的特点，从而为学生及其父母提供支持，通过教学策略和课堂结构的调整，帮助英才学生发展积极的社会态度和良好的同伴关系。模块4：理解英才学生的低成就。该模块旨在帮助教师理解英才学生在学校中表现出低成就的原因，从而采用适当的方式甄别这类学生，并采取有效的干预措施来预防和改善英才学生的这一问题。模块5：英才学生的课程差异化。这一模块能够帮助教师在常规班级教学中运用课程差异化的教学策略和方法，包括各类有效的充实模式等，促进英才学生的学习。模块6：英才学生的发展项目和规定。这一模块详细介绍了英才学生能力培养、分组、加速等各类发展模式的策略，并关注这些策略对学生的学业和社会发展的影响。这六大模块涵盖了英才学生的特点与需求，以及英才学生教育与发展的各个方面，为教师提供了完整的学习与培训框架。[1]

---

[1] Department of Education and Training. Gifted and Talented Education Professional Development Package for Teachers Module 1[EB/OL]. [2004] [2017-05-15].https://docs.education.gov.au/system/files/doc/pdf/gifted_and_talented_education_professional_development_package_for_teachers_module_1.pdf

每个模块在内容设计上都包括知识与实践练习两大部分，教师在完成知识部分的学习之后，可以根据模块中的实践要求在课堂中展开实际教学活动，并在活动后进行反思。与此同时，每个模块将内容分为三个等级，即核心部分、拓展部分和专业化部分。核心部分的内容包含了该模块最基础和必要的知识与实践建议；而拓展部分和专业化部分的内容则是建立在核心部分之上，这两大部分的内容涉及更深的知识，参与者可以探究更广泛的主题，同时介绍了新的课程差异化模式和教学项目的技术。参与这两个部分学习的教师，需要进行更广泛的阅读和实践活动，并对课堂教学和学校的政策与实践进行反思。教师如果想要成为学校的英才教育协调员（gifted education coordinator），就必须完成专业化部分的学习。

（二）英才教育组织提供的英才教育教师培训

英才教育研究、资源和信息中心为教师和学校提供专业化学习机会和在职培训服务。目前，英才教育教师课程主要有三类。

第一类是英才教育研究、资源和信息中心开设的英才教育迷你证书（Mini Certificate of Gifted Education）课程，为教师和学校领导者提供专业化指导。课程一共有16个小时，由在英才教育领域具有多年经验的专家主持。[1] 该课程每年在新南威尔士大学的肯辛顿（Kensington）校区定期举行，也可以在中小学开设，根据不同学校的需求开展特定的培训项目。课程涵盖了英才教育的多方面内容，既有介绍性的主题，如英才教育的现状、英才学生甄别问题等；也有针

[1] UNSW. Mini-COGE [EB/OL]. [2017-06-21]. https://education.arts.unsw.edu.au/about-us/gerric/for-educators/mini- coge.

对英才教育教师的内容，如课程差异化、加速等；还有针对学校领导者的内容，如制定和实施学校英才政策、开展英才项目评估等。[1]第二类是英才教育研究、资源和信息中心开设的英才教育研究生证书（Graduate Certificate in Gifted Education）课程。该课程始于1991年，目前已经为超过2 000名教师颁发了证书。课程同样由在英才教育领域富有丰富经验的专家团队负责，为教师提供关于英才教育教学的全面培训。[2]第三类是新南威尔士大学教育学院开设的英才教育硕士项目［Master of Education（Gifted Education）Program］，为英才教育教师提供进一步的知识和技能培训。该项目包括8门课程：1门核心课程，3门选修课程，1门研究方法课程，1个研究项目和2门其他教育硕士项目的选修课程。[3]

英才教育研究、资源和信息中心也为英才学生的家长提供相关培训。例如，开设为期2天的家长课程，涵盖大量关于英才教育的内容，包括英才儿童的需求、英才的甄别、家庭教育策略、选择合适的学校等。此外，英才教育研究、资源和信息中心还开设了一系列的家长公共讲座。通过这些课程与讲座，帮助父母更好地理解英才儿童的需求，为英才儿童的家长们提供交流的机会，以及了解现有的英才教育研究。[4]

弗林德斯大学同样开设了英才教育的研究生项目，包括为期12

［1］UNSW. In-service Gifted Courses [EB/OL]. [2017-06-21]. https://education.arts.unsw.edu.au/about-us/gerric/for-educators/in-service/.

［2］UNSW. Graduate Certificate in Gifted Education [EB/OL]. [2017-06-21]. https://education.arts.unsw.edu.au/about-us/gerric/for-educators/gradcertgifted/.

［3］UNSW. Master of Education (Gifted) [EB/OL]. [2017-06-21]. https://education.arts.unsw.edu.au/about-us/gerric/for-educators/med/.

［4］UNSW. GERRIC Parent Course [EB/OL]. [2017-06-21]. https://education.arts.unsw.edu.au/about-us/gerric/for-parents/gerric-parent-course/.

个月的英才教育研究生证书课程，为期2年的英才教育硕士（基础）课程和为期18个月的英才教育硕士（进阶）课程。[1]民众还可以通过大众媒体如网络、报刊等获得大量关于英才教育的信息。澳大利亚英才教育协会网站上整理了关于英才教育的网站、图书馆、研究中心、学校等信息，教师、家长和英才儿童可以根据自己的需要获取相关资料。例如，GT World就是一个英才教育的线上交流社区，网站上不仅有大量英才教育相关的信息，家长和教师还可以在线交流经验与问题。[2]

英才教育教师的培养问题，一直是澳大利亚英才教育发展中的重要问题。随着英才教育规模不断扩大，对培养合格的英才教育教师的需求不断增长。尽管联邦政府出台了英才教育教师发展的指导文件，但各州政府尚未发布相关的政策，尤其是对教师任职英才学校或班级的资格仍然没有作出明确规定。与此同时，目前提供英才教育课程与培训的大学或机构仍然有限，难以满足英才教育发展的需求。英才教育教师的职前培养与在职培训问题，仍然需要澳大利亚政府与相关组织给予重视并积极推动。

六、对澳大利亚英才教育的评价

经过几十年的发展，澳大利亚已经形成了较为完善的英才教育制度。近年来，各州出台了英才教育的相关政策文件。但在国家层面，联邦政府尚未颁布全国统一的英才教育相关的法律文件。澳大利亚的英才教育主要在常规学校中进行，专门的英才教育学校和班级较少。

[1] Flinders University. Education (Gifted Education) [EB/OL]. [2017-06-21]. http://www.flind-ers.edu.au/courses/postgrad/ed-gift/.

[2] AAEGT. Resources for Parents [EB/OL]. [2017-06-21]. http://www.aaegt.net.au/?page_id=786.

同时，英才教育教师的培养与在职培训缺乏，以及英才学生教育制度的公平性问题等，成为澳大利亚英才教育未来发展中亟待解决的问题。

（一）缺乏国家层面的英才教育政策

澳大利亚属于联邦制国家，教育权归属于地方。目前，澳大利亚各州和领地都出台了英才教育的相关政策文件，但是联邦政府尚未出台全国统一的英才教育法律文件。各州的英才教育制度在学生培养模式、发展规模和速度方面都存在着一定的差异。各州英才教育的不均衡与差异性，事实上也是对英才学生的一种不公平待遇。联邦政府在近年来对英才教育日益重视，但仍然需要出台全国统一的英才教育政策，增加对英才教育制度在人力、物力和财力上的投入，促进各个地区的英才教育制度均衡发展。

（二）以常规学校中的英才教育为主，以专门的英才教育学校和班级为辅

澳大利亚的英才教育以普通学校中的特殊项目为主，以专门的英才学校和班级为辅。受反精英主义思潮的影响，民众对英才学生教育制度的反对意见和消极态度，在澳大利亚一直都存在。2004年，维多利亚州教育部长建议取消加速学习项目，因为担心英才学生学得太多、太快，与大多数学生的步调不一致。澳大利亚的同伴关系文化，不鼓励在学校中实行加速，使得大多数英才学生仍然是在常规学校中学习。[1] 尽管越来越多的地区在尝试开设英才学校或英才班

[1] MCCANN M. Our Greatest Natural Resource: Gifted Education in Australia[J]. Gifted Education Intemational, 2005(19): 90-106.

级，但大多数教育研究者和政策制定者仍然相信，由普通学校和教师通过特殊教育手段满足英才学生的需求，仍然是目前最好的英才教育方法。

（三）英才教育教师的培养与在职培训缺乏

澳大利亚英才教育的最大不足，是英才教育教师的培养与在职培训仍然十分缺乏。教师在英才儿童甄别、选拔、教育培养与评估的整个过程中，始终扮演着至关重要的角色。然而，当前仅有部分大学提供英才教育的教师资格证书，绝大多数的教师教育项目中没有设置英才教育的相关课程。这意味着新教师在进入教学岗位时，并不具备足够的能力在课堂中运用特殊的教学手段和教学方法。其次，政府并没有对教师在英才教育领域的能力与资格作出明确规定。即使是在面向英才儿童的学校和班级，英才儿童的成功很大程度上仍依赖于教师的理念与能力，学校在招聘时大多没有对新教师在英才教育领域任职的资格和技能设立考察与评估标准。第三，对英才教育教师的在职培训同样缺乏。尽管联邦政府颁布了《英才教育：教师专业发展包》，但教师在职培训的具体职责仍然需要由学校来承担。

（四）英才教育制度的公平性令人担忧

英才儿童的教育主要通过普通学校中的特殊教育项目进行，除此之外，校外的学习和拓展活动是英才儿童发展的重要资源。这些活动需要家长的配合和良好的家庭经济水平的支持。显然，来自富裕家庭的英才学生有更多的机会参加校外的学习活动。相反，来自贫困家庭的英才儿童更多依赖于学校能为他们提供的机会。即使没有学校的帮助，家境更好的孩子仍然更有可能取得成功，处于不利地位的儿童则更可能在成长过程中难以实现他们的潜能。[1]然而，现实中来自贫困家庭或偏远地区的英才儿童的教育需求，在当前的英才教育制度中往往最容易被忽视。

总的来说，当前澳大利亚的英才教育正处于不断完善的阶段。联邦政府对英才教育日益重视，民众对英才学生的偏见也逐渐消解。各个州和领地都制定了本地区的英才教育政策，形成了较为完善的英才学生选拔与教育培养机制。与此同时，澳大利亚的英才教育仍然存在着诸多挑战，尤其是英才教育教师的职前与在职培养、国家层面英才教育政策的缺乏等，已经成为当前英才教育发展中的主要问题。但可以预见的是，随着英才教育的必要性和重要性逐渐得到政府与社会的认可，澳大利亚的英才教育将在实践中不断发展和完善。

第八节

日本英才教育的政策与实践

日本坚持在教育机会平等的基础上合理发展英才教育，注重引导

[1] MCCANN M. Our Greatest Natural Resource: Gifted Education in Australia[J]. Gifted Education Intemational, 2005(19): 90-106.

社会力量参与，多领域关注英才教育，在特定领域开展英才教育等经验，值得其他国家学习与借鉴。

一、日本英才教育发展背景

英才教育在日本教育制度中的地位并不突出，文部科学省甚至并没有制定明确的英才教育政策。日本的英才教育总体上“有实无名”，在政策上“若隐若现”，呈现一种“隐性”的特征。日本的英才教育以兼顾教育平等为重要特征，通过社会团体、半官方机构以及学校与政府的合作来开展，在实践中呈现两种基本类型。在未来的发展中，日本仍将避免使用“英才教育”的提法，而是以“个性化教育”之名来实施英才教育。

（一）历史沿革

自明治维新建立起现代教育制度以来，日本的英才教育经历了较为曲折的发展过程。结合英才教育发展的驱动因素、相关政策及具体措施，可将日本英才教育的发展划分为四个阶段（见表2-7）。

表2-7　日本英才教育发展阶段划分

发展阶段	驱动因素	相关政策	具体措施
1945年之前 战前精英主义教育阶段	国家图存、国富民强的追求	《高等女学校令》（1899年）、《中学校令》（1899年）、《高等学校令》（1918年）、《中等学校令》（1943年）；理科人才早期培养政策（1944年）。	在公立学校组建“特别科学组”；提前入学与跳级制度等。

（续表）

发展阶段	驱动因素	相关政策	具体措施
1945—1960年低迷消沉阶段	教育民主化改革	基本没有出台针对性的官方政策，但存在产业界、科技界的相关提议；《理科教育振兴法》（1953年），旨在提升所有中小学的理科教育水平。	基本没有针对性措施。
1960—1983年反思与萌芽阶段	对战后教育改革的反思、日本经济的快速复苏	日本经济审议会的相关咨询报告、文部省中央教育审议会的咨询报告等。	以民间为主开展英才教育实验；修订中小学学习指导纲要等。
1983年至今实质性实施阶段	新自由主义思潮影响、增强国家竞争力的需要	文部省中央教育审议会1991年咨询报告《关于适应新时代的各项教育制度的改革》提出教育上的例外措施；2007年第三期科学技术基本计划、2011年第四期科学技术基本计划、2013年第二期教育振兴基本计划等提出培养英才儿童。	出台和实施教育特别措施；开展英才教育试点项目；创设超级理科高中（super science high school，简称SSH）；开展“国际科学技术竞赛”等多种校外英才培养项目等。

1. 第二次世界大战前精英主义教育阶段

第一阶段是战前精英主义教育阶段（1945年之前）。日本自20世纪初期开始关注特殊教育，但关注点主要集中在残疾儿童的教育及改进方面，对于具有天赋和才能的英才儿童几乎没有特别关注。1947年实行学制改革之前，日本政府曾认可提前入学或者跳级的制度。在《高等女学校令》（1899年敕令第31号）、《中学校令》（1899年敕令第28号）、《高等学校令》（1918年敕令第389号）、《中等学校令》（1943年敕令第36号）中均有规定，除按照正常学制逐级升学之外，文部省也认可满足一定条件并具备同等学力的学生进入高一级学校学习，这为跳级的实施奠定了制度基础。战前跳级制度主要涉及从小学到初中、从初中到高中两个阶段。据统计，1930年初中生中0.5%左右是跳级生，1931年这一比例达到0.9%左右，同年高中生中24.8%左右是跳级生。可以看到，跳级制度的实施主要是在高中教育阶段。然而，随着日本社会对于跳级制度产生质疑，认为高中阶段大量存在的跳级生一方面给高中阶段的教育管理造成不利影响，另一方面对于没有跳级的初中生也造成负面影响，日本政府开始逐步限制跳级生数量，到1943年彻底废除了跳级制度。[1]

跳级制度的废除并没有完全阻止日本政府对于优秀人才的渴求。1944年，日本众议院议员永井柳太郎在众议院总会上提出针对理科方面具有优秀才能的中小学生实施特别教育的法案《关于战时设立英才教育机构的建议》，并得到采纳。同年12月，文部省出台针对在科学方面具有较高天分的学生实施特别科学教育的政策，主要目的在于提升日本的科技研究水平。在该政策的推动下，文部省指定了四所学校开设“特别科学教育班”（又称为“特别科学学级”“特别科学教育学级”“特别科学组”），分别是东京高等师范学校（现筑波大学）、东京女子高等师范学校（现御茶水女子大学）、广岛高等师范学校（现广岛大学教育学部）、金泽高等师范学校（现金泽大学教育学部）。“特别科学教育班”设立在公立教育系统内，面向日本全国招收旧制初中一至三年级、国民学校四至六年级在物理、化学、生物、数学方面表现优秀的学生，于1945年1月正式开学。同时，京都帝国大学也申请开设“特别科学教育班”，并将班级安置在京都的两所中学里。表

[1] 麻生诚，岩永雅也. 創造的才能教育［M］. 町田：玉川大学出版部，1997.

2–8是东京高等师范学校附属中学校“特别科学教育班”各期毕业生情况，几乎所有毕业生均进入了高等学校继续深造。然而，受到第二次世界大战结束以及战后日本开始进行的教育民主化改革的影响，1947年“特别科学教育班”正式结束。尽管“特别科学教育班”仅正式运行了3年，但所培养的人才对于战后日本经济实现高速发展起到了引导性作用。此外，“特别科学教育班”的实践对于21世纪日本政府开设超级理科高中也具有重要的启蒙作用。

表2–8　东京高等师范学校附属中学校“特别科学教育班”各期毕业生情况

毕业批次	人数	毕 业 去 向
第一期毕业生	17人	升学16人（东京大学10人，大阪大学1人，名古屋大学1人，东京工业大学1人，东京学艺大学2人，东京药科大学1人）；就业1人
第二期毕业生	15人	升学15人（东京大学文科9人，理科6人）
第三期毕业生	33人	升学33人（东京大学21人，庆应义塾大学5人，东京学艺大学2人，一桥大学、埼玉大学、东京学艺大学、札幌医科大学、早稻田大学各1人）
第四期毕业生	25人	升学25人（东京大学12人、早稻田大学4人、庆应义塾大学3人，京都大学、北海道大学、顺天堂大学、昭和大学、学习院大学、成蹊大学各1人）

资料来源：佐々木元太郎，平川祐弘.特別科学組——もう一つの終戦秘話 東京高師附属中学の場合［M］.东京：大修館書店，1995.

2. 低迷消沉阶段

第二阶段是低迷消沉阶段（1945—1960年）。日本战败后在美国占领军的指导下展开了教育民主化改革，美国教育制度及部分思想映射到日本教育体系中，这也使得日本英才教育戛然而止，进入了低迷消沉的发展阶段。1947年，日本文部省颁布了战后第一个课程标准，规定了课程学习内容，所有公立和私立学校都必须执行。这种统一的课程标准一方面有助于迅速提高国民的基本素质，另一方面对于英才儿童的个性化需求却是一种忽视。在教育平等理念的主导下，英才教育被视为一种禁忌，直到20世纪50年代中后期，陆续出现产业界、科技界实行多样化教育的要求。例如，1957年日本经营者团体联盟在《关于振兴科学技术教育的意见》中，主张“把初等、中等教育制度的单线型变为复线型，在初中、高中按照每个学生的出路、个性、能力，分为普通课程和职业课程，实施高效率的教育”，并要求“设法充实对初中、高中学生的育英奖学制度，特别要对进入理工系统学习的学生予以优待”。[1] 这一时期的提议主要来自教育之外的领域，为英才教育的进一步倡导和实施作了铺垫。

3. 反思与萌芽阶段

第三阶段是反思与萌芽阶段（1960—1983年）。战后教育民主化改革时期，日本公立教育系统奉行平等主义原则，实行“六三三四”制单线型教育制度，采取较为严格的以年龄为标准的升学制度。此外，日本政府和社会并不支持天才（giftedness）的概念，与天生的能力相比更为强调后天努力的重要性。[2] 然而，在1952年脱离美国占领之后，日本开始反思已经实践多年的战后教育改革，并在1955年确立了所谓的“1955年体制”，开始批判并改变战后确立的平等主义原则，民间团体、学者以及文部省先后在实践和政策层面呼吁对英才教育引起重视。

20世纪50年代中后期，日本开始出现按照学生个性和能力实施教育的倡议，主要是日本产业界从促进日本经济转型的角度出发，倡

---

［1］ 梁忠义. 日本注重英才教育的趋势［J］. 外国教育研究，1979（1）：48-54.

［2］ COOPER E. A Reflection: The Japanese Approach to Gifted and Talented Students[J]. Gifted Child Today, 1999, 22(2): 18-21.

导培养创造性人才，引领国家产业发展。同时，日本学者也开始进行英才教育的尝试。例如，玉川学园大学教授伏见猛弥于1960年开办英才教育研究所，在借鉴欧美研究与实验的基础上逐步推进本土的研究与实验。这一时期作为英才教育实验学校的有埼玉县饭能市私立圣望学园的初中和高中、山口县下松市立下松初中、富山县滑川市立北加积小学等。[1]

日本政府附设的各类咨询机构也在报告中强调了英才对于国家经济发展的重要性。例如，1960年日本经济审议会发表的《日本经济的长期展望》中首次提出“人才开发论”；同年，日本科学技术会议在咨询报告《关于以十年后为目标振兴科学技术的综合基本措施》中也强调，“今后有必要考虑在能力、个性、出路方面区分人文系统和自然科学系统的课程制”。1963年，经济审议会在咨询报告《在经济发展中人的能力开发的课题与对策》中提出贯彻能力主义的教育政策，培养“高才能的人”，并主张入学和升学不搞机械划一，按能力实行跳级制等。在产业界的强烈要求下，文部省也在60年代后期开始作出回应，避开英才、天才或者其他容易引起争论的说法，而从教育制度灵活性和特别教育的角度切入，将“英才”归为个性的范畴。这为下一个阶段日本英才教育的开展奠定了制度和舆论基础。

4. 实质性实施阶段

第四阶段是实质性实施阶段（1983年至今）。在这一发展阶段，日本文部省（2001年更名为“文部科学省”）出台了推进英才教育的相关政策和具体的项目措施。20世纪80年代中期，临时教育审议会（简称“临教审”）发表关于教育改革的四次咨询报告，拉开了日本

---

[1] 梁忠义.日本注重英才教育的趋势［J].外国教育研究，1979（1)：48-54.

第三次教育改革的序幕。咨询报告遵循新自由主义思想，指出对于人生各个时期、各个发展阶段，要充分注意教育的连续性、适时性和选择性。1991年，中央教育审议会在咨询报告《关于适应新时代的各项教育制度的改革》中提出了教育上的例外措施，并得到采纳。1994年，文部省开始实施英才教育相关试点项目。进入21世纪，日本政府对于英才教育的重视越发显性化，不仅在政策层面有所体现，在教育实践层面上也有所作为。

与战前明确实施的基于精英主义的英才教育不同，这一阶段的英才教育更为低调，且实施形式更为多样化。以2001年为界，又可进一步划分为两个小的发展阶段。20世纪80年代中期到2001年前，英才教育在政策上处于一种试点性的地位，公立教育系统中以零星的试点措施为主，私立教育系统以及课外补习班则成为英才教育的主战场，尤其是家教和“学习塾”，为学生提供了大量提前学习或加速学习的机会。2001年之后，日本英才教育政策措施进一步趋于成熟，明确了在科技领域培养英才的路径和策略。2001年，文部科学省的成立显示出日本政府对科技领域英才的重视。此后，日本教育和科学政策对于英才教育的态度逐渐有所转变，尽管仍然回避使用“英才”的表述方式，而代之以“才能”一词。例如，第三期和第四期科学技术基本计划、第二期教育再生基本计划等，均使用了“才能”一词。至此，在国际竞争日趋激烈的大背景下，日本为保持其国际竞争力，从培养优秀人才入手，以理科为重点领域，有序开展英才教育。

（二）对英才的基本认识

英才教育并非存在于真空世界，而是与其所处的社会文化环境息息相关。如果社会大众认为英才儿童靠自身便能取得成功，那就容易形成对英才儿童的特殊教育需求忽视和冷漠的氛围。在这样的社会环境中，英才儿童可能因为没有得到及时、充足、有效的教育支持而错失最佳的发展时机。战后日本在教育改革中奉行平等主义，英才儿童在日本教育体系中长期处于被忽视的地位。在日本公立教育体系中，“好学生”是那些完成学习任务和作业，也不问太多问题的学生。[1]

伴随经济和教育的发展，日本对于英才的理解也有所变化。在日语语境中，“才能”被用来指代“英才”。才能是可教的，在很长一段时间里，日本的英才教育主要在私立教育领域而非公立系统中进行。按照《广辞苑》的解释，“才能”是指“智力和能力，即个体的某种资质或者通过练习获得的能力”。可以看到，日语中的“才能”更加强调通过教育所形成的环境因素的作用和影响。此外，日语中也存在“天才”和“英才”的说法，其含义与“才能”相近，但存在细微差别。“天才”更加强调与生俱来的才能，“英才”则主要是指较为出众的才能。为避免概念上的混乱，通常使用英语中的“gifted and talented”表示英才。日本“社会集团英才论”的代表麻生诚认为，英才“在一定社会中有比普通人更优秀的内在和外在属性”。在一定领域内，通过英才的领导职能，可使社会价值得到增值或保持。他们在决定社会结构方面起主导或骨干作用，他们蕴藏着一定的集团意识和特殊的文化遗产，具有高度结构化发展的倾向等。[2]

对于英才教育，日本学者麻生诚和岩永雅也给出这样的界定：“针对具备优秀才能的幼儿、儿童或者学生，为有效促进其能力发展

[1] COOPER E. A Reflection: The Japanese Approach to Gifted and Talented Students[J]. Gifted Child Today, 1999, 22(2): 18-21.
[2] 麻生诚. 英才的形成与教育［M]. 王桂，等译. 长春：吉林人民出版社，1987：98.

而采取的特别教育措施的总称。”对于如何甄别有才能的儿童，日本研究者隅田学提出了一套行为检测单，包括60个项目，如“喜欢收集动植物或岩石”“尝试用自己的方法做事情，而不是按照教学指导做”等。通过对小学生的分析总结出理科方面三种英才类型：自发型（spontaneous style）、专家型（expert style）和基础型（solid style）。从其样本情况（三至六年级小学生）来看，具备理科才能的学生仅占10%左右。[1]

日本的民间团体也积极开展英才教育相关活动。例如，较早的社团法人英才教育研究所，不仅开展教育实验，还将其研究经验和结果结集出版。2013年，日本英才协会成立，主要致力于推广“英才”的概念，尤其是针对双重特殊儿童（twice-exceptional children，即学习障碍超常儿童，也称2E儿童），开展相关活动。该协会的成立表明，在日本英才教育领域，除了传统意义上对于具备优秀才能儿童的关注，对双重特殊儿童的关注也开始出现，这是受到欧美英才教育发展潮流影响的表现。

在日本的语境中，英才常常与特定领域相关联，尤其是科技、理科领域。这一点可以从文部科学省的相关政策中窥见一斑，文部科学省将英才教育相关政策列入科学技术政策领域，从科技人才培养与保障的角度提供政策、项目和经费支持。例如，对学校教育领域中科技人才培养提供专门支持，不断充实理科教育，创造让儿童亲近、学习科学技术的环境，同时为识别和培养在科技方面具有突出才能的儿童提供有利环境。

---

[1] SUMIDA M. Emerging Trends in Japan in Education of the Gifted: A Focus on Science Education[J]. Journal for the Education of the Gifted, 2013, 36(3): 277–289.

总的来看，日本对英才的理解主要有两种：一是理解为具有“才能”的儿童，与英语中的“gifted and talented”基本同义，是指传统意义上的英才；二是理解为双重特殊儿童，通常被列入特殊教育领域。当前日本教育、科技领域主要关注传统意义上的英才，尤其是理科英才；在研究领域和教育实践中，对这两类都很关注。

二、日本英才教育的相关政策及实施

（一）相关政策

当前英才教育的相关政策大致可以从教育领域和科技领域的政策文件中觅得踪迹。

从教育领域政策来看，早在1953年日本政府已经出台《理科教育振兴法》，加强理科教育，给予中小学理科教育补助。对于私立中小学，尤其是私立高中开展理科教育，则纳入私立学校补助范畴。英才教育理念从20世纪60年代中期开始进入各类教育审议会的视野。1966年，文部省中央教育审议报告《关于后期中等教育的扩充整备》（又称“四一答申”）提出从教育制度层面考虑实施特别教育，指出“对于在知识、艺术及其他方面具有较高素质的学生，有必要施以有效的特别教育，为此，有必要讨论教育制度的弹性运用及其特别的教育方法”。1971年，文部省中央教育审议会报告《关于今后学校教育综合扩充整备的基本政策》（又称“四六答申”）提出根据个人特性改善教育方法，指出“不将学生指导按照学年固定化，而是认可弹性的指导方法”“在达到一定发展程度的高级阶段，认可按照能力升级、升学的例外措施”。然而，由于日本内阁的更迭，20世纪70年代提出的改革倡议没有得到切实落实，也致使日本第三次教育改革的实施推后到八九十年代。

1991年，中央教育审议会报告《关于适应新时代的各项教育制度的改革》再次提出实行教育上的例外措施。以往日本学校教育推进形式上平等的做法，反而带来了教育的单一和僵硬等问题。基于对这些问题的反思，该报告提出“从形式平等向实质性平等迈进”的观点，强调构建根据每个学生的个性特点提供学科和教学内容多样化选择的制度。这样的提法实际上反映了对个性化教育的思考，即教育要让每个学生基于自身的兴趣、志向等开展主体性学习，最大限度地发展学生个性。报告认为，对于在特定领域显示出超群能力的人，仅仅在高中教育阶段采取多种措施扩大学生选择还不够，应该进一步采取教育上的例外措施。所谓的例外措施既不能被精于考试者所利用，也不能造成考试竞争。因此，例外措施主要限定在数学和物理领域，以中等教育阶段的学生为对象，给予其接触大学水平的教育和研究的机会。

为了具体研究如何实施例外措施，日本文部省专门组织成立了“教育例外措施调查研究协力者会议”。该组织于1994年3月14日提出最终报告《教育例外措施——发展特定领域个性的教育》，对例外措施的目的、意义、实施领域、对象、具体实施方法、大学入学年龄等提出建议。文部省采纳了这些建议，并在1994年的“试点实施要领”中指定在几所大学和研究机构试点实施相关教育项目（见表2–9），结束了日本英才教育在政策层面的真空状态。

表2–9　英才教育试点项目

学校或机构	领　域	项　目
名古屋大学	数学	学习大学正规课程
	数学	大学教授进行个别指导
东京工业大学	数学、物理	参加大学公开讲座

（续表）

学校或机构	领　域	项　目
京都大学	数学	参加大学公开讲座
广岛大学	数学	参加大学公开讲座
东京都立大学	数学、物理	参加大学公开讲座
早稻田大学	数学	参加大学公开讲座
数学奥林匹克财团	数学	参加民间团体的研习会或讲座
数理科学振兴会	物理	参加民间团体的研习会或讲座

进入21世纪，日本从科技政策领域着手介入英才教育的趋势日渐增强。20世纪90年代中后期，日本确立了“科技立国”的基本国策，到2000年之后明确将英才培养纳入其中。第二期科学技术基本计划（2001—2005年）提出加强“科技创造立国”的基本战略，进一步刺激了文部科学省加强理科教育，并于2002年出台了《科学技术与理科计划》，一并推出了包括超级理科高中在内的一系列项目措施（见图2-7）。2007年，第3期科学技术基本计划提出“促进有才能的儿童的个性与能力发展”的建议，并提出三个发展目标，即发展英才儿童的个性与能力、改进理科高中的支持体系、促进英才儿童参与各类国际性科技竞赛。该计划在战后首次明确提出培养英才儿童，具有历史性意义。2010年，日本科学技术振兴机构提出了关于英才教育的政策研究报告《才能教育分科会报告》，围绕支持科技创新高水平人才的发展和培养，讨论理科英才的一贯培养体系。2011年，第四期科学技术基本计划提出对于英才儿童要实施更为连续和系统的培养，制定具有一贯性的活动及措施发现和培养英才儿童。换言之，该计划进一步强调英才教育的体系化。2013年，第二期教育振兴基本计划提出“培

养促进未来跳跃式发展的人才”，并在基本措施中指出要为具备优秀才能和个性的儿童提供多样化、高水平的学习机会。可以看到，日本英才教育的相关政策逐步从科技领域向教育领域延伸。

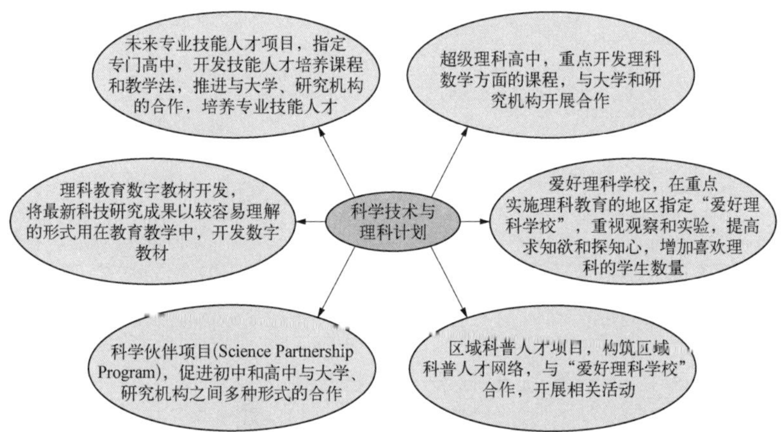

图2-7　科学技术与理科计划所包含的项目及其具体内容

（二）具体实施

文部科学省通过日本科学技术振兴机构以及其他一些相关社会机构，开展了校内外多样化的英才培养项目和活动。此外，近几年日本民间团体和研究者也开始关注双重特殊儿童的教育与培养问题，虽然主要是被纳入特殊教育的范畴，但也属于英才教育发展的一个动向。

从具体实施来看，日本校内的英才培养主要是以超级理科高中的形式展开；校外的英才培养形式则较为多样，包括国际科学技术竞赛、科学训练营（1995—2014年）、未来科学家养成讲座（2008—2013年）、科学甲子园（2011年以来）、“下一代科学家育成”项目（2008年以来）、科学甲子园（初中组，2013年以来）、国际科学校园（2014年以来）等。以下主要以超级理科高中、“下一代科学家育成”项目以及翔和学园英才教育项目为例，说明日本英才教育的实施状况。

1. 超级理科高中

（1）概述

日本在20世纪90年代中期以法律的形式（《科学技术基本法》，1995年）确立了科技立国的政策，进入21世纪又升级为科技创新立国政策。为推动科技立国政策的落实，日本先后制定多期“科学技术振兴基本计划”，其中一项重要内容就是培养科技人才。在相关政策的推动下，日本文部科学省从2002年开始实施超级理科高中计划，旨在为科学技术顶尖人才的成长创造条件，通过各种方式从高中开始培养在理科方面有潜力的学生，为其在大学进一步深造奠定良好基础。超级理科高中可以不拘泥于《学习指导要领》中规定的学习内容，采取提高学生创造性和独创性的指导方法，可与大学和研究机构等共同开发课程和教材。与此同时，文部科学省对超级理科高中给予一定的财政支持。总的来看，超级理科高中计划的主要目的集中在两方面，一是从高中开始培育科技领军人才，二是为高中教育尤其是高中理科教育提供改革经验。2002年，也即超级理科高中计划实施第一年，日本在全国范围内选定26所高中（包括初、高中一贯制学校）作为理科高中，投入近7.3亿日元用于学校发展。

从超级理科高中计划的管理运营机制看，由文部科学省从申请学校中筛选、指定理科高中，由科学技术振兴机构负责组织和管理超级理科高中的活动、教师培训、评价等相关事宜，由各都道府县教育委员会负责理科高中的设置、审核等具体事务。从图2–8可以看到，超级理科高中不仅与文部科学省、都道府县教育行政管理机构等发生业务关系，同时也与大学、研究机构、企业、社区等存在交流与合作。

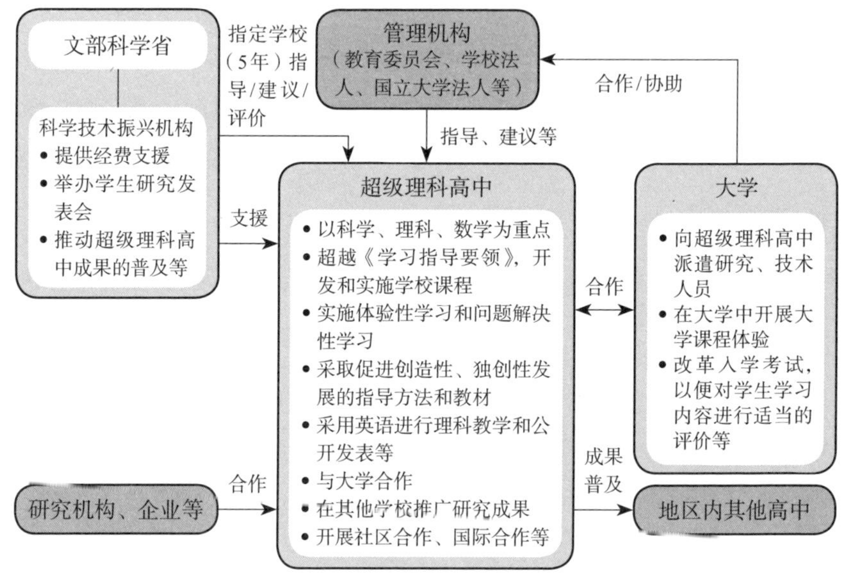

图2-8　超级理科高中管理运营机制示意图

从2002年超级理科高中计划实施以来，文部科学省每年都会指定若干所高中学校作为超级理科高中，5年为一个周期。从图2-9可以看出，在被指定为超级理科高中的学校中，公立高中占主体，其次是私立高中和国立高中。2011年，文部科学省进一步调整了超级理科

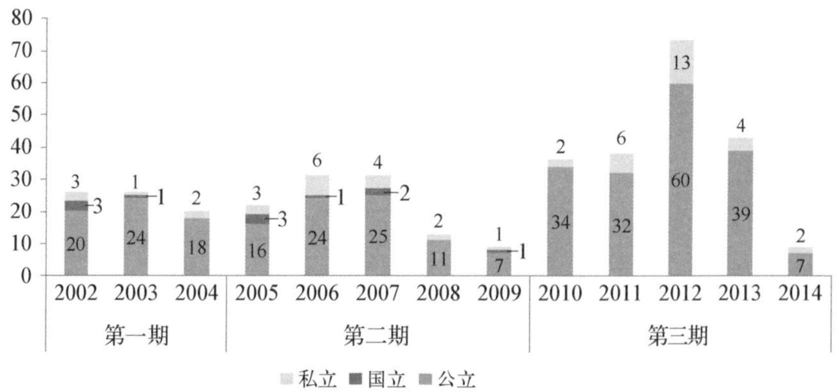

图2-9　超级理科高中指定学校数量及分布（单位：所）

高中计划，采用优中择优的策略，在超级理科高中里进一步指定部分学校为“核心SSH”，2013年又更名为“SSH科学技术人才培养重点校”，使得该计划的目的更为聚焦。

（2）学校案例：立命馆高中（私立）

立命馆高中创立于1905年，是学校法人立命馆学园旗下的系列学校之一。2002年，立命馆高中被文部科学省指定为“超级理科高中”，连续多年开展教育教学研究，2011年又被进一步指定为“核心SSH”，2013年成为“SSH科学技术人才培养重点校”。

① 课程设置

在立命馆学园的统领下，立命馆小学、初中和高中整合为十二年一贯制，按照“四四四”重新划分学段（见表2–10）。在初中与高中的衔接上，采取自由选择的方式，将初中升入高中的学生分为不同课程方向。重新划分基础教育学段、区分高中课程方向的做法明显不同于公立学校，可以说是私立学校灵活性与超级理科高中计划相结合的产物。

表2–10 立命馆学园十二年一贯制教育目标分解

第一学段（一至四年级）打下牢固基础	第二学段（五至八年级）培养实现梦想的能力	第三学段（九至十二年级）助推学生飞向世界
坚实的学力： 读、写、算 反复学习	较高的学力： 思考力 自律地学习	开拓人生的学力： 将学力转化为智慧 开拓升学去向
真正的国际人： 听解力、阅读力 接触不同国家和文化	真正的国际人： 话语力、书写力 放眼看世界	真正的国际人： 丰富的表达、乐于接受 具有理解不同文化并与之共生的精神

（续表）

第一学段（一至四年级）打下牢固基础	第二学段（五至八年级）培养实现梦想的能力	第三学段（九至十二年级）助推学生飞向世界
丰富的感性： 体验自然 体验艺术	丰富的感性： 表现自己的思想 感受“内心”	丰富的感性： 追求真理 磨炼“内心”
较高的伦理观与自立心： 遵守规则 强健体魄	较高的伦理观与自立心： 遵守规则 锻炼身体	较高的伦理观与自立心： 贡献社会 立志练就坚韧精神、完成使命

资料来源：http://www.ritsumei.ac.jp/primary/education/ikkan.html/.

作为第三期超级理科高中指定校，立命馆高中的研究课题为“培养活跃于国际舞台的科学家的教育体系开发研究”，研究内容包括提高学生应用能力、增强学生通过科学贡献社会的使命感、提高学力的同时拓宽学生的经验等。在推进这些研究的过程中，立命馆高中积极改革高中教育，除重新划分学段外，还对高中课程进行了大胆分类，以MS课程为基础，为高中二、三年级学生提供SS课程、GL课程、CE课程以供选择（这三类课程属于探究性课程），为学生了解和深化自身兴趣、选择未来职业方向奠定了基础（图2-10）。

<table>
<tr><td colspan="3">初级中学</td><td colspan="4">高级中学</td></tr>
<tr><td>第二学段</td><td colspan="6">第三学段</td></tr>
<tr><td>一、二年级</td><td colspan="2">三年级</td><td colspan="2">一年级</td><td colspan="2">二、三年级</td></tr>
<tr><td>AD课程</td><td rowspan="3">选择</td><td colspan="5">MS课程（文理科特别课程）</td></tr>
<tr><td>综合课程</td><td colspan="2" rowspan="2">核心课程（综合文理）
GJ班级（global junior）</td><td rowspan="2">选择</td><td colspan="2">SS（理科）课程
GL（国际）课程</td></tr>
<tr><td>一贯课程</td><td colspan="2">CE（文社）课程</td></tr>
</table>

图2-10　立命馆高中课程方向构成

② 招生方式

立命馆高中采取多类型并举的招生方式。2016年计划招生344人，其中包括从立命馆初中直接升入高中的约230人。从不同课程方向的招生名额分配来看，MS课程约70人、核心课程GJ班级约80人、核心课程约200人。三类课程方向按照MS课程、核心课程GJ班级、核心课程的先后顺序报考，考生可同时报考多个课程方向。

入学考试方式根据所报考的课程方向和志愿情况有所不同（见表2-11），主要是依据学科考试成绩、申请文书、面试情况进行综合判定。在学校申请资格上，推荐入试和其他类型的入试有所区别，相对而言，推荐入试的要求更详细，而其他类型的入试只要求考生是2016年3月的应届或非应届初中毕业生。推荐入试除了规定4条基本要求（预计2016年3月毕业的应届初中毕业生且以立命馆高中为第一志愿；初中入学后缺席天数不超过30天；已通过立命馆高中的试前审查；得到所在初中的推荐），还按照其所报考的课程方向进一步作了具体规定。例如，MS课程要求考生在初中阶段学习成绩极为优秀，且积极参加各类活动。从2016年入学考试结果来看，共有675名考生参加入学考试，合格368人，其中MS课程考生374人，合格203人。然而，最终入学人数会少很多。从2015年的情况看，MS课程合格154人，最终入学16人。

表2-11　立命馆高中入学考试方式

	入试分类	申请文书	考试科目与分数
推荐入试	MS课程	入学申请书 推荐信 报告书	国语、数学、英语（各100分）；面试
	核心课程GJ班级		英语小论文、面试
	核心课程		小论文、面试

（续表）

	入试分类	申请文书	考试科目与分数
专愿入试	MS课程	入学申请书 推荐信 报告书	前期考试：国语、数学、英语、理科、社会（各100分）；面试（仅限MS课程专愿考生） 后期考试：国语、数学、英语（各120分）；面试（仅限MS课程专愿考生）
	核心课程GJ班级		
	核心课程		
并愿入试	MS课程	入学申请书 报告书	
	核心课程GJ班级		
	核心课程		

2. “下一代科学家育成”项目

“下一代科学家育成”项目是从2008年开始，由日本国立研究开发法人科学技术振兴机构（Japan Science and Technology Agency，简称JST）受文部科学省委托实施的系列人才培养项目之一。该项目的主要目的在于支援为在理科和数学领域学习欲望与能力较高的儿童提供系统性教育项目开发和实施的大学，从而进一步发展儿童的才能，培养具备较强探究能力的科学家种子。“下一代科学家育成”项目的管理运营机制如图2-11所示。

该项目采取竞争式申请方式，以大学等教育机构为资助对象，

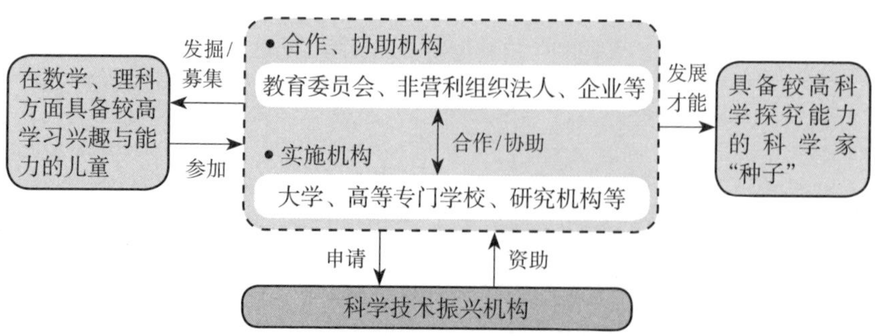

图2-11 “下一代科学家育成”项目管理运营机制示意图

旨在促进大学为中小学生提供体系性培养方案。大学等教育机构的培养项目应以初中生为主，可以招收一定数量的小学五、六年级学生，与其他相关机构，尤其是教育委员会合作，发现并进一步培养在理科方面兴趣浓厚、能力较强的学生。每个被选定的项目可以得到每年400万日元的财政资助。申请参与该项目的除大学之外，还包括高等专门学校、公共研究机构、科学馆、博物馆、公益法人、非营利组织法人以及具备法人资格的民间组织（如申请机构为营利法人，则申请该项目的相关业务必须为非营利性质）等。2008—2016年获得项目资助的机构如表2-12所示。项目启动后，各机构需要定期向科学技术振兴机构提交项目实施报告，反馈项目实施情况。

表2-12　2008—2016年“下一代科学家育成”项目选定机构列表

年度	选定机构	学科领域/具体项目
2008年	筑波大学生命环境学群生物学类、千叶大学教育学部、埼玉大学大学院理工学研究科、京都大学大学院理工学研究科、冈山大学大学院自然科学研究科	物理、数学、化学、生物、信息、工学、地球科学、宇宙地球等
2009年	北海道大学女性研究者支援室、东北大学高等养育开发中心、东京大学生产技术研究所、庆应义塾大学医学部、早稻田大学教育综合研究所、福井大学生命科学复合研究教育中心、广岛市立大学大学院信息科学研究科、爱媛大学大学院理工学研究科、九州大学理学部	数学、物理、化学、生物、生命科学、环境、食品、信息、工学、地球科学
2010年	静冈大学理学部、长崎大学未来科学家发掘项目支援室	数学、物理、化学、生物、地球科学、信息科学
2011年	新潟大学理学部、静冈大学工学部	数学、统计、物理、化学、生物、地球科学

（续表）

年度	选 定 机 构	学科领域/具体项目
2012年	秋田大学、东北大学、筑波大学、千叶大学、庆应义塾大学、福井大学、冈山大学、九州大学、日立理科俱乐部、埼玉大学、东京大学、大阪府立大学、有明工业高等专门学校	“理数学院”“下一代科学家养成讲座”“超级理科联盟”等
2013年	千叶大学、庆应义塾大学、冈山大学、福井大学、筑波大学、东北大学、九州大学、同志社大学、鸣门教育大学、爱媛大学、日立理科俱乐部、大阪府立大学、有明工业高等专门学校	“未来博士实验室”“理数学院”“引领世界医学项目”等
2014年	埼玉大学、静冈大学教育学部、大阪府立大学、爱媛大学教育学部、有明工业高等专门学校	“未来博士实验室”“静冈青少年STEM项目”等
2015年	秋田大学、山形大学、埼玉大学、东京农业大学、爱媛大学	“未来超级科学家培养领航项目”“山形县科学精英培养项目”等
2016年	爱媛大学、大阪府立大学、静冈大学、长崎大学、认定特定非营利活动法人琵琶湖信托机构	“从琵琶湖学习地球科学项目”“具有自律性与团队精神的未来科学家培养项目”等

注：2008—2011年该项目名称为“未来科学家养成讲座事业”，2012年更名，同时调整了项目实施形式.

从项目实施调查问卷结果来看，绝大部分参加项目学习的中小学生认为自己在理科方面的兴趣和能力有所提高（占比95%以上）。具体来看，认为参加项目激发自身对未知事物兴趣的学生占到95.4%，对理科和数学的理论及原理产生兴趣的占93.1%，对理科实验产生兴趣的占92%。调查结果表明，该项目对于参加学习的中小学生发挥了积极影响。

3. 翔和学园英才教育项目

翔和学园成立于1999年，成立之初旨在针对18岁以上、存在发展障碍的青少年提供融入社会所必需的教育支援和指导。2005年，翔和学园形成了从小学到大学的特别支援教育体系。伴随日本对双重特殊儿童关注度的提升，翔和学园专门开设了针对双重特殊儿童的英才教育项目，为学习障碍超常儿童提供发展其才能的教育机会。

（1）基本理念：不仅发展英才儿童的才能（talent），而且针对他们的才能（gifted）提供特别支援教育。

（2）招生对象：语言性IQ测试得分在130分以上、患有各类学习障碍的小学到高中阶段学生，即学习障碍超常儿童。

（3）英才教育类别：针对学习障碍超常儿童，辅助其个性化学习，进一步提高其才能。

（4）英才儿童的认定方法：利用美国天才教育家兰祖利的三环理论判定和选拔学生。兰祖利提出英才学生具有三个维度的能力，即比普通学生具备更优秀的能力（IQ得分或者学业成绩）（above average ability）、创造性（creativity）、对课题的投入（task commitment）。英才儿童只需满足其中一个维度就可以申请进入英才教育班，另外两个维度则成为发展的目标。尽管要求学生必须具备常人以上的学力，但并不因为学生有学习障碍而将其拒之门外。此外，学校还对显性和潜在的多样能力（音乐、艺术等）进行评价。在具体操作认定的过程中，主要是通过考试（IQ、学力考试等）、教师推荐、他人推荐（专家、亲友、自己等）三种方式进行。

（5）英才教育的方法：翔和学园的英才教育主要有三种方法。一是加速（acceleration），即按照学生的个性需求让其提前学习高年级的内容；二是丰富（enrichment），即给学生提供适合的、超越普通学校课程的内容；三是特别教育项目，即为学生提供普通学校课程内容中没有的、适合其发展的学习内容。学校采取个性化学习与任务学习相结合的形式，同时带领学生实地参观博物馆、美术馆、工程等以激发其兴趣，并辅之以专家指导和定期合宿等活动。

（6）入学流程：申请进入翔和学园英才班需要经过5个步骤：①参加学校说明会或申请个别咨询；② 学力诊断、区分学习类型、个人面谈；③ 试读；④ 提出入学申请；⑤ 英才班认定。

三、对日本英才教育的评价

（一）主要问题

日本的英才教育经历了从精英教育到销声匿迹再到隐性发展的历程，这其中既有重视教育平等的观念影响，也有强调“年功序列”的社会文化的影响。进入21世纪，面对复杂的国际环境，为谋求在国际舞台上的地位，日本政府开始有针对性地、实质性地推进英才教育。但由于历史遗留问题和社会文化的影响，日本进一步深入开展英才教育仍需突破几个方面的障碍。

一是相关教育经费不足。英才教育的实施既需要社会环境的支持，更需要国家财政的投入。然而，由于日本社会对于英才教育存在误解，对精英教育比较敏感，因此在财政分配上政府对于英才教育的投入很不充分。

二是开展英才教育的人才匮乏。教师在发现和培养英才儿童的过程中发挥着重要作用，没有教师的慧眼识才，英才教育很难展开。战后教育民主化改革以来，日本在很长一段时间里追求教育形式平等，对于英才教育的师资培养很少关注，尤其是与特别支援教育相关的师资培养，基本属于尚未开拓的领域。即便是进入21世纪后，日本对于开展英才教育人才的培养仍难以满足需求。例如，三重大学的核心科学教师培养项目（CST项目）在4年项目期间仅培训、培养了42名一线教师（35人）或研究生（7人），[1]相对于三重县义务教育阶段1.3万左右的专任教师来说明显不足。

三是日本社会对英才教育的理解仍存在偏差。英才教育的开展需要全社会的理解、认同和支持，大众需要明确开展英才教育的必要性、正当性和合理性。然而，当前日本社会对英才教育的认同度偏低。日本当前教育体制中没有明确的“英才教育”或“天才教育”的提法，仅出现了从个性化教育角度提出的“才能教育”。受此影响，日本当前也没有针对英才儿童的鉴别和评价，对于发现和培养英才儿童造成不小的阻碍。

（二）主要经验

1. 在教育机会平等的基础上合理发展英才教育

作为自然资源匮乏的国家，日本将人才视为重要的资源，因此自建立现代学制以来就非常重视发展教育，1910年日本儿童入学率就已经达到98%。战后教育民主化改革引进的美国式教育平等思想，成为日本学校教育体制建立和维持的基本原则。日本公立教育确保面向所有儿童，提供平等的教育机会，政府通过财政资助、标准化建设、教师轮岗等多种政策措施保障教育均衡。与此同时，对在私立学校和校外开展的英才培养活动与项目给予放权并加以规范，从而形成了20世

[1] 国立大学法人三重大学，三重县教育委员会.平成27年度三重CST业务成果报告书 [EB/OL]. [2016-05-20]. http://cst.pj.mie-u.ac.jp/pdf/h27houkoku.pdf.

纪90年代之前英才教育主要在补习班进行的状况。此后，日本开始在教育制度上做文章，开展多种形式的校内外英才培养项目，激发学生学习兴趣的同时给予资优学生个性化指导。可以看到，日本英才教育是以保障教育机会平等为基本前提，以适应学生个性为基本观念，同时指向国家发展和教育改革的需要。

2. 注重引导社会力量的参与

尽管日本英才教育在政策和教育制度上还没有明确的定位，但在实际实施过程中，英才教育不仅得到一定的财政支持，而且吸引了民间组织、企业力量的参与。例如，1960年建立的英才教育研究所，不仅开展英才儿童的相关研究，也进行试点性的英才教育；2013年成立的非营利组织法人日本英才协会则主要致力于推广双重特殊儿童概念及其教育，促进日本社会对不同类型英才儿童的认识、理解和认同。此外，在一些英才教育项目上，日本政府也给予包括企业在内的民间机构参与的资格和机会。借助社会力量，发挥其积极性，促进民间机构对英才儿童教育的关心和重视，以弥补公立教育的不足。

3. 多领域关注英才教育

日本在多个领域从不同角度关注英才教育，而不是单单由教育部门凭一己之力推动英才教育发展。战后日本经济高速发展阶段，其生产重心由以前的模仿转向开发和创造，具有创造力的人才开始显得匮乏。日本经济界和产业界认识到经济发展方式的转变需要高水平、高技能人才的支撑，于是基于经济转型发展的需要不断要求教育界为其提供更多具有创造力的人才，包括具有卓越才能的“英才”。国家对人才的需求推动英才教育从“真空”走向萌芽。

日本科技立国政策、科技创新立国政策的先后确立进一步推动了英才教育的发展。20世纪90年代后期，日本认识到参与国际竞争需要以科技和创新为核心支柱，于是优秀人才的培养成为日本科技政策的重要组成部分，且推动日本英才教育政策走向显性化。2000年之后出台的第三期、第四期“科学技术振兴基本计划”都强调了英才儿童培养的重要性，第四期计划中还明确提出建立系统的英才培养体系。科技政策对英才教育的关注不仅提高了教育界对培养优秀人才的重视程度，也实实在在地促进了相关教育经费的投入，为日本英才教育的未来发展奠定了财政和社会舆论基础。

此外，日本民间对于特定类型英才儿童（如双重特殊儿童）也越发关注，通过建立相关协会、宣传特定类型英才儿童的概念，推动日本社会对于英才儿童的认识和理解，从而有助于丰富和发展英才教育的实践。

4. 专注于在特定领域开展英才教育

纵观日本英才教育发展的各个阶段不难发现，日本英才教育主要专注于科技和理科领域。从战前的特别科学教育班、提前入学措施，到20世纪90年代起实行的包括“跳级”在内的教育特别措施，再到21世纪设立的超级理科高中，不同时代背景下日本所采取的英才教育措施具有明显的相似性，且都集中在理科方面。即便是近些年才引起日本社会关注的学习障碍超常儿童教育，也主要集中在理科和数学方面。之所以出现这种现象，主要原因在于日本从步入现代化以来一直将经济与科技发展视为国家发展及竞争力的核心，将资优人才培养定位为引领经济与科技发展的重要力量。

第九节

印度英才教育的政策与实践

印度自20世纪60年代起开始关注英才儿童的发展。英才作为一种特殊的人力资源，吸引了来自印度各界人士的注意。政府层面推出了促进英才教育发展的政策和措施，使得印度的英才教育形成了一些独有的特点，主要表现为英才教育的实施得到全社会的广泛认可，以及英才教育发展的系统性和多样性。我国和印度同为发展中国家，了解印度英才教育发展的特点及优势，考察其存在的问题，有助于为我国发展英才教育提供借鉴。

一、印度英才教育现状

印度十分重视教育，认为教育是公民最基本的权利，政府必须致力于教育的普及并提高质量，使无论来自哪个地区、属于哪个种姓、拥有哪种信仰、处于哪种经济地位的人都有接受教育的权利，从而使每个人的潜力得到发展。自独立以来，印度政府就有计划地发展现代教育，建立起了相对完善的各级教育体系。独立后的印度是联邦制国家，宪法规定教育行政分为中央、邦、地区几级，以邦一级为主。从1968年开始，政府开始推行统一学制，即“10+2+3”学制：“10”代表普通教育，包括小学和初中；“2”代表高中阶段；“3”代表高等教育阶段。在初等教育阶段，政府为6~14岁的儿童提供免费义务教育；中等教育主要包括普通中等教育和中等职业技术教育，独立后的印度中等教育机构的数量由7 000多所增加至11万所；高等教育尤其受到政府的重视，大学的数量由原来的20多所增加到现在的200多所，同时高等教育也为印度培养了大批高科技人才，极大促进了国家经济的发展。可以看出，印度的教育在近几十年取得了显著发展。据2011年调查统计显示，印度的识字率由2001年的64.8%提高到74.0%；[1] 在经费支出方面，教育支出仅次于国防，排在第二位，2013年，教育经费占GDP的比重达到4.3 %。[2]

与过去相比，印度的教育获得了较大发展。但必须认识到，印度是一个多民族国家，全国有800多种语言，约80.5%的人信印度教。受传统的种姓制度影响，各地区各阶层的发展极不平衡，这也导致了印度的教育尤其是基础教育总体发展并不十分均衡。宏观层面，印度还未实现基础教育的完全普及；微观层面，大部分学校的基础设施还不完善。对基础教育的忽视尤其在农村地区表现得极为明显，教育中的公平问题仍未得到妥善解决。

在印度，促进教育公平、提高教育质量和为学生提供适合的教育被认为是发展教育最重要的三个方面。[3] 这三个方面相辅相成，相互影响。促进教育公平意味着确保人人都有受教育的权利，人人都可享有相对公平的教育资源，而提高教育质量则有助于促进教育公平。为学生提供适合的教育意味着在进行教育活动时，要做到因材施教。每个学生都是不同的个体，有着不同的需求，满足不同人群的不同需求

[1] 印度人力资源开发部教育统计[EB/OL]. [2016-12-27]. http://mhrd.gov.in/sites/upload_files/mhrd/files/statistics/ESG2016_0.pdf.

[2] 印度人力资源发展部官方网站. Analysis of Budgeted Expenditure on Education [EB/OL]. [2017-04-06]. http://mhrd.gov.in/sites/upload_files/mhrd/files/statistics/ABE2011-14.pdf.

[3] WU W-T, CHO S, MUNANDAR U. Programs and Practices for Identifying and Nurturing Giftedness and Talent in Asia (outside the Mainland of China)[M]. International Handbook of Giftedness and Talent. Oxford: Pergamon, 2002: 765.

才能够切实做到教育公平。英才儿童作为一个特殊群体，毫无疑问在接受教育时有着特殊的需求。满足这类儿童的特殊需求对促进社会发展、提升国家竞争力起到十分重要的作用。印度政府认识到英才儿童对于国家发展的意义，从20世纪后半叶开始关注英才儿童，开展英才教育。

为了促进英才教育的发展，印度建立了相对完备的管理和支持体系。在法律法规方面，政府颁布的《国家教育政策》（National Policy on Education）中就有关于英才教育的专门规定；在选拔英才儿童方面，政府实施了以“全国英才寻找计划”（National Talent Search Scheme，简称NTSS）为代表的一系列测试，为通过测试的英才提供奖学金以资助他们完成学业；在培养英才儿童方面，政府专门建设了一批名为“新黎明学校”的寄宿制学校，为进入这类学校的英才提供系统的教育；除此之外，印度还成立专门从事英才教育研究的民间组织，如“促进印度天才青少年发展”（Promoting Development of India’s Gifted Young），此组织为鉴别和培养英才儿童提供指导，构建英才儿童家长、教师和从事英才教育研究人员的沟通网络，解决英才教育发展面临的各种问题。

经过这些年的发展，印度的英才教育已经取得了一些成就，一方面教育公平得到了保证，另一方面为国家的发展培养了大批科技人才。

二、印度英才教育的发展历史

（一）历史沿革

印度教育同印度的传统文化一样，有着悠久的历史。印度历史大体可以分为三个阶段：古印度、英属印度和现代印度。据此，印度教育大体上也可以划分为三个阶段：古印度教育、英属印度教育和独立后印度教育。相应地，印度英才教育的发展也经历了这三个阶段。

1. 古印度英才教育

古代印度有着严格的种姓制度，种姓制度把人分为四个等级（种姓），由高到低依次为：(1)婆罗门，即僧侣；(2)刹帝利，即武士；(3)吠舍，即农民和从事工商业的平民；(4)首陀罗，即奴隶和处于奴隶地位的穷人。古印度教育思想主要集中在记载公元前2000年前后印度历史的古籍《吠陀》中，印度统治阶级宣扬《吠陀》只能为具有一定地位（种姓）的人所理解，因此，入学校、习经典的权利只能为婆罗门、刹帝利和吠舍所享有，但三者享有的受教育权利的内容不完全相同。婆罗门由于在种姓中地位最高，掌握宗教大权，而且古代印度的教育是神学的附庸，因此婆罗门所受的教育是古代最完备、最高级的教育。刹帝利和吠舍所接受的教育内容则比较简单，程度比较低，特别是吠舍的教育大为逊色。首陀罗则被剥夺了受教育权。[1]婆罗门教育可以被看作古代印度的英才教育。教育的目的不在于使受教育者获得纯粹的真实知识，而更注重其品德培养，使他们实践自己的诺言，达到人生的最高境界。孩子能否被古儒（私学教师）接受为学生，首先取决于品德，因为当时认为唯有品德优良者方有条件学习《吠陀》。[2]儿童入学后即迁居古儒家中，学习年限一般为12年，作为学习《吠陀》的基本训练，还规定学习六科：语音学、韵律学、文法学、字源学、天文学和祭礼。初级阶段的教学方式主要为古儒口授、学生记诵，高级阶段则时常用辩论和讨论的方式进行。

---

[1] 吴式颖.外国教育史教程［M］.北京：人民教育出版社，2015：18.
[2] 吴文侃，杨汉清.比较教育学［M］.北京：人民教育出版社.2011：122.

2. 英属印度英才教育

自18世纪中期起，印度开始沦为英国殖民地，直到1947年独立。英国殖民统治印度的两百年间，西方传教士和东印度公司官员从事的教育活动开始在印度发挥重要作用，他们通过教育传授一定的文化知识，其宗教的或政治的目的是利用印度人来协助他们统治印度；同时他们还希望借此研究印度的历史、法律、文学和宗教，并向西方介绍印度的传统文化。他们主张通过英语教学把西方的科学和文化传播到印度。这一时期任“公共教育总会”的英国人麦考利（Macaulay）认为，英语教育优于任何印度古典语言教育，并从政治、经济和文化等方面论证必须在印度实行英语教育，其观点可大致归纳如下：英语是掌握现代知识的关键，它会给印度带来全面的复兴；英语在印度是统治阶级使用的语言，也可能成为整个东方海域的商业用语；英语教育虽不能普及至全体人民，但通过英语教育可以造就出“一个成为我们与被我们统治的几百万人民之间的翻译的阶级；一个在血统和肤色上是印度人，但在爱好、观点、道德和知识上却是英国人的阶级”。[1]麦考利确立了英语的统治地位，印度政府此后也采取了一系列措施加速英语教育推广。尤其是在1844年，总督哈丁（Henry Hardinge）规定，“在公务人员的录取方面，给予受过英语教育的人以优先录用的机会”。这一规定使英语教育成为印度人“谋求高级职位的唯一手段，因而保证了英语教育为人民所接受并得到迅速的发展”。[2]

正是由于英国对印度的殖民统治和英印政府后来采取的“渗透方案”，西方一些关于英才的观点传入印度。这时的英才不同于古印度

[1] 吴文侃，杨汉清.比较教育学［M].北京：人民教育出版社，2011：125-127.
[2] 崔金宁.印度教育现代化的历史演进研究［D].西安：西北大学，2006.

的英才，而更加接近现代意义上的英才。那些在精英学校就读的精英群体，在学术上获得成就的人，通常被认为是英才，他们所接受的西方化的教育被称为英才教育。[1]

3. 独立后印度的英才教育

1947年，英属印度的历史结束，印度获得独立。此后，印度便开始了教育民族化和全面现代化的进程。独立后的印度十分注重发展教育，在不同时期制定了相应的政策，以改革殖民地时期的教育，包括改革学制，成立教育管理机构，颁布与教育相关的法律法规等。

1968年，印度议会正式通过《国家教育政策》，印度有了一份具有法律依据的教育文件。独立后的印度越来越认识到人力资源对于国家发展的重要作用，而英才作为一种特殊的人力资源也引起了印度政府的注意。正是在《国家教育政策》中，有了对英才教育的相关规定。此后，印度开始了真正意义上的英才教育，实施英才儿童选拔测试，开办英才儿童培养学校，成立英才教育研究管理机构，从各个方面保障英才教育的实施。

独立后的印度英才教育可以划分为两个阶段，两个阶段有不同的侧重点。第一阶段侧重于选拔英才儿童，并没有专门设置英才儿童培养机构。第二阶段则是选拔与培养并重，政府开办了专门的英才儿童学校，一方面保障教育公平，一方面为国家培养更多的英才。

（二）英才教育相关政策

为每个孩子提供适合的教育在印度被认为是非常重要的。因此，印

[1] WRIGHT B J. A Global Conceptualization of Giftedness: A Comparison of US and Indian Gifted Education Programs. Dominican University of California, 2008.

度在发展教育时并不是追求教育均衡，而是关注学生的个性化需求，试图真正做到因材施教，竭力满足英才儿童的特殊教育需求。在政策方面，印度虽然没有专门针对英才教育的政策文件，但在指导全国教育发展的纲领性文件《国家教育政策》中，有专门针对英才教育的内容。

1968年的《国家教育政策》总共有17个条目，其中第五条是针对英才鉴别问题的规定："在培养优质人才方面，必须尽早对各个领域的英才进行鉴别，并且提供一切便利和机会使他们的潜能得到最大发挥。"

1986年发布的《国家教育政策》对英才教育作出了更加详细的阐述："新的政策必须致力于消除地区差异，为那些有特殊需求而在很长一段时间内被忽视的儿童提供适合他们发展的教育，促进教育公平。""必须为拥有特殊才能和天赋的学生提供更多的机会、更高质量的教育，从而使这类学生能够以一个适合他们的、更快的速度得到发展，而不用去考虑他们是否有能力支付这种教育。""应该在全国范围内建立一批示范性寄宿制学校。这类学校首先有利于培养优秀人才；其次有助于社会公平（为来自农村地区、表列种姓和表列部落（Scheduled Tribes）的学生预留席位）；再次，为来自不同地区的英才儿童提供教育，有利于国家融合。"

此后，一批名为"新黎明学校"的寄宿制学校就在这一政策的指导下建立起来。

另外，在2009年颁布的《教育权法令》（Right to Education Act）中，也对每位学生接受适合他们的教育作了相应规定。

三、印度英才学生的选拔

（一）英才的定义

在印度的不同历史阶段，英才有着不同的定义。古印度时期的确存在“英才”这一概念，但那时的英才和现代意义上的英才有着质的差别。在古代，英才多指拥有优秀品质的人，如正直、慷慨、热情、乐于奉献等，但由于无法对这些品质进行精确的测试，“英才”这一概念在古代常常不被重视。印度在界定英才时并没有十分明确的概念，官方文件中常使用的是“才能”（talent）一词。[1]尽管使用了不同的概念，但这些概念存在着一些共同特征，其中包括：[2]

（1）在学习新事物、新知识方面，速度要快于常人；

（2）对新事物、复杂事物以及有挑战性的事物更加感兴趣；

（3）拥有超高的语言能力和更大的词汇量；

（4）精力充沛（或许是由于得不到满足，对日常任务感到厌恶）；

（5）充满好奇心，通常会问一些不寻常的问题，展现出独立探索的能力；

（6）拥有元认知能力和发散思维能力，通常会从不同的角度在各种观点中寻找联系；

（7）拥有创造力，会用不同的新方法来解决问题，对一个问题会提供不同寻常的策略；

（8）会在自己感兴趣的领域表现出坚韧的毅力；

（9）有能力理解更高深的概念。

从目前印度政府推行的英才儿童教育项目的内容来看，英才主要是指在学术方面超于同龄人的学生。

---

［1］ WU W-T, CHO S, MUNANDAR U. Programs and Practices for Identifying and Nurturing Giftedness and Talent in Asia (outside the Mainland of China)[M]. International Handbook of Giftedness and Talent. Oxford: Pergamon, 2002: 765.

［2］ ANITHA K. The Gifted Child’s Right to Education[J]. Learning Curve, 2014(15).

（二）英才的鉴别

对英才儿童进行鉴别，首先要界定超常能力的构成。大多数研究者通常认为，智力是超常能力的重要组成部分。兰祖利和加德纳的模型都认为，英才儿童必须有超于常人的智力，但是拥有高智力并不是成为英才的唯一条件。加德纳的多元智能理论认为，人的智能由多个范畴构成，智商并不能解释人们在其他领域的成就。[1]因此，许多研究者认为，成为天才的另一个条件是拥有特殊资质（specific aptitude），也是成为英才的重要条件。布卢姆和索斯诺克（Sosniak）认为，努力和投入在能力发展上具有很大的作用。成为天才还有个条件是具有创造性，无论在哪个领域，想要有所成就，仅仅对这一领域有所了解是不够的，更重要的是要有所创新。[2]根据这些条件，印度鉴别天才的方法主要有以下几种。

1. 行为评定量表

行为评定量表（Behavioral Rating Scales）可以帮助家长、教师和同伴对有潜在天赋的英才进行提名。由于很难用测试的方法去评估任务执行的情况，因此提名在这方面显得尤为重要，通常有教师提名、家长提名、同伴提名和学生自己提名等形式。目前印度通用的行为评定量表是由国家高等研究院（National Institute of Advanced Studies，简称NIAS）、德里大学（University of Delhi）和阿加斯蒂亚国际基金会（Agastya International Foundation）一同研发设计的，主要分为供

[1] 加德纳的多元智能理论认为，人的智能由九个范畴组成：语言、逻辑数理、空间、肢体动觉、音乐、人际、内省、自然观察和存在。

[2] The NIAS Gifted Education Project: Components of Giftedness[J]. National Institute of Advanced Studies, 2013(9).

家长使用的行为评定量表和供教师使用的行为评定量表。通过行为评定量表，教师可以将相同年龄的儿童作比较，经验丰富的教师能够精确地判断出哪些儿童在同辈中学习能力更强、逻辑推理能力更强或者谁更有领导力。但是，提名这种方法也存在一定缺陷。美国的研究表明，提名和智力测试同样具有偏见性，对于来自少数族裔和经济条件较差家庭的孩子并没有代表性，教师还是更关注那些获得高成就的学生，而忽视对表现不佳的学生的鉴别，这种情况在印度同样存在。在印度，学生通常是采用背诵的方法来学习，而忽视对发散性思维或者批判性思维的培养。因此，教师在提名的时候，有可能忽视这批有着发散性思维或者批判性思维的学生。家长提名的优点在于，能够对儿童进行长期深入的观察；而缺点在于，无法将自己的孩子同其他孩子作比较。同伴提名也是一种有效的方法，从年幼时期，儿童就会将自己的能力与同伴作比较，非常小的孩子也能精确地回答出类似这样的问题——谁在班上更擅长数学（或者其他活动）。儿童通常也可以进行自我提名，自我提名的优点在于，儿童承认自己对某方面产生兴趣，进而激发其获取成功的动力。

2. 测试

印度目前使用的测试方法主要是在一些国际通用的测试量表上作了部分调整，使之适应本国国情。心理计量测试能够对不同儿童的表现作出比较。第一轮测验通常在小组中开展，第二轮测验通常针对个人。进行智力测验时面临的一个最重要的问题就是公平。尽管一些测验已经根据印度的国情作出了相应调整，但是对于那些缺少正规教育、英语水平低下以及家庭经济较差的儿童来说仍然是不公平的。一个适度的解决办法是将那些与文化有关的内容删除，只测验学生的推理能力。目前专门针对印度儿童的智力测验有印度斯坦-比奈测试

（Hindustani Binet Scale）、比奈-卡马特测试（Binet Kamath Scale）、马氏印度儿童量表测试（Malin's Intelligence Scale for Indian Children）、绘人测试（Draw-A-Person Test）和印度儿童智力测试（The Indian Child Intelligence Test）等。

3. 档案袋评定

记录儿童表现的档案袋能够清楚地展现儿童的能力和成就，档案袋评定在那些很难被测试的领域显得尤为重要。相对于智力，我们很难对创造力进行测验。举例来说，拥有绘画天赋的儿童的绘画作品和没有绘画天赋的儿童的绘画作品肯定有所不同，专家可以根据档案袋所记录的情况分辨出有绘画天赋的儿童。

四、印度英才教育的培养机制

据估测，智力与学术超常英才儿童约占印度儿童总数的3%。如果把在领导能力、视觉方面有天赋的，在表演艺术方面有天赋的，以及在情绪领域表现超常的儿童包括在内，那么英才儿童大概占印度儿童总数的5%~10%。[1]然而，印度一项研究表明，在普通教育中，尽管入学率有了较大提高，但是教师的教学技能和学生的学习成果仍然有很大的提升空间，因此，政府和学校主要致力于义务教育的全面普及和义务教育质量的提高。在这种情况下，政府无法在英才教育上进行大的投入，学校在英才教育的实施上精力有限。对于大多数学校来讲，并没有要求它们对英才儿童进行鉴别。尽管目前有一些培养英才儿童的项目，但通常只是针对在科学方面有突出能力的英才儿童。正

[1] WU W-T, CHO S, MUNANDAR U. Programs and Practices for Identifying and Nurturing Giftedness and Talent in Asia (outside the Mainland of China)[M]. International Handbook of Giftedness and Talent. Oxford: Pergamon, 2002: 766.

是由于政府无法对英才教育进行大规模的投入，因此一些私人机构在为英才儿童提供个性化教育方面扮演着重要的角色，[1] 其中既有专门为英才儿童设立的学校，也有一些非营利组织致力于为英才教育的发展提供帮助。

（一）全国英才寻找计划

1. “全国英才寻找计划”的发展历程

1961年，印度政府成立了全国教育研究培训委员会（National Council of Educational Research and Training，简称NCERT），旨在提高全国学校教育质量。为了达到这一目的，该委员会在全国开展了各项活动，其中就包括在1963年开展的“全国科学人才寻找计划”（National Science Talent Search Scheme，简称NSTSS）。这一计划旨在鉴别和培养英才儿童，并且对他们的后续学业发展提供经济上的支持。但是，此项目在第一年只在德里地区（Union Territory of Delhi）得到实施，来自十一年级的10名学生获得了这一项目提供的奖学金。1964年，这项计划扩展到了全国所有地区，获得奖学金的人数也增加到了350人。主要是通过笔试、课题报告和面试来遴选，最终通过面试的学生可以获得由此计划提供的奖学金。1976年，印度国家教育体制开始发生一些变化，“10+2+3”的学制在全国推广开来，“全国科学人才寻找计划”也随之作出了一些调整，奖学金的资助范围变得更加广泛，由最初的基础科学领域扩展到了社会科学、工程学和药学领域，项目名称也由原来的“全国科学人才寻找计划”改为“全国

[1] WU W-T, CHO S, MUNANDAR U. Programs and Practices for Identifying and Nurturing Giftedness and Talent in Asia (outside the Mainland of China)[M]. International Handbook of Giftedness and Talent. Oxford: Pergamon, 2002: 766.

英才寻找计划”，项目面向的学生群体也更加广泛，涵盖十、十一、十二三个不同年级的学生，奖学金名额也增加到了500个。测试内容也发生了改变。笔试由两种测试构成，一种名为智力测试（Mental Ability Test），一种名为学术性向测试（Scholastic Aptitude Test）。通过测试的学生可以获得面试的机会，最终的评选结果由笔试成绩和面试成绩共同决定。1981年，奖学金名额又从之前的500个增加到了550个，增加的50个名额专门面向来自表列种姓和表列部落的学生。截至2000年，奖学金的名额已经增加到了1 000个。2006年，“全国英才寻找计划”又作出了一个重大调整，考试仅面向八年级毕业生，并且有3%的奖学金名额专门为残疾学生设立。从2012年开始，考试又开始面向十年级学生。[1]

2. “全国英才寻找测试”

“全国英才寻找测试”（National Talent Search Examination，简称NTSE）是印度举行的用于鉴别高智商和有学术才能的学生的测试，通过测试的学生可以获得由政府提供的奖学金，以完成此后的学业，被认为是印度最权威的测试之一。每年大约有50万名学生参加此测试，其中1 000名学生可以通过考试获得奖学金。选拔测试分为地方和国家两个层面。每年，地方政府会选拔和推荐总共约4 000名学生参加国家层面的考试。地方层面的考试只有笔试，与国家层面笔试相同，由智力测试和学术性向测试两部分构成，其中智力测试由50道题组成，学术性向测试由150道题组成。通过国家层面考试的学生将会有机会参加面试，最终能否获得奖学金则要将智力测试、学术性向测试和面试三部分的分数相加，视总体表现而定。测试内容及比重见

[1] http://epathshala.nic.in/programmes/ntse/.

表2-13。

表2-13　印度“全国英才寻找测试”的测试内容及比重

<table>
<tr><th colspan="2">测试名称</th><th>问题数量</th><th>分数</th><th>答题时间</th></tr>
<tr><td colspan="2">智力测试</td><td>50</td><td>50</td><td>45分钟</td></tr>
<tr><td rowspan="2">学术性向测试</td><td>语言测试</td><td>50</td><td>50</td><td>45分钟</td></tr>
<tr><td>自然科学、数学、社会科学测试</td><td>100</td><td>100</td><td>90分钟</td></tr>
<tr><td colspan="2">总　　计</td><td>200</td><td>200</td><td>180分钟</td></tr>
</table>

（二）英才激励项目

“英才激励项目”（Innovation in Science Pursuit for Inspired Research，简称INSPIRE）由印度科技部发起，旨在通过为英才儿童提供奖学金和实习机会来激发他们从小学习科学的热情，吸引他们在以后从事科学研究，从而提高国家科技竞争的实力。“英才激励项目”由三个子项目构成：“早期吸引英才计划”（Scheme for Early Attraction of Talent for Science，简称SEATS）“高等教育奖学金资助计划”（Scholarship for Higher Education，简称SHE）和“保证科研生涯计划”（Assured Opportunity for Research Careers，简称AORC）。

“早期吸引英才计划”旨在通过为10~15岁的英才提供“英才激励项目”奖金来吸引他们学习科学，体验创新的乐趣。除此之外，项目还会在全国100多个地方举办夏令营和冬令营，每年大约有5万名青少年参加，并为十年级优秀学生提供与全球优秀科学家接触的机会。“高等教育奖学金资助计划”旨在通过为17~22岁的英才提供奖学金和“暑期辅导”的方式来吸引他们从事科学研究，帮助他们在高等教育阶段拿到自然科学和基础科学的学士或硕士学位。此项目每年有1万个名额，每人可以获得8 000卢比。

（三）新黎明学校

1.“新黎明学校”简介

1986年《国家教育政策》中规定，要在全国范围内建立一批名为“新黎明学校”的寄宿制学校，致力于英才儿童的培养。印度政府认为，应该为拥有特殊天赋和资历的儿童，特别是来自农村地区的儿童提供更优质的教育，以便他们能够获得更快的成长。这样的教育不考虑儿童的家庭经济状况和社会背景，使他们有能力和来自城市地区的儿童竞争。印度政府规定，每个区都要建立一所“新黎明学校”。截至2016年，印度全国总共建立了598所“新黎明学校”，其中包括576所普通“新黎明学校”、10所在表列种姓人口聚集地建立的“新黎明学校”、10所在表列部落人口聚集地建立的“新黎明学校”以及2所在曼尼普尔邦（Manipur）建立的特殊“新黎明学校”，分布在印度全境的34个地区。[1]这些学校由印度政府提供财政支持，由“新黎明学校”委员会进行管理。想要进入“新黎明学校”学习，必须在六年级时通过“新黎明学校”筛选测试（Jawahar Navodaya Vidyalaya Selection Test，简称JNVST）。六至九年级学校用语为母语或者地区语言，九年级以后数学和科学用英语上课，社会科学为印地语。学校为六至十二年级的英才儿童提供免费教育，学生可以在六年级、九年级、十一年级进入学校。学生的食宿、校服、书本、文具以及往返的交通费均由学校提供。“新黎明学校”主要面向来自农村地区的儿童，这类儿童人数占整个学校人数的75%，剩下的是来自城市地区的

---

［1］ http://nvshq.org/display_page.php?page=Establishment%20of%20JNV.

儿童，并且女童必须占总人数的三分之一，残疾儿童必须占总人数的3%。[1]

2. “新黎明学校”的目标

“新黎明学校”的目标主要包括以下几个方面：

（1）为英才儿童特别是来自农村地区的英才儿童提供高质量的现代教育，其中包括文化教育、价值观教育、环境教育和体育教育；

（2）确保学生能够掌握三种语言；

（3）通过印地语和非印地语地区之间学生的交流来促进民族融合；

（4）通过共享教学经验和资源来提高学校教育的质量。

3. “新黎明学校”筛选测试

“新黎明学校”筛选测试起初由全国教育研究培训委员会负责举办，目前由中等教育中央委员会（Central Board of Secondary Education）主办。测试每年在全国范围内举行一次，不考虑儿童的家庭经济背景，以确保来自农村地区的儿童和来自城市的儿童可以处于同一地位进行竞争。

（1）六年级学生的申请条件

① 申请人所在的地区必须有一所“新黎明学校”。

② 申请人必须是五年级的在读学生，并且所在学校必须是政府资助的学校，或者是被认可的学校，或者是普及小学教育计划中的学校，或者完成国家机构开放办学中的“B”等级资格课程。

③ 申请人年龄必须为9~13岁。这个条件适用于包括表列种姓和

[1] http://nvshq.org/display_page.php?page=Selection%20Test.

表列部落在内的所有人群。

④ 来自农村地区的申请人必须通过由政府资助的或者获得认可的学校里三年级、四年级和五年级的课程，并且每年在学校度过一个完整的学年。

⑤ 在城市学校哪怕只上过一天学的申请者，也被认为是来自城市的学生；城市地区是指那些在2001年普查中被认定为城市地区的地方，其他地方则被认为是农村地区。

⑥ 申请者若在9月30日之前没有接到入选通知，则被认为不合格。

⑦ 在任何情况下，所有的申请者都不会有第二次参加筛选测试的机会。

（2）测试内容

表2-14　六年级测试内容

科目	时间	问题数量	分数
智力	60分钟	50个	50分
算术	30分钟	25个	25分
语言	30分钟	25个	25分
总计	2小时	100个	100分

（3）测试题举例

智力测试：这部分为非语言测试，主要由图表组成，是为了测试学生的心智功能，分为十个小部分，每部分由五个问题组成，举例如下。

第一部分：在问题1—5中，每个问题都有四幅图，请选出其中一幅不同于另外三幅的图画。

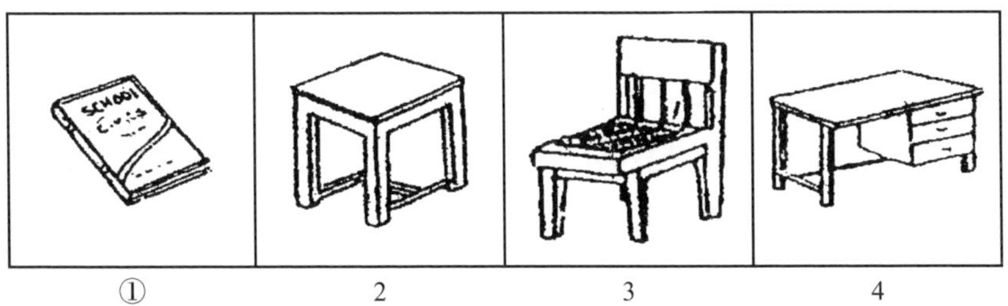

第二部分：在问题6—10中，请从右边四幅图中选出和左边图形相同的一幅。

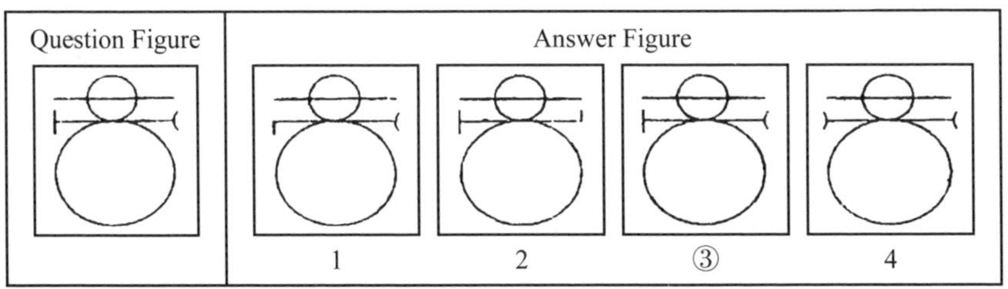

第三部分：在问题11—15中，左边一幅图缺失了一部分，请从右边四幅图中找出左边图画缺失的那部分。

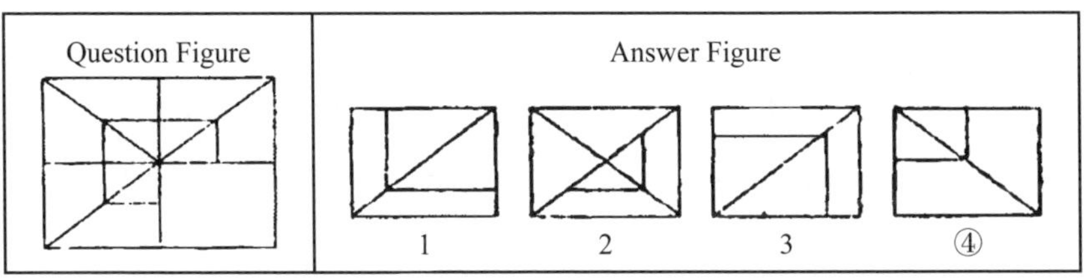

第四部分：在问题16—20中，左边三幅图是按照一定规律排列的，请从右边四幅图中找出一幅使之符合左边图形中的规律。

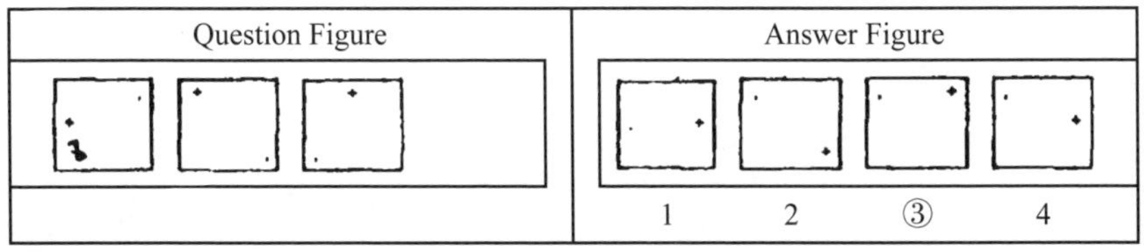

此外，还包括算术测试部分，有25个问题。在此不一一举例。

4. “新黎明学校”的课程

作为印度的标准化示范学校，“新黎明学校”有着多元化的课程和活动。除了开设由人文、科学、商贸和职业教育组成的核心课程，学校还为学生开设了体育、历史与文化、艺术等丰富多样的课程。此外，学校还特别强调对学生道德方面的教育，除了在平时的课程（如历史、地理、艺术等）中融入德育的内容，还通过课外活动、社会实践和游戏等形式实施德育。“新黎明学校”课程的另一特色为实行“三语教学模式”（Three-Language Formula），所谓“三语”，是指母语/印地语、英语和现代印度语。实行“三语教学模式”既有利于继承和保护地方语言文化，又有利于培养具有高水平国际交流能力的人才。

经过这些年的发展，“新黎明学校”为印度培养了大批在学术上有着卓越贡献的优秀人才，他们在国内外的各种学术竞赛和评比中取得优异成绩，并在印度各领域发挥着骨干作用。[1]

（四）知识唤醒者

印度西部城市浦那（Pune）的“知识唤醒者项目”（Jnana Prabodhini）始于1962年，致力于培养中学阶段的英才学生，希望通过给予英才学生合适的指导和激发，促进他们的卓越发展。知识唤醒者项目非常强调个体四个方面的发展：身体的成长、智力的发展、情绪的培养和积极性的激发。为了培养学生的创造性思维、解决问题的能力、做决定的能力，以及促进人与人之间的相互理解，学校通常会

[1] 张铁道，王凯，戴婧晶，台峰.国外英才教育考察报告［J］.基础教育参考，2008，9（19）：11-21.

为学生准备一些具有挑战性的活动和课程。入学测试由两部分构成，一部分为心理测试，另一部分为面试。据估算，每年大约有1 000名学生报名参加测试，但是能够通过测试的学生仅有大约80名，其中包括40名女生。[1]

学校根据吉尔福特的智力三维结构模型（Structure of Intellect）[2]来设置课程和活动，主要包括体育、情绪、学术、领导力和社会实践五大类。学校非常重视学生的身体健康，在体育方面主要设置了游泳、瑜伽、爬山、徒步旅行等活动，除此之外，学校还会每年举行一次体育运动会。在情绪方面，学校主要强调通过对艺术的学习来进行情绪的表达。学校认为，人们不仅可以通过语言进行交流，还可以通过音乐、舞蹈和视觉艺术进行交流，艺术是大多数人的共同语言，它可以消除不同文化背景、不同教育背景和不同能力的个体间的差异，使得人们能够在艺术中自由地表现自我。学术课程主要包括数学、自然科学、社会科学、英语、梵文、印地语等。在学术课程中，除了教师的课堂授课，学生还必须开展年度项目，包括资料收集、模型建造、调查报告、科学研究、艺术表演等。这些项目有助于学生学会如何收集资料、分析资料，有助于培养学生的创造性思维以及动手能力。在培养领导力方面，主要通过一些小组活动和领导力训练营来进行，小组活动中学生需要进行大胆地决策，面对一些无法预料的问题

[1] KURUP A, BASU A, CHANDRA A, et al. The NIAS Gifted Education Project: An Introductory Reading on Giftedness in Children[J]. National Institute of Advanced Studies, 2013(14).

[2] 美国心理学家吉尔福特的智力三维结构模型理论认为，智力结构应从操作、内容、产物三个维度去考虑。智力活动就是人在头脑里加工（即操作过程）客观对象（即内容），产生知识（即产物）的过程。智力的操作过程包括认知、记忆、发散思维、聚合思维、评价5个因素；智力加工的内容包括图形（具体事物的形象）、符号（由字母、数字和其他记号组成的事物）、语义（词、句的意义及概念）、行为（社会能力），共4个因素；智力加工的产物包括6个因素，即单元、类别、关系、系统、转换、蕴含。这样，智力便由4×6×5=120种基本能力构成。

找到创造性的解决方法。训练营的目标主要包括决定能力、交流技巧、演讲能力、写作技巧以及制定计划能力的培养。在社会实践方面，学校主要开展了游学、农村营地、社区活动以及对时事进行讨论等项目。通过这些活动，学生可以置身于社会生活中，从而对印度不同地区以及世界不同地区的各种文化形成更加深入的了解。

五、印度英才教育的特点及存在的问题

经过这些年的不断进步，印度的英才教育无论是实施主体还是培养机构都发展得较为完善，也逐步形成了自己的特色。

（一）印度英才教育的特点

1. 英才教育的必要性得到全社会的广泛认同

印度的教育理念可以从印度教育部的文件中反映出来，即：教育是促进社会公平，缩小人与人之间差距的最有效的方法，是民主社会中人的最基本的权利。因此，国家和社会应该尽全力扩大教育覆盖面、提高教育质量，使得每个人无论身处什么地区、属于什么种姓，不论性别和经济条件，都有机会让自己的潜能得到最大发展。英才是国家战略性资源，是人力资源中最稀缺的资源，发展英才教育是提高国家核心竞争力的战略选择。[1]英才儿童作为真实存在的一个群体，吸引了许多教育家、心理学家以及神经系统科学家的注意。他们都认为，发展英才教育对于促进国家科技进步、提升国家竞争力有着重要的作用。因此，无论是政府层面还是社会层面，都从各个方面大力发

[1] 褚宏启.追求卓越：英才教育与国家发展——突破我国英才教育的认识误区与政策障碍［J］.教育研究，2012（11）：28-35.

展英才教育。

2. 英才教育的发展呈现系统化的特点

印度人口仅次于中国，是世界上人口第二多的国家。在如此庞大的人口中，必然存在着大量英才儿童。为了给这些儿童提供优质的教育资源，在政府政策的指导下，印度各地区都建立了专门培养英才儿童的示范学校。这类学校由国家人力资源开发部中等教育司下属的机构进行统一管理，由印度政府划拨专款予以支持。这样系统化的管理方式和财政资金支持方式能够使印度英才教育的发展得到切实保障。

3. 英才教育的发展呈现多样化的特点

在英才的激励方式上，印度既有专门为选拔英才儿童所举行的测试，又有一些吸引英才儿童进行科学研究的活动。通过测试的学生有机会在后续的学习中获得由政府提供的奖学金，通过参加活动，学生可以体验到科学的乐趣，获得与科研人员一起进行科研的机会。就举办主体而言，印度政府层面和社会层面都为英才教育的发展贡献了不小的力量。政府作为举办主体，或建立专门的英才儿童培养学校，或为英才教育的发展组织科学研究；在社会层面，有一批热心于英才教育的专业人士，他们或建设学校，或成立英才教育协会，或为英才教育提供资金，总之都在用不同的方式推动英才教育的发展。

4. 英才儿童的鉴别呈现科学化的特点

英才教育发展的初期难免存在英才儿童鉴别方法单一的问题。印度是一个多民族国家，且人口众多，单一的鉴别方式并不能对全国大范围的英才儿童进行精确甄别，随着英才教育的深入发展，印度政府也逐步认识到这些问题。2010年，科学顾问办公室（Office of the

Principle Scientific Advisor）向印度政府建议，开展印度第一个关于英才教育的国家研究项目：为鉴别英才儿童开发参数和工具。该项目由国家高等研究院（Nation Institute of Advanced Studies，简称NIAS）、德里大学和阿加斯蒂亚国际基金会共同负责。国家高等研究院负责研究3~8岁年龄较小儿童的鉴别方法，德里大学负责研究来自德里市区周边城市学校8~12岁儿童的鉴别方法，阿加斯蒂亚国际基金会负责研究卡纳塔克邦（Karnataka）农村地区10~15岁儿童的鉴别方法。由此看来，项目将来自不同地区的儿童分为不同的年龄段，由这三个不同的组织负责研究不同的鉴别方法。这样就大大提高了英才儿童鉴别方法的科学性。

（二）印度英才教育存在的问题

印度英才教育经过这些年的发展，虽然有了很大进步，但是在实践过程中还存在一些问题，主要表现在以下几个方面。

1. 义务教育未完全普及，发展英才教育经费有限

由于历史发展的原因，印度社会的种姓制度尚未完全消除，各地区各民族发展极不均衡。虽然国家用于教育支出的经费较高，但是印度政府历来重视高等教育的发展，而忽视了基础教育的发展。当前基础教育中还存在着种种问题，如教师缺乏、学校基础设施不完善、女童教育受限等，义务教育尚未实现完全普及，因此用于发展英才教育的经费还是有限的。

2. 缺乏全面有效的英才儿童教育计划

截至2016年，印度人口已超过13亿，是世界第二大人口大国。在13亿人口中，大约有2.95亿6~17岁学龄儿童，约占总人口的22%。在人口基数如此庞大的情况下，英才儿童的数量也相当可观。面对如

此庞大的英才儿童群体，制定全面且行之有效的英才儿童计划存在巨大挑战。

印度70%的人口居住在农村，他们受教育程度低，贫困程度较高。来自这些家庭的儿童在成长过程中所获资源与来自城市的儿童差异较大，而全国统一的英才儿童计划对于来自农村的儿童来说并不公平。除城乡差异之外，宗教、语言、教育机会等的不同也进一步扩大了差异，由此影响了全国范围内对英才儿童教育计划的制定。[1]

3. 注重学术英才的培养，忽视其他方面英才的培养

从当前印度政府实行的选拔英才儿童和培养英才儿童的项目来看，主要是针对在学术上有超常能力的学生，而忽视了其他方面的英才儿童，这样就使得一大批在其他领域，如艺术、绘画、体育等有超常能力的英才儿童得不到充分发展，甚至有可能被埋没。此外，学校更加注重的是英才儿童的认知发展，而忽略了其情感、道德、价值观的发展。

4. 人才流失严重

印度尤其注重对自然科学、工程学、数学及计算机领域人才的培养。有统计数据表明，在20世纪80年代仅工程学一科毕业生去美国深造的比例就高达30%~40%。这一比例虽然在2007年略有下降，但近几年又有所增长，且大部分出国留学的学生没有选择回国就业。[2]这就造成了人才大量流失，不利于本国科技和经济的发展。

---

[1] ANITHA K, MAITHERYI R. A Review of Challenges in Developing a National Program for Gifted Children in India's Diverse Context[J]. Roeper Review, 2012, 34(4), 215-223.

[2] 刘筱.印度工程技术教育发展研究［D].重庆：西南大学，2012.

第三章

英才教育的国家与地区专题研究

第一节

发掘天才的有效路径：俄罗斯中小学生奥赛体系

学科奥林匹克竞赛是围绕众多学科门类展开的知识竞赛，其宗旨和目的在于促进学科知识的普及，培养学生对学科的兴趣，促进学生的个性化发展，发现和选拔具有天赋的人才。在长时间的发展中，中小学生学科奥赛在世界范围内引起了广泛的影响。在中国，中小学生奥赛事业遭遇了“奥赛热”的问题：有损教育公平，破坏教学节奏。然而在俄罗斯，中小学生奥赛被认为是发掘和选拔天才儿童最为重要的手段。了解俄罗斯中小学生奥赛的现状和特点，能对解决我国学科奥赛现存问题提供一定的启发。

一、俄罗斯中小学生奥赛的体系构成

俄罗斯的奥林匹克竞赛和世界其他国家略有不同。查阅俄罗斯联邦教育科学部每年发布的中小学生奥林匹克竞赛清单，就会发现能被冠以“奥林匹克”之名的竞赛比中国多出一大截。事实上，在俄罗斯，“奥林匹克竞赛”一词的运用率和“竞赛”一词在中国的运用率几乎不相上下，不论科目和级别，几乎所有的竞赛都被冠以“奥林匹克竞赛”的头衔。

经过半个多世纪的发展，中小学生奥赛在俄罗斯已经形成了相当完善的体系。在2013年11月《全俄罗斯中小学生奥林匹克竞赛举办

条例》（以下简称《全俄奥赛举办条例》）[1]、2014年4月《中小学生奥林匹克竞赛举办条例》（以下简称《中小学生奥赛举办条例》）[2]的相继颁布后，俄罗斯中小学生奥赛主要划分为两个分支：一是由联邦教育科学部主办的全俄罗斯中小学生奥林匹克竞赛，二是除此之外的其他的中小学生奥赛。

（一）全俄罗斯中小学生奥林匹克竞赛

全俄罗斯中小学生奥林匹克竞赛是由俄罗斯联邦教育科学部亲自主办的、地位最高、范围最广、影响最为深远的中小学生奥林匹克竞赛。

现行的全俄中小学生奥赛总则以2013年11月发布的《全俄奥赛举办条例》为指导，先后经历了3次修订。根据不同赛区的情况，每一个联邦主题教育厅都会制定本地区的奥赛举办条例，用于指导辖区范围内的地区级、市级和校级奥赛。

自2009年举办以来，全俄中小学生奥赛吸引了大批学生参加，其针对的年级范围逐渐扩大、设置的科目也逐渐增多。每年的比赛分为四轮：第一轮为校级奥赛，第二轮为市级，第三轮为地区级，第四轮则为决赛。全俄奥赛的获胜者和获奖者在升入高等院校时享受一定的优惠，决赛的获胜者和获奖者更是有机会入选国家队，代表俄罗斯参加国际奥赛。

[1] Министерство образования и науки Российской Федерации. Об утверждении Порядка проведения всероссийской олимпиады школьников[Z/OL]. [2013-11-18]. http://минобрнауки.рф/документы/6763.

[2] Министерство образования и науки Российской Федерации. Порядок проведения олим пиад школьников[Z/OL]. [2014-04-04]. https://rg.ru/2014/07/04/provedenie-dok.html.

（二）其他的中小学生奥林匹克竞赛

不同于全俄中小学生奥赛，俄罗斯其他的中小学生奥赛处于另一个分支之中。当然，并非每一个自称奥赛的比赛都能获得国家和社会的认可，这些比赛需要遵循一些规定、达到一些标准才能获得相应认可。

其他的中小学生奥赛统一以2014年4月发布的《中小学生奥赛举办条例》为指导。根据这份文件，一项奥赛只有名列每年一度发布的《中小学生奥赛清单》之中，才算获得国家和社会的认可，奥赛成绩才可能被高校、政府机关承认。具体来说，符合该条例对奥赛组织者、奥赛参赛者、奥赛的组织与举办三个方面的条件，一项奥赛才算获得了“准入许可”。此后，根据参赛的联邦主体数量、参赛选手的年龄范围、奥赛的创造性和难度这三方面的情况，每项具体的奥赛都会获得Ⅰ级、Ⅱ级或Ⅲ级的评级。一项奥赛规模越大、参加的联邦主体越多、参赛学生年级分布越广、试题越具有创造性和难度，获得的等级就会越高（在现有体系中Ⅲ级最低、Ⅰ级最高）。

为统一管理、规范比赛流程，俄罗斯联邦教育科学部每年会发布一份中小学生奥林匹克竞赛清单。例如，《2016—2017学年度中小学生奥赛清单及其等级》[1]发布于2016年10月，共有88项赛事（包含216个学科竞赛）获得国家认可，分别得到了Ⅰ级、Ⅱ级或Ⅲ级的不同评级，经整理如图3-1所示。

---

[1] Министерство образования и науки Российской Федерации. Об утверждении перечня олимпиад школьников и их уровней на 2016/17 учебный год[Z/OL]. [2016-10-05]. http://минобрн ауки.рф/документы/8910.

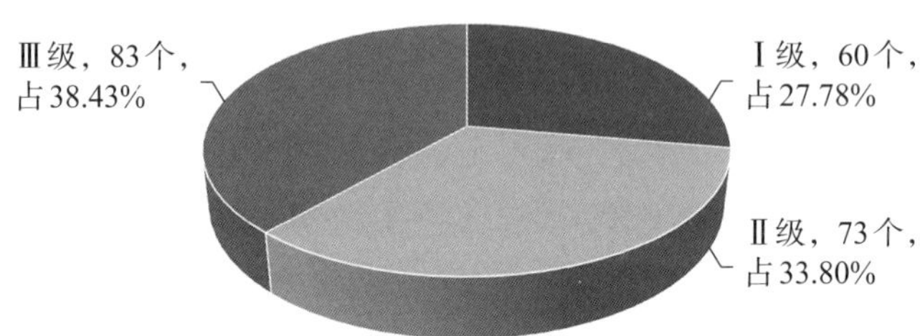

图3-1　俄罗斯2016—2017学年度中小学生奥赛等级统计图

资料来源：Министерство образования и науки Российской Федерации. Об утверждении перечня олимпиад школьников и их уровней на 2016/17 учебный год[Z/OL]. [2016-10-05]. http://минобрнауки.рф/документы/8910.

由图3-1可以直观地看出，Ⅰ级、Ⅱ级和Ⅲ级奥赛数量的差距并不悬殊，呈平均分布的状态。随着评级标准从Ⅲ级到Ⅰ级的提高，获评数量呈递减趋势，也符合一般规律。

二、俄罗斯中小学生奥赛的主办方与参赛者

奥赛的举办离不开主办方的组织，也离不开选手的参与。如今，俄罗斯举办着众多的中小学生奥赛，它们的主办方和参赛者彼此类似，又不尽相同。奥赛主办方以高等院校和政府机关为主，参赛者以普通教育机构在读学生为主。

（一）中小学生奥赛的主办方

俄罗斯中小学生奥赛的主办方往往是高等院校或政府机关，无论是《全俄奥赛举办条例》还是《中小学生奥赛举办条例》，都对奥赛的主办方提出了明确要求。

全俄中小学生奥赛的唯一主办方是俄罗斯联邦教育科学部。比赛级别不同，四轮奥赛的组织者也不尽相同。根据《全俄奥赛举办条例》，校级和市级奥赛的组织者是当地教育自治管理组织，地区级

奥赛的组织者是进行教育管理的联邦主体国家权力机构，而决赛的组织者则是联邦教育科学部[1]。根据《中小学生奥赛举办条例》，其他俄罗斯中小学生奥赛的主办方可以是在教育领域实施国家管理的联邦国家权力机构或联邦主体的国家权力机构，也可以是高等教育机构[2]。因此，主办方共有以下四种情况：由一所高校独立举办、由多所高校联合举办、由高校与政府机关联合举办、由政府机关独立举办。

为了解当前各类奥赛主办方的实际情况，笔者对《2016—2017学年度中小学生奥赛清单及其等级》中列出的88项奥赛进行了统计。需要说明的是，在遇到一项奥赛的不同分支比赛主办方不同的情况时，笔者按照具体情况将其归类到多所高校联合举办或高校和政府机关联合举办之中。经整理，结果如图3-2所示。

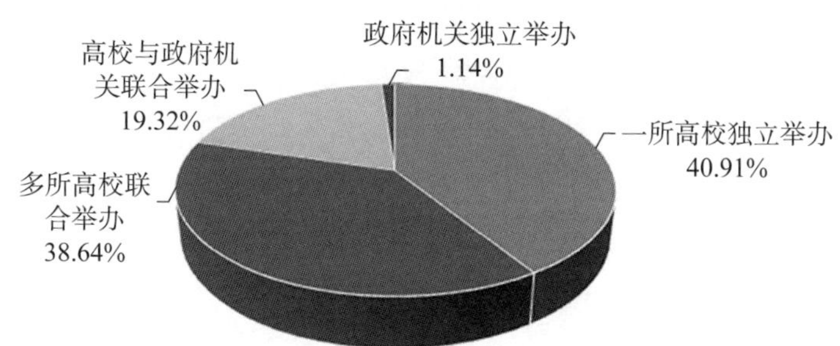

图3-2　俄罗斯2016—2017学年度中小学生奥赛主办方类型统计图

资料来源：Министерство образования и науки Российской Федерации. Об утверждении перечня олимпиад школьников и их уровней на 2016/17 учебный год[Z/OL]. [2016-10-05]. http://минобрнауки.рф/документы/8910.

---

[1] Министерство образования и науки Российской Федерации. Об утверждении Порядка проведения всероссийской олимпиады школьников[Z/OL]. [2013-11-18]. http://минобрнауки.рф/документы/6763.

[2] Министерство образования и науки Российской Федерации. Порядок проведения олимпиад школьников[Z/OL]. [2014-04-04]. https://rg.ru/2014/07/04/provedenie-dok.html.

如图3-2所示，过半的奥赛都由多所高校联合举办和高校与政府机关联合举办，由某一所高校独立举办的奥赛占比约五分之二，只有1项奥赛由政府机关独立举办。

（二）中小学生奥赛的参与者

俄罗斯中小学生奥赛参赛者的主体是在普通教育机构就读的中小学生。2012年《俄罗斯联邦教育法》规定，学生有权发展自己的创造才能与兴趣，参加各类竞赛，其中就包括了奥林匹克竞赛[1]。由于不同奥赛针对的学生群体不尽相同，笔者以规模最大的全俄中小学生奥赛为例进行说明。

由于“小学生”和“中学生”在俄语中是同一单词，比赛针对的群体往往不易分辨。俄罗斯的初等普通教育机构（小学）包括一至四年级，基础普通教育机构（初中）包括五至八年级，而中等普通教育机构（高中）包括九至十一年级。经过2015年12月的修订，《全俄奥赛举办条例》规定全俄中小学生奥赛的参赛对象包括四至十一年级的学生[2]。自此，全俄中小学生奥赛成为真正意义上的中小学生奥赛。

按照规定，在普通教育机构就读的中小学生全部可以自愿参加全俄奥赛校级比赛。“在家上学”的学生也可以报名参加校级奥赛。与其他比赛不同的是，上一年度某一级别全俄奥赛的获奖者，如果还是在读身份，可以直接参加和自己当前年级对应的该级比赛。全俄奥赛的参赛者

---

[1] Государственная Дума. Об образовании в Российской Федерации[Z/OL]. [2012-12-29]. http://минобрнау ки.рф/документы/2974.

[2] Министерство образования и науки Российской Федерации. О внесении изменений в Порядок проведения всероссийской олимпиады школьников, утвержденный приказом Министерства образования и науки Российской Федерации от 18 ноября 2013 г. N 1252 [Z/OL]. [2015-12-17]. http://минобрнауки.рф/ документы/7799.

人数众多，每年都有几十万的学生参加到校级奥赛之中。根据《2015年全俄中小学生奥赛数据》[1]中关于奥赛参赛者绝对人数的数据，整理如表3-1（若一名参赛者同时参与同一阶段多科目的奥赛，仅计数为1人）。

表3-1　全俄中小学生奥赛2011—2015年参赛人数统计表

阶段	参赛者人数（单位：人）				
	2011年	2012年	2013年	2014年	2015年
校级	14 689 978	16 113 476	6 723 897	5 960 814	5 746 597
市级	1 946 479	2 104 390	2 328 774	1 651 397	1 372 667
地区级	106 709	114 715	117 516	114 420	116 341
决赛	4 338	4 527	4 487	4 734	4 811

资料来源：В.В.Абатурова, Ф.Н.Лычагина, О.В.Клюваева. Всероссийская олимпиада школьников в таблицах и цифрах-2015 [R/OL]. http://olymp.apkpro.ru/ mm/od/files/stat-sbornik.pdf.2015: 4.

三、俄罗斯中小学生奥赛的内容与形式

俄罗斯中小学生奥赛的内容与形式都十分多样。这不仅得益于长达半个世纪的奥赛体系建设，也得益于国家的鼓励和民众的支持。俄罗斯中小学生奥赛究竟都有哪些科目？奥赛以何种赛制和考试形式展开？以下将对这些问题作出一一回答。

（一）中小学生奥赛的科目设置

显而易见，不同的奥赛有着不同的科目设置。笔者就全俄中小学生奥赛和出现在2016—2017学年度奥赛清单上的比赛进行简单介绍。

[1] В.В.Абатурова, Ф.Н.Лычагина, О.В.Клюваева. Всероссийская олимпиада школьников в таблицах и цифрах-2015 [R/OL]. http://olymp.apkpro.ru/mm/od/files/stat-sbornik.pdf.2015.

全俄中小学生奥赛设有24个科目：数学、信息学、物理、化学、生物学、地理学、天文学、俄语、文学、英语、德语、法语、经济、历史、社会知识、法律、生态学、艺术、生命活动安全基础、技术、体育、西班牙语、意大利语和汉语，从传统的自然科学学科，到人文社科和艺术、技术等新兴学科都囊括其中。

其他俄罗斯中小学生奥赛的科目就更是种类繁多了。在《2016—2017学年度中小学生奥赛清单及其等级》上出现的全部88项奥赛中，细分出了216个学科竞赛。笔者将这些学科分为四大类：人文社科、自然科学与工学、艺术、医学。经过统计与整理，结果如表3-2所示。

表3-2　2016—2017学年度中小学生奥赛科目大类统计表

学科分类	数量（单位：个）
人文社科	95
自然科学与工学	102
艺术	18
医学	1
总计	216

资料来源：Министерство образования и науки Российской Федерации. Об утверждении перечня олимпиад школьников и их уровней на 2016/17 учебный годZ/OL. http://минобрнауки.рф/документы/8910, 2016-10-05.

自然科学与工学、人文社科在所有科目中所占的比例相差不多，两类不同方向的奥赛在俄罗斯受到的重视和欢迎的程度旗鼓相当。医学类奥赛只出现了一个，或许是因为中小学阶段的学生还未深入接触这一学科门类。

由于每项奥赛的主办方提交的奥赛名称五花八门，除了非常清晰明确的分类，例如“数学”“物理”之外，笔者将类似的科目归为一类。具体来说，将俄罗斯国家历史、世界文明史归入历史，东正教文化基本理论归入哲学，东方语言归入语言学，国际关系归入政治学，电脑安全归入信息技术，力学和数字模拟归入自然科学综合，所有工程相关的科目归入工程，所有与美术、绘画、设计相关的科目归入美术与设计，所有与音乐、乐器演奏相关的科目归入音乐。按照上述标准，笔者对216个学科竞赛进行了分类统计，结果见表3-3。

表3-3　俄罗斯2016—2017学年度中小学生奥赛科目统计表

学科科目		数量（单位：个）
人文社科	文学	8
	俄语	9
	外语	11
	语言学	2
	历史	17
	地理	8
	哲学	2
	东方学	1
	经济	7
	法学	6
	社会知识	13
	新闻学	4
	政治学	2
	教育学	1
	社会学	1
	综合	3

（续表）

<table>
<tr><th colspan="2">学 科 科 目</th><th>数量（单位：个）</th></tr>
<tr><td rowspan="10">自然科学与工学</td><td>数学</td><td>25</td></tr>
<tr><td>物理</td><td>21</td></tr>
<tr><td>化学</td><td>16</td></tr>
<tr><td>生物</td><td>8</td></tr>
<tr><td>生态</td><td>1</td></tr>
<tr><td>天文</td><td>3</td></tr>
<tr><td>心理</td><td>2</td></tr>
<tr><td>信息技术</td><td>13</td></tr>
<tr><td>自然科学综合</td><td>3</td></tr>
<tr><td>工程</td><td>10</td></tr>
<tr><td rowspan="3">艺术</td><td>美术与设计</td><td>12</td></tr>
<tr><td>音乐</td><td>5</td></tr>
<tr><td>综合</td><td>1</td></tr>
<tr><td colspan="2">医 学</td><td>1</td></tr>
<tr><td colspan="2">总 计</td><td>216</td></tr>
</table>

资料来源：Министерство образования и науки Российской Федерации. Об утверждении перечня олимпиад школьников и их уровней на 2016/17 учебный год[Z/OL]. [2016-10-05]. http://минобрнауки.рф/документы/8910.

根据表3-3，比赛数量排名前五位的科目分别是：数学（25个）、物理（21个）、历史（17个）、化学（16个）、社会知识和信息技术（都为13个）。由此可见，虽然人文社科竞赛在总量上足以与自然学科竞赛相媲美，但数学、物理、化学竞赛依旧是传统的“强势学科”。

（二）中小学生奥赛的形式

相对于赛制，俄罗斯中小学生奥赛的比赛形式就显得很丰富。笔试试题并非都是客观题，许多人文社科的奥赛试题并不存在标准答案。除了最基本的笔试，口语考试、实验、操作等也经常出现在比赛之中。各门科目的全俄中小学生奥赛的决赛几乎都为期一周，除了比赛之外，还安排了参观、讲座等活动，供参赛者互相交流与学习。

四、俄罗斯中小学生奥赛的特点

俄罗斯中小学生奥赛总体上体系结构完整、等级分明；在主办者方面，以高校和政府机关为主；在参赛者方面，受众涉及面广、参与度高；在内容与形式方面，科目繁多、形式多样。

（一）奥赛体系结构完整，等级分明

俄罗斯中小学生奥赛在结构上充分体现了完整、等级分明的特点，以全俄中小学生奥赛为标杆，其他奥赛百花齐放。

拥有完整的体系结构是中小学生奥赛在俄罗斯得以举办的基础，也是它在俄罗斯盛行的证明。俄罗斯中小学生奥赛政策对“齐头并进”的全俄中小学生奥赛、其他的中小学生奥赛给予了足够的支持，在政策体系上也呈现出全俄中小学生奥赛政策子系统和其他的中小学生奥赛政策子系统“并驾齐驱”的形态。

全俄中小学生奥赛是俄罗斯联邦当前地位最高、规模最大、影响最深远的奥赛。尽管和其他中小学生奥赛遵从不同指导文件、分属不同体系，但它的标杆作用不容置疑——因为它是最全面、最盛大的奥赛，在其他中小学生奥赛的组织与举办中，多少可以看到和全俄中小

学生奥赛的类似之处。同时，全俄中小学生奥赛和其他中小学生奥赛一起构成了俄罗斯中小学生奥赛体系，它们不可分割、与时俱进。现行的《全俄中小学生奥赛举办条例》发布于2013年11月，而《中小学生奥赛举办条例》发布于2014年4月，发布日期相差不远，可以说俄罗斯联邦政府在出台政策时是将中小学生奥赛作为一个整体考虑的。

等级分明是俄罗斯中小学生奥赛的另一特点。全俄中小学生奥赛是国家级的奥赛，其他的中小学生奥赛则各有各的等级。笔者在上文已经列出了2016—2017学年度奥赛清单的等级统计结果，随着评级难度的递增，获评数量逐渐减少，但总体相差不多。给予每一个奥赛具体、明确的等级，既给主办方办好奥赛带来压力和动力，也为参赛者在选择比赛时提供了参赛指南。

（二）高校和政府机关强势主办

在奥赛主办方方面，俄罗斯中小学生奥赛几乎都以高校和政府机关为主办方。全俄中小学生奥赛自不用说，由联邦教育科学部亲自主办，其他奥赛的主办方也主要是高校和政府机关。对渴求人才的政府机关、敞开大门欢迎优秀学生的高校来说，奥赛挖掘和选拔天才儿童的作用尤其被看重。

据笔者统计，过半的奥赛都是由高校和政府机关联合举办和多所高校联合举办的——这既和俄罗斯疆域辽阔，要举办跨地区的比赛需要联合不同地方的力量有关，也和政府的积极提倡和引导有关。有趣的是，纵观2016—2017学年度奥赛清单中列出的全部88项中小学生奥赛，莫斯科大学独立举办奥赛3项，联合其他高校和政府机关举办奥赛6项；圣彼得堡国立大学独立举办奥赛3项，联合其他高校和政府机关举办奥赛8项——这足以说明，俄罗斯的中小学生奥赛总是和领先高校相关。

（三）奥赛受众面广，参与度高

俄罗斯中小学生奥赛参赛者涉及面十分广泛。从地域上讲，全俄中小学生奥赛是国家级奥赛，在俄罗斯联邦全境的85个主体中同步进行，其他中小学生奥赛中跨区域奥赛也比比皆是。从涉及的普通教育年级上讲，以全俄中小学生奥赛为代表，2016年起参赛学生的年级范围已经扩展到四至十一年级，真正意义上实现了“中小学生”奥赛的题中之意。

俄罗斯中小学生奥赛的参与度高。这可以从奥赛参赛者的绝对数量、奥赛参赛者数量和当年普通教育机构在读人数的比率两方面来证明。原则上，全俄中小学生奥赛在俄罗斯联邦境内所有的普通教育机构同步展开，学生自愿参加；而其他的中小学生奥赛也大都敞开大门，欢迎来自联邦各地的学生参加。笔者在上文已经列出过2011—2015年全俄中小学生奥赛的参赛者绝对数量，为了更清晰地呈现学生的参与度，笔者专门查阅了2016年俄罗斯统计数据[1]，将全俄奥赛校级阶段的参赛者数量和当年普通教育机构在读人数的比率计算出来（见表3-4）。由于现行的全俄奥赛条例发布于2013年，笔者在比较时仅选择2013年以后的数据。需要指出的是，该数字仅能代表大致情况，因为统计数据所示的在读人数以千人为单位，并没有精确到个位。

[1] Федеральная служба государственной статистики（Росстат）. Россия в Цифрах 2016 [R/OL]. http://www.gks.ru/freedoc/doc2016/rusfig/rus16.pdf.2016.

表3-4　2013—2015年全俄中小学生奥赛校级阶段参赛人数与学生总数情况

年　份	2013年	2014年	2015年
校级阶段全俄中小学生奥赛参赛人数	6 723 897	5 960 814	5 746 597
普通教育机构在读学生人数	13 877 000	14 399 000	14 770 000
参赛者所占比例	48.45%	41.40%	38.91%

资料来源：① В.В.Абатурова, Ф.Н.Лычагина, О.В.Клюваева. Всероссийская олимпиада школьников в таблицах и цифрах-2015 [R/OL]. http://olymp.apkpro.ru/mm/od/files/stat-sbornik.pdf.2015: 4.
② Федеральная служба государственной статистики（Росстат）. Россия в Цифрах 2016 [R/OL]. http://www.gks.ru/free_doc/doc_2016/rusfig/rus16.pdf.2016: 139.

由表3-4可看出，参与全俄中小学生奥赛的普通教育机构在读学生的比例在40%左右。考虑到并非所有年级的学生都会参与到比赛之中，这个比例已经相当高了。加上其他的俄罗斯中小学生奥赛，学生们的参与度就不可谓不高了。

（四）奥赛科目繁多，形式多样

科目繁多是俄罗斯中小学生奥赛在内容上最大的特点，这从全俄中小学生奥赛的24个科目就可见一斑。这不仅是因为俄罗斯被冠名“奥林匹克竞赛”的竞赛数量多，更是因为从20世纪90年代起人文社科、艺术类科目在俄罗斯得到了和自然科学学科同等的重视。在2016—2017年的奥赛科目清单之中，自然科学与工学、人文社科的奥赛在全体奥赛中所占的比例相差无几，充分证明了这一点。

伴随着科目繁多，比赛形式多样也是俄罗斯中小学生奥赛的特点之一。几乎所有的外语科目都设有口语部分，实验操作也常常出现在自然科学学科的奥赛之中。参观、讲座等丰富的课余活动，也为参赛者提供了交流学习的机会和展示自我的平台。

俄罗斯中小学生奥赛在结构上完整清晰，在内容形式上丰富多彩，主办方有力，参与者广泛——这些特点让俄罗斯中小学生奥赛在国际舞台上独树一帜、光彩夺目。尽管依旧存在一些不足之处，但在有关部门的重视、社会舆论的监督之下，俄罗斯中小学生奥赛必然会与时俱进。

第二节

运用社会资源培育STEM英才：以美国教育卓越中心为例

在现代社会，随着人才重要性的日益凸显，英才教育受到各国重视，成为国家教育和社会发展战略的重要组成部分。美国一直在英才教育的理论研究和实践中处于引领者的位置，但英才教育也时常受到精英主义的指责以及教育公平理念的影响，因而美国联邦政府和各州教育管理部门的英才教育政策导向和财政拨款起起落落。相反，社会力量对英才教育的持续发展起到重要的支撑作用。

美国教育卓越中心（Center for Excellence in Education）依托大学，吸引社会资金，维持自身运转；立足于科学、技术、工程、数学（science, technology, engineering and mathematics，简称STEM）教育，设置高标准，在美国甚至世界范围内选拔优秀的高中生，为这些学生创造良好的学习机会和优越的科研条件，以实现提升国家竞争力、维持美国在未来科学技术领域领导地位的目标。2012年该中心开始重视STEM教师培训，为这些学科领域人才的培养提供充足的师资力量。教育卓越中心在STEM领域的英才教育实践充分体现了校外非正规英才教育形式的活跃及其追求卓越的精神。

一、美国的英才教育理念与实践

美国重视英才教育（education for gifted and talented），"英才"的概念和实施范围逐渐得到清晰的界定。1972年，在美国联邦政府制定的《马兰报告》中第一次提出"英才"的概念。历经几次修订，美国的"英才"概念主要是指：有较高成就的学生，包括在以下一个或几个领域已有一定的成就或者具有潜力：智能、特殊的学术能力、创新性或创造性思维、领导能力、艺术能力等[1]。从词义上看，"gift"主要指授之于神或自然的天赋；"talent"是一种心灵活动、意志表现的能力，具有连续发展的动力[2]。因此，美国的英才教育既重视儿童的天赋素质，也强调后天能力的挖掘与培育。

美国英才教育的实践范式处于动态发展之中，归纳起来有三种教育范式（见表3-5）。起初的"资优儿童范式"以智力因素为核心。随着人

[1] 详见美国1972年的《马兰报告》、1978年的《英才儿童教育法案》、1988年的《贾维茨英才学生教育法案》等。

[2] 中国台湾省特殊教育学会.资优教育的革新与展望——开发潜能　培养人才［M］.台北：心理出版社有限公司，1979：4-5.

们认识的深化，后两种范式逐渐脱离单一智力的概念，将智力或才能视为多元，从多维度认识英才，更加接近人才培养的真谛。在教育实践中，美国日趋加强挖掘各领域中富有天赋的儿童，强调高端人才的培养。

表3-5　美国英才教育的三种实践范式

范式类型	主　　张	代表人物
资优儿童范式	运用严格的量化指标为选拔依据，如智商测验、学业成绩。	推孟；霍林沃斯
人才培养范式	注重领域的具体性，实行更灵活的人才鉴别策略，突出人才的生成性和环境的作用。	斯坦利；兰祖利
适才教育范式	提倡将特殊教育的个别化和区分化教学原则用于所有学生，受到全纳教育的影响。	波兰德；汤姆林森

资料来源：Dai D Y, Chen F. Three paradigms of gifted education: In search of conceptual clarity in research and practice[J]. Gifted Child Quarterly, 2013, 57(3): 151–168.

受到上述实践范式的影响，美国英才教育的途径与形式也日益多样化，英才教育制度保持着开放、灵活、自由、多元的特质。在英才教育的实践中，美国逐渐从关注以群体为单位识别英才儿童以及提供单一培养项目的模式过渡到对每一个英才儿童展开评价以及量身定制个性化培养项目的模式[1]，逐渐形成了两种英才儿童培养路径：一是将英才儿童独立出来，专门为他们设计课程和教学策略，如与大学合作，通过校外计划（extramural programs）培养英才。二是将英才教育与普通教育融合，增加常规学校教育中的多元选择，如加速、跳级等。正规学校越来越离不开其他教育或非教育机构、非营利性或营利性组织，

［1］ 曹原.美国英才儿童内涵的演变述评［J].当代教育科学，2011（8）：7-11.

因为这些机构或组织设计并实施的一些专门的英才培养计划，可以帮助学校完成它们自身无法实现的人才培养目标。学校教育与校外教育相辅相成，为个人提供最优化的教育和发展环境[1]。总之，采用多样化的评估手段和标准，实行“诊断测试+处方教学”的模式；注重能力倾向，重视学生的兴趣和特长；依托大学、企业等校外平台实现对特定领域或学科人才的培养，成为美国英才教育的一大特色。

下面以美国教育卓越中心为例，考察美国募集社会资源、借助高校的科研设备和师资力量来培育科技英才的情况，展现当今美国英才教育专业化和国际化的发展趋势。

二、美国教育卓越中心的运行

在社会发展进程中，科技的创新效益日益凸显，国家愈加重视科研活动。自20世纪80年代STEM教育在美国起步以来，不断得到国家的重视，相关政策与立法也不断完善。对STEM人才的选拔和培养成为保持国家经济繁荣、维护国家安全、保障科学和工程方面充足劳动力的一个重要任务。[2] STEM领域的英才教育更是得到了美国的重视，它不断进行教育制度创新，开发多样化的教育计划致力于优化现有英才学生的科技教育。

在全球范围内，美国一直处于英才教育理论与实践研究的前列，推出众多卓越人才培养计划，研究机构、英才培养学校也陆续兴起。美国教育卓越中心是一个选拔并培训高端科技英才的社会教育机构，它建立于20世纪80年代，位于弗吉尼亚州的麦克莱恩县，是一个非

[1] 戴耘，蔡金法.英才教育在美国［M].杭州：浙江教育出版社，2013：4.
[2] 赵中建.美国STEM教育政策进展［M].上海：上海科技教育出版社，2015：2.

营利性组织。其创始人依靠自身的社会影响力，日益获得丰富的社会资金支持和社会名流的加入，在其有力领导下，该中心运行稳定，英才教育项目不断增加。

教育卓越中心的目标是保持美国在技术领域的竞争力，它向所有教师和学生开放，选拔参与者的唯一标准是学术优秀。该中心下设四个主要的英才培训项目：研究科学院暑期项目、美国生物奥赛训练营、美国物理奥赛训练营、教师充实项目（Teacher Enrichment Program，简称TEP）。项目的对象主要是高中生和中学教师。

（一）研究科学院及其暑期英才培养项目

研究科学院（Research Science Institute，RSI）成立于1984年，是教育卓越中心的旗帜，其创始人是里科弗（Admiral H.G. Rickover）。该项目是为高中生设计的暑期人才支持计划，得到了麻省理工学院（MIT）的资助和支持，在美国和世界其他国家享有较高的知名度。

暑期项目坚持课程讲授与科研工作相结合。每年夏季，约80位来自世界各地的最优秀的高中生汇聚在麻省理工学院，体验整个研究流程。学生在导师的指导下，阅读自己兴趣领域的最新文献，起草并执行一个详细的研究计划，参与现场试验，递交会议形式的口头和书面报告来阐释他们的发现。

1. 选择学生

意欲参加研究科学院暑期项目的学生可以在教育卓越中心的网站上进行注册，提交申请，申请时间截止到每年计划启动之前的6个月。申请者要经过多次筛选，接受多种考察。决策者同时看重学生的学术成就和领导技能。

依据申请者就读的学校或公民资格等，学生可有三种选择路径申请进入暑期项目（见表3-6）。

表3-6　申请研究科学院的学生类型及具体要求

学生类型	申请程序及具体要求	备　　注
美国公民及永久居民 DoDEA学生（如在美国国防部或海外军事基地建立的学校就读的学生）	占绝大比例，直接向中心提交申请。 只需通过国防部学校内部的选拔程序。数量占所有参与者的5%。	申请者必须是高中生。申请者必须有两位老师的推荐（该生的学业成绩和进步情况）；证明学生高中学习结果的文件（正式的高中成绩单）；申请人在美国全国标准化测试中的成绩（如PSAT；SAT；ACT；AP）。
外国学生	要看给定的年份，学生所在国是否是RSI的合作伙伴。依据合作国家的财政情况，每年国际团队的构成都会有所变化。占比约$\frac{1}{3}$。	

教育卓越中心强烈建议申请者参加学术评估测试的预备考试（Preliminary Scholastic Assessment Test，简称PSAT）。PSAT考查学生三个领域的能力：数学、批判性阅读、写作。满分为240分，申请者至少得220分才有机会被录取。得分较低，但又想参加暑期项目的学生必须有参与科研活动的记录或高层人士的推荐。

提交申请的学生必须在个人陈述中详细地回答申请表中的问题，如他们在STEM领域中的长期目标、提升领导能力的雄心；如果有的话，他们还必须表明自己的兴趣领域。参与过竞赛、选修大学课程或在高中担任学生会领导的学生会得到优先考虑。

研究科学院组织的第一期暑期项目有50名学生参与。近年来，每次大约70—80名学生参与该项目，即45—50名美国学生以及25—30名外国学生。参与者名单最终由STEM专家组成的选拔委员会确定，并于每年的2月份在网站公布。暑期项目每年的申请/录取比例都会有所变化，1 400名学生申请50个名额的情况也不罕见。

2. 暑期项目的具体实施

暑期项目的主要特色是集中六周介绍科学研究方法论。在公共和商业部门的科研团队的邀请下，学生们参与科学研究，开阔眼界、丰富思想。暑期项目每年的具体内容取决于上一期科学项目的进展情况。虽然每年的具体研究内容有所不同，但其框架结构和标准是一致的。项目开始于校园，第一周为热身，随后四周集中研究，最后一周提交口头或书面报告（见表3–7）。

表3–7　科学研究院暑期项目的实施过程与主要内容

时间	具 体 内 容	备　　注
第一周	学生了解、熟悉指导教师，密集地倾听由大学知名教授执教的大学课程，了解科学的理论问题。导师大多是来自哈佛大学、东北大学、波士顿学院、波士顿大学、麻省理工学院的教授，还有波士顿–剑桥区（Boston-Cambridge corridor）的高科技公司的工作人员。在第一周的周末，学生们从导师那里获得一份家庭作业，对后续的研究工作进行集中准备和材料阅读。	每年的导师名单基本保持不变，但有时会存在较小的波动，如一些教授可能暂时到国外或研究领域发生变化。导师指导学生会获得少量收入，实际上，他们与“研究幼苗”一起工作更多源于自己对教育、研究和计划的承诺，很多导师是之前研究科学院的校友。
第二至五周	进行个性化项目和实验室研究。依据学生的具体兴趣进行分组，在科学家与导师的共同指导下，研究工作逐渐展开。学生们或在麻省理工学院，或在周围的大学或公司的实验室。研究任务很重，学生每天用于研究的时间通常会超过8小时，晚上“加班”是很常见的事情。	
第六周	学生需要准备一个高水平的、适合在科学会议上展示的口头报告，还有一份论文呈现他们的研究结果。这些论文和口头报告由大学和公司的科学家组成的外部专家小组进行评估。	

在六周中，学生们有机会倾听世界一流科学家的晚间系列讲座，高科技投资者和领导者也开展讲座（他们中间有很多是诺贝尔奖获得者）。对学生来说，这是与这些优秀学者面对面进行对话的绝好机会。讲座通常从下午5点开始，一般为2个小时，但随后的讨论可能持续到晚上，大约在晚上9点结束。

此外，教育卓越中心还安排了丰富的活动，以调节艰苦的科研工作。组织者试图满足每个学生的需求，这一工作风格甚至体现在娱乐休闲项目的设计中。学生可以在波士顿进行集体远足，欣赏优美自然风景，体味多样文化，拜访科学机构等。这些非正式活动也是研究科学院暑期项目的有机组成部分，通常这是学生们第一次离开高中环境，与优秀且都对科学感兴趣的朋友相处。

专家小组会对学生们的研究结果进行评估，最终评出5篇论文和5个演讲进行表彰。这些获奖的学生们要在麻省理工学院，在所有的专家面前再次进行成果展示。5位演讲获得嘉奖、表现最好的学生的信息会被传至教育卓越中心的网站。很多情况下，导师如果赏识某位学生，就会将他纳入自己的团队，共同出版书籍；而一小部分学生则有机会成为指导教师的本科生。这些都为学生未来的科学职业生涯积累了资本。

整体上看，暑期项目的每一部分都充分显示了卓越精神。严密的计划、高效的指导系统、高端的实验室设备、持续的反馈服务共同保证研究科学院的高品质特征。

（二）美国生物奥赛和物理奥赛训练营

美国生物奥赛（USA Biology Olympiad，简称USABO）训练营[1]

[1] USABO [EB/OL]. [2016-4-15]. http://www.usabo-trc.org/index.php#/.

自2002年开始，继承了研究科学院的一些优良传统，延续卓越精神。它是为有天赋的高中生设计的预备/充实计划，与普渡大学[1]合作。教育卓越中心组织和赞助了一个全国性的生物竞赛，随后创建一个训练营为学生参加国际生物奥赛做准备。其目标是向教育部门展现生物学科的重要性；通过生物竞赛调动教师和学生的教学、学习的热情和动机；鼓励学生投入科学研究和创新的职业生涯。

该项目同样执行高标准。学生想要参加这一活动的难度较大。自2002年起，每年大约有1万名学生参加考试，只有通过两轮考试才能参与为期两周的校园奥赛训练营。第一轮考试对全美在生物领域有天赋的高中生进行初步鉴别，内容是50个多项选择题，学生必须在50分钟内答完，得分位于前10%的学生获得参加下一轮考试的资格，第二轮考试时间是2小时。最终选出20名最优秀的学生参加训练营。经过两周的训练，最终有4名学生获得代表美国参加国际生物竞赛的机会。

由于生物奥赛的成功，2013年教育卓越中心开始与美国教育者协会合作，开办物理奥赛训练营。

（三）教师充实项目

里科弗作为“核海军之父”，指出要为后代的发展担负责任，要尽可能为年轻人提供最好的教育，让他们具备相应的能力去应对日益复杂的未来。[2]而这种教育需要高水平的教师队伍作为支撑，自2012

[1] 普渡大学位于美国中西部印第安纳州，是一所州立大学，以理工农见长，多位毕业生获诺贝尔物理学、化学和经济学奖，大学内建有英才教育资源研究所，提出普渡三阶段模式来开展英才教育，并设计了丰富的英才教育方案。

[2] RICKOVER H G. Education and Freedom [EB/OL]. [2015-12-08]. http://en.wikipedia.org/wiki/Hyman G. Rickover.

年起教育卓越中心开始关注STEM教师的培训。教师充实项目的目标是让教师拥有充足的理论和方法知识及其转化能力，让STEM课程的讲授成为他们的一种真实体验。该项目有助于确保未来美国在STEM领域拥有多样而富有才能的劳动力。教师充实项目主要为中学（包括初中、高中）教师提供与来自工业和学术界一流专家探讨前沿问题的机会。该项目汇集了最好的实践和资源，展现科学发现的广度和深度，这些是乡村和城市高中学生和教师不能经常看到的。

为推动STEM教师及时更新知识，教师充实项目不断细化，构建了多种形式的沟通渠道（见表3-8）。

表3-8 教师充实项目的运行及相关活动

活动项目	具 体 内 容
交流站	为高中STEM教师提供在线学习资源。教师可以访问2 100个内容丰富的STEM网站，涵盖化学、地球和空间科学、工程、生命科学、数学、物理和技术等学科。近110个公司为教师提供一个巨大的网上资源中心，包括实验室活动、视听资料、数字图书馆。
科学会餐	免费晚餐活动，汇集30名初中、高中教师以及来自企业、学术界或政府部门的科学家或工程师。与会者有机会听到最前沿的科研动态，可以提问，与同行建立联系，通过非正式晚餐与科学家和工程师进行现场交流。
实验台	教育卓越中心网站上的交互式网页有科学演示视频，此外还有补充资源、教育工具、科学新闻文章、实验室活动，以及为学生提供的资源。
教师圆桌会议	连接企业、政府、非营利代表和教师的论坛，形成STEM的职业意识、21世纪所需的STEM工作技能，为学生提供探索STEM学科和职业路径的机会。在加利福尼亚州、田纳西州、弗吉尼亚州等3个州实践得很好。
伙伴关系	教育卓越中心与公司、学术机构、基金会、政府部门、教育机构和学术团体合作，构建公、私伙伴关系，为城市和乡村的STEM教师和学生提供更优质的服务。

项目重视规划课堂良好实践、收集和思考教师的概念认知和实验室经验。为补偿地理弱势，提升全美STEM教师的教育水平，该项目尤其重视为在全国测试中成绩较低的学校的教师、没有实验室经验的教师等提供帮助。

教师充实项目为STEM教师提供多种资源和机会，开阔他们的眼界，提升其科研能力和教学水平。目前，加利福尼亚州、佛罗里达州、伊利诺伊州、印第安纳州、马里兰州、南卡罗来纳州、得克萨斯州、弗吉尼亚州和华盛顿特区都有教师充实项目。教育卓越中心与社区学院、大学、企业、国家机构以及每个州致力于改善STEM教学的交流合作。迄今为止，来自735所学校的1 520名教师参加了教师充实项目，估计会影响到247 550名学生。教师充实项目受到以下机构的资助：克劳德·摩尔慈善基金会、杜克能源基金会、爱华德·贝德福基金会、洛克希德·马丁公司等。[1]

三、美国教育卓越中心的实践效果

研究科学院是培养STEM英才的一个最佳实践案例。学生们在麻省理工学院学习六周，六周暑期项目的作用在很多证据中得以显现，如书面报告或视频共享的网站。相关调查显示，截止到2010年，之前参与过研究科学院暑期项目的2000名学生中，80%拥有一个杰出的STEM职业。[2]

研究科学院推出的暑期项目在很多参与者的成长生涯中具有决定性的意义。首先，它为英才学生提供了自我实现的良好物质环境。很

[1] Teacher Enrichment Program [EB/OL]. [2016-05-06]. https://www.cee.org/teacher-enrichment-program.

[2] GYÖRI J G. International Horizons of Talent Support, Ⅱ.Best Practices Within and Without the European Union, Ⅱ. Magyar Tehetségsegítő Szervezetek Szövetsége, 2012: 176.

多学生来到麻省理工学院学习，进入科学圣殿，开阔了眼界甚至融入了一个全新的科学世界。学生可以访问所有优质的学术资源（计算机、数据库、期刊），通常只有世界一流研究者才能使用这些资源。其次，暑期项目为英才学生创造了一个人际交往平台，提供了一个与拥有共同兴趣的同龄人进行交往的环境。最优秀的学生们组成团队，构建人际网络，这些社会资本对他们后期的发展甚至未来职业生涯起到重要作用。最后，导师在英才的成长、英才之间的交往过程中也发挥了重要作用，他们为英才提供多样的专业计划、课程及挑战，为他们创造了一流的科研平台。在项目结束时，学生收获的不仅仅是学术成绩和学术资本，更为重要的是，与英才同伴、世界一流科学家的交流，在一流科研环境中的学习经历让他们受益终身。对很多学生来说，六周的研究实践及成果为学生以后参加竞赛赢得声誉奠定基础，如年度英特尔科学奖、西门子科技竞赛等。

自2002年教育卓越中心第一次实施生物奥赛训练营以来，美国生物竞赛一直成绩优异，效果明显。在2004年、2007年、2008年、2009年、2012年的国际奥赛中，美国学生都获得了金牌。[1]这表明教育卓越中心的竞赛和充实项目已经产生了切实的成果，这远远超出了组织者最初的预期，为他们带来了成就感和对该中心发展前景的美好憧憬。

四、美国教育卓越中心英才计划的评价

教育卓越中心为有天赋的高中生准备充实项目，其基本使命是让

[1] GYÖRI J G. International Horizons of Talent Support, Ⅱ.Best Practices Within and Without the European Union, Ⅱ. Magyar Tehetségsegítö Szervezetek Szövetsége, 2012: 180.

在STEM领域有天赋的高中生投入科学研究领域，并将之作为自己一生的职业。为不辱使命，该中心的项目不断扩展、丰富，坚持卓越精神，为STEM英才的成长创造适宜的环境，体现出美国英才教育国际化和专业化的发展趋势。

（一）项目不断扩展和丰富

教育卓越中心的项目或计划不断扩展：1984年建立研究科学院；2002年组织美国生物奥赛训练营；2012年开展教师充实计划；2013年与美国教育者协会合作，开展物理奥赛训练营。

教育卓越中心的关注点不断增加。该中心开展的各种英才计划主要对象有两类：学生占主要地位，相关项目开始得较早；教师的培训在后期得到关注，为STEM学生的培养提供人力保障，更新教师知识和技能，赋予他们足够的实验室经验。

此外，该中心注重培养学生的综合能力，不仅仅是科研能力，还包括协作能力、沟通能力和领导才能。同时，中心充分挖掘和培养他们的特长，坚持将英才的资质（天赋）与他们的职业联系起来，职业是一个具体的领域，将英才教育与将来的职业生涯联系起来，有助于促进英才的专业化发展。提早进行专业训练，辅助英才进行职业生涯规划，让他们充分学习该领域的基础知识，依据他们的需求、发展空间去培养他们，从而为STEM领域提供充足的人才。

（二）开展高端教育，追求卓越

虽然英才教育定位在精英，但为了减少错失率，向每一个有天分、最值得拥有这一机会的年轻人提供合适的资助至关重要，这需要高质量、高标准的组织保障，因而精英和平等、教育与商业部门的合作是每一个项目的关键原则。

教育卓越中心在世界范围内选拔英才，历经多次筛选，所有参与者都是优中选优，高中拔高。同时，教育卓越中心为这些英才提供高端的学习机会，与世界一流大学合作，邀请知名教授、专家参与，开放设备精良的实验室，分享丰富的资源库，这些学生所接受的教育是最高档次的教育。从上述方面看，教育卓越中心的确名副其实。

四个项目对所有参与者都是免费的，加之英才教育对资源有着很大的需求，因此筹集资金成为中心得以维持运转的重要工作。如果包括住宿、生活费用的话，研究科学院推出的暑期项目人均成本大约是9 000美元[1]，此外STEM领域还需要工具、材料、技术、信息、知识专长、经费开支等。于是，教育卓越中心积极融汇多方资源，特别是大学、商业机构的资助、个人捐赠等，捐赠逐渐实现常规化、制度化。其中大学发挥重要作用，因为它在提供某些资源方面较为得力，如开发课程资源、培训教师、研发技术平台以及有关教授提供专业咨询或担任导师。[2]

（三）建构有益于人才成长的环境

个体差异决定了每个人的成长需求不同，只有区分化教育、差异化发展才能更好地实现教育公平。仅仅依靠学校教育无法满足英才对教育的需求，创建多种教育形式如夏令营、工作坊等，才能形成

---

［1］ GYÖRI J G. International Horizons of Talent Support, Ⅱ.Best Practices Within and Without the European Union, Ⅱ. Magyar Tehetségsegítő Szervezetek Szövetsége, 2012: 179.

［2］ 戴耘，蔡金法.英才教育在美国［M].杭州：浙江教育出版社，2013：6.

有利于英才成长的社会环境。美国基础教育开放、灵活、自由、民主、多元，美国社会民间组织发达，教育能够最大限度地利用民间智慧。作为第三方的专业性非政府组织的活跃，在英才教育中发挥重要作用。[1]

校外培训作为一种集中时间培养英才的方式，具有较大的社会和专业价值，提供给参与者一种长久的经验。其好处主要有：选择一流的科研地点，配置一流的科研环境，通过集中方式进行深度课题研究，英才学生得到充实与提升；建立国际人才关系网络，促进英才之间的充分交流等。校外培训集大学、科研机构和其他组织之力，为英才成长开辟了绿色通道。

英才的成长不仅是智能的发展，也包括生理与心理、理性与感性的进步。[2]教育卓越中心注重科研、学习与休闲、娱乐之间的结合，在高度紧张的科研工作中，穿插轻松的体育和艺术活动，使得整个英才教育项目充满活力而不单调。

（四）凸显英才教育的国际化和专业化

自诞生之日起，教育卓越中心担负着两项重要使命：一是识别和培养优秀高中生，鼓励他们进入STEM职业领域，成为未来STEM领域的领导者；二是鼓励全球科技英才之间的交流与合作。教育卓越中心管理部门认为国际参与可以带来文化的多样性，因此每年保证大约三分之一的学生来自国外。教育卓越中心与51个国家有合作协议，该中心是美国第一个接受外国高中学生的组织，学生主要来

[1] 赵章靖.美国基础教育［M].上海：同济大学出版社，2015：序言.

[2] 中国台湾省特殊教育学会.资优教育的革新与展望——开发潜能 培养人才［M].台北：心理出版社有限公司，1979：9.

自中国、印度、巴尔干半岛和波罗的海国家。研究科学院暑期项目在保加利亚、中国、印度、以色列、沙特阿拉伯和新加坡等国家得到推广。[1]

教育领域内人才流动加速，英才培养不断打破封闭的学术圈。社会日益开放，全球化趋势明显，这是一个教育效率测量（educational efficiency measurements）的黄金时代，如世界各国普遍关注国际学生评价项目（Program for International Students Assessment，简称PSIA）、国际数学与科学趋势研究（Trends in International Mathematics and Science Study，简称TIMSS）等。当今世界，没有国家、专业领域、学校、教育项目计划依然坚信自己开展的教育活动自身可以做出评估。各国都实行开放的政策，将眼光放至全世界，不再局限于本国之内。因此，作为经济、社会发展的重头戏——英才教育的专业水平不断提升，目前已跃至国际层面，英才教育也开始重视国际标准，国际大型公司之间通力合作培养人才。鉴别人才、培养人才、争夺人才成为各国的重要游戏。

总之，英才的成长需要一个适宜的社会环境和公众态度，人才在宽松的环境中才能实现创造。有利的社会环境、完善的制度体系、得力的专业机构、有经验并具有献身精神的教育者等，成为美国英才教育得以顺利开展的重要保障。

[1] Global Community of Research Science Institute[EB/OL]. [2016-04-18]. https://www.cee.org/research-scienc institute.

第三节

在全体中发现卓越：英国20世纪初的“英才学生计划”

英国的英才教育一直在政府的主导下不断推进，相关政策与法令也在这一过程中不断完善。在新的时代背景下，英国英才教育摒弃了传统的精英教育思想，在教育公平理念下更加关注处境不利的英才儿童，以此实现教育的整体卓越。从1997年《追求卓越的学校教育》白皮书的发布，到1999年“卓越城市计划”（EIC）项目的实施，再到EIC子项目“英才学生计划”（the Gifted and Talented Programme）的落实，英国政府力求在更普遍的范围内发现英才学生、实施英才教育。本节将对这一计划的实施过程展开分析。

一、“英才学生计划”的产生

1997年，英国工党内阁发布教育白皮书《追求卓越的学校教育》，这是英国第一份由政府部门提出的涵盖英才教育内容的白皮书，该文件此后亦成为英国政府制定英才教育政策的主要依据。《追求卓越的学校教育》指出两极分化是英国教育问题的症结所在。在英国，私立学校大多位于风景旖旎、恬静淡雅的郊外或乡村，收取高额的学费，实施精英教育并拥有丰富且优质的教育资源，是英国高水平教育的象征；而公立学校大多位于工人、平民阶级以及少数民族聚居的城市或大都市的内城区（inner city），师资、教学以及学生学业等方面都存在严重的问题。因此，在过去相当长的一段时间里，内城区的学校都与失败、低学业成就、低期望值相联系，城市里的公立学校往往被视为薄弱学校。为解决城市中心地区的教育问题，提高内城区公立学校的教育质量，英国于1999年9月启动了EIC项目。

EIC项目主要是为了迎接英国城市的教育挑战，其重点是改造城区的公立中小学。该项目对处境不利儿童给予了很多关怀与关注，如后进生、有语言交流障碍或身体残疾的学生等。EIC的核心理念是社会公平（即促进大多数学生的发展，不以牺牲多数人为代价而为少数人服务）和包容，承认处境不利儿童的天赋并为其提供卓越发展的机会，最终创造一个广泛的、灵活的、富有朝气的教育体系，助力国家经济竞争力的提升。

EIC的目标是显而易见的，即提高城市内的学生学业成就，由此改变学生父母和广大社区对于城市学校的看法，推进社会阶层的流动。英国教育部为该计划进行拨款，由2000年的1.2亿英镑上升到2004年的3亿多英镑，并予以维持。这些拨款主要用于EIC的六个子计划，它们分别是：

——学习辅导员计划：为需要解决学习障碍的学生提供帮助；

——学习支持单元计划：解决学校内发生的扰乱学生学习的事情；

——英才学生计划：面向每所学校成绩排名前5%~10%的有才干和潜力的学生，为进一步提高他们的学业成绩而进行学习支持；

——城市学习中心计划：作为教学改革试点，为学校提供先进的信息与通信技术进行教学；

——小型教育优异行动区计划：主要集中在学校成绩低的学校群；

——扩大一定数量的城市地区内的示范学校和专门学校。

“英才学生计划”是EIC项目的重要子计划之一，从长远意义来讲也是最有意义的一个计划。“英才学生计划”最初针对的是城市地区的中学，服务对象是11~18岁的学生群体。自2001年起，该计划的服务对象也囊括了农村贫困地区的中小学。该计划关注的是每所目标中学的英才学生（gifted and talented students），为这些英才学生的培养提供资金支持和技术指导。在当时英国教育部门的语境下，“gifted”一词指代那些有较高学术天赋的学生，而“talented”则指代在体育、表演和创造性艺术等方面有较高天赋的学生。具体到学校操作层面，英才学生则指代全校成绩排名前5%~10%的学生。总之，“英才学生计划”是针对处境不利的英才学生、在世界范围内最持久、拥有最丰富资源的政府项目。

2008年，随着新一届政府上台，英国启动了升级版的EIC——“全面卓越计划”（Excellence for All，简称EFA）。该计划纳入了全国所有中学，支持学校开展英才教育试点项目。试点项目包括三个部分：（1）如何通过领导和管理来改进英才教育；（2）如何对英才学生进行分流；（3）如何改进英才教育的教学模式。

二、“英才学生计划”的实施

“英才学生计划”关注的是每所中学成绩排名前5%~10%的学生，为那些具有潜力的学生提高学业成绩、进行校内课程和校外活动提供支持，每3至8所学校共同开展此项计划，分享教育实践。[1]

[1] DFES.Schools Extending Excellence Annual Report2000-2001.Department for Education and Skills, 2001: 21.

（一）英才学生的选拔

EIC项目要求学校在教师中任命一名英才教育协调员，负责学校的英才教育工作，而学校的英才教育协调员必须通过牛津布鲁克斯大学设计开发的英才教育协调员全国培训课程（the Gifted and Talented Co-ordinators' National Development Programme）后方可入职。根据培训要求，学校的英才教育协调员要随时向上反映本校英才教育的具体实施情况。

英才学生的选拔一般先由学校参照EIC或资格与课程局（Qualification and Curriculum Authority，简称QCA）提供的原则，制定校内英才学生选拔标准，班级教师依照校内标准或英才行为检核表审核学生校内和校外表现，包括学业成绩、校外成就，并以此作为提名依据。另外，还有同伴提名、家长提名和自我提名。暑期学校教师也可提名，各级各类学校每年向上申报的英才学生数量通常是在英才教育主管教师、部门代表和学校高级管理团队充分讨论的基础上决定的。凡是学校里前5%~10%的优秀学生均是接受校内英才教育的对象，学校具有自由裁定英才学生数量的决定权，政府所规定的数量百分比只作为参考。英国教育部门的指导文件也没有明确给出5%~10%这一数据的科学性验证，但这参考数量使得培养、管理、评价英才学生教育的工作处于最佳可控范围内，避免因范围过大或过小而导致新的不公平。与此同时，英国教育部门出台的指导文件还规定了英才学生群体的多样性，各校被选拔出来的英才学生在性别、种族和家庭背景方面各有兼顾，每一类学生占一定比例，其中在每年向上申报的英才学生中学术能力突出的至少要占到三分之二。指导文件还强调，学校应努力挖掘出那些实际拥有高天赋但目前表现平平的“沉默”的天才学生。

在政府文件的指导下，“英才学生计划”中英才学生的选拔程序日趋规范、成熟，选拔标准包括定量和定性标准，便于重复检查和分析。定量标准包括：① SAT考试成绩和校内测验与考试结果，这类评估往往与英国国家课程挂钩（the UK National Curriculum），最能反映公立学校学生的学业水平，但往往也易受学生家庭环境和所得教育资源的影响，所以贫困地区学生的这一部分成绩往往偏低；② 标准化的心理及认知能力测试，在英国中学普遍使用的认知能力测试工具主要有CATS 测试、MidYiS 测试、Yellis 测试和杜伦大学（Durham University）课程评估管理中心（Curriculum，Evaluation and Management Centre ）开发的Alis测试，这一部分成绩较少依赖学生的生活经验，能更好地说明英才学生的实际表现；③ 其他类型标准化测试分数，如阅读测试、音乐等级考试等。定性指标包括：国家登记在册的英才学生信息；升入小学、中学的升学信息；教师评价与提名；英语作为第二语言和少数民族文化背景相关信息；相关负责人和学习导师的评价；教师在课堂上对学生的观察；学生作业及作品；同学评价与自我评价；父母或监护人提供的相关信息；外部来源的信息，如运动教练、音乐教师或课外活动教师所提供的相关信息等。但在实际操作过程中，英才学生的选拔过程随每个学校的具体情况而略有不同，根据表3-9、表3-10、表3-11所呈现的各校英才协调员的报告数据，可窥见EIC项目第二阶段内各校英才学生选拔方法的变化趋势。其中最显著的变化是越来越多的学校采纳综合的“三角”识别方法（标准化成绩测试+认知能力测试+教师评价），造成这一变化的原因可能有政府更详细的指导文件的出现、学校对选拔过程操作的日渐熟练、当地合作伙伴给各校提供的持续性支持等。而在2002年，这一部分的比例有所下降，可能是因为2002年EIC加大了资金投入，“英才学生计划”调整后，加入该计划的学校数量增多，而那批新加入的城市公立学校尚未摸索出最合理的选拔方法。

表3-9　2000年31所学校英才学生选拔方法

标号	选 拔 方 法	所占比例（%）
A	定性（教师评价）+定量（标准化成绩测试、认知能力测试）	48
B	标准化成绩测试+认知能力测试	13
C	教师评价+标准化成绩测试	13
D	教师评价+认知能力测试	10
E	只有认知能力测试	6.5
F	只有标准化成绩测试	6.5
G	只有教师评价	3

表3-10　2001年30所学校英才学生选拔方法

标号	鉴 别 方 法	所占比例（%）
A	定性（教师评价）+定量（标准化成绩测试、认知能力测试）	73
B	教师评价+认知能力测试	10
C	不明确	7.5
D	教师评价+标准化成绩测试	6.5
E	标准化成绩测试+认知能力测试	3
F	只有标准化成绩测试	0
G	只有认知能力测试	0
H	只有教师评价	0

表3-11　2002年27所学校英才学生选拔方法

标号	鉴 别 方 法	所占比例（%）
A	定性（教师评价）+定量（标准化成绩测试、认知能力测试）	59
B	教师评价+认知能力测试	18.5
C	标准化成绩测试+认知能力测试	11
D	教师评价+标准化成绩测试	4
E	只有教师评价	4
F	不明确	3.5
G	只有标准化成绩测试	0
H	只有认知能力测试	0

资料来源：Excellence in Cities: Further Guidance on the Gifted and Talented Strand. Information for Co-ordinators for the Gifted and Talented Pupil Cohort: Identification of the Gifted and Talented Pupil Cohort [EB/OL]. (2003-11-11) [2017-10-15]. http://www.standards.dfes.gov.uk/local/excellence/gift/identi fying.html.

（二）英才学生的培养

在“英才学生计划”中，差异化教学是培养英才学生的基本形式。差异化教学是指教师根据英才学生的学习风格、兴趣、期望、动机、能力以及家庭支持等因素对教学进行调整，体现了因材施教理念，对来自不同文化背景的英才学生尤为重要。“英才学生计划”鼓励学校协调员和国家政策战略顾问共同合作，激励和支持教师在保证学生一般能力发展的同时，为英才学生提供优先发展条件，使他们从中受益。

充实制和加速制是“英才学生计划”中差异化教学的主要课程模式。充实制，即根据英才学生的能力与需求，在日常教学的基础上，为他们提供加深、拓宽的学习内容的形式，如不少小学教师把中学阶段的学习内容“揉进”英才学生的平时课业中；高中阶段不少学生也提前学习大学课程。加速制，即在教学内容与普通学生一致的基础上，对英才儿童加快教学进度、缩短修业年限的形式，如跳级。任何教育方案都必须充分满足英才学生的特殊学习需求，在制定教育计划和实施教育方案的过程中，教师可根据学生的不同需求和能力，灵活地调整教学方案。通常，学生越具有天赋，相应教育方案的调整幅度就越大。

“卓越城市计划”（EIC）的校内合作伙伴为进一步发展校内的英才教育做了很多基础工作，包括：在不同地区、不同层次的合作伙伴中任命计划协调员；建立由100多个学校组成的学校群，确定主要计划协调员；为460多所中学选择学校协调员；为天才学生建立评估体系。英才教育校外辅助网络也为拓展校内英才教育做出巨大贡献，英才教育校外辅助网是松散的资源集合，各机构都可以从不同角度对学校英才教育加以支持和补充。英才学生通过“英才学生计划”，除了参与校内的教学活动外，还可以加入所在地区的学习支持项目。例如，桑德兰市（Sunderland）通过“天才指导之路（Talent Road Show）计划”，为市内所有十年级英才学生提供参加工厂实践研习会，与研习会上的专业人员和相关教师进行沟通与交流，为英才学生提供职业指导。此外，学校也为英才学生实施了新的政策，如11岁至12岁学年结束时会有5 000名以上的学生参加大学夏令营等，这些活动都为英才学生的发展提供了有利的机遇。这类校外活动和教学还包括：体育教育学校运动俱乐部，旨在发现运动英才；多种技能俱乐部（Multi-skill Clubs），旨在发现技艺类英才；国家青年英才学院则提供了更多的选择，如暑期学校、大师学校、“拓展计划”（Outreach Programme）短期课程（一般在周末或假期开展）、高等教育门户（The Higher Education Gateway）、“天才企业家计划”（Gifted Entrepreneurs Programme）、学生自治会（The Student Council）等。总之，在充实制与加速制并用的培养模式下，学校针对英才学生培养的教学活动可以归纳为课内、校内和校外三大类（见表3-12）。

表3-12　针对英才学生培养的教学活动表

课内活动	校 内 活 动	校 外 活 动
个别化教育 小组学习 压缩课程 先修课程 综合课程	特殊班级和选修课 导师制 校内竞赛 兴趣小组 高校讲座 网络学习	节假日活动 俱乐部活动（竞赛） 协会活动（企业、高校参观） 夏令营

注：此表根据英国教育部网站的相关资料整理而得。

三、“英才学生计划”的支持系统

作为政府推动项目的一部分，“英才学生计划”在校内、校外网络体系中有着强大的资金和人力资源支持。

（一）政府的资金分配

“卓越城市计划”（EIC）为“英才学生计划”这一子计划提供了大量资金。该计划所有合作伙伴的首要任务之一就是决定如何将所得资金分配给辖区内参加“英才学生计划”的学校。为了公平，合作伙伴们采用了不同的资金分配模式。在大多数情况下，学校所得资金的多少基于学生的数量。然而在具体的分配过程中，某些地区也把学校享有免费午餐学生的数量（反映学校贫困生数量）作为一个补充因素考虑进去，其余的一些资金也被集中保留在核心伙伴成员中。报告表明[1]：在EIC第一阶段（1999—2000年），核心合作伙伴集中保留的资金为14%~36%不等。这笔资金主要用于每所学校10%左右的天才学生，这对于天才学生的培养是一笔可观的收入，学校可以以不同的方式使用这笔资源。

英国学者对学校的调查报告显示，[2]大约四分之一的天才学生培养基金被用于专业学习资料，这与花在教师工资和软硬件设施配备上的数额接近。天才学生的课外活动费用约占支出的15%，剩余的资金主要用于支付天才学生协调员的工资。约15%的学校表示，它们从"英才学生计划"中所获的资金足够支持其在学校自由调配资源，然而有稍少于15%的学校表示它们必须挪用学校其他的预算用于补充"英才学生计划"。

（二）教育系统的人员支持

身处有利家庭背景的儿童，其家长有能力识别孩子的英才潜质，也有能力自费为孩子寻找额外的教育资源，从而为英才的成长提供足够的机会与支持。然而对于更多身处不利家庭背景的儿童来说，家长既无识别英才潜质的能力，也无经济实力为孩子提供额外的机会与支持，这会使大量英才被埋没。为了使每个具有英才潜质的儿童都能获得公平的机会与支持，教育部专门建立了一个金字塔式的英才教育人员支持系统。在学校层面，规定所有学校要专设英才教育协调员和管理机构，负责英才教育的规划、实施、评估等事项；专设一名主任教

[1][2] NFER. National Foundation for Educational Research 57th Annual Report 2002-2003[J]. National Foundation for Education Research, 2007.

师，统筹英才教育业务活动，指导其他教师开展英才教育。在地方层面，地方教育局负责培训各校主管英才教育的协调员及主任教师，协调跨校的英才教育活动，并动员和协调当地合作伙伴，为英才儿童成长提供广泛的支持。在国家层面，教育部主要通过统筹技术服务的形式来支持地方和基层学校的英才教育，其中包括组织开发一系列英才识别工具和英才教育标准、调拨资金并协调社会各方力量组成英才教育校外资源网络等。

（三）校外辅助机构的支持

英国教育部意识到，中小学的英才教育不能仅仅依靠学校来完成，校内的教育教学必须要与周末、假期等更广泛的英才成长活动联系起来，才能取得成效。基于这样的认识，“英才学生计划”推动构建英才教育的校外支持系统，校外各机构都可以从不同角度对学校的英才教育加以支持和补充。校外辅助网大体由三类机构组成：第一类是教育部专门拨款新建的英才教育校外辅助机构；第二类是经教育部资助而参与英才教育校外辅助活动的社会机构；第三类是经教育部动员和鼓励而介入英才教育校外辅助活动的社会机构。国家英才学院是典型的第一类机构，它是教育部与沃维克大学（the University of Warwick）合作而建立起来的，集指导、培训、研究多种功能于一身的全国性英才教育校外辅助机构。各地基层学校认定的英才儿童信息可以上报到国家英才学院，如获确认，该儿童可注册成为国家英才学院的学员，直接参加英才学院的有关活动并得到相应的指导。国家英才学院的培训部负责开发英才教育师资的培训方案，与地方教育当局合作培训基层学校的英才教育主任教师。同时，国家英才学院还设立专门的研究部门对英才教育开展基础研究，并根据实际需要开发一些英才教育辅助工具。第二类机构主要是一些全国性艺术、体育、科技学会及大学，教育部通过项目资助的方式与其合作，为具有艺术、体育、科技潜质的英才以及学科课程学习上表现超常的学生提供高层次的技术指导和服务。第三类机构主要是地方的企业、慈善基金会及其他各种社区组织。它们的支持对象一般限于本社区，主要是出于提升本地区公民素质或提高本单位未来员工素质等多种考虑而介入当地英才教育校外辅助活动。

四、"英才学生计划"评价

尽管部分教师对"英才学生计划"存在"贴标签"疑虑，但大多数学校领导和教师依旧认可国家推行的这一计划，认为它为学校的英才教育活动提供了指导框架和雄厚的资金支持，并使得那一部分"沉默"的英才获得更多的发展机遇。但是，从实际操作层面来看，这一计划也暴露出不少问题。

（一）"英才学生"的概念不明确

英国政府出台的政策文件对"英才学生"的定义只给出了两个核心概念（talented & gifted）的模糊集合：gifted指代在学术上或某一具体学科如戏剧、科技、数学等领域有天赋的学生；talented指代在某些实践技能如运动能力、领导力、艺术表演等方面有突出才能的学生，但在学术上没有公认定义的概念。政府指导文件对"英才"概念未做明确界定，简单的二元概念导致英才教育基层实施者在选拔英才学生过程中很难把握住这两类不同英才学生和同时拥有这两类高超才能的学生；在具体的培养环节也很难用两套或者多套不同的培养方案去因材施教。这不仅导致政策实施过程中质量难以把握，后期的检测评估也存在依据模糊的问题。

（二）协调员难以调配工作时间

“英才学生计划”的成功实施在一定程度上得益于学校高层的支持和管理，英国几乎每所参与该计划的学校都配有一位中高层管理者专门负责校内英才学生培养的相关事宜，这也从侧面显示了这些学校对“英才学生计划”的重视。大部分学校的英才教育协调员会试图精确地分配其工作时间，以满足这一角色的需求。报告显示，[1]协调员们平均用约16%的工作时间处理与英才教育相关的事宜。在实际工作中，协调员的时间通常会被校内的其他工作占据，许多协调员都感到没有足够的时间来有效扮演这一角色，他们没法和学校其他部门合作将英才学生的培养纳入自己的常规工作版图中，而学校部门领导要为天才学生提供合适有效的课程，他们和协调员之间的联络是“英才学生计划”得以成功实施的关键因素。

（三）英才选拔标准单一

“英才学生计划”内的英才学生鉴定标准依旧是传统上识别英才最简单易行的方法，通过考试、竞赛或认知能力测试来考查学生学业成绩的在其中所占的比重较大。学校主要关注学术能力突出的英才选拔，对拥有特殊才能英才学生的鉴定工作相对落后，很难选拔出那些在学业之外的其他领域有特殊天赋的学生。

---

［1］ NFER.National Evalution of Excellence in Cities 2002-2006. National Foundation for Education Research. 2007.

（四）教师缺乏实际的指导

“英才学生计划”联合各校教育实践，为培养英才的教师提供职业培训，但教师接受培训的时间有限，多在假期或工作之余的网络学习。广大一线教师很难有从容的时间和足够的能力去探索并解决在具体教育实践中遇到的诸多问题，这使得部分学校和教师重新走上了英才教育的传统老路。

第四节

平等中的差异：芬兰英才教育的多元协作模式

自2000年以来，由于在高水平的国际教育评比中持续稳定的表现，学习成绩落差保持最小[1]，芬兰成为全球追捧的“教育典范”。芬兰教育体系之所以能保持优质和均衡的特点，平等是根基。在实践中，芬兰高度重视弱势群体的成长需求，不刻意培养所谓的英才，通过多元化、个性化的教学对资质优异的学生提供适切的专业支持和帮助，其目的是激发每个儿童的潜能、发挥他们的特长。[2] 20世纪80

[1] 帕思·萨尔伯格.芬兰道路：世界可以从芬兰教育改革中学到什么［M］.林晓钦，译.南京：江苏凤凰科学技术出版社，2015：78.

[2] 康建朝，李栋.芬兰基础教育［M］.上海：同济大学出版社，2015：70.

年代之后，受到新自由主义思潮的影响，基于培养创新人才的现实需要，芬兰英才教育政策逐渐明朗，教育部门明确关注学术性、创造性人才，英才教育方式逐渐多样化，如设立特殊学校、开发教育充实项目等。总的来说，芬兰英才教育引发了不少社会争论，支持与反对之声并存，但整体上呈现出积极探索、正向发展的态势。

一、芬兰对英才教育及多元协作发展的认识与争论

迄今为止，芬兰学者对英才、英才教育等概念的科学界定依然存在很大争议，社会公众对英才的概念、数量、学习与发展过程、智能的定义与测验、创造力的表现与影响因素以及英才的特征、在学校与社会生活中面临的问题、动机和意志力、是否需要特殊支持等进行了广泛、激烈的讨论。[1]进入21世纪以来，这种讨论更加频繁。[2]这些讨论影响着芬兰英才的鉴定、干预等教育环节，促进或阻碍着芬兰英才教育的发展。

（一）观点多样，多元开放

在芬兰，“天赋”（giftedness；gifted；gifts）、“才能”（talent）、“天才儿童”（gifted children）、“高能力儿童”（high-ability children）、“超常能力”（exceptional ability）、“英才”（gifted and talented）等词汇频繁使用于英才教育领域。

英才的界定从单一走向多元。人们对英才的认知游走于保守与自由的两端。保守主义者认为天才的数量很少（2%~3%），天赋的表现

[1][2] LAINE S. The Finnish Public Discussion of Giftedness and Gifted Children[J]. High Ability Studies, 2010, 21(1): 63-76.

主要是智力超常；自由主义者坚持天赋表现在多个领域（1%~20%），形式复杂多样；[1]更为极端的观点是“每个人都是英才（100%），都具有某些才能”。目前，芬兰以多维视角来审视英才，主流的观点将英才定义为在一个或多个领域里表现出优异天资或能力的个体。此外，一些学者意识到一部分学习障碍或行为失调的儿童在某些方面也是天才。

社会对英才成长的态度也不尽相同。归纳起来，主要存在三种态度：（1）英才可以自主成才，不需要关注，顺其自然即可，即所谓“唯上智与下愚不移”；（2）关注英才是在制造精英主义，这是一种基于能力的学生隔离；（3）英才学生需要得到特殊的支持，因为个体具有差异性，潜能的挖掘有助于优秀人才的成长。一些专家强调减少学生的学习成绩落差，追求社会平等；一些学者从受教育权的角度指出英才有权利获得教育上的特殊支持，从国家发展战略的高度倡导大力发展英才教育[2]。

（二）达成共识，积极实践

“理越辩越明”。各种观点不断交锋，芬兰对英才的认识、理解和讨论也在逐渐深入。这充分体现出芬兰全社会对英才教育的关注，表现出追求卓越与兼顾公平的思想抗争，有力地推动了英才教育的理论进步和实践发展。在激烈的争论中，芬兰英才教育界也形成了一些共识。

其一，重视英才的鉴定与选拔。在芬兰，鉴定英才的方式是测试

[1] RENZULLI J S. Emerging Conceptions of Giftedness: Building a Bridge to the New Century[J]. Exceptionality, 2002, 10(2): 67-75.

[2] 陈之华.芬兰教育全球第一的秘密［M].北京：中国青年出版社，2011：40-41.

和推荐，如认知能力测试、成就测试和教师推荐等[1]。此外，芬兰利用奥赛项目选拔人才，为挖掘、培育学生的天赋提供机会。20世纪90年代中期，教育部推出了“全国教育策略”，支持科学、数学、计算机技术、新信息技术领域的发展与研究。在政策引导下，芬兰建立了数学、物理、化学、生物、计算机科学等奥赛项目，开发了一系列高难度测试，培训学生参加国际奥赛。

其二，借鉴国际英才教育理论，丰富和优化本国的教育实践。芬兰学者学习和引进美国、德国等国家的英才理论、鉴别技术、测验工具等，如加涅建立的区分天赋（giftedness）与才能（talent）概念的模型、加德纳的多元智能理论等，构建了芬兰英才教育理论与实践的基本框架。

其三，珍视学生的超常潜能，重点培养理工科、艺术领域中资质优异的学生。芬兰重视科学、数学、计算机技能、新信息技术等领域；投入大量经费培养逻辑—数学、语言智能方面的英才；通过小学的特殊音乐课堂加强音乐、空间、身体—动觉智能；利用特殊学校进行艺术和体育方面的超常教育。但芬兰缺少满足英才学生社会、情感需求的项目，交往智能和自省智能没有得到重视[2]。

二、芬兰英才教育多元协作模式的发展阶段

在芬兰，英才学生属于特殊群体。20世纪80年代之前，芬兰传统上将特殊教育作为照顾弱势成员（如有学习障碍或存在行为问题的

---

[1] HOTULAINEN R H E, SCHOFIELD N J. Identified Pre-school Potential Giftedness and Its Relation to Academic Achievement and Self-concept at the End of Finnish Comprehensive School[J]. High Ability Studies, 2003, 14(1): 55–70.

[2] ANDREANI O, PAGNIN A. Nurturing the Moral Development of the Gifted[W]. International Handbook of Research and Development of Giftedness and Talent. Oxford: Pergamon Press, 1993: 28.

孩子）的一种方式，特殊教育研究也较少关注天赋优异的学生，英才教育未被列入特殊教育的范畴。80年代之后，芬兰开始从政策上关注英才学生的特殊需求，开设特殊课堂、学校、项目来满足他们的成才需求。总体上看，芬兰的教育政策以平等为核心，兼顾均衡与差异。

（一）20世纪80年代前：坚持平等与均衡，实行融合教育

坚持优质与均衡的核心理念，平等观念深入人心。北欧各国具有深厚的教育传统，即强调每个人免费接受义务教育的平等权利；保障每个人依据各自的能力和特殊需求获得基础教育之外的教育的同等机会。但在现实中却更多关注教育结果的平等，个人才能的发展受到忽视[1]。芬兰也是如此，平等的教育理念不仅影响人们的思想认识，同时也落实到教育实践中。芬兰因为人口较少，每一个学生对国家来说都是尤为珍贵的人力资源，因而它更关注一般学生（average child）和弱势群体（如学习障碍的学生）。在这样的社会氛围下，为英才学生提供特殊教育、增加教育投入的提议容易被贴上“精英主义”的标签[2]。

此外，芬兰缺少有关英才学生学习需求的信息，英才教育难以获得经费支持。学者们缺乏研究资金，有关英才教育的研究成果较少。据统计，20世纪80年代之前只有6篇硕士论文提及“天赋”这一主题，这占特殊教育领域内已完成硕士论文总数的1%不到，博士论文

[1] HOTULAINEN R H E, SCHOFIELD N J. Identified Pre-school Potential Giftedness and Its Relation to Academic Achievement and Self-concept at the End of Finnish Comprehensive School[J]. High Ability Studies, 2003, 14(1): 55–70.

[2] TIRRI K. How Finland Meets the Needs of Gifted and Talented Pupils[J]. High Ability Studies, 1997, 8(2): 213–222.

更少[1]。因而社会不太了解英才学生的学习状况及需求，政策制定者也认识不到英才教育的重要性和紧迫性，没有出台相关的法律政策。

这一时期，国家掌握教育主导权，地方教育行政机构没有任何的教学决策权，学校必须遵循中央政府制定的课程规范，教师依据共同课程进行知识传授，教师的教学内容与成果必须接受学校和督学的稽核与考察。由于芬兰的英才教育既无政策支持，也无理念指导，因此在教育实践中，对班级内的25—30名学生进行差异性教学的责任落在了每一个教师的身上。完成这一任务需要教师了解各个学生的差异以及由此产生的学习需求，考验教师的时间调配、教导方式与组织协调能力等，很多教师发现很难完成。

即便如此，芬兰完善的教育制度为英才学生的个性化成长奠定了基础。在芬兰，每个教育阶段的教师都获得了专业培训，他们自幼儿园开始就注意儿童之间的差异性，并推出多种教育项目和教育形式，这意味着所有的孩子都可以按照个人的兴趣和需求去成长。从这个角度看，芬兰教育制度虽然未明确提及英才这一术语，却在实践中很好地培养了各类人才。

（二）20世纪80年代后：关注个性与差异，重视英才培养

20世纪80年代以来，国家对创新人才的需求为英才教育的发展创造了很大空间。国际化和全球化潮流席卷全球，国际竞争日益激烈。国家实力的提升、全球问题的解决都亟须技术创新。因此，世界各国将提升创造力、培养优秀人才作为重要的教育战略。芬兰也不

[1] MOBERG S, STRÖMMER K, TUUNAINEN K. Nature and Themes of Special Education in Finland[M]. Helsinki: University Publishing House, 1996: 531-537.

例外。

芬兰学者加强英才课题研究，从受教育权的角度指出：英才儿童有权利获得教育上的特殊支持，从国家发展战略的高度倡导大力发展英才教育。特别是20世纪90年代以来，特殊教育领域中的英才教育、差异教育研究迅速增加。学者们考察教师对英才学生和项目的态度[1]，分析教师态度与文化之间的关系[2]；关注学生潜在的天赋能力与成年后的学术成就之间的关系[3]；阐释认知能力与学术选择之间的关系，分析英才学生在成长过程中的障碍等[4]。21世纪之交，研究范围进一步扩大，如英才学生的学习环境、社会对天赋的态度、英才学生的自我认知、健康发展和学术潜能、多元智能理论、英才学生的道德敏感性以及为他们开发的特殊项目等。上述研究呼吁社会各界给予英才学生特殊支持。

20世纪80年代，在新自由主义和新公共管理主义浪潮的影响下，芬兰的教育体系、行政管理体系等进行了一系列改革，开始关注英才教育，并为这些儿童制定了特殊政策，为英才学生创造更为适宜的成长环境。1984年，芬兰政府成立专门委员会来负责推进国家权力下放，进一步提高公共管理的效率和民主性。[5]普通教育和职业教育的决策权转移到省、县乃至学校。国家只提供指导方针作为教育的指导

[1] TIRRI K A, TALLENT-RUNNELS M K, ADAMS A M. A Cross-cultural Study of Teachers' Attitudes toward Gifted Children and Programs for Gifted Children[D]. Paper presented at the Annual meeting of the American Educational Research Association, 1998.

[2] TIRRI K A, TALLENT-RUNNELS M K, ADAMS A M, et al. Cross-cultural Predictors of Teachers' Attitudes toward Gifted Education: Finland, Hong Kong, and the United States[J]. Journal for the Education of the Gifted, 2002, 26(2): 112–131.

[3] HOTULAINEN R H E, SCHOFIELD N J. Identified Pre-school Potential Giftedness and Its Relation to Academic Achievement and Self-concept at the End of Finnish Comprehensive School[J]. High Ability Studies, 2003, 14(1): 55–70.

[4] TIRRI K, NOKELAINEN P. The Influence of Self-perception of Abilities and Attribution Styles on Academic Choices: Implications for Gifted Education[J]. Roeper Review, 2010, 33(1): 26–32.

[5] 康建朝，李栋.芬兰基础教育［M].上海：同济大学出版社，2015：27.

框架，地方和学校可以围绕国家整体教育目标探索不同的教育教学方式，可以针对有特殊需要的学生制定个性化的学习计划。[1]

芬兰政府制定了一系列政策保护特殊学生（包含英才儿童）接受特殊教育的权利。2007年，芬兰第一次将培养人才和创造力作为国家教育目标写入政府计划中；[2] 2009年，教育部推出的《教育部2020策略》将识别有潜能的人才作为芬兰的一个重要发展领域。芬兰全国教育委员会2009—2011年实施了英才教育发展计划，为教师提供教育材料和在职培训，建立网络论坛，开展英才教育讨论，改变教师对英才学生的误解，提高他们开展英才教育的能力。[3] 2012年初，教育与文化部颁布的《教育与研究发展规划2011—2016》指出，教育平等包括每一个人，要充分挖掘并发展英才学生的才能。[4]

三、芬兰英才培育的多元协作模式：多方参与，形式多样

多元化社会日益包容多样化的教育（或学习）形式，家长的教育选择权和孩子的个性成长需求不断得到重视。学校和教师获得充分的教学自由度和课程自主权，学校教育更自由、更具弹性。学校相继采取弹性的学生分组，不同学习情况与进度的学生可以在适合自己的组别中，让教师给予不同的关注，以更好地形成学习的兴趣和动力。[5]

在政府、学校、企业等部门的努力以及学者的倡导下，培育英才的教育体系开始形成，具体形式如下：普通中小学通常采用分组和加

[1] 康建朝，李栋.芬兰基础教育［M］.上海：同济大学出版社，2015：102.
[2] Goverment Programme of Prime Minister Matti Vanhanen's Second Cabinet, 2007; Government Programme of Prime Minister Jyrki Katainen's Cabinet, 2011.
[3][4] TIRRI K, KUUSISTO E. How Finland Serves Gifted and Talented Pupils[J]. Journal for the Education of the Gifted, 2013, 36(1): 84-96.
[5] 陈之华.芬兰教育全球第一的秘密［M］.北京：中国青年出版社，2011：40-41.

速的教学形式培养英才；特殊学校培养具备某些特殊天赋的创新人才；充实项目、训练营等为英才提供具有选择性、提升性的校外学习机会。

（一）普通学校采用分组、加速形式培育英才

1998年，芬兰重新修订《基础教育法案》，支持教育多元化。教育领域充分体现个人主义取向，强调个体的价值、认同“每一位学习者都是一个独特的个体”的原则，有利于英才教育的实施。教师尊重每一个孩子，依据每位学生的认知与学习能力，弹性编制不同授课班组，因材施教，鼓励学生按照自己的学习能力去完成学习目标。此外，很多中小学通过课程设置和课外学生团体来发展英才的兴趣。例如，综合学校依据学生的音乐才能以及对音乐的特殊兴趣，开设诸多特殊音乐课程；组建自愿团体，集中教授思维技能和数学、计算机、艺术，促进英才潜能的发展等。

1998年《基础教育法案》允许学校灵活地决定是否开展加速教育。一方面，家长可以自主决定孩子6岁或7岁上学（之前法律规定的上学年龄是7岁），同时，家长有择校的权利；另一方面，芬兰设立不分年级的学校（ungraded school），允许学生在一个相对灵活的进度中安排自己的学业。自1994年以来，这种不分级制度在很多高中得到实践，有些小学也进行过类似的实验。

（二）特殊学校重在培养具有特殊资质的学生

在芬兰，特殊学校的数量较少，一般都有自己的特色（如外国语学习），规格很高，面向的群体主要是英才学生。它们或是私立，财源来自私人或企业；或得到国家的支持，通常拥有自己独立的入学考试，依据自己的标准来选择学生。起初，特殊学校被认为是支持学习

有障碍的孩子的场所。目前，特殊学校是芬兰培养英才的一种重要方式。大多数特殊学校重在培养学生的艺术或运动才能，少数以科学和语言为主。这些学校的种类和数量如表3-13所示。

表3-13　不同年份各类特殊学校的数量统计表

类型	1994年		2012年	
	数量（所）	百分比（%）	数量（所）	百分比（%）
艺术	14	38	16	29
体育	12	33	12	21
科学	5	14	6	11
语言	2	5	3	5
其他	2	5	6	11
国际学士	2	5	13	23
合计	37	100	56	100

资料来源：TIRRI K, NOKELAINEN P. The Influence of Self-perception of Abilities and Attribution Styles on Academic Choices: Implications for Gifted Education[J]. Roeper Review, 2010, 33(1): 26–32.

（三）充实项目与训练营提供英才学生校外学习机会

近年来，芬兰为英才学生设置了许多充实项目，以集中课程和夏令营为主要形式，这些项目以自愿为基础，如坦佩雷大学（University of Tampere）在晚上、周末为有天赋的高中生提供数学、物理课程；开放大学推出暑期课程，英才学生可获得线性几何和物理学科的学分。

充实项目通常会得到教育部和企业的支持。诺基亚（Nokia Corporation）作为芬兰最大的信息技术公司，支持*Päivölä*寄宿学校[1]

[1] 这是一所私立的独立寄宿制学校，坐落在乡村，邻近瓦尔凯阿科斯基（Valkeakoski）。

的数学项目。学生在学校的生活和学习基本是免费的（40%来自政府支持，60%来自诺基亚资助）。该学校的数学项目开始于1994年，学校依据周末探究测验（excursion weekend test）每年招收20名15~18周岁的数学天才，为他们提供量身定制的课程。该校的学生每年参加国内、国际的数学、物理和象棋比赛，成绩优异。该项目的辍学率很低，性别比例基本均衡，女生占40%。几乎所有的学生在该校完成学业后都会选择大学继续教育，至少10%的学生选择到诺基亚公司工作。

托亚拉市（Toijala）诺基亚研究中心通过研究项目、相关培训和指导支持英才的个人成长。受训者既要完成自己的研究课题，也要参加诺基亚公司的实践项目。学生接受指导，开发自己的潜能、发挥自己的特长、计划自己的未来，并在诺基亚公司内外建立自己的人际关系。他们可以开发新技术，创造并评估新的创新成果。项目涉及移动应用（mobile application）、网络2.0、游戏、机器人、传感器和其他内容。

主题训练营（thematic camp）也是芬兰英才教育支持项目的重要组成部分，训练营给予英才学生加深和增长知识的机会，并且能构建英才关系网络。芬兰国家教育委员为16岁英才学生组织太空研究训练营和物理训练营已长达16年。全国LUMA科学教育中心[1]向学生提供研究数学和自然科学的机会。该中心开展了很多活动，其中影响较大的是新千年青少年训练营（millennium youth camp）。新千年青少年训练营自2010年开始，招募在科学方面有天赋的16~19岁学生，通过两轮筛选，最后在世界范围内选择30名学生。2012年，该活动的申

[1] 全国LUMA科学教育中心（LU代表自然科学，MA代表数学）于2004年启动，它是大学、学校和商业部门之间的一个合作组织，目标是促进自然科学、数学、计算机科学、技术领域的教学和研究。

请者超过1 400人。[1]新千年青少年训练营为来自全球的学生提供高端的科研、学习机会，鼓励青少年在进入职业生涯之前形成良好的关系网络，帮助他们在科学或技术领域开启职业生涯。目前，芬兰已经成为欧洲科学和技术的重镇以及教育的领头军，它在为学生提供课外项目方面发挥着领导作用。

芬兰英才学生的培养更多在于家长的理性选择。特殊学校和充实项目的参与权在学生和家长手中，因为国家已经提供了优质、均衡的公立教育（也能在一定程度上兼顾学生的个性发展），家长可以依据孩子的自身情况、家庭的经济条件等情况进行选择。同时，上述特殊学校和教育项目也都有具体的要求，如学生成绩、能力考核、入学考试等，符合要求者方可参与。

四、对芬兰英才教育多元协作模式的评价

芬兰的英才教育政策从无到有；英才学生的培养方式从隐含于公立教育到特殊学校和项目的拓展与增加，展现出较好的发展态势。芬兰既能够保持基础教育优质、均衡发展，又能够照顾英才学生的特殊需求，这些做法值得我国借鉴与学习。从芬兰英才教育的发展中，我们可以得到以下启示：

（一）社会文化观念深刻影响英才教育的开展

英才的培养是教育问题，更是社会问题。英才是否得到重视？谁被视为英才？哪些能力受到关注和培养？这与社会公众对英才的态度和认识

[1] GYÖRI J G. International Horizons of Talent Support, Ⅱ .Best Practices Within and Without the European Union, Ⅱ .Magyar Tehetségsegítő Szervezetek Szövetsége. 2012: 19.

密切相关，更是一个国家文化与教育观念的体现。芬兰英才教育的发展历程很好地说明了这一问题。芬兰基础教育追求的是公平基础上的质量，质量基础上的效率[1]。在20世纪80年代之前，平等精神根深蒂固，教育重在关注弱势群体，强调“不让一人落后”。80年代之后，创新人才的需求、教育分权化的改革，为英才培养创设了一个良好的发展氛围，但这是建立在为所有儿童和青少年提供免费、高质量的义务教育基础之上的，是芬兰多元化、个性化教育制度的一种体现，也是在人才培养方面锦上添花。

（二）英才培养模式灵活多样

打通不同学段、中小学与高等学校、学校与企业之间的壁垒。英才潜能的挖掘与培养是一个持续性的过程。从普通学校的加速、分组形式，到特殊学校特殊才能的培养，再到集中课程和训练营的架构，芬兰积极构建一个相对完善的培养系统和动力机制，促进英才的成长。大学教师到中小学上课，为英才提供讲座、集中课程；中学生与大学教师、研究者合作，参与工作坊或训练营。灵活的教育制度、综合性的教学方式可以极大地推动英才的个性化学习和创造力的培养。

芬兰动用多方资源与力量，优化英才成长环境。国家、企业、学校三者各司其职，密切合作：国家提供资金与政策支持，形成舆论导向；学校提供师资力量和教育场所，特别是一些大学提供高端科研平台；企业提供经济支持、科研与实践场地。

（三）展现人才培养的国际化和专业化趋势

教育领域内人才流动加速，英才培养不断打破封闭的学术圈。鉴

[1] 康建朝，李栋.芬兰基础教育［M］.上海：同济大学出版社，2015：3.

别人才、培养人才、争夺人才成为各国的重要战略。各国都实行开放的政策，将眼光放至全世界，不再局限于本国之内。因此，作为经济、社会发展的重头戏——英才教育的专业水平不断提升，目前已跃至国际层面，英才教育也开始重视国际标准，英才教育大多建立在深厚的英才教育的学术思想之上，加强师资力量的培训，使得英才教育从思想到实践都呈现出专业化的特点。国际大型公司之间通力合作培养人才，途径有合作协议、奥赛、世锦赛等。

虽然芬兰英才教育的发展存在诸多障碍和不足，但教育权力下放、课程与教学自由权增加的趋势不容改变。芬兰的一些教育学者也为英才学生积极争取自身的教育权利和更多的教育资源。同时，国家也在积极为培养创新人才、提升创造能力、促进英才学生的发展创造良好的社会环境。

第五节

国家推动，战略布局：
匈牙利英才教育网络的构建

匈牙利重视发展英才教育，鼓励全社会重视、支持英才教育的发展。同时，匈牙利十分重视国家在英才教育发展过程中所扮演的角色。在匈牙利，国家承担了发展英才教育的主要任务，从目标原则的

制定、英才教育网络的构建、“英才教育日”的设立推行到一些具体的实施措施，国家无不在其中发挥着重要的推动作用。

一、匈牙利重视英才教育网络建设的动因

匈牙利大力发展英才教育，是因为英才教育有利于发现和培养人才，能够促进国家建设；同时，推动英才教育的发展也能够促进匈牙利教育的内在变革。

（一）英才教育关乎国家发展战略

发展英才教育与匈牙利整体的国家发展战略紧密相关。国家的发展离不开人才，尤其需要储备优秀的人才参与未来国际竞争。匈牙利的经济发展依赖于知识与技术的发展，知识与技术发展的关键在于青少年是否能够在知识技术领域取得显著的成就。匈牙利认为青少年中是否能涌现出优秀卓越的人才、英才学生的才能是否能够被发现和被应用、英才学生是否能在学习的过程中得到足够且持续的支持，对整个国家人才体系的建设以及国家的整体发展起着重要的作用。英才已经成为决定国家竞争力的关键因素，对英才学生的发现、培养已经不仅仅是英才学生自身及其家庭的问题，而是上升为国家任务。对英才学生的挖掘和利用将提高国家的竞争力，为匈牙利整个国家的发展带来新的机遇。在此意义上，国家推动英才教育的发展就不仅仅事关教育的发展，还是一个事关经济发展、创造国家机遇、促进社会建设的重大事宜，与国家的整体战略发展有着紧密的联系。

（二）英才教育是教育整体变革与创新的内在需求

发展英才教育也是匈牙利教育变革的内在要求，推动英才教育

的发展有利于推动整个匈牙利教育体系的变革与创新。目前，匈牙利英才教育的支持项目已与基础教育、高等教育紧密相连，英才教育已经融入了基础教育、高等教育体系之中，基础教育、高等教育领域也对英才教育给予不断的支持。这种互动有利于提升匈牙利整体教育水平，使教育更加注重激发学生的竞争意识、创新意识和对学生独特个性的培养，从而能够进一步提高学生自身的综合素质，培养学生更加卓越的能力；学生通过英才教育的训练，能够对自身的职业方向获得一个清晰的认识，为今后职业上的成功奠定一定的基础；整个教育体系对英才教育的普遍重视与切实支持，也能够在一定程度上缩小学生之间的机会差距，有利于处于弱势环境中的英才学生获得更多的发展机会，从而增加社会的流动性，促进教育的公平和机会均等。

二、匈牙利推动英才教育网络构建的举措

国家在匈牙利英才教育发展中扮演着重要的角色。国家制定了明确的英才教育发展目标及发展原则，构建了英才教育发展信息网络，设立并推行了“英才教育日”，落实了带有特色的英才教育具体推动措施。

（一）明确英才教育的发展目标

在英才教育的发展目标上，匈牙利既有宏观的战略目标又有具体的可执行的综合性目标（见图3-3），确保英才教育发挥社会性功能的同时也有具体明确的目标指向。[1]

1. 制定实施战略目标

英才教育发展的战略目标主要涵盖实施有效的社会性合作、实现

[1] Hungarian Genius Project Office. Hungarian Genius Integrated Talent Support Program[R]. Budapest, Hun.

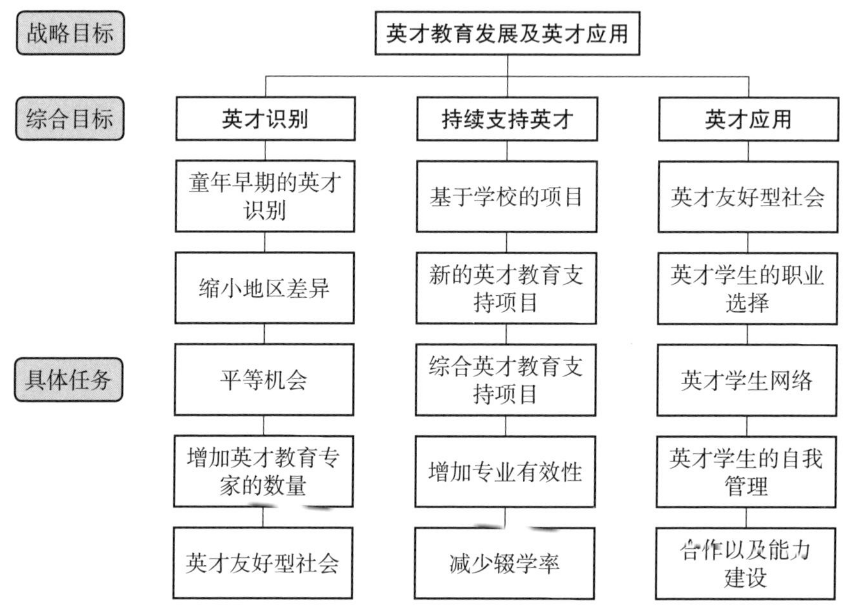

图3-3　英才教育发展的目标

资料来源：Hungarian Genius Project Office. Hungarian Genius Integrated Talent Support Program[R]. Budapest, Hun.

社会资本的增加、促进经济发展、促进教育发展以及提升国家形象并吸引国际人才等五个方面。

（1）实施有效的社会性合作

发展英才教育的目的是为了更好地帮助英才学生，在帮助英才学生的过程中与一些社会组织建立联系并与社区发生交集，还会有其他多种形式的社会性联系。通过建立不同的社会联系，英才教育支持网络得以进一步扩张，英才教育也得以进一步发展。

（2）实现社会资本的增加

切实有效地支持英才教育依靠一定的质量框架保障。在整个英才教育质量框架的建设过程中，将努力推动社会创新能力的发展，力图实现社会有益资本的增加。

（3）促进经济发展

对英才学生的合理开发利用能够对当前以及未来经济的发展起到促进作用。

（4）促进教育发展

英才教育的发展能够带动基础教育的发展，促进教育向着个性化、创造性、创新性的方向发展。

（5）提升国家形象并吸引国际人才

高水平的人才储备能够吸引高附加值的投资，英才教育就是要提升整个国家的人才培养水平，从而产生集聚效应，使更好的投资以及人才能够汇聚到匈牙利来。

2. 规划建立综合目标

英才教育的综合目标是更为具体的目标，指明了英才教育发展的更加细致的方向和道路。英才教育的综合目标包括加强对英才学生的识别、实现对英才学生持续不断的支持以及实现对英才学生的有效应用等三个方面。英才教育综合目标的每个方面又包含着具体的任务指向：

（1）加强英才学生的识别

要加强对童年早期的英才识别，在英才识别的过程中能够缩小地区之间的差异并能够尽量实现机会的均等，增加在识别过程中英才教育专家的数量，通过对英才学生的识别建立起英才友好型社会。

（2）实现对英才儿童学生持续不断的支持

要建立起基于学校的英才教育项目，不断形成新的英才教育支持项目，不断形成综合性英才教育支持项目，对英才教育的支持要做到专业有效以及减少英才学生的辍学率。

（3）实现对英才的有效应用

要明确建立英才友好型社会的目标，积极引导英才学生的职业选择，建立起英才学生网络，实现英才学生自我管理能力的提升，加强英才学生之间的交流与合作以确保其能力处于持续不断的建设过程中。

（二）制定支持英才教育的原则

匈牙利为支持英才教育，制定了一系列需要遵循的原则，包括长期性原则、价值保留原则、多元化原则、平等机会原则、持续性与过渡性原则、自我选拔与自我发展原则、效率与评估原则、责任与社会原则、认证英才教师的原则、可持续性与社会支持原则。[1]

1. 长期性原则

英才教育支持有一系列重要转折点并且需要英才教育的支持者承担起巨大的责任。一个6岁进入英才支持项目的儿童，不应该在其10岁或14岁的时候，就停止其在英才教育方面受到的支持。鉴于此，国家英才教育项目提供长达20年（2008—2028年）的英才教育支持机会，为那些英才学生提供长期持续且固定的英才教育支持。

2. 价值保留原则

保留教育培训机构、州、市、教会、公民团体层面英才支持项目中许多优秀传统是一项非常重要的社会任务。有效的英才教育支持往往长达十数年，如果一些优秀的传统英才教育支持项目未经充分考虑便不再加以利用，将不利于英才教育的发展。

3. 多元化原则

英才教育支持需要项目多元化，应该基于学生的年龄、文化社会

---

[1] Parliamentary Resolution Number 126/2008. (XII. 4.) OGY. Hungarian Talent Programme Charts [Z]. Budapest, Hun.

背景、天赋才能、承诺动机等提供给学生多元化的支持项目。英才教育支持项目的多元化不仅事关多变环境下项目体系的存活，而且能更好地接纳英才学生并提供给他们不同发展阶段的多样化支持。英才教育支持的标准化不仅没有增强英才教育的有效性，反而使整个英才教育体系发挥的功效有所打折。多元化、独特的英才教育支持项目（意味更高的单位成本）更高效。

4. 平等机会原则

给所有英才教育支持项目以平等的准入机会是十分必要的。有必要公开它们的准入标准与限制，首要的是保障准入机会的平等。就学生而言，应该给那些处于劣势的学生以特别的关注，如身患残疾的英才学生和来自贫困地区的英才学生。

5. 持续性与过渡性原则

英才教育支持会持续相当长一段时间，与此同时，英才学生的需要也会经历持续的变化，这主要与其自身才能的发展、年龄增长以及生活环境变化有关，所以应该根据实际情况对其所参与的英才教育支持项目进行调整。有的英才学生同时具有多种卓越才能，通常他们会参加几个英才教育支持项目，并且需要做出哪个项目是最佳且需要长期进行的决定。另外，需要在幼儿园至学校、基础教育至职业教育再到中等教育、中等教育到高等教育、学校教育至工作这样的转换时期与节点，给予英才学生以特别的关注，英才教育支持领域的协调应该要比此前更加有力度。

6. 自我选拔与自我发展原则

英才学生特别需要在其童年早期被识别发现，这样能够给予他们更多额外发展才能的机会。随着学生年龄的增长，开发其自身才能的重要性就会日益增长，学生需要在英才教育支持者的帮助下，进行一定程度的自我选拔和自我发展。

7. 效率与评估原则

不同程度的才能需要配以不同内容和强度的发展措施。然而，在发展的初级阶段，通常不可能做出学生是否具有超常杰出才能的判断。因此，一个好的英才教育项目应该持续不断地向那些自身才能有不断加强与提升的英才学生提供适合其自身才能发展的支持项目，使英才教育支持变得更加有效率；并及时评估、调整项目本身，使之与学生才能的发展相匹配。

8. 责任与社会原则

英才教育不仅仅是学生及其家庭的事情，整个社会也动用了人力物力资源来推动英才教育的发展。为英才的发展提供更好的机会是整个社会义不容辞的责任，需要营造一种良好的社会氛围来推动英才教育的发展。

9. 认证英才教师的原则

英才教师能够自我牺牲、对社区工作有强烈的兴趣且能提供英才教育支持，其工作在于发现英才的才能，但繁重的工作会使他们自身健康和家庭生活受到一定的损失。鉴于此，应对他们给予认可、肯定和保护，给予其充分的时间分配并采取相关措施避免超负荷工作。

10. 可持续性与社会支持原则

英才教育支持项目很少能够抓住很多微小的细节，而这些微小的细节往往又是非常重要的组成部分，诸如来自非全职英才教练人员——父母、教师、熟人的指导性和鼓励性的言行。英才教育支持不能弥补来自家庭、学校、朋友所带来的一些不良影响。鉴于此，对英才教育给予社会支持是英才教育项目能够得以持续发展和成功的重要因素。

（三）拓展国家英才教育网项目

匈牙利英才教育网（Geniuszportal）是一个由欧盟资助的核心项目，该项目已融入匈牙利国家英才支持项目中。英才教育网是由英才教育支持组织、英才教育专家为实现信息有效地流动、分布和使用而共同合作建立的。英才教育网不仅向英才教育专家提供有关英才的信息，也会向经济决策者提供相关信息。在相关活动的促进下，英才教育网有效地促进了对英才学生的发现与培养，帮助英才学生获得成功并促进其社会性发展。匈牙利英才教育网兼具独特性与普遍性，促进了相关组织间的合作，同时也致力于支持英才教育发展。一定程度上，英才教育网已融入了国家公共服务领域、非营利组织领域和私立教育领域，英才教育网在垂直层面的决策者与地方、组织、运动中实践的执行者之间建立了一条有效的信息沟通渠道。匈牙利英才教育网由英才教育点、英才教育地图、英才教育端口三部分组成。

1. 英才教育点

英才教育点在英才教育网中扮演着重要节点的角色。英才教育点通常为支持英才教育的社会团体，接受公共教育机构、教会以及民间组织的资助。它们自愿加入英才教育网并主要负责以下任务：英才识别、英才支持、英才学生咨询、相关性合作、学习优秀的英才支持实践、交换交流英才教育信息等。高效且活跃的英才教育点已经覆盖了整个匈牙利并在几个区域内形成了环状的连接。先期建立的英才教育点会向那些缺乏经验的后建英才教育点提供经验上的支持，并鼓励建立新的英才教育点。由于英才教育网持续不断地扩张，英才教育点也呈现出连年不断增长的趋势（见图3–4），截至2010年，匈牙利共有300多个英才教育点。英才教育网建设的目标不仅是覆盖整个匈牙利，还要覆盖到罗马尼亚、斯洛伐克、塞尔维亚、乌克兰等有匈牙利人居住的国家。

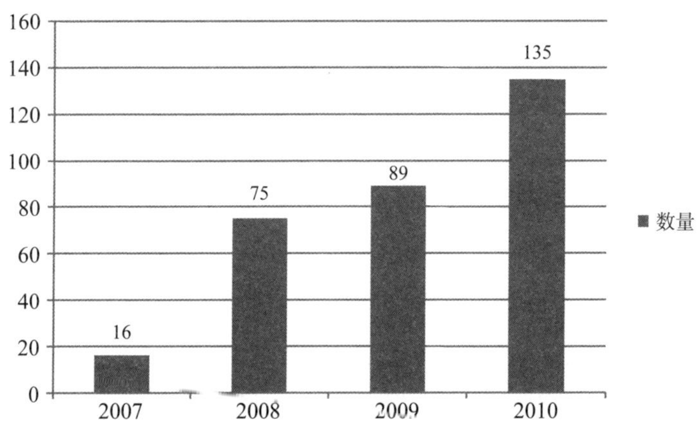

图 3-4　匈牙利每年新增英才教育点的数量

资料来源：Geniuszportal [EB/OL]. [2017-09-10]. www.geniuszportal.hu/english.

2. 英才教育地图

匈牙利英才教育支持机构的交互性地图已经得以建立，主要是为那些对英才教育支持感兴趣的人提供信息，以便他们在家或在学校能够轻而易举地获得相关的信息。英才教育地图建立了有关英才教育所有机构的完整数据库，可以根据目标人群或地理分布向用户提供具体的信息。通过建立和完善英才地图，使家长能够找到合适的英才教育机构以满足英才儿童的特殊需要，达到帮助年轻人的目的。匈牙利英才教育地图的目的是使所有对英才教育感兴趣、有热情的人之间能够建立起联系，帮助所有在科学、体育、艺术、手工、音乐等领域的英才学生能够接触到更多的能激发其内在潜力的人。

3. 英才教育端口

在匈牙利英才教育支持项目的框架下，匈牙利“英才教育端口”（www.geniuszportal.hu/english）的网站得以建立。它主要起到网络链接、更新信息、促进英才教育网中各成员相互之间交流的作用。它展现的所有信息和消息都是和英才教育支持项目相关的。英才教育地图是网站的核心元素，在英才教育地图上，分布于匈牙利境内外的英才教育点得以展现，也可以在此找到最佳的英才教育实践案例。英才教育端口在建设、发展英才教育网络，与不同项目网络之间展开沟通交流上扮演着重要的角色。为了使英才教育项目在财政上、专业性上更加清晰明朗，所有与匈牙利英才教育项目相关的重要文件及其详细内容也都发布在这一网站上。[1]

（四）举办匈牙利"英才教育日"等专题活动

匈牙利推动英才教育发展的一项重要举措就是在匈牙利境内外组织"英才教育日"。始于2006年的"英才教育日"已经成长为一场规模与影响都日益壮大的运动，城市和地区的社团也纷纷加入这场运动，并组织他们自己的"英才教育日"。2011年匈牙利"英才教育日"组织了500场活动，来自匈牙利、罗马尼亚、斯洛伐克、塞尔维亚以及乌克兰等国共5万人参加了活动。

"英才教育日"活动有一部分是英才教育专业性的会议。通过这些会议，英才教育专家、项目发起人以及支持英才教育的相关人士可以进行坦诚的沟通交流，英才学生也可以通过这一场合来介绍展示自己。"英才教育日"举办之日，地方社区也会向英才教育的支持者表达谢意，这些支持者包括教师、专家、导师、艺术教师、教练等。通过"英才教育日"举办的种种活动，进一步引起了大众对英才学生的关注与支持，加强了每个人努力发现自身潜能的意愿并帮助他们结识

[1] Geniuszportal [EB/OL]. [2017-09-10]. www.geniuszportal.hu/english.

有助于自身成长的英才教育支持者。“英才教育日”间接地使社会更加关注英才以及对英才学生进行更加有力的支持。

2011年上半年，匈牙利是欧盟轮值主席国。在轮值期间，匈牙利将英才教育支持列为重要的议题之一，并提出了发展英才教育的整体目标：第一是吸引公众对英才教育的关注，使公众能够意识到英才在提升社区生活质量、创新手段面对挑战、重塑生活形态等方面所发挥的重要作用；第二是强调英才教育的社会重要性以及英才教育支持自身所带来的益处。为了实现这一目标，匈牙利提出的措施之一就是邀请所有欧盟国家通过举办“英才教育日”促进国家间在英才教育问题上的沟通和交流，并通过这一平台来展示各自国家的英才学生，促进学生之间的交流与沟通。为此,匈牙利还创建了“英才教育日网站”[1]，动用了其他一些媒体，帮助英才学生和英才教育支持项目在“英才教育日”期间获得适当的关注，使良好的英才教育实践在不同国家之间得以分享和传播。

除了不断完善的“英才教育日”活动，匈牙利政府和民间还采取不少相关举措，从不同层面、用不同方式助力英才教育的有效开展和质量提升。比如：

1. 建设英才教育人员培训课程

在培训期间，多种多样的技能、工具以及技术被引进到培训课程中来，并在培训中得以加强和实践。培训课程还包括经验交流和知识扩充，为英才教育人员准备相应的项目，安排相关课程提升家长和社会公众对英才教育的重视，提升领导力、创新能力以及关于英才的管理技巧。英才教育培训课程不仅可以促进信息的交流，而且还会产生

---

[1] Talentday [EB/OL]. [2017-09-10]. http://talentday.eu/.

和发展英才教育所需要的职业方法。

2. 鼓励成立英才朋友俱乐部

匈牙利鼓励民间成立英才朋友俱乐部。英才朋友俱乐部是一个自发性的组织，是由那些愿意支持英才，愿意为英才服务的人们组成的。建立英才朋友俱乐部的主要目的是建立一个能够持续稳定支持英才学生的框架，并使英才“朋友们”能够见证到彼此之间合作的有效性，同时使举办的社会性活动很好地支持英才学生并产生积极的社会意义。英才朋友在任何时候都能够且愿意帮助英才学生发现自身的潜能并对这个社会作出一定的贡献。英才朋友往往包括导师、咨询人员、教育者，他们都自愿帮助英才学生打开他们的职业生涯。英才朋友也有可能是资助人，他们自愿为英才学生提供大量的服务。

3. 设立英才学生贷款

国家英才教育支持委员会提供英才学生贷款，用以支持和资助年轻的英才学生。英才学生贷款是在已获得成功的学生贷款模式之下提出的，学生贷款模式在匈牙利高等教育体系中已成功地运行了很多年。

三、对匈牙利英才教育网络构建的评价

近年来，匈牙利实施了全面推动英才教育发展的举措，在一定程度上促进了匈牙利英才教育的发展并取得了一定的成效，但是其英才教育的发展也存在着一些问题。

（一）匈牙利英才教育发展存在的问题

第一，仍然有一些英才学生被埋没。对英才学生的鉴定往往基于

他们来自名校、在个别科目上天赋异禀或者有独到的学术表现，而那些在其他领域有优异表现的学生往往容易被忽略。目前，个性化发展的实践在匈牙利教育体系中仍然没有得到充分的重视和普及。教育机构往往被隔绝，它们不熟悉，也未能充分地利用周围环境所提供的英才教育支持项目。如果学校既不重视学生的个性化发展也不充分利用英才教育支持项目，那么被遗漏的英才数量就会与日俱增。

第二，地区差异，信息匮乏，机会不均等。英才教育支持项目的地区分布存在着很大差异，英才学生很难机会均等地进入英才教育支持项目。英才教育支持项目有时很难满足英才学生、家长以及整个环境的需要，即使有时他们获得了有关英才教育支持项目的相关信息，但是往往不是他们真正需要的。在社会环境不利的情况下，这些问题对那些贫困的、身患残疾的英才学生来说更加不利。

第三，英才教育支持碎片化，项目之间互相分离。英才教育项目之间的合作还不够紧密，目前大部分只是靠人与人之间的联系，而没有成熟的合作机制。没有具体的方法、途径明示不同的英才教育项目之间在什么时候、由谁来具体地负责彼此之间的联络，针对不同类型的英才应该提供什么样的、最适合的英才教育支持也不是很明确。整个英才教育支持体系发展过程中所遇到的缺失点与瓶颈也没有得到确认。具有良好的根基、高合作水平以及网络化布局的英才教育支持项目几乎没有。尽管有一些成功的英才教育项目，但是没有一个综合的体系来识别英才学生、进行社会整合、培养不同类型的英才学生并对英才学生的应用进行详细明确的规定。不同层级英才学生之间竞赛的组织以及英才教育支持项目、奖金的安排往往显得同质化。整体而言，英才教育的持续发展也没有得以实现，在竞赛中表现优异的学生往往在赛后得不到应有的关心，英才学生经常会被调换学校、改变其居住地，这些都会造成英才学生自身发展的中断。

第四，英才教育项目质量不均衡。很多出发点很好的英才教育项目其实掩盖了巨大的质量差距。现有的英才教育支持与沉重的改变命运的责任相并行，而仅仅对英才教育支持项目抱有良好的意图是远远不够的。现实性的问题是没有一个完整的包含专业性内容、效率以及具体的英才教育评估体系。所谓的“英才教育工业体系”只是在贩卖“变成英才”的假象，而实际上有关英才教育的专业化知识却没有多大的发展。这种不负责任的英才教育实践应该被终止，应该由基于正确价值观与专业声誉的英才教育支持项目取而代之。

第五，对英才学生的应用欠缺。目前匈牙利对于如何应用英才的问题没有得到很好的解答。由于相关机构、媒体的缺位，英才学生的才能在现实工作世界中的应用无法得到明确，因此有效引导英才学生发挥自身才能的路径也比较少。这些问题，导致匈牙利虽然在英才教育上投入大量的人力物力，但是实际收效却很少，甚至培养出了人才，却为别国“做了嫁衣裳”。

匈牙利英才教育支持中所存在的问题潜藏着危机，这使得许多英才学生无法获得应有的英才教育支持，也使得一些英才学生在接受一段英才教育支持之后被迫中断无法得以持续进行。如果目前英才教育支持的社会文化因素以及地区准入不平等的问题得不到解决，上述的现象还将会继续持续下去。如此这般，匈牙利将会失去优秀的人才，进而影响整个国家的发展。

（二）匈牙利英才教育发展的经验

总体上看，匈牙利在推动英才教育发展的过程中，逐渐形成了独具特色的网络化发展模式。

在推动英才教育发展的意图上，匈牙利有着明确的认识和战略意图。英才教育以发现、培养卓越的人才为着重点，对英才学生的培养、应用不仅仅是教育层面上的问题，还关涉到整个国家经济、社会等多方面的建设，在这一层面上，发展英才教育具有战略性意义，有利于国家优秀人才储备的建设、有利于增加国家参与日益激烈的国际竞争的筹码。匈牙利着眼于国家建设和教育变革两个层面，考虑到了发展人才、储备人才的重要性，积极推动英才教育的发展，具有一定的战略思考。

在推动英才教育发展的措施上，匈牙利既有高屋建瓴的目标和原则的制定，也有横向的信息网络的铺开建设，像“英才教育日”、英才学生贷款等措施则体现出了自身的特色。总而言之，匈牙利对英才教育的发展，首先明确了推动英才教育发展的目标以及相关原则，建立了能够实现信息有效交流沟通的网络渠道，并通过“英才教育日”来提高全社会对英才教育的关注和支持力度，对英才教育人员进行培训，鼓励建立英才朋友俱乐部，设立英才学生贷款等措施也有利于进一步推动英才教育的发展。

在英才教育发展面临的问题上，匈牙利需要有所重视。可以适当地鼓励社会团体、民间团体发挥自身的积极作用，在国家力量所不能及的地方，大力发挥社会力量、民间力量的作用，使它们在英才教育的发展过程中扮演起重要角色，能够更加灵活高效地解决英才教育发展过程中出现的一些问题。

总之，匈牙利强调国家在推动英才教育发展中的重要作用，以国家力量迅速打开了英才教育建设、发展的局面，这种发展英才教育的方式有值得我们反思和借鉴的地方。

第六节

校本计划与校外支持并行：中国香港特区的资优教育探索

20世纪80年代末，中国香港地区兴起了不同形式的资优教育，从学校之外的政策保障、制度与资源支持，到校内的选拔、培养机制，其资优教育发展的经验与不足都有可供内地借鉴的地方。一直以来，世界各地的英才教育大都面临公平与卓越之争，而随着人们对教育公平的诉求越来越强烈，英才教育的开展面临更大的困难。香港的资优教育注重校本计划与校外支持并行，对资优学生开展适才教育的同时，也重视向所有学生开放优质教育资源。本节首先介绍香港资优教育校本计划与校外支持并行模式的确立过程，在总结其特点的基础上，考察香港资优教育发展如何回应公平与卓越之争，以及香港对资优学生的认识给当下盛行的适才教育范式带来的启示与挑战。

一、校本计划与校外支持并行模式的确立

香港的资优教育发展与当地的社会经济发展密切相关，其发展历程经历了三个阶段：萌芽阶段以《第四号报告书》为终点，标志着资优教育从民众的诉求进入了政府的施政实践；试验阶段以政府在19所小学试行的“学业成绩卓越学生校本课程”为代表，该项计划为此后的推广阶段作了准备；基于试验阶段的成果，推广阶段辅之以多种校外机构的支援，以不同形式的计划在特区的主流学校中招募合作校

展开资优教育。

（一）萌芽阶段：从社会需求进入政府施政

20世纪80年代以前，港英政府因经济起飞产生对人才的渴求，推进高等教育及职业训练，彼时无暇顾及特殊教育。随着经济的发展，民间团体和家长对资优教育的诉求愈加强烈，而政府也逐渐注意到中小学阶段不同资质儿童的特殊教育需求。香港天才教育协会成立于1988年，由天才教育博士、大学教授、校长、中小学教师和家长等组成，名誉顾问为香港中文大学校长高锟教授。作为资优教育的先行者，该协会向政府提出了多项有关天才教育的建议，并获得采纳。

1990年，港英政府教育统筹委员会颁布《第四号报告书》，首次以政府报告的形式将资优教育纳入考虑范围。由此，香港资优教育不再仅仅依赖民间团体和家长，而是逐渐走进了政府资助的中小学校。《第四号报告书》对于天才儿童的定义有明显借鉴加德纳多元智能的痕迹，并引用了美国联邦教育局对资优的多元定义。尽管如此，政府资助的学校资优教育仅仅面向那些学业成绩卓越的学生，即智力经测定属高水平，对某一学科有特强的资质，有独创性思考的学生。

以《第四号报告书》为界，香港的资优教育从民间团体行为进入政府施政范围，教育局课程发展处资优教育组成为统筹资优教育的专门机构。政府希望资优教育普及化，即更多地通过校本课程的方式使得资优学生仍然留在学校接受适合他们的教育，并且重视校本资优课程对普通学生的影响。鉴于此，香港将发展资优教育的主要力量放在主流学校内，而辅之以校外培训计划。

（二）试验阶段：从小学到中学逐级推进

《第四号报告书》颁布之后，当时的教育署在赛马会资助下，聘请了香港多所大学的学者组成研究团队，为该报告书的落实展开研究，其主要贡献在于制定了鉴别资优儿童的工具，如"香港陶氏创造思考测验""资优儿童行为特质（教师问卷）"和"资优儿童行为特质（家长问卷）"等，同时考察资优儿童在小学的分布和教育需求。1994年至1997年间，政府在19所小学进行"学业成绩卓越学生校本课程"试验[1]，并于1995年成立资优教育的中心机构——冯汉柱资优教育中心。"学业成绩卓越学生校本课程"的推广有两种模式：（1）全班式，鼓励教师将资优教育的元素融入正规教学，同时结合分组教学，为不同学生提供相应训练；（2）抽离式，选拔精英让他们接受课堂之外的系统培训。1997年至1998年，政府对这项试验计划进行评估，肯定了此项计划的成效，认为不仅对资优学生产生了正面效果，也为全校师生带来裨益。至此，资优教育在小学阶段的试验告一段落。

真正将资优教育落实到中学的是"特别资优学生培育支持计划"[2]，中学阶段的培育计划为资优生单独提供培训。该计划在全香港各中学选取合适的学生，以抽离式模式为资优学生提供校外课程。该计划的培训课程一开始由政府委派不同组织协办，至2008年，新成立的香港资优教育学苑接棒成为该计划的训练中心，为10~18周岁的青少年提供有关教育服务、甄选与培训。与此同时，该学院也重视与大专院校

[1][2] 香港资优教育发展历程[EB/OL]. [2017-01-14]. http://resources.edb.hkedcity.net/gifted/ge_resource_bank/files/Policy/policy/policy_chin_March08.pdf.

合作，为不同资优学生提供培训。至此，香港资优教育已经建立了较为完善的支持体系。

（三）推广阶段：校本计划与校外支持并行

进入21世纪，特区政府的资优教育实践亦进入新的阶段。教育局资优教育组以“群集学校资优计划”“种子计划”“资优教育社群”鼓励主流学校参与政府推行的资优教育计划，为中小学校提供诸如学与教支援、教师专业发展、比赛资讯、网上学校课程、多元学习津贴，并且通过资优教育学校网络计划等为不同的参与校提供交流和分享的平台[1]。其中，“群集学校资优计划”在2000年有12所小学、8所中学参与，2001年扩充至18所小学、12所中学，两年间共30所学校参与[2]。“种子计划”实施时间为2002至2006年，截至2006年，共有42所小学、16所中学参与[3]。

随着资优教育校本计划的推行，政府亦积极联络各大院校，为学校资优教育提供校外支持。例如，香港中文大学教育学院为资优学生举办“资优计划”，香港浸会大学儿童发展研究中心为资优儿童举办“资优教育课程”及相关活动，香港科技大学理学院资优教育发展中心开设数理资优课程等。

此外，致力于提供校外支持的中国香港资优教育学苑亦值得关注。2009年，学苑推行“寻找双重特殊资优儿童计划”[4]，透露了不

［1］资优教育支援与支持 [EB/OL]. [2017-01-14]. http://www.edb.gov.hk/mobile/sc/curriculum-development/major-level-of-edu/gifted/index.html.2017-01-14.

［2］“群集学校资优计划”参与学校数目 [EB/OL]. [2017-01-14]. http://resources.edb.hkedcity.net/gifted/implement_school.htm.

［3］“种子计划”参与学校名单 [EB/OL]. [2017-01-14]. http://resources.edb.hkedcity.net/gifted/seed/list.htm.

［4］双重特殊资优儿童的才能发展计划 [EB/OL]. [2017-01-14]. http://hkage.org.hk/gb/events/parent/2011/pg/WS1112006.pdf.

同的理念取向。双重特殊资优儿童指的是在智力方面表现优异的学生，但同时有其他障碍，如自闭症、过度活跃症等。不同于以往专注于资优儿童的理念，此项计划也暗示了政府对“资优教育”理念的更新。

二、校本计划与校外支持并行模式的运行

香港近三十年来发展资优教育推行的是校本延伸和校外支持相结合的方式。以下从中小学阶段发掘资优学生、培养资优学生入手，详细分析香港对资优教育的推行模式。

（一）发掘资优学生

资优学生的发掘是一个世界性的难题，其具体操作取决于政府所执资优教育范式。香港中小学在此领域的工作也饱受诟病。香港借鉴了美国联邦教育局对资优的多元定义。按照政府的指南，资优学生的鉴别不仅仅依靠智力测验结果，亦强调教师和家长从不同角度了解儿童在各方面的潜能，从而了解他们的个性化学习需要。与此同时，对学生的评估也摒弃了单一的考试方法和一次性的鉴定，转而强调阶段性和多角度的标准。资优教育的校本课程更加注重教师小组对资优生的推荐和鉴定工作，教师也参考家长对学生的观察，以此决定不同资优学生的教育需求。而校外资优教育的提供者，如资优教育学苑，除开放学校推荐系统，也鼓励学生自荐。这种多元化的评价方式自有其优点，给予了学生和家长更多表达个性化学习需求的机会。但事实上，试验阶段的“学业成绩卓越学生校本课程”中的资优生仅仅是学业成绩卓越者，可谓对多元化资优定义的违背。由此也印证了资优生选拔在实践中遇到的困难以及操作过程中的简单化处理。

（二）遵循普及化原则

香港特区政府在资优教育的实施过程中奉行所有学生受益最大化原则，这也深刻地影响了其对资优学生的培养方式。

特区政府认为，“资优教育的任务是有系统、有方向地发掘和培育资赋优异的学生，为他们提供适切的教育机会，使他们能在富有弹性的教学方法和环境下，充分发挥个别潜能”[1]。在照顾资优学生教育需求的同时，特区政府认为资优教育属于优质教育的一部分，并非专属于资优学生，而应该遵循普及化原则，照顾资优与非资优学生的基本学习需求。此外，资优教育不应该仅仅关注学业，而应该使用多元智能的概念，同时注重启发学生思考，培育创造力与社交能力。学校在提供多元且具有连贯性的教育活动的同时，应积极引用校外的资优教育资源。

从政府理念来看，资优教育并不仅仅是抽离式地为学业优秀的学生提供特殊的教育，而是作为推进优质教育的一部分，不仅为资优学生提供适切的教育，同时为所有学生提供接触优质教育的机会。

（三）三层次推行策略

基于资优教育的理念，香港特区政府在主流学校中推行资优教育的模式分为三个层次。第一层次贯彻优质教育普及化原则，在一般课程中加入高层次思维技巧、创造力、社交能力等三大资优教育元素，按照学生的特质实施分组教学，以及延伸专门性学习领域的内容。第

[1] 资优教育[EB/OL]. [2017-01-14]. http://www.edb.gov.hk/mobile/sc/curriculum-development/major-level-of-edu/gifted/index.html.

二层次仍然基于校本，但以抽离式在一般课堂之外实施一般延伸课程，如创造力训练、领袖才能训练等，以及特定学科范畴的延伸课程（如数学、艺术等）。第三层次依赖校外支援，教育局资优教育组和资优教育学苑委托大专院校与其他教育机构，为中小学校推荐的特别资优学生提供富挑战性的校外延伸学习机会。校外支援体系除了为中小学基于校本的资优教育提供支持，更为重要的角色是为资优生提供学校之外的资优培训计划。校外支援体系主要分为两大系统。一是前文提到的政府为促进资优教育而专门组建的机构，如冯汉柱资优教育中心和香港资优教育学苑。二者不仅为校本资优教育提供教师培训和丰富的资源，还为资优学生校外培训开发课程。另一支援系统是香港的高等院校，它们以先导课程、朋辈计划等方式为资优生提供不同领域的学习机会，有时也会协助中小学开展资优教育，如下文慕德中学的案例。

三、慕德中学校本计划与校外支持的实践案例

港澳信义会慕德中学是“群集学校资优计划”2000—2002年的参与校之一，受优质教育基金赞助，是香港两所资优教育先导学校之一。该校持续参与教育局资优教育组的活动，且在2012—2014年与香港城市大学合作，展开对本校推行资优教育之成果的评鉴。慕德中学的资优教育历程可以帮助我们更好地梳理香港资优教育支持系统发展成熟之后的运行情况。

“群集学校资优计划”的参与校分为两种，以主力学校带动联系学校的方式推行。作为该计划的主力学校，慕德中学成立了由校领导领衔的专责小组，参与资优教育培训工作。拟定校本资优培训计划和目标，并展开教育局资优教育组倡导的第一层次和第二层次工作，即

在正规课堂施行的课程中渗入资优教育的元素，并延伸课程内容以照顾能力较强学生的学习需求。同时带领其他联系学校策划并举办第二层次的部分抽离式课程或活动。收集、记录、保存学校推行校本资优教育的经验、资料、数据及成果，供其他学校参考。此外，慕德中学还举办经验分享会，与教育局合作，促进区内其他学校推行校本资优计划。

在人员培训上，慕德中学还需要借调教师前往教育局，推动和参与整项计划，与主力学校的专责小组人员合作，并作为协助者支援其他联系学校实施前两个层次的校本资优课程。在资优教育推行效果的评鉴上，慕德中学在参与“群集学校资优计划”时，与教育局相关人员共同跟进，也可借助特区丰富的校外支援系统，寻求与大学合作，共同开展评鉴工作。慕德中学的资优教育体系以教育局的三层次推行模式为基础，其校本课程包括第一层次的共通能力培育课程（如思维教育科和共通能力教育科）以及综合人文科，第二层次借助校外资源，如教育局和香港大学教育学院所研发的教材，对13名科学资优生进行抽离式培养，以提升其批判力、创造力和社交能力。在资优教育实施效果的评鉴上，慕德中学与香港城市大学合作，发现13名科学资优生以及131名普通学生在历经一年的全班式和抽离式资优培训之后，在创造力上均有所提升[1]。

香港基于资优学生的定义以及资优教育的理念展开资优生发掘，并对包括资优生在内的所有学生进行适切教育。慕德中学的案例展示了香港资优教育推行模式的具体运作，可谓已有较完善的资优教育支

[1] 杨静娴，汤皓勋，林劲聪，罗百浚.资优教育计划对提升资优学生创意的成效研究——以港澳信义会慕德中学为例［J].创新人才教育，2014（3）：46-49.

援体系。

四、中国香港资优教育模式的反思与启示

总体而言，香港资优教育的发展历程并不算长，但因其对世界各地资优教育理论和实践的借鉴，在一开始就站在理论的前沿，避开了其他地区资优教育发展的误区。此外，在民众、学者、中小学校、慈善人士、财团和政府的热情推动下，经过短短十多年的试验和评鉴，就发展出较为完备的资优教育体系。

不同于其他国家或地区培养拔尖人才以适应社会发展之需求的动机，中国香港的资优教育在萌芽之初走的就是从民间团体之诉求到政府施政范围的自下而上的道路，此为香港资优教育的特征之一。受到自下而上发展路径的影响，中国香港的资优教育奉行为资优儿童提供适切教育的理念，而不是将他们视为社会发展的工具，此为特征之二。政府关注资优学生在校接受资优教育这件事情本身对其他学生的影响，注重校本层面全班式和抽离式的培养，认为资优教育本身作为优质教育的一部分应该向所有学生普及，此为特征之三。最后，前文提到中国香港资优教育学苑在2009年提出“寻找双重特殊资优儿童计划”，此计划刷新了对资优儿童的既有认知，资优儿童需要的可能不仅是增益课程或培训，也可能存在其他方面的问题，需要外界的关注和支持。

中国香港的资优教育以浓缩画卷的形式回应了理论界关于资优教育的经典争论——资优教育与教育公平的关系[1]，也引发我们思考资

[1] 付艳萍.教育公平：资优教育的内在之义——以美国资优教育的发展为例［J].外国中小学教育，2013（7）：8-11，7.

优教育范式的转变。

（一）能力正义之下兼顾公平与卓越

在全世界范围内，资优教育常常因其追求卓越的特质而受到教育公平的苛责。以较早发展资优教育的美国为例，受不同时期政治、经济和学术等因素的影响，其资优教育呈现不同取向。从20世纪50年代对天才儿童的重视，到21世纪《每一个学生都成功法案》，美国教育的风向标经历了从追求卓越到追求公平的转变，联邦政府亦不再为资优儿童的发展提供财政支持[1]。离开了政治需求的资优教育似乎丧失了在联邦政府施政范围内的合法性。在世界各个国家和地区的资优教育发展中，如何缓解乃至化解公平和卓越之争，始终是政策制定者和实践者要面临的棘手问题。中国香港发展资优教育的历程为我们提供了一种能力正义之下兼顾公平与卓越的思路和实践路径。

在香港资优教育兴起和推行的过程中，公平和资优之间并无激烈矛盾。原因有三：首先，政府资优教育政策顺应民间对特殊教育的诉求而形成，而非政治的需求，即它是为满足不同学生的教育需求而产生的，因此较少遭受公平的责难；其次，香港强调资优教育的普及化，同时将资优儿童视为学校的普通一员，而非俗称的“神童”或“天才”，重视资优儿童与其他学生之间的交往和相互影响；最后，校外支援系统的角色仅仅是提供增益课程或其他支持，而非一个独立的学校系统，可谓资优教育中的辅助角色，资优学生的主要活动场所仍然是他们本来所处的学校。

---

[1] 付艳萍.教育公平：资优教育的内在之义——以美国资优教育的发展为例［J].外国中小学教育，2013（7）：8-11，7.

在香港的实践中，开展资优教育并非将少数有“天赋”的学生隔离开来，在给予资源倾斜的同时寄予特别的期待。事实上，为资优学生提供适切的教育是教育公平的另一种体现。学界常常基于正义理论探讨教育的公平问题，以往有关教育公平的讨论无外乎基本物品和权利的分配[1]，而阿马蒂亚·森（Amartya Sen）则提出另外一种理解正义的视角："在分析社会正义时，我们有很强的理由用个体所具备的可行能力来判断其处境。"[2]能力正义之下，资优生与普通学生乃至学习困难生一样，享有发展其能力的权利。这一理论可以帮助我们理解学校系统应该为不同资质儿童提供何种教育，才能提升其增加人生自由选择的能力。因此，为“资优学生”提供合适的“资优教育”是此类学生发展权利的诉求，而不是对教育公平的破坏。如此又回到最初的问题，即我们如何看待资优儿童，这种“资优观”决定了资优教育范式的转变。

（二）全面认识资优学生的特质：可能的情意危机

理论界有关资优教育范式的讨论经历了从资优儿童范式到才能发展范式，再到适才教育范式[3]的转变。资优儿童范式认为，存在智商水平和学习能力均高于普通学生的资优学生群体，且需要为该群体提供特殊的教育。这一范式在各种智力量表的带动下曾经兴盛一时[4]，但随着多元智能等理论的发展，逐步被才能发展范式所替代。才能发展

[1] 钟景迅，曾荣光.从分配正义到关系正义——西方教育公平探讨的新视角 [J].清华大学教育研究，2009，30（5）：14-21.

[2] SEN A. Development as Freedom[M]. Oxford: Oxford Press, 1999: 35.

[3] 付艳萍.走向适才教育：资优教育发展的新趋势——以美国资优教育为例 [J].外国教育研究，2016（1）：39-47.

[4] TERMAN L M, BALDWIN B T. Genetic Studies of Genius. Stanford: Stanford University Press, 1926: 23.

范式主张，所谓资优不仅限于智商突出，并且认为智力的发展也处在变化之中。上述两种资优教育范式在追求教育公平的导向之下受到限制。适才教育范式即为突破前两者的限制而产生，指的是根据学生的不同需求提供满足其个性化发展的教育，其理论基础包括维果茨基著名的最近发展区理论，学生之间不同的最近发展区构成了适才教育的基础。

然而，无论是资优儿童范式、才能发展范式还是适才教育范式，其关注点都仅仅局限于资优儿童在智力以及认知等方面的优势，而未曾真正全面认识资优学生的特质。这种忽视可能导致的恶果是，资优学生仅仅成为某些发展理论的试验品，被超群的智力发展水平所掩盖的，可能是情意发展的极度匮乏。

香港在20世纪90年代初出台《第四号报告书》，正是参考多元智能理论以鉴别资优生，并以适才教育原则为其提供资优教育。随着理论的发展并解决现实中出现的问题，教育局资优教育组对资优儿童的认识也更加全面，资优教育组[1]认为，仅仅关注认知能力的发展可能存在问题，资优生相较于一般儿童，除了有多元的认知优势，亦可能存在需要特殊辅导的困难。波兰心理学家达布罗夫斯基[2]在其情意发展理论中提到，资优生的情意发展包括“过度激动”（over excitability）的身心特质，譬如在情意方面表现出极端的情绪反应。格雷戈里（Gregory）[3]对天才和普通学生的对比研究也证明了“过度

[1] 资优生的情意发展[EB/OL]. [2017-01-14]. http://www.edb.gov.hk/sc/20150106122525.html.

[2] DABROWSKI K. Psychoneurosis Is Not an Illness. London: Gryf, 1972: 1.

[3] HARRISON G E, VAN HANEGHAN J P. The Gifted and the Shadow of the Night: Dabrowski's Overexcitabilities and Their Correlation to Insomnia, Death Anxiety, and Fear of the Unknown[J]. Journal for the Education of the Gifted, 2011, 34(4): 669-697.

激动”现象的存在。基于理论和实践，资优教育组[1]认为不少资优生可能因害怕失败而逃避挑战，以致未能发挥应有的能力水平，更有甚者，在踏入青少年期后，为取得同辈的认同，故意表现平庸以隐藏自己的实力。香港资优教育学苑正致力于寻找“双重特殊资优儿童”，在为他们提供适应其认知能力发展的教育的同时，也试图帮助他们解决情意方面的危机。

综上所述，中国香港的英才教育从一开始就抛弃了饱受公平诟病的资优儿童范式，致力于为那些在不同领域有资质的学生提供适合的教育，可谓多元发展与适才教育的结合，近年来亦不断致力于加深对资优儿童的全面了解，为理论界展开对资优儿童的研究开拓了新的可能方向。犹如一枚硬币的两面，资优儿童具备认知能力的优势，但也可能存在情意的困境，相关问题的解决有待于更多的理论探索和实证研究，这也是中国香港资优教育实践对范式更新的呼唤。

[1] 资优生的情意发展[EB/OL]. [2017-01-14]. http://www.edb.gov.hk/sc/20150106122525.html.

第四章

中国英才教育发展研究

本研究设专章探讨中国英才教育，但因时间与精力所限，没有系统勾勒中国英才教育的发展全貌，而是在对英才教育发展作概括性追溯的基础上，重点关注了近四十余年来基础教育领域英才教育发展的现状、现象及问题瓶颈，并重点考察了英才教育实验个案：对北京八中超常儿童教育的长期实践进行了不同角度的探究，运用访谈、问卷等方法完成了内容丰富的个案研究，在结果呈现的形式上也作了新的尝试。

第一节

中国英才教育的发展

本节从英才教育的概念界定、中国英才教育的发展历程、实施青少年英才教育的主要形态、中国英才教育面临的问题等方面，梳理了中国英才教育的发展状况。基于几所学校描绘出当前中国英才教育的图景，对当前国内英才班的选拔机制、培养机制和毕业生去向作了详细介绍，同时揭示了在重点班、拔尖创新人才培养模式、英才班方面存在的问题。研究提出了对未来中国英才教育发展任务的建议，包括：扶持民办机构，规范民办教育机构，完善评价标准，实施合适的英才教育课程教学，统一选拔机制，注重全方位培养等。

一、关于英才教育的概念

《教育大辞典》对“大众教育”（mass education）的解释为，“为大多数人服务的教育”。[1]《西方教育词典》中，大众教育是指对大量儿童的教育，特指以公共经费承担教育一个国家大多数儿童的任务；英才教育（elitist education）则是社会中一个由少数人构成的集团，通常为学术尖子集团，应该得到与其人数极不相称的庞大教育经费——因为他们具有更大的内在价值，又因为通过对这个特殊群体的培养，可以期望他们对社会做出更大贡献。[2]这是从教育活动所服务的人群数量对大众教育和英才教育进行的划分，为大多数人服务的是大众教育，为少数人服务的是英才教育。当社会政治、经济、文化、科技都发展到一定水平时，每个人都有了接受教育的平等权利，大众教育和英才教育的含义就与之前有所不同了。大众教育是为了满足大多数人的教育需求而设的，英才教育是为了满足少数人（特指智力发展水平较高的人）的教育需求而设的，诸如天才儿童、特殊才能儿童等。[3]即在一个教育体系中，分别设有大众教育和英才教育两种教育类型。

本章正是采用这一概念对中国英才教育进行阐述，即英才教育是为了满足少数智力发展水平较高的或具备特殊才能的人的教育需求而实施的，与大众教育并存于学校教育体系中的一种教育类型。

此外，本节还使用“原生态英才”这一概念，表示未接受过大众

[1] 顾明远.教育大辞典（第1卷）[M].上海：上海教育出版社，1990.
[2] 德·朗特里.西方教育词典 [M].上海：上海译文出版社，1988.
[3] 刘宝存.大众教育与英才教育应并重——兼与吕型伟、王建华先生商榷 [J].教育发展研究，2001（4）：57-59.

教育即现行义务教育的具有特殊才能或智力发展水平较高的人才。之所以对“原生态英才”这一概念作出界定，是因为无法就既接受过大众教育又接受过英才教育的学生评价英才教育的成果，即无法区分教育成果是来自英才教育还是大众教育。

二、中国英才教育发展轨迹

世界范围内的英才教育已经开展多年，英才教育体系已趋于完善。现代意义上的英才教育是伴随着20世纪90年代的智力测验（IQ Test）开始的。“二战”以后，由冷战和其他因素导致的国家间竞争日益加剧，一些国家开始关注英才教育。进入21世纪，很多国家对英才教育的重视进入到一个前所未有的新阶段，英才教育与国家发展的联系被空前强化，各个国家都试图通过英才教育实现对卓越教育的追求，进而实现国家的卓越，提升本国在全球化时代的国际竞争力。[1]

（一）我国英才教育发展的纵向线索

春秋时期，我国就有了英才教育。因为“选士”和“养士”之风盛行，英才教育并未受到重视。官学衰落，私学兴盛，导致英才教育在很大程度上带有平民化的倾向。然而，中国自汉朝以来所尊崇的儒家文化，其根本的意识形态就是一种“尊贤”的精英思想。由此，英才教育逐步转变为以儒家学说为根基的统治官僚的培养。[2]

---

［1］ 褚宏启.追求卓越：英才教育与国家发展——突破我国英才教育的认识误区与政治障碍.（国家社会科学基金“十二五”规划教育学重点课题“以科学发展为主题转变教育方式研究”，课题批准号：AFA11001）

［2］ 李建辉.英才教育的发展历程［J］.教育评论，2007（3）：113-116.

可以看出，这个时期的中国英才教育才开始有了系统化和制度化的雏形。隋唐时期，科举制度正式建立，英才教育与人才的选拔融为一体，进一步将英才教育纳入国家制度的一部分。唐代和宋代为神童创立了专门的童子科制度，凡10岁以下能通一经及《孝经》《论语》每卷诵文十通者，授予官职。宋代的童子科体制最为完善，考试时除了背诵经文，还增加了诗赋，录取标准更加严格。至清代，童子科被废除。[1]明代开始推行的“八股取士”制度使得英才教育走向没落。[2]

1905年科举制度的废除标志着中国传统英才教育的结束。1906年清政府提出“造就全国之民”的教育宗旨，从制度上认可了大众教育，英才教育的发展也由此停滞不前。1922年新学制的附则中明确提出，“应注意天才教育和特种教育”，一是“注重天才教育，变通修业年限，使优异之智能尽量发展”，二是“注重特殊教育”。新学制奠定了英才教育的基础，也为英才教育的进一步实施和建立理论体系提供了制度层面的扶持。陶行知认为，特殊才能的教育是针对国民教育之外的因材施教。1927年，国民党重拾英才教育这一问题并加以改进，以“教育民主”为纲要发展英才教育，建立了所谓的现代英才教育体系，一直持续到中华人民共和国成立。[3]

1947年，沈亦珍在上海中学启动了超常教育试验计划，并开设了实验班。他指出，超常教育的重要价值是促进教育公平，平等的机会并不意味着平庸，并不意味着所有儿童均在统一组织管理下，在同样时间用同样方法，以同样的速度学习同样的教材，每个人都有自己的

[1] 黎明，牟映雪.中国超常教育的发展历程及启示——未来呼唤“双超常教育”[J].中国特殊教育，2009（1）：8-13.
[2][3] 李建辉.英才教育的发展历程[J].教育评论，2007（3）：113-116.

权利，天才儿童应有获得适当教育机会的权利。沈亦珍从教育公平的角度出发，将超常儿童的教育纳入促进教育公平化的进程中，打破了以往仅仅对困难儿童或残障儿童实施公平教育的观念。新学制附则中的内容为中国近代英才教育实践奠定了制度层面的基础，陶行知和沈亦珍等人的观点和试验也为近代中国英才教育理论体系的建构及其具体实施作出了很大的贡献。

1974年5月，物理学家李政道提出了开办少年班的设想，当时正处于“文化大革命”，人才培养几乎停止。周恩来曾向毛泽东建议，参照招收和培训芭蕾舞演员的办法，从全国选拔很少数十三四岁左右的有培养条件的少年，到大学去培训，培养一支少而精的基础科学工作队伍。[1]应该说，这不仅体现了中国近现代英才教育体系的核心思想，也体现了中国少年班基本的选拔机制和培养理念。

1977年10月，江西冶金学院教师倪霖致信当时的国务院副总理方毅，举荐江西赣州13岁的天才少年宁铂。这封得到方毅亲笔批示的信直接促成了几个月后中国科学技术大学少年班的诞生。1978年3月，中国科学技术大学举行了第一期少年班开学典礼。[2]

1977年，邓小平提出："办教育要两条腿走路，既注意普及，又注意提高，要办重点小学、重点中学、重点大学。要经过严格考试，把最优秀的人才集中在重点中学和大学。"[3]至此，中国教育体制中开始出现重点学校制度。由于种种原因，一些优秀的学生无法在大众教育的体系中得到充分的培养，因此开始出现重点学校中的重点班。教育行政部门发布了一系列相关文件，如《关于办好一批重点中小学

[1][2] 谢洋，原春琳.中国高等教育改革探索的一个微缩样本：少年班30年在争议中跋涉前行［N］.中国青年报，2008-04-15.

[3] 邓小平文选［M］.北京：人民出版社，1983：37.

试行方案》(1978年)、《关于分期分批办好重点中学的决定》(1980年)、《关于进一步提高普通中学教学质量的几点意见》(1983年)、《关于重点建设一批高等学校和重点学科点的若干意见》(1993年)。重点学校制度逐步完善，这也是英才教育的一部分。

1978年3月，全国科学技术大会召开，邓小平在开幕式上作了重要讲话，指出在人才的问题上，要打破常规，去发现、选拔和培养杰出的人才。这一指示为中国科学技术大学少年班建立选拔和培养人才的机制起到了奠基作用。

1983年12月28日，邓小平会见了著名物理学家杨振宁。杨振宁谈到计算机软件人才培养时说："现在全世界都公认美国的计算机最好，我在美国考察时发现，做计算机的不是年龄大的，都是些年轻人，我知道中国有个少年班，14~15岁上大学，很聪明，这些人学软件专业，今后将会前途无量。"杨振宁的这番话得到了邓小平的赞同，邓小平认为不仅可以办科大少年班，而且提醒大家要看得远一点，要不然会来不及。[1]由此可见，在人才稀缺的年代，大众教育的模式表现出明显的不足，要大力推行英才教育，选拔人才进行集中培养。在一些高精技术行业，如计算机行业，大多数科研人员是年轻人，这也是少年班招生时对年龄作出限制的原因。邓小平的肯定对于当时少年班的开办有着极其重要的影响。

1984年，天津实验小学建立了中国第一个超常儿童教育实验班。1985年，北京八中建立了第一个缩短学制的中学超常教育实验班。此后，天津市耀华中学、东北育才学校、北京育民小学等十多所中小学

[1] 谢洋，原春琳.中国高等教育改革探索的一个微缩样本：少年班30年在争议中跋涉前行［N].中国青年报，2008-04-15.

也创办了少儿班及实验班。[1]据统计，这一阶段相继有70多所中小学开办了超常儿童教育实验班。[2]

1985年1月，教育部下发了《同意北京大学等12所院校举办少年班》的文件，决定在北京大学、清华大学、复旦大学、上海交通大学等12所重点高等院校开办少年班，扩大少年班的试点。这种超常教育形式无论在我国还是在世界其他国家，都是史无前例的。从20世纪90年代起，各校少年班纷纷停办。1999年的全国两会上，政协委员蔡自兴提交了一份《及早废止少年班》的书面报告。2001年，上海交通大学少年班停止招生。[3]2012年7月，安徽省紧急叫停两个英才班。[4]

截至目前，仅有中国科学技术大学、西安交通大学和东南大学仍在继续开办少年班。

（二）改革开放后我国英才教育的重点推进

1994年，中国科学院心理研究所超常儿童研究中心成立，其前身为中国科学院心理研究所超常儿童心理发展与促进课题组。1978年，在国家有关部门和中国科学院的支持下，超常儿童心理发展与促进课题组在中国科学院心理研究所正式成立，不久，中国超常儿童研究协作组在中科院心理所查子秀研究员等老一辈心理学家和教育家的组织

[1] 褚宏启.追求卓越：英才教育与国家发展——突破我国英才教育的认识误区与政治障碍.（国家社会科学基金“十二五”规划教育学重点课题“以科学发展为主题转变教育方式研究”，课题批准号：AFA11001）

[2] 孟现志.关于我国超常教育的若干问题反思［J].中国特殊教育，2004（7）：72-75.

[3] 褚宏启.追求卓越：英才教育与国家发展——突破我国英才教育的认识误区与政治障碍.（国家社会科学基金“十二五”规划教育学重点课题“以科学发展为主题转变教育方式研究”，课题批准号：AFA11001）

[4] 王磊.安徽两“神童班”被叫停［N].中国青年报，2012-07-15.

领导下正式成立，并开展全国范围的科学普查和研究工作。40余年来，中国超常儿童研究协作组在各地协作单位的积极参与和共同努力下，在超常儿童的心理发展和教育培养方面开展了广泛的科学研究，对数以千计的儿童作了调查，对数百名超常儿童作了个案调查，并对其中的许多个案进行了长达30年之久的追踪研究；编制了具有较高信度和效度的鉴别超常儿童认知能力的测验和个性心理特征问卷；对超常与常态儿童的认知、记忆、思维（包括创造性思维）、观察能力和个性特征等各个方面进行了比较研究；建立了多种形式的超常教育模式；对超常儿童的成因开展了深入的调查研究。[1]

进入21世纪，中国教育政策与教育实践的热点话题集中于拔尖创新人才培养，这标志着英才教育的发展再次达到了一个高潮。培养拔尖创新人才也成为21世纪中国英才教育发展的主要宗旨和方向。《国家中长期人才发展规划纲要（2010—2020年）》（以下简称《纲要》）提出，“坚持因材施教，建立高等学校拔尖学生重点培养制度，实行特殊人才特殊培养”“关注学生不同特点和个性差异，发展每一个学生的优势潜能”“改进优异学生培养方式，在跳级、转学、转换专业以及选修更高学段课程等方面给予支持和指导”。

《纲要》中的“改进优异学生培养方式”在落实中遇到了一定的困难，如何培养，培养什么，成为英才教育中一个很重要的问题。普通高中或者高等学校对于“优异学生”的界定仍旧是“学习成绩好”的学生，很多偏科的学生，其潜能并没有得到充分的培养。如何对这样的学生进行“因材施教”，是落实《纲要》基本要求的一个难点。其中对于“跳级学生”的特殊支持，对于拔尖型人才是很有利的

[1] 中国科学院心理研究所超常儿童研究中心网站[EB/OL]. [2018-04-15]. http://cngifted.psych.ac.cn/.

帮助，在政府层面给予人才以发展的空间。对于部分英才学生来说，《纲要》为他们的学业发展提供了一定程度上的政策保障，从政策意义上将“跳级”这一行为合法化。可见，政府对于英才培养持一种保护和肯定的态度。但是，政府的支持力度仍然不够。尤其是在偏远落后地区，政策的实施遇到了很大的阻力，且无法操控。

2009年，教育部联合中组部、财政部启动“基础学科拔尖学生培养试验计划”（即“珠峰计划”），作为回应“钱学森之问”而出台的一项人才培养计划，目前已有19所重点大学参与其中。2011年，教育部启动高校“教育教学改革特别试验区”，即试点学院项目，开展创新人才培养试验，目前已有17所试点学院。2011年中央多部委联合印发《青年英才开发计划实施方案》，开始实施三个计划。第一，“青年拔尖人才支持计划”，每年遴选200名左右35岁以下在自然科学、哲学、社会科学和文化艺术等重点学科领域的青年拔尖人才。第二，“基础学科拔尖学生培养试验计划”，每年在全国选拔1 200名大学生和研究生进入该计划。第三，“未来管理英才培养计划”，每年从应届高中、大学毕业生中筛选200名优秀人才列入未来管理英才库。2011年，各省、市、自治区相继出台了本地区教育规划纲要，以国家教育规划纲要为指导，以拔尖创新人才培养为核心理念。

以上政策的出台反映了国家层面对于英才教育的支持与辅助，然而这些政策仍旧着眼于现有教育体制中拔尖人才的选拔，而非培养。可以说，中国英才教育目前仅仅是在原有教育体制的基础上略加改动，选拔出一部分优异学生再进行培养。

这种方法选拔出的人才是前期大众教育模式“加工”过的人才，而非“原生态英才”，也不利于创新性人才的培养。所谓“原生态英才”，是指从学前和小学、中学阶段就开始接受系统的英才教育培养的人才，而非从各个重点中学选拔出来的一部分“尖子生”。

“基础学科拔尖学生培养试验计划”采用各个高校自主招生、二次选拔的方式，选出有兴趣和发展潜力的在校大学生进入该计划。北京市开展的优秀高中生“在科学家身边成长”的“翱翔计划”实行的是“双导师制”，该计划于2007年8月酝酿成立，由高校实验室和示范性高中各派一名教师作为指导者，学生每周在实验室学习3学时。上海市“2012年上海中学生拔尖人才培养计划——上海市普通高中学生创新素养培育实验项目”，组织由院士领衔的专家团，与学生进行面对面交流，带领他们走进实验室，指导其参与研究创新项目。[1]拔尖创新人才培养工程更强调对“尖子生”的培养，也就是对“加工”后的人才的促进培养，为其创造机会，接触高尖端行业领军人物和技术，学习各个领域最先进的理论和知识。该工程的核心目的是促进“尖子生”与“尖端人才”的交流，而非真正的系统化的教育培养，其项目内容也是短期的。比如，北京市的“翱翔计划”，每周在实验室进行3学时的学习，对于学生来说，充其量只能算是一种课外拓展实践活动，对于根本的教育培养来说是远远不够的。

综上所述，中国英才教育目前有三种形态，重点班、重点学校的培养形式，英才班的培养形式，拔尖创新人才培养模式。[2]下面仅就英才班这一形式展开论述。

三、中国实施青少年英才教育的主要形态

自改革开放以来，我国为天才学生精心设计了一系列培养计划。

[1][2] 褚宏启.追求卓越：英才教育与国家发展——突破我国英才教育的认识误区与政治障碍.（国家社会科学基金“十二五”规划教育学重点课题“以科学发展为主题转变教育方式研究”，课题批准号：AFA11001）

1978年，中国科学技术大学创办了我国第一个超常儿童少年班；1984年，天津市创办了第一个小学阶段的超常儿童实验班；1985年北京市创办了第一个中学阶段的少儿班。[1]

在大学层面，1978年，中国科学技术大学开办了我国第一个超常儿童少年班。1985年，国家教委发布《同意北京大学等12所院校举办少年班》的文件，北京大学、清华大学、南京大学、华中科技大学等12所高校纷纷开办了少年班。由于种种原因，20世纪90年代各大高校少年班陆续停止招生。目前，仅有东南大学、中国科学技术大学和西安交通大学三所高校的少年班仍在招生。

在中学层面，具有代表性的学校有北京八中少儿班和天津市耀华中学。1985年经北京市教育局批准，北京八中和中国科学院心理研究所、北京市教育科学研究所合作，创办了北京八中超常教育实验班(简称少儿班)。[2]北京八中少儿班致力于为智力超常儿童的全面发展提供科学、系统的优质基础教育，加快学生成才的步伐。[3]天津市耀华中学早期智力开发实验班创办于1988年，致力于智力优异学生的群体教育。该实验班以早出人才、快出人才、出好人才为办学宗旨，以基础深厚、特长鲜明、素质全面、赋予创造、身心健康、适应发展为育人目标。

在小学层面，具有代表性的学校有北京育民小学、北京育才小学和天津实验小学。北京育民小学超常儿童实验班创办于1995年，历时18年，形成了一整套鉴别、培养超常儿童的经验体系。2000年该校被

[1] 查子秀.超常儿童心理与教育研究15年［J].心理学报，1994（4）：336-346.
[2] 北京八中网站[EB/OL]. [2018-04-15]. http://www.no8ms.bj.cn/cms/home/.
[3] 2014年北京八中超常教育实验班（少儿班）招生简章[EB/OL]. [2018-04-15]. http://www.no8ms.bj.cn/cms/zszl/zsxx/ccjyzs/_recycle_/000007.html.

确定为“超常教育研究基地”，此后又成为中国人才研究会超常人才专业委员会认定的首批“超常人才教育研究实践基地”。[1]北京育才小学与中国科学院心理研究所合作，自2005年5月起建设“中科院心理所超常教育研究基地”，并开设“中科院学生超常儿童实验班”，简称“中科院班”。进入中学的“中科院班”以北京育才学校首任校长徐特立的名字命名为“徐特立班”。2009年8月，为了适应新形势下创新人才培养的需要，发挥北京育才学校十二年建制的办学优势，中科院心理所为北京育才学校颁发“未来拔尖创新人才培养基地”，并签署“未来拔尖创新人才培养战略合作备忘录”。另外，天津实验小学也开设有儿童智力早期开发实验班。

在学前层面，具有代表性的学校有北京市幸福时光陶然幼儿园。北京师范大学0~3岁早期教育课题在该园实施，使一大批0~3岁的幼儿及其家长受益匪浅。之后，中国儿童活动中心提高幼儿学习能力的试验在该园实践，使一大批幼儿的学习能力在原有基础上有了极大的提高，在升入小学的过程中有很好的表现。2004年3月中国科学院心理研究所在该园实施超常儿童科研项目。

（一）英才班学生的选拔

大学英才学生的选拔以中国科学技术大学少年班2016年招生方案为例。少年班招收学习成绩优异，综合素质突出，具有高中文化程度，2001年1月1日及以后出生的优秀高二（含）以下学生。考生登录中国科学技术大学网上报名系统进行网上报名，并提前10个工作日

[1] 2014年北京育民小学超常班招生简章[EB/OL]. [2018-04-15].http://news.51sxue.com/detail/id_39797.html.

将报名材料寄达少年班学院，由少年班学院对学生的报考条件进行审核，确定符合条件的考生。主要考试环节分为高考初试和学校复试两个部分，复试环节包括面试、笔试和心理测验。

少年班的选拔极其严格，除了全国统一高考，考生还要参加自主选拔学业能力测试，学校根据高考成绩和复试成绩，确定录取名单。值得注意的是，选拔过程中并没有智力测验的环节。心理测试环节对于少年班的招生是必不可少的，诸多自杀、辍学案例让少年班学生的心理素质得到了关注。一味注重学习能力的培养而忽视心理健康教育对于学生的个人综合发展极其不利，还可能导致极端事件的发生。

中学英才学生的选拔以北京八中少儿班为例。根据2014年学校的招生简章，少儿班招生对象须符合以下条件：（1）2003年1月1日至2004年12月31日出生的北京市儿童（学生必须具有北京市正式户口）;（2）具有良好的道德品质和学习习惯;（3）智力超常，求知欲旺盛，文化程度达到小学四年级优秀生水平;（4）身心健康。符合条件的招生对象在北京八中网站填写报名信息，初审通过的学生按照要求在指定地点参加初试。考生需要经过北京八中鉴别测试（包括初试、复试和暑假试读三个阶段），择优录取。

初试科目为语文、数学、思维，以客观题（选择题）为主。思维测试是测试一般思维能力，与奥数无关。一般思维能力包括注意力、记忆力、逻辑推理能力、空间想象能力等。复试增加英语考试和主观题。大约200人通过初试并参加复试，复试之后再挑选70人进入试读。为保证教育质量，少儿班只招一个班，大约有30人。在复试或试读过程中，学校会安排主要领导、顾问与家长座谈交流，或进行问卷调查，以便了解学生的家庭教育背景，但不作为录取依据。试读前先进行体检，体检合格后参加试读。试读采取全封闭的形式，让学生体验全封闭的集体生活，吃、住、活动都在学校。学校会安排丰富多彩的课程、活动，提供良好的生活条件。[1]

相比中科大少年班，北京八中少儿班除了初试和复试，还增加了暑假试读环节，且在复试中增加了思维能力测试，此外还有对家庭教育背景的了解。暑期试读对于10岁左右的儿童来说是一种值得借鉴的选拔机制。全封闭式的环境有助于学校对学生进行全方位考核，避免出现某些学生因过于注重智力发展而忽略了心理素质和自理能力的培养。10岁正是儿童向青少年过渡的关键时期，这一阶段学生的心理素质和自理能力都要引起重视。学生在从自然人成长为社会人的过程中，与社会的交流必不可少，也是极为重要的，在关注智力发展的同时要重点培养学生在社会中生存所必需的能力。对于家庭教育背景的考察，有助于学校对学生的成长过程进行全方位的了解，由此发现每个学生在各自成长环境中所形成的独特人格以及学习方面的优缺点，从而真正做到因材施教。思维能力测试是对学生天赋的一种挖掘，借以发现每个学生的长处。

小学英才学生的选拔以北京育民小学为例。根据学校2014年的招生简章，其招生对象和条件为：（1）6周岁（2008年8月31日前出生），有北京市正式户口的儿童（不招收在校生）。（2）身心健康，求知欲旺盛，智力超常。招生环节分为初试、复试、试读。[2]测试主要分为静态测试和动态测试两个方面。静态测试分为四个部分。第一部分测试大脑神经的特性。如果把大脑比作电脑，这一部分主要测试

［1］2014年北京八中超常教育实验班（少儿班）招生简章[EB/OL]. [2018-04-15]. http://www.no8ms.bj.cn/cms/zszl/zsxx/ccjyzs/_recycle_/000007.html.

［2］2014年北京育民小学招生简章[EB/OL]. [2018-04-15]. http://news.51sxue.com/detail/id_39799.html.

CPU的处理速度。第二部分测试认知能力，包括记忆力、推理能力和想象力，以及传统的智商测试。第三部分是核心知识测试，考查学生对周边事物掌握的深度、广度。第四部分是创造性思维测试。例如，在纸上画一条直线，要求学生在很短的时间内添加内容，并用文字进行描述。之后，通过计算机程序对学生的创造性进行评分。通过四轮静态测试，1 000余名学生中表现最为出色的大约60人将进入动态测试。在半个月左右的时间里，主要测试学生对一些从未接触过的知识的接受能力，这个过程中还会陆续淘汰近一半的学生。[1]

育民小学在鉴别超常儿童方面分为三个层次：儿童大脑天赋水平的鉴定、儿童后天学习水平的鉴定、儿童后天学习能力与潜力水平的鉴定。其中，对于智力与能力的测试尽量排除文化因素的影响，基于幼儿学前教育参差不齐的考量，脑功能测试方案的选择尽力避开社会已流传或多人已被试的方案，对学科能力及非智力因素的考查采取短时间集体教育、动态考察的方式进行。[2]

幼儿园英才儿童的选拔以北京市幸福时光陶然幼儿园2015年招生方案为例。招生对象为2013年9月1日之前出生的幼儿，即2岁以下幼儿。报名方式有三种：网上报名、电话报名和现场报名。报名成功后等待电话通知。在入园之前，园长对家长和孩子进行访谈，了解幼儿一日的生活、饮食和活动。然后幼儿要参加无陪伴体验活动。家长可以自由选择是否报名参加中科院心理研究所超常儿童研究中心的超常儿童鉴别测试活动。幼儿的选拔相对较为宽松，通过亲子活动可以观察幼儿与家长的互动情况，了解幼儿与他人交往的能力，以及亲

---

[1] 育民小学超常班解析（2014北京幼升小参考）[EB/OL]. [2018-04-15]. http://news.51sxue.com/detail/id_39800.html.201.

[2] 翟京华.拔尖创新人才培养：来自小学阶段的探索［J].中小学管理，2011（10）：18-20.

子的感情互动。通过无陪伴体验活动可以考察幼儿的自理能力以及独立交往的能力。

（二）英才班学生的培养

大学阶段，以中国科学技术大学少年班为例。少年班借鉴国际高等教育的先进模式，形成了“两段式学科平台培养模式（2+2）”。这种模式将学生的在校学习分为两个阶段。第一阶段为基础学习阶段，前两年完成基础课程学习（少部分专业意愿十分明确的学生，从入学起直接进入主修专业，按照相关专业培养计划学习）。这一阶段集中强化数学、物理、英语和计算机科学等基础教育，课程内容接近相关专业的要求，同时强调对现代科技前沿的了解和人文素质教育。第二阶段为专业学习阶段，后两年在导师指导下进行个性化专业学习。完成基础课程学习后，学生可以根据自己的学习志趣在全校范围内自主选择专业。由于少年班学生兴趣广泛、思维敏捷，前期基础学习扎实，进入专业学习后表现出强烈的求知欲和好奇心，为此学校对他们因材施教，实行在导师指导下的个性化学习。结合目标管理和过程管理，最大限度地发挥学生的学习能力，鼓励学生制定适合自己的个性化学习计划，在导师的指导下跨学科选修课程，提前选修课程，提前进入科研实验室开展科研实践活动，提前毕业等，也允许学生根据实际情况适当调整学习进程，实行弹性学习。

课程设置方面，少年班为学生举办各种科技讲座，设立学生技能实验室，组织学生参加社会调研等实践活动，鼓励学生积极参加“大学生研究计划”，选修“探究式”的研讨班课程，直接加入科研第一线，全面培养学生的创新能力和综合素质。为满足学习能力强的学生群体对课程深度的需求，少年班与教务处、相关学院创办“华罗庚班”“严济慈班”“物质科学班”等学科强化计划，对相应专业课程进行改革，学生根据学习能力可以随时调整，进出这些计划。针对学生不同阶段的特点和兴趣爱好，因材施教。

少年班的培养机制主要有以下几个特点。

首先，“2+2模式”让学生有一定的缓冲时间，充分了解各学科各专业的特点及内容，结合自己的兴趣爱好选择专业研究领域，避免了普通高校中很多学生因为选错专业而荒废时光的现象。数学、物理等基础学科的强化学习可以让学生对理科知识有较为全面的认识，对于后续研究中跨学科的知识运用有积极的意义。由于前期的准备工作做得很充分，少年班学生在后半段跟随导师进行专业化学习时更加得心应手，对知识的掌握也更为精准和系统化。

其次，采取弹性学制，学生可以提前毕业，也可以提前进入实验室跟随导师开展科研实践活动，尽早接触感兴趣的研究领域，在实践中深化所学知识，并加以应用和创新。

最后，大二和大三阶段，学院要求学生必须参加各类国际和国家级竞赛。大学正是学习和科研的黄金时期，大学的硬件和软件设施也为学生的学习和科研提供了很大的便利。强制性的规定和要求可以促进学生的学习和科研工作。通过开展各种研讨课程（seminar），可以使教学模式与国外高等教育接轨，培养学生以小组为单位进行研讨的能力，锻炼团队协作能力。

中学阶段，以北京八中少儿班为例。少儿班的主要特点是：学生用4年左右的时间完成小学五、六年级和初中、高中的全部课程，即用4年完成普通学生8年的学业，参加全国统一高考。在保证教育质量的前提下，少儿班更多地追求人才培养的“高度”和“速度”。坚持以人为本的教学理念，真正形成以学生为主体、以教师为主导的教学格局。其主要培养模式，一是注重教育科研。动态研究超常儿童的心理发展规律，按照规律开展教育教学活动，从而使4年完成8年的教育任务成为现实。二是注重体育。除每周两节常规体育课，学校还安排了半天的自然体育课，把学生带出去，开展远足、登山、划船、越野、游泳、跳水、冰上游戏、骑车等丰富多彩的活动，有效地克服了“重智轻体”的不良倾向，使学生在毕业时的体质水平超过了同龄学生的平均水平。三是注重思想品德教育。制定专门的德育工作计划，配备双班主任，大力开展各种教育活动，注意通过社会实践活动，提高学生的思想觉悟，锻炼学生的意志品质。[1]

少儿班的教学是以导学为主，即教师讲授基本原理，鼓励学生进行自主学习，举一反三。[2]课程设置方面，开设了中学教学大纲要求的全部课程。4年完成8年学业的重要前提是改革教材内部结构，根据少儿班学生的特点、大纲的要求以及教学经验，从教材和知识体系的纵向和横向两个角度综合考虑。教学方法上突出基本原理的教学，进行课内分组，注重对能力的培养。[3]

可以看到，少年班以缩短学制为主要特点，而完成这一目标的首要前提就是重组教材、统整课程。教学中注重“授之以渔”，而非“授之以鱼”。大众教育中普遍采用的方法是，教师直接将所有内容教授给学生，学生缺乏独立思考、归纳总结的能力。少年班采用导学为主的方法，重视基本原理的掌握，充分发挥学生自主性，将所学知识融会贯通，举一反三。分组教学提高了学生的团队协作能力，学生可以自由发表意见，适时进行团队合作。贯穿整个教学过程的教学理念

[1] 北京八中网站[EB/OL]. [2018-04-15]. http://www.no8ms.bj.cn/cms/home/.

[2][3] 北京市第八中学，中科院心理所，北京市教科所实验课题组.超常儿童的鉴别和教育——北京八中超常教育实验班（1985—1989）[R].北京：教育科学研究，1991（1）.

是，让学生自己探索，让学生学会学习，而不是学会知识。

小学阶段，以北京育民小学为例。育民小学的学制为4年，学生在4年内完成6年的小学课程。文科内容汇集古今中外的名篇佳作；理科内容反映科学技术的最新成果，先进的信息技术，关注环境、资源等人类面临的重大问题。[1]

课程设置上，除了国家规定的课程，还设有针对超常儿童发展需要的科技活动课、信息技术运用课、自然体育课、综合实践活动课、心理辅导课、思维训练课及古诗文朗诵课等。心理课开设有团体心理辅导，对学生进行系统的心理训练，如接纳自我的训练、耐挫力的训练、群体适应性的训练、自律问题的训练、良好竞争态度的训练、健康情感的训练等。科技活动课中，引进“做中学”，针对不同教学目标，创造适合学生学习的情境，创设与教学内容相关的情境。[2]

教材使用方面，实验班教师根据不同学科特点建构教材。语文学科按主题重组内容，将文学名著引入课内，开展古诗诵读。数学学科按知识结构构建条块结合的框架，把小学六年的全部数学知识按五大板块进行组合，使超常儿童在4年的时间里系统化、网络化地学到6年的知识。[3]教学追求以学生自学为中心，鼓励创意学习，自主学习，拒绝题海战术，为学生减负。

与中学少儿班的主要特点相同，小学阶段的实验班也是以缩短学制为核心目标，这就对课程组织有了一定的要求，同样需要对教材加以重组与改造。值得注意的是，育民小学引入了国内外名著阅读。阅读能力对于学生的个人发展起着很重要的作用，可以提升学生对知识

---

[1][2][3] 翟京华.拔尖创新人才培养：来自小学阶段的探索［J].中小学管理，2011（10）：18-20.

的领悟能力，对于学生的心理成熟也大有益处。数学学科的重组将知识板块化，有助于学生系统完整地掌握知识内容。在这一阶段的培养方案中，注重对学习能力的培养仍然是整个教育计划的重点。团体心理辅导课的开设是极其必要的，一些智商较高的学生很可能在人际关系方面较为薄弱，耐挫能力较弱，禁不起打击。加强对实验班学生心理健康的教育，无论在小学、中学还是大学阶段，都是极为重要且不能忽视的。

（三）英才班毕业生的发展

大学以中国科学技术大学少年班为例。截至2014年，少年班招收1 261人，毕业1 070人。[1]毕业生九成以上获得硕博士学位，约两成选择学术研究作为终身职业，有93人拥有国内外教授、副教授职称和终身教职，超过七成毕业生活跃在海内外经济、信息技术、金融、制造等领域，在世界500强企业任职的约占35%。[2]20世纪80年代，全国重点大学的研究生录取比例仅10%左右，中科大少年班考取国内外研究生的比例超过70%。80级少年班学生全部考取国内外研究生。少年班学生中才华出众、卓有成就的有：获美国“青年科学家总统奖”的卢征天，被誉为“纳米博士”的秦禄昌，世界上第一位认知学博士张家杰，获“李光耀顶尖科研奖”的谢旻，获美国“天才奖”的庄小威等。[3]

少年班的成功一方面归因于生源，即通常所说的中科大少年班是

---

[1] 中国科技大学少年班学院网站[EB/OL]. [2018-04-15]. https://scgy.ustc.edu.cn/.

[2] 谢洋，原春琳. 中国高等教育改革探索的一个微缩样本：少年班30年在争议中跋涉前行［N]. 中国青年报，2008-04-15.

[3] 叶辉. 中国科大少年班反思［J]. 观察与思考，2007（03）：28-32.

“神童集中营”；另一方面归因于“2+2模式”的教学机制。学生在第一阶段加深了对于基础学科的掌握，在第二阶段专业化的学习中更加得心应手。除了基础课程，少年班学生还可以参与到具体的科研项目中，参与老师的科研小组或课题项目，进行系统的学术科研活动，最后提交论文或读书报告。学校还为少年班建立了校外科研实践基地，假期组织学生到中国科学院软件研究所、物理研究所等进行学习。[1]这种频繁的大规模的科研实践在普通高校是难以实现的，少年班享有极佳的学习资源和实践项目。尽早参与到具体的科研项目中可以让少年班的学生在日后的发展中更具竞争力。

中学以北京八中少儿班为例。1989年北京八中高考总分平均为488.54分（北京市西城区统计资料），少儿班仅有1人（467分）低于该平均成绩，但是仍超出了重点大学录取线，少儿班平均分高出八中全校平均分35.89分，高出西城区总分平均分86.76分。27名学生考取大学（包括1988年入学的1人），平均年龄为14岁零4个月（以1989年9月1日为准），最大的15岁，最小的11岁。录取的学校全部是重点大学，其中北京大学1人，清华大学3人，中国科学技术大学4人，协和医科大学1人，北京航空航天大学1人，原北方交通大学1人，南开大学1人，北京师范大学2人，东南大学1人，西安交通大学3人，北京工业大学4人，哈尔滨建筑工程学院1人，湖南大学1人。该班学生共计参加13次学科竞赛，有45人次获得国家级、市级或区级奖项。

虽然数据较为久远，但仍可以看出，八中少儿班的教育实践是成功的，这也驳斥了社会各界对于少儿班“揠苗助长”的批评。少儿班仅用4年就完成了8年的学业，这在很大程度上归功于少儿班的培养

[1] 孟伟.我国资优生培养模式变迁研究［D].安徽：中国科学技术大学，2015.

方案，即统整课程内容，重新编排教材。教学内容的系统化、模块化使得少儿班的学习更加结构化。以导学为核心的教学方法也进一步提高了学生的自学能力。

小学以北京育民小学为例。截至2011年，前六届超常实验班学生共193名，32%进入北京八中少儿班，继续接受中学阶段的超常教育，其余68%分别进入北京八中、北京四中、人大附中等学校的普通班就读。超常实验班毕业的学生在中考、高考等升学考试中表现优异。在参加高考的毕业生中，43%的学生进入北京大学、清华大学、中国人民大学、复旦大学、中国科学技术大学等名校。[1]

四、中国英才教育发展存在的问题与挑战

中国开展英才教育的时间相较西方国家而言并不算长，英才教育体系也不完善，还存在诸多问题亟待解决。

（一）重点班目标定位模糊

21世纪教育研究院副院长熊丙奇认为，“重点班”对学生来说似乎是一种身份，而不像分层教学。[2]我国现今存在的重点班、基地班等所谓的英才教育，其实仍属于拔尖人才培养的范畴，而非真正意义上的英才教育。正如前文所述，重点班无论从选拔机制、培养模式还是从教育理念来说，都依附于原有的学校教育体系。我国现有的学校教育体制是从大众教育的角度出发的。重点班的生源主要来自前一级或同一级学校，从中选拔成绩好的学生组建成一个班级，或是从现有

[1] 翟京华.拔尖创新人才培养：来自小学阶段的探索［J].中小学管理，2011（10）：18-20.
[2] 浙江在线.优秀师资肯定流向“重点班”［EB/OL].（2010-07-13）［2018-04-14].http://edu.zjol.com.cn/05edu/system/2010/07/13/016756965.shtml.

班级中选拔一批成绩好的学生组成新的班级。从选拔机制来看，一般是从接受过义务教育的学生中选取学习成绩位列前茅者，即单纯对学生成绩作评定，并无对学生各项能力的综合评价（主要指脑力），因此与本节“原生态英才”的概念是不符的。重点班的培养模式与现有学校教育系统中的一般模式没有本质上的区别，无论是教材教法还是课程设置，都基本一致，只是在师资队伍和教学进度上比普通班略有提高。从教育理念来看，重点班仅仅是将一定数量的学习成绩较好的学生集中培养，人为创造一种“优质”的学习氛围，而非英才教育所倡导的“因材施教”。

（二）拔尖创新人才培养模式有待发展

拔尖创新人才是指在科技领域具有巨大的创新潜力、超强的创新能力、坚定的创新精神和卓越的创新成果，成为研究领域“出乎其类、拔乎其萃”，远远超过该领域一般同行研究高度的顶级人才。因此，对于拔尖创新人才的要求是超常的，他们的天赋和勤奋是超常的，对他们的培养方式也是超常的，要不同于普通的人才培养模式。[1] 现今的拔尖创新人才培养计划过于浅显，并没有系统化地构建出一个适合英才接受全方位“超常”培养的教育体系。

中学阶段，北京市开展了优秀高中生“在科学家身边成长”的“翱翔计划”，实行“双导师制”，由高校实验室和示范性高中各派一名教师作为指导教师，学生每周要在实验室学习3学时。上海市“2012年上海中学生拔尖人才培养计划——上海市普通高中学生创新素养培育试验项目”，组织由院士领衔的专家团，与学生进行面对面

[1] 聂长建.浅论拔尖创新人才的培养［J］.中国大学生就业，2012（2）：7-10.

交流，带领他们走进实验室，指导他们研究创新项目。[1]这种创新人才培养机制更像是一种学校提供的辅助项目，并没有系统完整的培养机制和特定的师资队伍。学生仍旧在现行的学校教育系统中进行学习，没有独立的培养体系。

大学阶段，中国一些高水平大学正在探索拔尖创新人才培养，如北京大学的"元培计划"、清华大学的"清华学堂"等。复旦大学采用书院制，效仿哈佛大学建立"本科生院"，进行通识教育。教育部高等教育司原司长张大良认为，基础学科培养拔尖创新人才，要本着"少而精"、高层次、国际化的原则。他列举了培养创新人才的七个方面，其中包括注重考察学生的综合能力，将最优秀的学生选入培养计划中，安排高水平专家学者担任专业导师和授课教师等。[2]

然而，正如钱学森先生生前所说的，中国还没有一所大学能够按照培养科学技术发明创造人才的模式去办学，都是些人云亦云，一般化的没有自己独特的创新东西。[3]

从根本上来说，拔尖人才创新培养计划面临的最大问题是选拔和培养过程中的评价标准陈旧，即通过考查学生对旧学科范式的把握程度来选拔学生，培养过程也没有跳脱旧范式的局限进行创造性和个性化培养。

（三）英才班缺乏系统性

英才班面临的最大问题是培养的不连贯性，即没有形成一个完整

[1] 褚宏启.追求卓越：英才教育与国家发展——突破我国英才教育的认识误区与政治障碍.（国家社会科学基金"十二五"规划教育学重点课题"以科学发展为主题转变教育方式研究"，课题批准号：AFA11001）

[2][3] 新华网.中国教改寻求破解"钱学森之问"[EB/OL]. (2010-03-05) [2018-04-15]. http://www.scio.gov.cn/m/zggk/gqbg/2010/document/562302/562302.htm.

的英才教育体系，一个与大众教育并存于现行学校教育体制中的英才教育体系。

第一，英才班没有统一的选拔机制。结合上述案例可以看出，有些学校在选拔学生的过程中加入了智商环节的测验，另一些学校则没有采用智商测验的方式，还有一部分学校采用“能力测验”这一表述，意指测试学生的自主学习能力、创造力、思维能力以及对于新知识的接受能力等。小学和中学阶段还采用了试读的方案，全方位考查学生的综合素质，包括受挫能力、独立自主能力、团队协作能力等。选拔的机制各有不同，选拔出来的学生素质也各有不同，无法统一规范，无法保证选拔的公平性。

第二，英才班没有统一的课程和教材。从前述几所学校的案例中可以看到，英才班的教材都是由教师根据大纲并结合自身的经验重组而成的，没有统一的专门为英才班学生开发的教材。这样会导致不同等级或层次的学校在培养英才的过程中出现差异，或者在进入更高一级英才班时造成学生水平不均衡的现象。各个学校的教师水平不尽相同，个人的教学经验也由主观因素掌控，由英才班教师设计出的教材在质量上无法得到保证。课程设置与安排也是由各个学校自主进行，虽然都是以因材施教为核心培养理念，但是地方和校际的差异无法平衡。

第三，英才学生的培养缺乏全面性。英才班的学生普遍年龄较小，心智尚未完全成熟，身体处于生长发育阶段。在注重素质教育的同时，应当注重学生的心理健康，还应加强对身体素质的培养。尤为重要的是，在中小学阶段应当加强对英才学生心理素质的提升，如人际交往能力、抗压能力、自控力等，即要构建完整正向的价值观，避免英才学生因为心理年龄和实际年龄不符，造成与现实生活脱节的问题。在中小学阶段的英才班中，应加入心理辅导、心理检测、群体辅导等内容，实时评测学生心理状态，适时引导英才学生进行一些与同龄儿童的社会交往，增强受挫能力、心理承受能力和自控力。英才学生仍处于生长发育阶段，应避免课业繁重，在缩短学制、精简课程的同时，应当增加体育类课程的课时数。除了常规的体育课程，还应当增加素质拓展、郊游、远足、爬山等项目，丰富英才学生的课外体育锻炼活动，增强身体素质。避免仅仅专注于学习，而忽视身体素质的情况出现。

第四，英才教育评价标准混乱。目前社会对英才教育的评价标准并不一致，关于英才的培养理念也不甚明确。从教育公平的角度来说，英才教育是为一部分学生提供一种适合他们的教育，而不是为了培养出一批英才学生而设置的教育模式。因此，对英才教育成果的评价也不应当是“培养出英才”。英才教育仅仅是与大众教育并行的一种教育模式，其评价标准应当是多方面的。[1]

小学、中学、大学等不同层次的学校在课程思想、思想观念、技能训练等方面应建立有效的衔接机制，让英才教育得以循序渐进地进行下去[2]，培养出一批“原生态英才”。让超常儿童自幼就接受系统性的英才教育，使天赋和智力得到充分合理的应用和开发，真正做到“因材施教”，以避免一些超常儿童在普通学校中觉得课程“无聊”“太容易”，从而浪费时间、荒废学业。

[1] 由上海交通大学、中国科学技术大学、西安交通大学、清华大学、南京大学、浙江大学（2011年加入）于2010年推出的“五校联考”的通用测试部分（现已变为“六校联考”），是高校自主选拔的主要机制，也是高考人才选拔的重要补充，旨在探索高水平大学联考模式，探索招考分离、综合评价、多元录取的招生体制与机制。六所高校作为国内的高水平大学共同策划、最终由五校率先共同实施的自主选拔合作测试。

[2] 易泓.我国英才教育发展的现状、问题与对策［J］.中国成人教育，2008（21）：22-23.

（四）扶持民办英才教育机构

目前，民办学校和教育机构是培养英才的重要力量。一方面，政府应对民办机构给予政策上的扶持；另一方面，应保证民办教育的规范性，确保师资水平、教学设施和收费标准的合理性。民办机构中教师的素质水平良莠不齐，教学方法相对陈旧，无法达到实行英才教育的标准。教师是决定民办学校质量的关键，只有建立一支稳定的师资队伍，民办学校才能持续健康发展。[1]

第二节

中学英才教育个案研究：基于北京八中超常儿童教育的实践

本节以北京八中超常儿童教育实践的发展历程为个案，运用文献分析与深度访谈的方法，力图解释超常儿童教育发展过程中遇到的困惑与问题，总结经验与教训，并尝试给出政策建议。

每年8月底，会有约30个9~11岁的孩子走进北京八中，组成一个“小家庭”，也同时融入一个“大家庭”——八中少儿班。这里

[1] 胡卫，谢锡美.中国民办教育发展面临的困境及其对策［J].教育发展研究，2005（12）：1-8.

有小学奥数各大比赛中的一、二等奖获得者，也有英文通过FCE[1]，可以通过英文学习物理化学的外语达人，还有数独、桥牌高手，当然也有博古通今、出口成章、妙笔生花的小小“文学家”……然而这还不是全部：他们中也有世界顶级少年合唱团的成员，还有获得各类舞蹈比赛奖项的舞者，书法、绘画、钢琴、长笛、体操、游泳、机器人……好像没有什么他们没学过，好像没有什么奖项他们没拿过。

他们每年有四次外出社会实践课程，安排在每次期中期末考试后，少则两天，多则一周以上。每周的体育课比普通中学生多一倍，还有半天的自然体育课，走出去，玩儿起来。“玩”得确实比普通学校的学生多了很多。但他们的整个中学时段只有4~5年，14岁、15岁即上大学。这是一群什么样的孩子呢？他们又是如何做到这些的呢？

在大众眼中，他们是“神童”。更准确地说，他们是“智力超常儿童”，即智力发展或某种才能显著超过同年龄儿童一般发展水平的儿童。之所以称他们为“神童”，是因为在人们对自身认识有局限的时候，往往会把自己无法理解和解释的现象蒙上一层神秘的色彩，觉得这些孩子的能力是老天赐予的，就像我国古代经常会把一些智力超常的人称为“文曲星下凡”一样。国外通常称这些孩子为“天才儿童”或者“英才儿童”。

对于“超常儿童教育”，人们也有很多误解。最常见的误解是认为“超常儿童教育”是把孩子培养成超常儿童的教育。事实上，所谓的“超常儿童教育”，是一种针对超常儿童特点开展的，有助于这些

[1] FCE 全称为First Certificate in English，是剑桥英语五级证书考试的第三级。

儿童更好发展的教育。其前提是，这些孩子本身是智力超常发展的儿童，因为在正常教育下会受到一定局限而不能充分地发展或者发展出现偏差。针对这种情况，为他们提供一种更适合其发展的教育，就是我们常说的“超常儿童教育”。这种教育不会压抑儿童的发展，也不会不顾儿童的正常生长发育而揠苗助长。

北京八中开展超常儿童教育已经卅载有余，其间的波动起伏从一个侧面反映了我国教育发展的曲折历程，国家教育政策制定思想的转变，以及相关教育政策的调整。政策的制定是相关利益集团博弈的结果，教育政策也不例外。当然，我国社会发展有其特殊性，打破阶层壁垒，追求社会公平正义，促进社会均衡发展，实现全体人民利益最大化始终是我们的理想和奋斗目标。在这样的理念下，社会各领域包括教育领域都进行了多种尝试。这些无疑都给超常儿童教育的发展带来巨大的影响。但不得不承认，一个国家的发展既离不开普遍的高素质合格公民，也离不开各行业的英才。如果说发展国民教育，普遍提高公民素质，是一个大国教育政策给予国民的“春之希望”，那么取得不同类型教育的均衡和谐发展，就是一个国家教育政策显现出的“秋之成熟”。

一、北京八中超常教育创新实践中心的运行机制

走进北京八中的校园，从主教学楼俯瞰，400米标准跑道的“空中操场”如横空出世，于周围钢筋水泥丛林的狭小空间中换来一片宽广。深入校园，你会发现在这有限的空间中，还配有游泳馆、篮球馆、乒乓球室、学生活动室、校史馆、空中花园，甚至空中菜园！校园的方寸之间也有小桥流水、曲径通幽的意趣。

（一）“苦行僧”还是阳光少年？

低调，是北京八中超常教育创新实践中心（以下简称超创中心），乃至整个北京八中一贯的风格。每年高考结束之后，人们一如既往地在关心北京市哪所学校哪个学生会是今年的文、理科状元，只有北京八中，这个出了2017年理科状元的学校，一如既往地平静。网上只有一篇简单的报道，学校网站上也是过了很多天之后才出现了一篇祝贺的文章。校园里一切如常，没有喜报，没有宣传。

在唯一的媒体报道中，讲述了超创中心素质班的小李，他在同学们的眼中就是：比较低调，不太张扬。小李对自己的评价则是：一个比较随和的人。他说：“爸妈对自己从小的教育中印象最深的一句话是‘人活得开心最重要’。”

“人活得开心最重要。”这话听着好耳熟。我们经常会提到素质教育、快乐教育，然而什么是“素质教育”？什么又是“快乐教育”？人天生就有追求新知的本能，获得一项技能是快乐的事情，什么时候需要特别强调“快乐教育”了？曾经有外校的孩子问家长：“妈妈，这是什么学校？他们怎么每天都玩儿啊，什么时候学习啊？”当然，超创中心的孩子不可能每天都“玩”，他们只是比普通的中学生多上了一倍的体育课，每天多跑上几千米；素质班的孩子每个学期有一次社会实践，比普通中学生多一周自主研习课；少儿班的孩子每个学期两次外出社会实践；每天8点上课，4点半放学。少儿班的孩子用4~5年读完8年的课程然后去上大学，素质班的孩子也只用7年时间完成8年的课程然后去上大学。

显然，这和大众眼中传统的“学霸”形象有一定差距。超创中心的孩子不是“苦行僧”，他们更多的是沉浸在探索新知的海洋中，勤奋拼搏，乐在其中。

“女儿昨天回来和我说，周四的时候班里进行了全国数学高中联赛的选拔，她没选上。老师出了20道题，每题1分。选上的同学最低是8分，她得了7分。昨天老师课上就讲了这20道题，同学们是大呼过瘾啊！”（少21班学生家长）

“少儿班多彩的课程安排最令孩子期待，但我们家长最好奇的是，如何能够在4年里，更准确地说是在3年半里完成所有初高中课程。为了全面了解孩子们的学习状况，少儿班专门开设了开放课。还记得第一次我作为旁听家长参加，上午一节数学、两节语文、一节英语。作为曾经的理科生，自认为数学很棒的我听完数学课就晕了，信息量那叫一个大啊！课下，我赶紧把孩子叫过来，问她：‘这么快的速度，这样海量的知识都听懂了吗？能记住吗？’结果，孩子轻松地看着没见过世面的我说：‘当然都听懂了！这算啥快啊！正常的，慢了就不吸引人啦！’少儿班的老师把知识整合后再系统性地讲解，完全沉浸在知识海洋里的孩子们，与老师专注互动，显得异常兴奋。如此这般，才是这些聪明孩子的最好的稳定剂。我们几个参加旁听的家长一致认为，少儿班的老师绝对是最富有激情和头脑的优秀教师，他们付出的体力和智力是旁人无法体会的。有位家长说，以后回家再也不指责孩子贪玩了，人家少儿班讲究的是课上的高效！”（少16班学生家长）

有了高效的课堂、快节奏的学习，这些十几岁的儿童就像快速列车驰骋在高速轨道上，进步飞速。当然，每天这样高效的学习，没有好身体是不行的。

（二）身体是革命的本钱

超创中心的孩子们最喜欢的自然体育课堪称“奢华”。因为在本就缩短学制的情况下，孩子们的体育课比普通的中学生已经多了一倍。而且自然体育课的内容丰富，参观博物馆、长走、登山、滑冰、游泳、跳水、越野跑、自行车、划船、独轮车、抖空竹、腰旗、橄榄球、软式垒球……各种中外体育项目，花样繁多。所有这些都是在孩子们本就十分宝贵的学习时间内完成的，称之为“奢华”毫不为过。相应地，自然体育课带给孩子们无穷的收获。

“国内很多家长让孩子专注读书，其他什么都不用管，这是一个不好的做法。比如，物理成绩很好或学术上做得很好，但除了物理，别的什么兴趣都没有，其实这是很危险的。因为研究物理的，到某些时候会碰到学术上的挫折，有时候会做不出来，很困扰。如果你没有其他的渠道，没有其他的生活方式，这时候心理压力会非常大，甚至心理上完全承受不了。

“当然，一般从少儿班出来的不太会。至少我在八中的时候，少儿班还是很注重课外的东西的。八中少儿班最好的是自然体育课，每周都有一个下午的游泳、拉练、划船等。锻炼这件事，主要还是要培养兴趣。”（少5班学生）

“从少儿班历届学生的体检情况来看，少儿班在坚持体育锻炼、积极开展体育活动等方面都取得了一定的成果。少儿班的体育课时明显多于其他同龄的学生，身高、体重、胸围、肺活量等指标均高于北京市平均水平，且在校期间增长幅度也明显大于平均水平，说明超常教育并不以牺牲体育锻炼时间为代价，对学生体质没有负面影响。过去总是把超常教育定位于智力超常教育，八中少儿班则是把体育放在基础性地位，并通过自然体育课等形式融思想教育、品德教育及强健体魄于一体，真正促进学生德、智、体全面发展。四年从不间断的自然体育课，使得少儿班体育总课时远远超过普通班八年的总课时。而正是充足的体育锻炼时间，保证了同学们有充沛的精力投入学习，从而也保证了他们取得'超常'的优异成绩。"（少11班学生）

"八中的超常教育在最初进行定位的时候，就特别关注孩子的全面发展，采取以体育为基础、德育为核心、智育为重要的教学手段，培养跨世纪的世界精英人才。以体育为基础，出发点很多。一方面是为了增强体质，这是体育的根本目的，但在体育教育过程当中，更主要的是培养孩子多方面的能力。比如，与人合作、团结协作、吃苦耐劳、坚持不放弃的精神和品质，培养学生遵守规则，按照规则去开展游戏竞赛。举个例子，八中在体育课上专门开设了一个自然体育课，其中有一个下午的时间，老师就带着孩子们走进社会，走进大自然，爬山、远足、骑自行车、骑独轮车等。比如学骑独轮车，孩子们在刚开始学的时候，还是非常困难的。所以在教学过程当中，我们会采取一些有效手段。一开始三个人一组，一个人在上面坐着，一边一个人扶着。在这个过程中就涉及互相帮助。骑的那位同学，他自己不知道技术动作该怎么做的时候，边上的同学可以提醒他，这就是团结互助吧！技术慢慢好了一点之后，可以变成两人一组，一个人保护就可以了。这是一个合作的过程，是对孩子团结协作的培养。由三人一组，到两人一组，最后到一人一组，这也是一种自信心的建立。

所以，在整个自然体育课的过程当中，体育锻炼是一个方面，更重要的是与人合作，自信心的建立和学会与人交往。”（少儿班班主任，体育老师）

重视体育，在这点上，北京八中超创中心显然走在了其他班级和其他学校的前面。超创中心认为，无论是现阶段投身学习，还是将来走上社会参加工作，身体都是第一位的，要想成为英才，担当英才的社会责任，必须有好身体作支撑。除了身体，要成为国家和社会的栋梁，还要有对社会的了解和强烈的社会责任感。

（三）读万卷书，行万里路

社会责任感可以通过书本知识的学习来培养，更主要的是通过实践，通过更多地接触社会来获得。社会实践可以加深学生对书本知识的理解，丰富直接经验。在超创中心，少儿班每学期有两次外出实践课程，素质班每学期有一次外出实践课和为期一周的自主研习课。

1. 少儿班社会实践课程

经过三十多年的经验积累，超创中心的社会实践课程已渐成体系，主要包括人文与自然景观类、手拉手助学交流类、科技实践类等。

2017年11月6日至10日，北京八中少21、少22、少23、少24A、少24B五个班在教师的带领下，来到河南进行社会实践活动。五天的社会实践活动几乎包括全部的社会实践类别。在河南，教师带领孩子们同焦作十五中学的学生进行手拉手活动，同吃、同学。

“11月6日早上8时整，我们在北京西站集合，奔赴河南新乡。火车行驶3个小时后到达新乡，接着我们又坐了大巴车，中午到达目的地——焦作。

“下午与焦作十五中学的同学们一起听课，是我们在这次行程中比较向往的一个活动。同学们分成小组，分别去听不同科目的课。这所中学里的学生都精神焕发，聚精会神地聆听老师讲课。他们积极发言，善于提问，整个课堂充实而多彩。学校环境虽然没有大城市里的中学好，但他们用自己认真的态度，同样地回报老师们的辛勤付出。他们在课堂上积极活跃的表现，以及对老师的尊重，都是我们应该学习的地方。”[1]

八中学生体验了乡村孩子们的学习、生活环境，感受到乡村孩子们身上的优秀品质，更加懂得理解和关爱别人，并进一步激发了学习动力，明确了自己的责任与使命。少21班的学生还写出了题为《发展中地区中小学的学习环境及学习状况研究》的研习报告。

除此之外，这次中原之行还游览了人文和自然风光。

“云台山位于河南省焦作市修武县，是全球首批世界地质公园。因汉献帝刘协葬在这里，所以又称古汉山。云台山主峰茱萸峰海拔1 308米，还有落差314米的云台天瀑。我们这次主要游览了红石峡、潭瀑峡、茱萸峰、猕猴谷等景点……

“……这里是一个佛教色彩浓厚的地区，午饭后我们参观了‘第一译经道场’——白马寺。……随后我们参观了中国四大石

[1] 少儿班赴河南社会实践活动报道[EB/OL]. (2017-11-17) [2018-04-15]. http://www.no8ms.bj.cn/cms/ccjy/seb/jyhd/000022.html.

窟之一的龙门石窟。……11月9日，我们参观了少林寺，登上了五岳中的中岳嵩山。”[1]

在游览的过程中，孩子们不仅饱览了祖国大好河山，而且了解了中原文化，并开展了相应的文化研究，如有学生写出《对嵩山少林寺文化的一些探索与思考》的报告等。

此次中原之行还涵盖对社会文化的思考和科技工程的研究。

“11月8日早餐后，我们驱车两小时到达洛阳。今天的第一站是位于洛阳的小浪底水利工程。

“该工程于2001年竣工，可以容纳50多亿立方米的水量。小浪底水利工程大大改善了我国黄河水土流失的问题。自小浪底建成以后，黄河的水灾从几十年一遇变成了千年一遇，黄河从此不再有大风浪。

“……我们首先乘船游览了小浪底，在黄河上一睹小浪底的雄姿。因为小浪底水利工程的良好运作，同学们一度惊叹‘这不是我们认识的黄河（浑浊的黄河）’。随后地理老师详细地介绍了小浪底水利工程：小浪底不仅具有防洪，储水，排沙等作用，还可以用水的落差来发电。……

“……一来到开封，我们就去了包公祠。……参观完包公祠之后，我们就马不停蹄地赶到了开封府。”[2]

[1][2] 少儿班赴河南社会实践活动报道[EB/OL]. (2017-11-17) [2018-04-15]. http://www.no8ms.bj.cn/cms/ccjy/seb/jyhd/000022.html.

孩子们在教师带领下学习了有关水利工程的知识，目睹了小浪底水利工程建设的伟大创举。也有学生对云台山和包公祠进行了考察研究，写出了题为《中国云台山世界地质公园“云台地貌”形成机制探讨》和《从包公断案剖析司法者个性因素在司法活动中的作用》等研习报告。

2. 素质班期末研习课程

素质班每个学期末为期一周的自主研习课同样内容丰富，涉猎广泛。

“……包括我们这类研究性学习，就是多学科的一个综合。在老师的指导之下，不同的选题最后会出来不同的成果。有的选题可能最后是几个孩子联名写出来的一篇论文；有的选题可能是实验，最后以实验成果来汇报，再分小组进行展示；有的研究宗教……当然也有对体育感兴趣的，对球赛数据作分析……就是会出现各种不同的可能。

“我们统一安排时间，一般是每个学期末放假之前的一个礼拜。可以在放假之前上交，因为老师要给他们一个评分。

“有些我们觉得做得不是特别好，可以让学生在寒假中进行完善，等到下个学期开学的时候交上来。”（素质班班主任，英语老师）

丰富的社会实践课程和研习课程，让孩子们走出去，深入社会、了解社会、了解民生，在课本学习之余，着重培养学生的自主研究能力和社会责任感。设计这样的课程，主要是针对超常儿童智力发展较快但心智不够成熟的实际情况，使得这些儿童能够在适合他们的教育中，心智发展更成熟，个性发展更全面。而在日常的教学中，对待这些极富个性的超常儿童，教师更要注重理解与关爱。

（四）"奇葩"更需要理解与关爱

超创中心的一些孩子曾经很不快乐。

"……就这样到了五年级，因为功课太简单，上课纪律严，竞争班长又被年龄大的孩子们排挤，女儿突然厌学了，几次和我说不想去上学。焦急无奈中，我想到了少儿班。"（少13班学生家长）

"……上到小学四年级下半年的时候，女儿开始出现厌学现象。学校学得太简单，老师们也觉得这孩子直接上六年级都没问题。在谈到减负的问题时，女儿经常问：可以把学校上学减掉吗?"（少21班学生家长）

来到北京八中超创中心之后，孩子们的面貌一下子有了改观。

"在普通学校，一个班的尖子生与差生都只占小部分，大多数学生处于中间阶段，因此老师授课时通常以中间学生的进度为标准，往往导致差生跟不上、尖子生'吃不饱'的现象，这也提示了分段化教育与特殊化教育的重要性。例如，尖子生'吃不饱'就很容易产生厌学的情绪，而少儿班把一群情商与智商较突出的孩子集合在一起，整合教学内容，把8年的课程科学安排成4年去教学，使孩子的潜能得到充分发挥。

"少儿班的教育公平不仅体现在授课上，教师为'捣蛋'的孩子也打开了一扇门。翘翘从小活泼好动，喜欢在课堂上说话，这令她在普通学校容易受排挤，但进入少儿班后，以往的缺点反而成了她的闪光点，在第一年还竞选上了班长，后来高考与班里最好的朋友——另一位‘淘气蛋’，考出了少儿班最好的成绩。”（少13班学生家长）

这些学生也更会玩，教师对孩子们的游戏采取的是理解和包容的态度。

“学习上，因为用心，孩子们不会漏过那些细碎的知识点；为了使知识脉络更加清晰，不会疏忽那些宝贵的思考点，让思维的历练始终深入宽广。同时，生活中，因为用心，少儿班的孩子也不会错过那些有趣的瞬间，用自己的想象和创造，为程序化的校园生活补充活力，让自己变得积极快乐。记得孩子刚刚进入中学的时候，不少男孩家长发现了一个共同的问题，那就是孩子们所穿校服的裤子总是在膝盖部位磨出大大的窟窿。妈妈们百思不得其解，孩子们也都集体保持沉默，直到家长会那一天，这个谜底终于揭开了。原来，孩子们在教学楼并不宽阔的楼道空间里，自创了课间手球运动，音乐教室门前不足15平方米的空场成了临时球场。球场上，一群身着统一校服的小男孩，在楼道空地上大汗淋漓地快速爬行，传球、进攻、守门、得分，激烈角逐中众人争抢的竟是一个用胶带捆绑结实的餐巾小纸包。据孩子们讲，那是他们自制的速度超快、手感超好的“手球”。旁若无人的比赛，兴致盎然的家长观战团，那场景至今想起来，仍然让人忍俊不禁。经常有朋友好奇地问我：少儿班孩子4年学习8年的课程，平时有时间玩耍吗？其实少儿班的孩子最擅长的就是玩儿，他们

用心经营着自己的校园生活，在学校和教师营造的宽容且快乐的氛围中渐渐长大。”（少16班学生家长）

超创中心的教师对学生的理解和包容让家长们感叹。比如，教师可以完全接受孩子们送给他们的那些“爱的昵称”，可以接受他们在班级日记中有些出格的调侃、自创的语言、课堂上的七嘴八舌、青春期的叛逆。如果孩子们难以接纳教师，班主任会细心地询问孩子们的想法，积极与任课教师沟通，让学生和教师从对立走向彼此接纳。智力超常的孩子通常也会做出一些出人意料的事情。在普通学校，这些事情解决不好就会让一个超常儿童成为问题儿童，对个人和社会都会带来极为负面的影响。此时就需要教师正确对待孩子们成长中出现的这些问题，以理解和包容的心态，采取正确而有效的措施，对学生加以引导和教育，从而让智力超常儿童在身心各个方面得到全面发展，成为社会发展的栋梁之材。

二、北京八中超常儿童教育的兴起与发展

“为什么我们的学校总是培养不出杰出人才？”这就是著名的“钱学森之问”。这是关于中国教育事业发展的一道艰深命题，需要整个教育界乃至社会各界共同破解。实际上，在“钱学森之问”引起广泛关注之前，钱老就曾经在一封信中这样评价北京八中的超常儿童教育：“北京八中的确办了一件好事，证明教育改革18岁成为硕士生完全是可能的，不是空想。”[1] 杨振宁也曾在对比中美教育时说：“中国按

[1] 从容本真　优质发展——北京市第八中学简介［EB/OL］.［2018-04-15］.http://www.no8ms.bj.cn/cms/xxgk/.

部就班把知识教给孩子，平均起来是好的，可是中国的教育制度，从中小学起，有一个不好的地方，就是对特别好的，占总数5%的最聪明的学生较为不利。”[1]

北京八中的超创中心始于1985年创办的中学超常教育实验班（简称少儿班）。经过三十多年的教育实践，北京八中超常教育中心的发展让我们看到，“钱学森之问”不再是难以破解的教育命题。在少儿班的毕业生中，有获得美国青年科学家奖的陈曦，有哈佛最年轻的华裔物理学教授尹希，有国家863项目课题负责人许琪，有获得中国科学院杰出科技成就奖的刘蕾……这份名单还可以列出很长。最早的少儿班毕业生现在40岁左右，很多人才刚刚三十出头，他们已经在各行业取得了个人瞩目的成就，他们的未来无可限量。

三十多年的办学，北京八中的超常儿童教育随着国家社会的发展而发展，也从一个侧面反映了我国教育发展的曲折历程。

20世纪80年代是我国社会大变革的时期。刚刚从“文革”动荡中走出来，经历了“实践是检验真理的唯一标准”的大讨论，国家与社会的发展迫切需要大量的人才。为了快出人才、出好人才，1978年中国科学技术大学创建了少年班，主要招收尚未完成常规中学教育但成绩优异的青少年接受大学教育。

那是全民渴求知识和人才的年代，中科大少年班的学员们成了当时的“明星”。十余所大学相继办起了少年班。在这样的社会大背景下，北京八中也开始了超常教育在中学的试点。当时是基于三点考虑：

“首先，很多大学少年班学生在当时的历史背景下是通过个别

[1] 王生.创新教育：培养创新人才的教育［J］.基础教育参考，2012（19）：31-33.

教育培养的，由于缺乏正规的中学教育而影响了他们在大学的持续发展。

“其次，对客观存在的智力超常的儿童少年，还缺少相应的基础教育。根据心理学的研究，由于人在先天素质和后天教育上存在着差异，必然造成教育对象在发展水平上也存在着差异。因此，在智力发展上超常的学生在各个年龄段都是客观存在的。普通学校由于要受到大纲、教材、学制、班级授课制、中高考、编制等种种制约，很难为了这些超常学生而去改变现有的学制、教材、教法，并配备专职的教师。根据调查，每个年龄段中都有1%~3%的超常儿童少年，在常态教育下，他们中的大部分人因得不到充分发展的机会而被埋没了，人才资源中最年轻、最有活力的‘富矿’就这样被浪费了，实在是太可惜了。

“第三，随着社会的发展、科技的进步，人在一生中的学习期有不断延长的趋势，对有限的生命来讲，这意味着一个人的工作创造期的缩短。这对社会的发展是十分不利的。如果中学超常教育搞成了，显然可以缩短人才培养的周期，延长工作创造期的时间。”[1]

基于以上的想法，北京八中经北京市教育局批准，在1985年同中国科学院心理研究所、北京市教育科学研究所合作，创办了超常教育实验班。根据当时的设想，“先将年龄在10岁左右，文化水平不低于小学四年级的超常儿童鉴别出来，然后用4年左右的时间，使他们完成小学和中学一共8年的全部教育任务。在毕业时成为有理想、有道德、有良好个性特征的中学生，智力发展达到或优于普通高三学生的水平，在学业上要达到八中（市重点校）毕业生的平均水平，体育

[1] 程念祖.研究　探索　实践——北京八中超常教育30年文集之科研篇［M].北京：学苑出版社，2015：4.

不低于同龄人水平，毕业后，可以根据志愿报考大学少年班或大学普通班”。为此，需要在以下几个方面作出努力：“① 要研究出一套科学的、行之有效的鉴别超常儿童的招生办法。② 要培养出一批全面发展、智力超常的中学优秀毕业生，为大学输送合格的少年大学生。③ 在对超常儿童进行系统培养的过程中，探索出中学阶段超常儿童心理发展的规律，要总结出一套使超常儿童全面发展、充分发展的经验和理论，要在实践和理论上，填补我国中学超常教育的空白，使更多的超常儿童能得到充分发展的机会，得到成功培养的条件。④ 在实验中，提高领导和教师科研水平，建设起一支由领导、科研人员和教师三结合的科研队伍。”[1]

三十几年过去了，北京八中少儿班（后增加素质班，发展为现在的超创中心）的教育目的、内容和初衷始终没有改变。

超常教育的创办和发展并不是孤立存在的，它从一开始就同整个国家和社会的发展密不可分。而一个国家的教育发展，在形而上的层面是一个国家所秉承的教育思想、教育理论，从而形成一系列的方针政策，然后在形而下的层面进行具体的政策解读与实施。

从教育政策的背景来看，教育不仅在国家发展中发挥着越来越重要的作用，而且对个人的成长和发展也起到越来越重要的作用。整个国家和社会各界从来没有像现在这样关注教育的发展。

“文革”结束，整个社会都呈现出对知识的渴望，国家更是迫切需要各种人才。为了“早出人才，快出人才，出好人才”，各地开始办重点小学、中学、大学。中国科学技术大学更是首创智力超常人才

---

[1] 程念祖.研究　探索　实践——北京八中超常教育30年文集之科研篇［M].北京：学苑出版社，2015：4.

培养模式，开办少年班，在全国范围内招收一批智力超常少年直接进入大学接受教育。随后，更多高校在当时国家政策的指导下开办少年班，包括北京八中、东北育才学校等一批中学相继开办中学超常教育实验班——少儿班，还有一些小学甚至幼儿园开办了相应层次上的超常教育实验班，从而形成了从学前到大学的超常教育体系。

教育政策不仅是某种教育理念、思想、理想在现实层面的反映，从根本的角度来看，教育政策的制定是教育政策各主体间利益博弈的结果。因此，教育政策的制定和教育决策经常会在利益与价值取向之间徘徊。超常教育在我国的发展正是如此。一个国家的发展，既需要高质量的英才教育，从而实现国家管理和科学技术的长足发展，也离不开优质的大众教育，以提高全民族的整体素质，为各方面的优质均衡发展提供人才培养基础。然而，如何处理好这两者之间的关系，是摆在世界各国面前的一道难题。超常教育作为英才教育的一种形式，在我国一出现就受到高度重视。

在国家层面，超常教育可以为国家更快更好地培养高端人才，从而促进国家科学技术的提升和发展。从“文革”后的国家实际情况来看，快速高效是当务之急。少年班、少儿班的创办正是符合了当时国家对人才培养的需求。

在家长和学生层面，超常教育也符合这些学生和家长的需要，可以给这个特殊群体提供适合其发展的特殊教育，缩短学制，节约时间与财力的投入，减轻学业负担，提高学习效率。

从教育者的角度来看，教师是教育改革和教育决策的积极参与者。尤其是一线教师，对于一项教育决策的实施最具有发言权，他们为自己认同的教育事业投入了最大的热情和心血，当然也最希望自己从事的事业能够持续不间断。

另外，教育领域或关心教育的其他专家学者，也会对相关教育问题予以关注。专家学者可以从理论的角度分析评述教育政策，指出利弊得失，给出意见和建议。但他们多从研究的角度分析问题，也更注重个人意见的表达，有时会出现一定的偏颇。

新闻媒体对于超常教育的介入，使得少年班和少年班的孩子们“一举成名”，但某种程度上也阻碍了超常教育的正常发展。

在一般意义上，从智力的角度可以把学生分为智力超常的学生、智力正常的学生和智力低下的学生。从智力分类来看，现在较流行的是多元智能理论，简单说就是个体在智力上存在差异，既有高低的不同，也有类型的不同。在不同类型方面，大家普遍容易接受，比如，为在体育、艺术等方面有特长的学生提供有针对性的教育，大家似乎没有太多的异议。对于身体或智力上有欠缺的人群，国家提供特殊教育，大家也多表赞同。但对于人群中占3%~5%的智力超常人群，要为他们提供针对性的教育时，各种反对和质疑的声音就会很多。

这些智力超常儿童，就如同国家在智力上的“富矿”，合理地开发和利用，无论是对国家、对社会，还是对家庭、对个人，都具有非常积极的意义。北京八中曾经就少儿班的创造经济效益做过研究，结果表明 :“……仅仅290名毕业生，就创造了社会经济效益7 000多万元，家庭经济效益3 000多万元。……事实上，由于他们工作的性质和岗位，每个毕业生创造的产值以及他们的个人收入都远高于北京市的人均值，估计实际数字是以上计算的两三倍。这些还没有包括由于学生接受了适合他们的超常教育后，给他们带来的心理、能力和年龄方面的优势，以及这些优势带来的人生进一步发展的前景；也没有包括由于他们的杰出工作为社会创造的物质和精神财富以及间接的经济效益。”[1]

然而，普通民众通常很难看到社会效益，更多的是看到给个人带来的益处。另外，人们在心理上也很难认同自己的孩子在智力上和其他孩子存在很大的差距。社会上各种课外班推波助澜，重点中学争抢生源，驱使更多家长不顾孩子自身条件盲目跟风，形成了教育管理部门、学校、教育专家提倡减轻学生负担，但同时课外机构林立，学生课业负担、家庭经济负担不断增加的矛盾怪象。处在矛盾中的超常儿童教育，在这种大环境中成为社会舆论和各方利益博弈的牺牲品。

实验过程中出现的教学偏差，国家教育理念与政策从精英向大众的转变，新闻媒体倾向性的报道，使得一段时间之后超常教育举步维艰，很多大学和中学的超常教育被迫停止。

在超常儿童教育相对发展的时期，北京八中超创中心并没有盲目扩大，而是一直坚持少儿班隔年招生，后来发展为每年招收一个班，不超过35名学生。直到2010年，才以原有少儿班的经验为基础，尝试开始素质班的招生，前6届依然是每年一个班，不超过35名学生。

在超常儿童教育遭遇发展瓶颈和困局时，北京八中超创中心也没有放弃自身的发展，依然坚持进行超常儿童教育的实验，依托同科研机构的合作，边教学边进行科学研究，不断完善甄别、培养的各个环节，使之更加科学完善，更加适合超常儿童的身心发展。

三、北京八中超常儿童教育的经验与成果

北京八中的超常教育实验走过三十多年的历程，已经形成了一整

[1] 程念祖.研究　探索　实践——北京八中超常教育30年文集之科研篇［M].北京：学苑出版社，2015：70.

套较为科学有效的甄别与培养智力超常儿童的体系。

（一）智力超常儿童鉴别方式

在采访北京八中超创中心师生和家长的过程中，关于智力超常儿童，我们听到很多故事——

1. 班里有这样的孩子，生下来就精力充沛，睡得很少，每天大眼睛骨碌碌地转着，好奇地观察着这个世界。稍大的时候，一到休息日，爸妈、祖父母和小姨就都围着孩子转。并不是因为要娇生惯养，实在是这个孩子精力太旺盛，一波人带着在各公园转一个上午，大人都累了，但孩子还是非常兴奋地要去另一个公园。没办法，中间只有再换一波大人陪着他去另一个公园。上幼儿园的时候，老师们做延迟满足的实验。告诉孩子们如果马上吃掉手上的糖果，就只能得到这一块糖。而如果二十分钟后还能保留这块糖，就可以得到另外一块糖果。说完，老师走出教室。有的孩子立即就吃掉了手里的糖，有的孩子犹豫了一段时间，也吃掉了。二十分钟之内，除了一个孩子，其他孩子都陆续吃掉了手里的糖。而那个始终没有吃掉糖果的小男孩儿，当然得到了另外一块糖果。虽然孩子没有特别地上过什么课外班，但在11岁的时候孩子走进了八中少儿班。

2. 这是一个秀外慧中的孩子，每次见到他，他都是有礼貌地打招呼问好，说话时笑眯眯的，也带着少年的羞涩。孩子的硬笔书法极好，一看就是练过的。刚入学的时候，个子不高，还有点儿胖胖的。少儿班的传统是非常重视体育教育，老师们的目标是不论孩子入学时体育如何，在毕业时要达到同龄人的优秀水平。

孩子的体育成绩并不差，而且空竹、独轮车都玩儿得非常溜，就是有点儿胖。于是，孩子每天一早不到7点就赶到学校，在操场上跑圈。等到我再一次看见他，是在一次腰旗橄榄球课上，一回头，我想："这是哪个孩子？怎么没见过？"孩子微微笑笑，问候道："阿姨好！"我才一下子认出是那个胖胖的小男孩儿，现在变得身材匀称，更加可爱了！

3. 老师让一个孩子自习课时来取一摞批改完的作业。孩子来了，看见老师正在批改作业，就先回班了。一会儿又来到办公室，老师正好把最后一本作业批完。老师觉得好奇，就问孩子："你怎么知道我现在批完了作业？"孩子告诉老师，他第一次来的时候，看了一下剩下的作业本的厚度，就大致估计了还有几本没有批完，又估计了一下老师批每本作业的速度，就算出了大约还要多长时间老师能够批完。所以他就先回班看书，然后15分钟后再来，老师正好批完作业。这样，既不耽误老师批改作业，也不耽误他看书。其实算出时间并不难，难的是这孩子对时间的管理，以及当时那么短短一分钟之内就能想到这个办法来估计时间。

4. 孩子2岁，妈妈还是和以前一样，每两个月带孩子去早教门诊做检查。抱着孩子，妈妈在路边拦下一辆出租车。车停下，妈妈打开后面车门的瞬间，孩子忽然对妈妈说："妈妈，上次就是这个门撞了我的头。"妈妈愣了一下，但还是先上车。坐在车上，妈妈才明白孩子的话。那是一周前，妈妈也是带着孩子打车外出，开门的时候不小心，车门撞到了孩子的头上。只是轻碰了一下，所以当时并没有太在意。没想到一周后，再次打车的时候，孩子不但记得这件事情，还用非常完整的话描述了事件。孩子3岁的时候，妈妈带着孩子在早教门诊做综合评价。各种测试之后，医生得出结论，这个孩子的综合智商已经达到了5岁孩子的水平，在语言、社交方面甚至更强。当然，这个孩子也在11岁时成为八中少儿班的一员。

关于少儿班的孩子，这样的故事有很多。那么，北京八中超创中心是用什么样的方式把这些孩子甄别出来，进行超常教育的呢？

北京八中超创中心采用的是中科院心理研究所查子秀教授提出的“多指标、多途径、多方法综合评价”的方针，在儿童大脑天赋水平、后天学习水平、学习能力与发展潜力三个层次上进行鉴别，并在大脑天赋功能的鉴别上尽量排除文化背景的影响。

首先，儿童的大脑能力存在由遗传因素决定的天赋差异，要尽可能地避免“知与不知”对测验的影响，真正反映出大脑能力的差异。在这方面，主要是进行808神经类型测试，以及关于逻辑推理、空间认知与想象、思维灵敏度、记忆能力等方面的智商测试。

其次，对儿童的语文、数学等学科学习水平也要进行考察，这是儿童智力活动的结果。受到儿童超前学习的影响，这项测试给超常儿童的鉴定活动带来了很大的干扰。但作为一项标准，可与其他途径和指标统筹考虑，且在鉴定的过程中还是能够起到很大的作用，因此不可或缺。

最后，也是最重要的一项鉴定活动，就是为期一周的封闭式试读。在一周的时间内，学生离开父母，只和其他同学以及学校教职工一起学习生活。在试读的一周内，通过不同类别的测试、学习新知识、身体素质测试、团队合作测试、不同种类体育测试等方式，教师对学生进行自学能力、听课能力以及学习习惯和个性品质的考察。

事实证明，这样的考试方式对儿童入学后的学习状况有很强的预测功能。

做好超常儿童的鉴定工作，只是超常儿童教育的最开端。更重要的是如何对这些鉴定出的超常儿童进行教育，使他们能够健康成长，完成具有一定难度的学业的同时，得到全面发展。

（二）智力超常儿童培养体系

超常儿童的培养主要有两个“三位一体”的培养体系：（1）科研、教育、教学三位一体；（2）学校、家庭、社会三位一体。北京八中超创中心一直坚持以教科研为先导，教学促进科研，科研指导教学，以班主任为核心，坚持团队合作，坚持日常管理，家校配合。

（三）以突出体育为特色的课程设置

北京八中超创中心分为少儿班和素质班。少儿班要在4到5年的时间内完成通常需要8年完成的学业，素质班也要用7年的时间完成原本8年的课程。因此，在课程设置方面就必须进行改革，建立适合超常儿童教育的课程体系。总的来说，超创中心的课程是在保证原有国家课程种类和标准不变的基础上，在教学方面进行有机整合，扩大单位教学时间的信息量，从而提高教学效率，再增加比普通中学生多一倍的体育课时，同时增加外出社会实践课和自主研习课。

以少儿班为例，普通课程（数学、语文、外语、物理、化学、生物、历史、地理、政治、音乐、美术等）与同龄普通中学生一致。假期与普通中学生也相同，学校增加的体育课和社会实践课并不占用学生的假期时间。在此基础上，每天保证一节体育课，放学后15分钟晚锻炼，每周一个半天的自然体育课。在期中期末考试后组织长则一周、短则1至3天的社会实践课程。学校强调体育和实践课程的重要性，同时强调教学要注重基础、统筹整合、科学高效。

从少儿21班开始，少儿班学制由原来的四年改为五年。但这多出的一年，数理生化方面的课时仅增加了10%，其余的课时都是用于史地政等文化类课程和体育类课程。少儿班的特点是“年龄小、时间短、要求高”，因此要求教师以高中课程标准为依据，对教材进行统筹整合。比如，物理和数学主要采取两种方式：一种是不同学段相同知识点统一整合；另一种是按学科知识递进层次进行螺旋式上升的渐进教学。在具体的教学法方面，主要是注重学科间的联系，提高课堂效率，方法多、容量大、效率高，最关键是讲求“短时高效”。主要做法有：加大信息量，加快教学速度，教学过程快中求好，增大跨越的步伐。教学中讲究“压缩”和“跨越”。“压缩”的不是教学内容，而是教学步骤，优化教学过程；“跨越”就是对某些内容有意识地留下“空白”，让它起到催发冲突的作用，启发学生用已知的基础去解决未知的问题。在文科教学方面，教师会利用社会实践的机会，以走进名人故居、排演话剧、动作情境式背诵古文等方式，促进学生的学习。

在超创中心，教育者最注重的是高尚道德和健康人格的培养。

“超常儿童在智力方面确实是超群的，但是在我看来，智力超群的孩子更加应该注意非智力因素，如心理品质、与人交往的能力、情商等方面的培养，这些也是非常重要的。这群孩子在成长过程中，因为智力优秀，可能掩盖了其他方面能力的发展。有些家长可能觉得孩子很聪明或者学习很好，就‘一好遮百丑’。

所以，如果孩子其他方面有点问题，家长可能不会重视。在非智力因素方面，这些孩子确实存在一些问题。比如，考虑问题的时候更多地考虑自我，真正跟人发生矛盾或者冲突的时候，会推卸责任，没有认识到自己的问题等。比如体育方面，一些孩子智力好，但是身体素质不见得是超群的。我们在这一块，也特别重视体育的教育，这也是促进孩子们综合全面地发展。”（少儿班班主任，体育老师）

在历届学生的反馈中，最受欢迎、给学生印象最深刻的就是自然体育课。每周用半天时间，组织学生到大自然中开展丰富的体育活动，如远足、爬山、游泳、跳水、滑冰、骑独轮车、自行车旅行等。在自然体育课上，教师不仅指导学生进行体育锻炼，还充分发挥自然环境及其人文因素的教育作用，使自然体育成为以自然环境为依托，体育活动为载体，全面提高学生综合素养的课程。

超创中心的社会实践活动同样丰富多彩。无论是观看卫星发射，登临泰山之巅，还是横穿沙漠、荒漠植树，抑或骑自行车到达山海关，所有的活动都是对孩子身心全方位的考验和锻炼。正是这些略带“自虐”的实践活动，使超创中心的孩子们有了同龄人难以体验的经历，加速了他们的成长。这些活动不仅开阔了视野，锻炼了自主能力，加强了团队建设，也促进学生更多地了解社会，培养学生的社会适应性和社会责任感。

这些智力超常儿童在北京八中超创中心经过4~7年的教育，无论是在身体和心理素质，还是在学业水平、研究与创新能力、可持续发展能力等方面都会得到全方位的培养与提升，为进一步的工作与学习打下良好而又坚实的基础。

（四）全方位全程参与育人过程的家校合作

北京八中超创中心在超常儿童教育方面十分注重家校合作。在家校配合方面，开学初即成立家委会，每月都有家长开放日，平时也会和家长保持有效沟通，达到交流思想、统一认识、团结协作、行动一致的目的。同时，发挥家长在学校教育中的作用，利用家长自身专长及其社会资源为学生服务，如作报告、开展学生社会实践等。

以少儿21班为例。在班主任的倡导下，最初的家委会发展成为少儿21班发展共同体。这是一种将全班家长全部调动起来参与班级教育活动的家校合作新形式。家委会是共同体的核心，下设四个小组：教育资源组、高考动态组、宣传策划组和后勤保障组。家委会成员也按照不同的分工参与到各个小组当中，根据学校和班级的需要指导小组工作，也作为小组和班主任沟通的桥梁。每个小组设组长和副组长各1名，组员3到5人不等。

班主任每学期定期召开小组长会议，通常在学期初、学期中和学期末各一次，同组长一起商讨班级工作计划、各项工作的分工与合作、班级工作的落实等。这样，班级所有家长都可以参与到班级的建设中，各尽所能，使班级更有凝聚力，家校配合更紧密，给孩子们更加全面周到的教育和服务。

高考动态小组的两位组长长期关注高考动态信息，定期整理研究，及时在班级群中发布高考信息，在家长会上向全体家长讲解高招政策、少儿班历届高考数据统计分析、备考建议等。专业的统计分析、及时的信息发布使得每个家长都可以根据孩子自身的条件，来进行高考规划。

教育资源小组的成员依据自身专业和人脉资源为学生提供教育

服务。两年来，已经有两位教育资源小组的家长为孩子们做了关于人际沟通和大数据的讲座，也请来其他专业的专家学者为孩子们作报告，并带领孩子们走进心目中的大学进行实地参观。同时，定期整理时事新闻，制作班级新闻小报，引领孩子们学习新闻事实，了解社会动态。

宣传策划小组负责学生纪念册、日常自然体育、实践课程和学校班级活动的宣传报道工作。一方面进行日常资料的汇总整理和定期宣传资料的编写与印制，积累教育资料，另一方面也参与实践课程的总结和研究。在实践课程开展之前，为学生提供自主研习课题，及时总结活动资料，活动结束之后出版活动手册等。

后勤保障小组负责班费的收取及日常收支管理。该小组工作琐碎，需要有财会方面知识的家长承担。同时，配合其他小组，为班服定制、物品购买等工作提供资金保障和管理。

这样，四个小组配合家委会和正副班主任共同开展班级工作，使得班级每项工作都可以有序进行，使每位学生家长都参与到班级的教育管理工作之中，更加关心孩子的教育；也可以使教师们从一些日常琐事中解脱出来，更加全身心地投入到教育教学工作之中，最终使得学生得到优质高效的教育。目前，组建班级发展共同体的模式也被其他班级借鉴并不断完善。

（五）以科学研究为引领的师资培养

北京八中最初设置少儿班的目的之一，就是要在实践中进行理论研究，填补中学超常教育的空白，培养超常教育师资力量，建设科研队伍。在三十多年的实践中，北京八中超常教育也确实做到了这一点，始终强调超常教育的教学与科研相结合，培养稳定的师资与科研队伍。超创中心的教师会同其他教师一起接受统一的入职培训，而在超常教育的教师培训方面，则是通过会议、日常教研和新老教师间的“传帮带”等非制度化的形式铺开。

“一般来说，每个暑假，我们会有一个教师培训会，通常是哪位老师在素质班有一些好的做法，我们会请他来做一些经验交流。师徒结对我们一般会在9月10号教师节那天，举行一个拜师大会。徒弟要经常去听师父的课，要经常写点心得之类的。

“我们要求教师在教学之外，还要做研究，一般成果就是论文，我们鼓励教师参加一些评比，还有一些国内或国际会议，这些通常要有论文才能参加。在暑假和寒假教师教学工作会上，我们会请一学期里做得比较突出的教师介绍经验，包括班级管理的经验。此外，我们还会请一些退休的教师过来把把关，听听课。”（素质班班主任，英语老师）

“入职培训是区里统一的，然后每周有教研，但是没有专门针对少儿班教师的培训。不过，平时会经常开会，老师们会经常一起讨论，有问题可以向很多有经验的老师请教，或者和其他老师交流讨论。课堂教学的问题，可以和政治组的老师们讨论，区里的教研员很巧也是八中原来的少儿班老师，经常会和我谈怎样教学、怎样和这些孩子相处。虽然没有固定的培训，但是背后有很多老师给予支持。班级的正班主任是地理老师，我们俩的合作方式是，一个唱红脸一个唱白脸。他在班级里几乎是不笑的，因为要镇住学生；我就和学生打成一片，学生有什么事都会告诉我。这也算是一种配合吧！”（少儿班班主任，政治老师）

（六）超常儿童教育实验成果显著

1. 人才培养

超创中心的学生尽管比同期毕业的学生在学时上缩短了，但他们的学业成绩却始终位列北京市优秀高中毕业生的水平。在校期间，超创中心的学生在老师们的带领下参与包括“翱翔计划”“英才计划”“科技后备人才计划”“科技创新大赛”等一系列科研活动，并获得了相应的奖项。这些孩子在毕业的时候，在身体素质与生理发育各方面都优于北京市同龄儿童的平均指标。[1]

而更为重要的是，这些孩子获得了可持续发展的能力。从1998年开始，北京八中超创中心有专门的教师进行毕业生的追踪工作。从调查结果来看，超创中心的毕业生无论是在大学学习还是在工作中都表现出了良好的心理品质，很强的社会适应能力，以及出色的学习潜能和杰出的工作能力。……有的已在工作或科研工作岗位上崭露头角，取得了较高的成就。[2]

2. 科学研究

北京八中超常儿童教育的发展始终同科学研究紧密结合。三十余年里，北京八中一直在实践中进行研究，始终坚持教学科研同步。

在超常儿童鉴定方面，北京八中一直同中科院心理研究所合作，依据最新的理论研究，结合每年的鉴定工作实践，不断改进鉴定方式方法，以期更加科学合理地对超常儿童进行鉴定。

而在日常教学方面，通过参加各级各类超常教育研究研讨会，将

[1][2] 程念祖.研究　探索　实践——北京八中超常教育30年文集之科研篇［M］.北京：学苑出版社，2015：66.

日常教学改革经验结合理论形成论文，与全国乃至全世界的同行进行交流，从而通过科研促进日常的教育教学工作。

> “……每年都会有全国超常教育年会，然后有亚太地区的超常教育大会，还有世界超常教育大会等等。这些都是老师学习和提高的途径。比如，全国的大会去年是在东北的育才学校举行，学校派了十几位老师去。……这是国内的，每年都会举行。今年的世界大会马上要在加拿大举行年会，学校也组团去。……老师要结合平时的教育教学，带着自己的科研成果，去和别人一起交流，这是科研任务。”（少儿班班主任，体育老师）

正是这样的坚持，使得北京八中超常儿童教育一直在探索中发展和完善，在促进教育教学的同时，科研方面也取得了丰硕的成果。而科研的进步，科研能力的提高，反过来更加促进了超常儿童教育质量的提高。

四、北京八中超常儿童教育面临的困惑与挑战

时代在发展，我国正面临前所未有的机遇与挑战。国家发展对创新人才的培养提出了更高的要求。新环境下的教育改革刚刚开始，原有的各种质疑依然存在。北京八中超创中心面对新的时代、新的机遇与挑战，也在不断改革创新。

（一）谁才是真正的超常儿童

随着少儿班的发展，北京八中又开展了拓宽式的素质班实验教学。第一届素质班高考成绩喜人，使得超创中心获得了更多人的关

注，越来越多的家长希望自己的孩子能够成为其中的一员。这一方面给超创中心带来更多的生源，有利于在更大范围甄别超常儿童；另一方面也给鉴定工作带来更大的挑战。

随着社会经济的发展，人民生活水平的提高，全民教育普及，孩子的教育问题受到高度关注，家长渴望优质教育资源。为了让孩子得到优质教育资源，很多家长开始“拼娃”。在国家取消“小升初”的升学考试之后，小学生们开始在课余时间大量超前学习。虽然北京八中超常儿童鉴定的具体内容长期保密，但考核的方式和一些细节还是多多少少地从一些渠道泄露了出去。社会上的一些不良机构正是抓住了家长们争夺优质教育资源的心态，将北京八中超常教育的鉴定工作当作一块金字招牌，基于主观臆测，编制所谓的“八中少儿班素质班招生真题”，大肆圈钱。一些学生经过类似的智商培训，可能侥幸进入鉴定活动的复试或试读中，而一些真正的超常儿童反而没有机会进入最后的鉴定阶段。这些都给超常儿童的鉴定工作带来了很大的困扰。

超常教育最关键的一环就是超常儿童的鉴定。在鉴定中非常关键的一点是尽量减少人为因素的干扰。因为，超常教育是对超常儿童的教育，并不适合因提前学习或者通过重复性学习而“知道得多”的普通学生。这样的学生被鉴定为超常儿童进入超常中心，会后劲不足，对教师的教学和学生本身的成长都有害无利。

针对上述问题，北京八中超创中心和中科院心理研究所等科研机构一直在进行探索、研究和改进。其中关键的一环就是为期一周的试读，运用包括现场学习、体育测试反馈等方式综合考核学生，避免鉴定期间的偏差。但随着人们对鉴定工作越来越熟悉，这项工作始终面临着巨大的挑战。

（二）成功是眼前的“清北率”还是未来的可持续发展

很多家长评价一所学校的好坏，评价一种教育是否成功，就只是看这所学校每届学生中有多少可以考上北大清华（即所谓的“清北率”），或者有多少学生可以进入美国名校。

这涉及超常教育的目的和其是否成功的评价标准问题。考上名校是教育成功的途径之一，但绝不是教育的目的。北京八中超创中心关注的是孩子们十年二十年后将成为什么样的人。超常教育并不是学校用来增加所谓“清北率”的工具，除了学业成绩、竞赛获奖，学校更关注的是学生人格是否健全，是否拥有健康的体魄、顽强的意志力，是否富有创造力。所以，学校在课程设置一直非常重视体育和各种实践课程。也正因为如此，少儿班的学生在各自的大学中都非常突出，在毕业后的工作中也都异常出色，正在成为所在行业的领军人物。而这也是北京八中超创中心实施超常教育的初衷。

（三）超常教育是不是应试教育的“升级版”

超常教育从提出之日起，就不断遭到社会各界的质疑。以北京八中为例，一方面，出于对学生的保护，学校和学生几乎不接受任何媒体的采访和报道，普通家长甚至一些教育专家，对于北京八中超创中心以及正在进行的超常儿童教育都知之甚少；另一方面，社会上依然存在对超常教育的倾向性报道，很多人先入为主，认为超常教育就是揠苗助长，是“伤仲永”。

正因为不了解，所以会产生误解。一些不明真相的家长和专家将升学中的一些乱象同正常的超常教育混为一谈，对超常教育举起了“屠刀”。

2016年《法制晚报》曾发表过一篇关于超常班的报道《别让超常班超越规则》。文章认为，一些公办学校打着超常教育的旗号提前选拔优质生源，有违义务教育就近入学政策；为了进入此类学校，家长们在做准备阶段的不惜代价，会成为某些学校的牟利手段；而名称各异的超常班在选拔过程是否公平也值得怀疑，录取上存在的“灰色地带”使一些普通的孩子得以打着“超常”的名义跨学区入学，既剥夺了本学区孩子正常入学的权利，又造成了超常班的乱象。此外，文章基于社会中发生的个别现象，认为过早进行智能教育，不利于超常儿童健全人格的发展，导致他们在学校生活中的不合群或走上极端；反之，超常儿童在正常进度的学校，即便学习上“吃不饱”或者“浪费时间”，但可以将更多的闲暇时间用于思考人生、课外活动，以培养情感、态度、价值观，是利于他们健全心态的发展的。

一时间，社会上对于超常教育的合理性、公平性甚至合法性的质疑声四起，北京八中超常教育实验遭遇了又一轮挑战。

了解事实真相并且理性思考的人不难发现，社会上的质疑很多是混淆了概念，或者有悖于儿童发展的一般规律。比如，应被叫停的是各类打着旗号敛财的培训班，而不是北京八中少儿班等超常教育班；“因材施教”原则自古有之，儿童发展的差异性原则也表明，在学校教育教学中，“吃不了”“吃得饱”和“不够吃”的学生都需要关照，需要探索更好、更适合的方式促进不同类型的孩子们获得最优化发展。北京八中少儿班的实践恰恰促进对“吃不饱”的孩子更快、更好成长的探索。更何况，少儿班从成立开始，就从来不缺乏各种益智、健身、促进学生和谐发展的教育教学内容和相应的活动课程。

（四）需要独特的超常儿童教育吗

我国目前正处于从教育大国向教育强国迈进的关键期。有人认为，超常教育过多占用了优质教育资源，过多占用了社会资源，是教育不公的一种表现。那么事实是怎样的呢？以北京八中为例，超创中心的学生和本校其他学生一样共同使用校园内的各种教学设施和设备，学校并没有单独为超创中心提供任何特殊的关照。超创中心的教师也同其他教师一样，并没有特殊补助或津贴。超创中心独特的自然体育课和社会实践课，也不是社会为这些超常儿童单独提供了什么教育资源，而是教师们充分利用现有的社会资源（比如，在公路上长走，去公园爬山、划船，在操场跑步、打球，参观自然和人文景观等），或借助家长们提供的一些社会资源（比如，请各行业的从业人员给孩子们作报告，带领孩子们走进高校等）。这些资源是所有学生都可以共享的，只是超创中心的教师们为学生提供了时间和空间，付出了比其他教师更多的精力。

在师资培训方面，虽然有老教师的"传帮带"，有合作科研单位不定期的讲座，还有相应的会议研讨，但总体来说，仍然缺乏制度化的培训和培养。对于过去三十多年的实践，超创中心在进行总结和提升，未来的教师培训应更加系统化，以建立师资培养的长效机制。这无疑是对中学超常教育发展的一大挑战。

而更大的挑战来自国家的政策。

"……比较担心的是少儿班是否会被取消。我自己的规划是，做一个超常儿童社会化的研究。我觉得具体的教学研究已经有很多人做过了，但是社会化问题研究做得比较少。我不怕做得多，而是怕做到一半不能继续下去。哪怕做完了，这个结果没有人重视，那我也是开心的。就像一棵树苗，我把它养大了就很开心，中途没有了，就会觉得很难过。而且超常儿童需要有这么个场所，给他们特殊教育。这些孩子也是特殊儿童，不能说把高的填平了才叫教育公平，因材施教才是对的。”（少儿班班主任，政治老师）

超创中心教师的担忧并非空穴来风。在追求教育均衡的大背景下，超常教育的实施如履薄冰。北京八中的超常教育能够坚持三十几年非常不易，在新的时代背景下，超常教育走向何方，需要国家层面给出明确的教育决策和引导。

超创中心并不是为超常儿童提供什么特殊的教育资源，而是为这些学生提供了一种适合他们的，不同于大多数学生的教育方式。为超常儿童提供适合的教育，可以更好地促进这些儿童的成长，使他们更好地为社会服务，为国家社会的进步贡献更大的力量。

教育担负着为国家未来发展培养人才的重任。国家存在，教育的国家工具性质就不会改变。寻求教育发展中的精英与大众的平衡，寻求社会发展与个人发展之间的和谐，对我国未来发展至关重要。

五、未完的思考：英才还是大众——二者或可兼得

党的十九大报告指出："中国特色社会主义进入新时代，我国社会主要矛盾已经转化为人民日益增长的美好生活需要和不平衡不充分的发展之间的矛盾。"在教育方面，同样存在着这种不平衡和不充分。在制定教育政策上，既要有春之希望，也要有秋之成熟。

党的十九大报告指出，中国要加快建设创新型国家，“要瞄准世

界科技前沿，强化基础研究，实现前瞻性基础研究、引领性原创成果重大突破。加强应用基础研究，拓展实施国家重大科技项目，突出关键共性技术、前沿引领技术、现代工程技术、颠覆性技术创新，为建设科技强国、质量强国、航天强国、网络强国、交通强国、数字中国、智慧社会提供有力支撑。加强国家创新体系建设，强化战略科技力量。……培养造就一大批具有国际水平的战略科技人才、科技领军人才、青年科技人才和高水平创新团队”。

（一）名正则言顺

迄今为止，我国关于超常儿童教育还没有明确的政策或法规，社会上对超常儿童教育更是众说纷纭、莫衷一是。在当今社会转型与大发展时期，最关键的是人才的培养。在三十多年的人才培养实验的基础上，当务之急是转变观念，为超常儿童教育正名，名正则言顺。一方面，不同国家有关于超常儿童教育的立法和相关政策可以借鉴；另一方面，我国在不同时期积累了超常儿童教育的相关经验，我们可以在此基础上进行相关政策和法规的制定，逐步建立起具有中国特色的超常教育体系，为超常儿童健康成长和国家创新人才培养创造有利条件。

1. 建立超常儿童教育体系

在现有教育体系基础上，建立从小学到大学的超常儿童教育体系。总结超常儿童教育经验，不断完善超常儿童鉴定方法，使超常儿童教育体系化、系统化。建立超常儿童教育与普通教育之间的“立交桥”，不同阶段的超常儿童可以通过相应方式进入超常教育系统。同时，超常儿童也可以在不同阶段，依据自身具体情况，选择进入普通教育系统完成学业。应使超常儿童教育同其他形式教育一样，成为国家整体教育系统的有机组成部分，给不同儿童的发展提供更合适的教育机会。

2. 培养超常儿童教育师资

超常儿童具有自身的一些特点和特质，因此需要更加适合他们的超常教育。在我国现阶段的教师教育中，对超常教育师资的培养基本上是一项空白。以北京八中为例，超创中心的教师在进入中心之后，主要是通过老教师的“传帮带”、教师间的集体教研、会议交流等方式进行在职培养。为了更好地进行超常教育，应该完善超常教育教师的职前和在岗培训，使得教师们不仅在实践方面，也从理论上得到指导，从而使超常儿童培养更加科学化。

3. 支持超常儿童教育研究

无论是超常教育体系的建立，还是师资的培养，都离不开超常儿童教育研究的开展。由于长期得不到应有的重视，超常教育在教育研究中始终处于边缘地位，研究人员少，研究不成体系。同时，由于要避免超常儿童鉴定工作陷入应试的泥淖，鉴定程序和具体内容不宜向社会公开，相关研究成果也不便于公开发表。以上种种原因阻碍了超常教育研究的发展，理论的滞后也影响了实践的发展。因此，教育管理部门和教育科研单位应该给予超常教育更多的支持，建立超常教育研究体系，支持相关科研人员和教学一线的管理人员、教学人员共同进行超常教育研究，促进超常教育的正常良好发展。

（二）基础之上各展所长

在追求教育公平和教育均衡的过程中，往往存在将素质教育与应试教育相对立的现象，甚至走向另一个极端，反对任何形式的考核与选拔。这与整个社会的人才观念和评价机制有关。在传统评价观念中，人被垂直化分层，而不是水平化分类。这样的评价方式往往使得人们认为超常教育的对象得到了比其他儿童更多的资源，从而取得了更高的社会地位，获得了更多的个人发展机会和“私利”。事实上，英才教育所取得的成果和创造的价值更值得关注。

文化资本客观存在，打破其垄断传承的方式，并不是要用行政手段强硬地阻断或者削峰填谷，而是要通过发展地方经济，促进经济和谐均衡发展，促进全民教育提升。树立水平化人才观，改进教育和评价机制，并不是要一味地降低学业水平标准，而是要提供更加丰富的课程体系，培养各类人才，在保证公民接受最基本的通识教育之后能够有所专长。超常教育只是各类不同教育中的一种，与其他教育形式地位平等，而不是人们认为的那样高高在上。超常儿童也是各类儿童中的一种，同其他儿童地位平等，而不是人们认为的那样高高在上。只有这样，各类人才才能依据自身特点选择不同类型的教育。也只有这样，超常教育才能得到更好的外部社会条件，更科学合理地培养相应的人才，为促进社会发展做出更大的贡献，从而惠及更多民众。这也是超常教育设立的初衷。

未来的竞争、合作，人类命运共同体的构建，最需要的是人才。中国的发展，既要有大国工匠，也要有大国英才。更均衡的教育应该是努力使所有公民得到适合自己发展的优质教育。优质既包括硬件条件，也包括高水平的师资、科学先进的教育理念。适合自身发展，就不是“一刀切”，不是所有人都接受相同的教育。每个人都是独特的个体，都有自身发展的特点和规律。优质的教育是指根据不同人的发展特点和规律进行教育，使个人在自身基础之上得到较为充分的发展。国家在制定教育政策时，虽然还无法做到使每个人都得到量身定制的教育，但应该考虑为不同的人群提供适合的教育。对于超常儿童，就像对所有其他群体的儿童一样，我们首先要认识到这类群体的存在，同时也要认识到，为超常儿童提供适合的教育，既是对他们自身发展有利的事情，对整个国家和民族来说，也是功在当代、利在千秋的事情。

代结语：

推进英才教育，努力走向卓越

改革开放四十多年，我国各行各业的人才不断涌现，社会对创新人才的渴求日盛。当前，我国正经历着社会现代化建设和人才培养模式改革。综观世界各国的英才教育，可以为我国人才培养模式改革提供可资借鉴的经验。

一、国际英才教育理念的发展

英才群体作为一国重要的人力资源，蕴含着丰富的创新潜能。围绕个体发展与社会发展，英才及其培养通常在国家安全和推进社会经济与科技创新发展层面被作为战略资源备受重视。

（一）社会经济发展是促进英才教育发展的根本动力

国家对人才资源的需要决定着其对英才教育的重视程度。当国家感受到威胁与竞争，对人才资源的重视就会上升，并寻求人力资源的扩充。从最初的国防安全，到如今国家经济社会发展对创新人才的需要，均是如此。1957年苏联人造卫星的发射引发美国社会对自身教育的批评，并推动了《国防教育法》的出台，该法案第一次明确提出教育之于国家安全的关键地位，奠定了英才教育在美国的发展基础。此后，美国的英才教育逐渐走向制度化。这在当今美国对数学、科学领域人才培养的财政支出与重视中均能体现。

英才教育自身所具有的“精英主义”色彩主要与其生成环境中的社会政治经济状况相关。在教育民主化浪潮高涨时期，普及义务教育成为教育发展的主流，英才教育只作为“小众”诉求被边缘化并在低位缓行。而随着经济与科技的发展及教育个性化的趋势加强，英才教育逐渐得到企业界和政府的支持。在亚洲，如新加坡、日本，英才教育的发展往往得益于经济产业界的推动，多是从经济发展方式转变而产生对创造性人才的需求出发，倒逼教育界对个性化人才的培养作出回应。

自由主义或保守主义的社会思潮也对英才教育产生影响。保守主义倾向于追求卓越，对英才儿童持支持态度；自由主义倾向于公平以及教育资源的均衡分配。20世纪80年代，各国普遍受到新自由主义对个体发展的连续性以及个体选择多样化的关注的影响，政府开始在教育体系、管理方面进行改革，倡导为天才儿童提供合适的教育环境。

90年代后期，经济社会发展对创新驱动的依赖日益凸显，更为英才教育提供了发展空间，各国对创新人才的渴求成为国际社会实施英才教育的新动力。进入21世纪以来，在日益激烈的国际竞争背景下，许多国家纷纷加大人才强国的推进力度，以求在新一轮科技竞争中争得优势地位。俄罗斯、德国、日本都出台了一系列支持英才教育的政策，逐渐建构起全面、系统的英才教育体系。匈牙利、芬兰这些传统上对英才教育重视不够的国家，也开始关注创新背景下英才教育对国家发展的战略意义，多渠道加强对英才教育的政策支持。

（二）教育心理学的发展促使各国转变英才教育理念

英才教育涉及的核心概念是“天赋”（giftedness）。对儿童天赋的理解与定位决定着英才教育受益人的资格问题，也就是说满足哪些条件才有可能被视为未来的英才，并成为英才教育的对象。但长期以来，关于“天赋”概念的内涵依然没有统一的定论。20世纪80年代后，英才教育理论开始摆脱传统的智力决定论，考虑动机等非智力因素在个体才能发展中的作用。学者们对“天赋”的理解与研讨，或可说明四个方面的问题。

第一，概念界定不必苛求唯一性。

在不同时代、不同国家、不同认识主体的思维中，“天赋”具有不同的含义。我们没有必要在诸多论述或观点中选取一个所谓标准的定义，而应该在了解、分析不同表述内容的基础上，裁量出天赋的本质属性、内涵和外延。

对“天赋”概念的理解应该遵循儿童发展的规律、教育规律和社会发展规律。教育要看到儿童个体发展的差异性。对与同龄人相比，在学业或其他方面确有特殊潜能或突出表现的儿童或青少年，应该为他们提供符合其发展的教育。

本研究中与“天赋”直接相关的英才儿童（gifted and talented children），是指那些与处在同一环境中的同龄人相比能够表现出高成就或有着取得更高成就潜能的儿童，他们在智能、创新能力、艺术能力、领导能力方面表现突出或在特定的学术领域具有较强的能力。

第二，“天赋”概念的发展性。

从19世纪末20世纪初对天赋开展科学研究至今，已有一百多年，“天赋”概念由单维走向系统化、多元化。早期英才教育基于智商来界定天赋，认为英才儿童是一群在智商方面优于普通儿童的特定群体，其特质是具有先天性、稳定性。传统的本质主义的天赋观采取天赋单因素论，将天赋等同于高智商。

20世纪60年代开始，研究者开始反思以智力、学业成就来定义天赋的弊端，探究更加科学的“天赋”概念，使得“天赋”多维模型得以建立。“天赋”多维度模型既包含人的其他特质，也关注动机等非智力因素，并将环境因素对个体发展的影响考虑于其中。英才教育范式的转变还导致政策制定者对英才定义的传统理解发生变化。1972年美国教育部门发布的《马兰报告》拓宽了天赋概念的结构，使其含义更为宽泛、更具有包容性。对于天赋的多维度探索也体现在兰祖利的三环理论中。三环理论主张天赋具有可塑性，将“动机”加入天赋概念，认为“对任务的执着”和“创造性”是由环境塑造而来。这一理论体现了“天赋”的动态发展性。2001年以后，日本在相关教育文件中用“才能”代替“英才”，强调在某一方面有才能的儿童的个性与能力发展。

第三，“天赋”概念的系统性。

“天赋”理论逐渐走向系统性，系统的“天赋”理论关注不同要素在天赋发展中的相互作用。例如，兰祖利的三环理论就是在批判传统天赋概念的基础上，建构关于个体智力、动机相互作用的理论。“天赋”概念注重教育过程、行动等外部因素对个体成就的影响，从对个体特质的关注走向对获得卓越成就的过程与行动的关注。研究者通过对取得卓越成就者的学习过程进行研究，发现专注、高强度的练习是取得卓越成就的关键要素，从而提出通过有针对性的教育，具体的学科教育和充实活动，以及规划具体的发展路径来培养英才。换言之，这些研究提议对英才儿童实施更为连续和系统的培养，制定具有连贯性的活动及措施，以利于更有效地发现和培养英才儿童，进一步推动英才教育的体系化。

第四，“天赋”概念的情境性。

这一理念下的英才教育不再是将英才学生看作本质相同的统一群

体，要通过提供统一的教育形式满足英才学生的需要，而是专注于英才学生个体之间的差异性，针对每个学生的差异，为他们提供个性化的教育。针对那些在特定学科领域的英才学生，为他们提供不同的教育资源，在日常教育实践中实施区分化教学。

21世纪的英才教育理论更加强调努力、有计划的练习的重要性，弱化了对天赋与才能的关注。新理念之下更加注重环境对个体发展的影响，关注为个体发展的需要提供合适的教育资源，主张开展更加包容的英才教育，无论是对有双重特殊禀赋的英才儿童，还是对学业成就不良的英才儿童，都强调关注儿童的发展潜力。

英才教育的理念与社会发展变革息息相关。社会变革作为英才教育变革的外部环境，推动各国转变对“英才”本质的认识，展开英才教育的变革；同时，社会变革还渗透在学校内部，构成英才教育变革的内部因素，决定着英才教育变革的走向。事实上，21世纪社会经济的转型发展和教育领域本身对个性化培养的转向，正共同推动英才教育实践的发展。

二、国际英才教育的模式分析

发轫于20世纪初的英才教育在各国开展至今，已经有了众多探索，内容丰富，模式多样。以美国为代表的英语国家、欧洲大陆、俄罗斯、日本等都形成了不同的英才教育模式。

（一）英才教育的实施理念

英才教育旨在为在某一方面发展有特殊需要的儿童提供适合的教育。对英才教育采取何种态度取决于公众的认识和社会经济发展水平，公平与卓越的价值取向始终决定着英才教育的政策选择，由此形成各国符合本土国情的英才教育政策。

回顾教育民主化浪潮掀起的时期，各国都普遍重视为每个公民提供公平的受教育机会，保障每个人都获得均等的教育。这时的英才儿童只被视为一种依靠自身优势就可以获得满足的教育对象，各国对英才教育普遍采取冷漠的态度。而进入21世纪后，注重公平中的差异化教育教学越发成为社会和教育领域的共同呼声，这也为英才教育的真正落实与有效发展提供了合理性根基。这种转变主要体现在政府对英才教育合理化的认可和对英才教育政策法规的强力推行。政策制定者开始正视英才儿童的个性化教育，强调学生之间的个体差异性。这些逐渐被认可的理念对世界各国都有所影响，由此带来国际英才教育的快速发展，并逐渐走向制度化。

此外还应当提及，各国对“英才儿童”所采用的表达各不相同，尽管都指向同一目标群体，但不同的表述方式或可反映出各国及地区对英才教育所秉持的理念存有内涵上的细微差别。例如，美国用“天赋与才能”，日本用“有才能的儿童”，法国用“智力早熟儿童”，西班牙用“高智力水平儿童”，俄罗斯用“天才儿童、特殊儿童”（但残疾儿童也属于特殊儿童人群），中国内地多用“智力超常儿童”，中国港澳台地区习惯用“资优儿童”，等等。此外，国际教育会议、英才教育年会等也对各国的英才教育理念产生间接的影响。但从实质上讲，这些表达都可被纳入广义的“英才教育”内涵中的教育对象。

（二）英才教育的政策模式

英才教育政策受到各国政治、经济、文化传统的影响，各国英才教育政策形成了不同的政策模式。一种是旨在为所有在某一方面具有潜能的英才儿童提供合适的教育机会，促进所有英才儿童的发展；一种是采取优先发展的策略，关注某一方面具有特殊潜能的英才儿童，以满足国家和社会发展的需要。

英才教育政策普遍受到外部环境的较大影响。日本科技英才的政策模式以实现国家对创新发展的需要为导向，以培养科技英才为主，同时渐进地推进其他类型的天才儿童教育。这一模式既受到本国英才教育发展历史的影响，也取决于本国经济发展的现实需要。

另外，各国英才教育政策的完备性也不同。例如，芬兰只规定了对英才教育的具体实施，未对英才教育的师资、课程作出具体规定。美国关于英才教育的法规较为完善，既有针对英才学生选拔、培养的规定，也有针对英才教育师资培养的规定。

近年来，各国政府加强了对英才教育公平性问题的关注。受到传统英才儿童识别策略单一化的影响，一部分英才儿童未获得相应的教育机会。例如，俄罗斯不论从政策还是措施方面，都非常注重从娃娃抓起，其相关政策不仅涉及如何发现英才儿童，还对英才儿童选拔和培养给予后续保障和财政支持。在英才教育的展开与深入过程中，还日益加强了对少数族裔和弱势群体中英才儿童的鉴别。

（三）英才教育的实施机制

英才教育的实施机制是确保这一特殊群体教育有效性的关键。在确认英才儿童的特殊需要之后，采取何种路径来满足其特殊需要，在不同国家也体现出不同特色。各国尽可能构建系统的英才教育管理体系，从财政、人员等多方面提供保障，助力英才教育的顺利施行。受国家管理体制、教育管理体制的影响，世界不同国家英才教育的实施既有集权化治理模式基础上的网格化实施机制，也有分权化治理下的分散性实施机制。

俄罗斯、德国、西班牙、匈牙利等国通过政府的统筹管理实施英才教育，制定和出台英才教育政府层面的政策供各个联邦主体、州或地区参照执行，形成了从中央到地方的一体化英才教育政策体系。俄罗斯通过国家统一举办的不同类型的中小学奥赛、各联邦主体级别的相关比赛等，架构起对英才教育的层级选拔和统一管理机制。德国也通过在基础教育阶段举办竞赛来对各州的英才教育进行引导与管理。西班牙英才教育资格的审批权归政府，由相关教育部门对英才儿童的资格进行审查、监督，学校依据英才儿童的水平、兴趣，在英才教育的实施过程中进行灵活安排。

英国、美国等国家英才教育的实施则体现了政府、地方、学校的分权化管理体系，英才教育主要在各州、区进行。政府颁布英才教育政策、法规，并提供财政资金，为全国英才教育提供宏观指导与支持；各州、区根据地方实际划定英才学生的资格，研发英才教育课程，监管英才项目，并进行英才学生的选拔，各学区拥有开展英才教育的弹性空间。英国政府出台了英才教育的相应政策，建立了英才教育的保障制度与监管机制，但具体的英才学生培养则由各学校负责，教师根据学校提供的英才学生选拔程序对英才学生进行动态选拔。在美国，联邦教育部颁布了英才教育的专项与相关立法，并出台相关政策，保障英才教育的顺利开展。英才教育实施则由州一级负责，并由各学区落实。因而，各州乃至各学区之间在英才学生的规模、培养模式等方面存在差异性。

（四）英才教育的选拔机制

英才儿童的识别策略和选拔标准的研判与确立是落实科学的“天赋”概念的保障。综合立体的“天赋”概念内涵与识别策略有助于保证英才学生的合理比例，减少疏漏。英才理论研究领域的繁荣也推动了天才识别的科学化进程。以美国、英国为代表的英语国家从“天赋”与“才能”两个方面来定义和鉴别天才，并且对儿童的选拔不局限于智力、学业成就的突出天赋，还兼顾对在诸如艺术、体育、创造力、领导力等某一方面有突出天赋的儿童的发掘。鉴于儿童发展的阶段性和环境因素对个体发展的影响，注重儿童选拔的过程性、综合性也是国际性的突出变化。越来越多的国家在传统心理测验、量表的基础上，纳入教师、家长、相关评价机构、同伴、天才儿童自身等多元主体的推荐意见，将英才学生的鉴别贯穿于教育全过程，而不仅仅限于基础教育阶段。

尽管学术界对仅通过智力测验或学业成就预测儿童未来成就的合理性提出批评，但单一的英才儿童识别方式在一些国家依然占据主流。也就是说，在实际的识别过程中依然主要依靠传统的单一标准，如IQ测试、年级测试、标准化的成就测试等，既没有考虑“天赋”内涵的丰富性，也没有考虑环境、教育过程、个体行动的影响与作用。这其中既有一国现实性的考虑，如经济发展、现实可操作性等，也受传统教育理念的影响。日本政府和英才教育理论界认可在智力、艺术等方面展现出较高素质的学生，但英才教育的实施对象依然主要以在科学、理科方面显示出超常才能的儿童为主。这种情况在俄罗斯的英才儿童选拔实践中也有所体现。

提高天才选拔的公平性是近年来各国普遍重视的一个问题。各国开始对少数族裔、经济处境不利、学习有障碍的天才儿童提高关注。全球化也带来各国人口的多样化，因此，提高对非第一语言学习者的关注也成为一些国家英才儿童选拔中的考虑要素。识别策略中对环境因素的考虑有利于提高来自处境不利家庭的英才儿童的比例，增强选拔的公平性。

（五）英才教育的培养机制

各国英才教育培养机制的不同主要受各国教育体制的影响。美国从学前教育阶段开始实施英才教育，高中阶段的选课制等教育制度为这一阶段的英才教育发展提供了有益的土壤。这一特点也在日本英才教育中得到了体现，尽管日本从中学阶段开始为天才学生提供接受大学教育的机会，但其英才教育以超级理科高中为主，而且给予重点支持。

在英才教育的培养模式和组织形式方面，各国的路径较为统一。在培养模式方面，各国普遍采取加速模式与充实模式相结合的策略，学校选择何种方式开展英才教育则有其侧重。在教学组织形式方面，既有普通班级中的融合教育，也有专门针对英才儿童的英才班和选拔性学校。例如，澳大利亚、西班牙主要通过普通班级开展英才教育，英国则完全采取在普通班级开展融合教育的形式。在全纳教育思潮的影响下，西班牙避免差别对待学生，主张发展每一个学生的潜能。在学校教育实践中没有专门设置英才班，英才学生的培养完全依靠教师调整和丰富课程；但在校外，英才学生可以获得更多的与其他英才学生互动、交流的机会，他们能够在周末项目中获取知识，得到社会情感和创造力等方面的培养。具体模式的选择取决于当地英才儿童的数量、师资力量、资金支持力度等多方面因素。

社会参与在各国英才教育发展中也发挥着重要作用。英才教育的培养机构除了普通中小学，还包括高等教育机构、科研院所、社会行业组织等。这些机构的参与对于丰富英才教育资源十分有益，更可以为学生、教师、家长提供知识内容、教学方法、操作方式等方面的服务。

三、国际英才教育模式对中国英才教育发展的经验启示

改革开放以来，我国的教育实践工作者、教育理论工作者在英才教育领域进行了积极的探索和较丰富的研究，既积累了一定的实践经验，也从本土实际出发，提出了中国英才教育的概念和理念。回顾本土，综观国际，本研究也为我国英才教育的进一步发展提供些许思考与建议。

（一）构建具有中国特色的英才教育理论体系

一方面，要推动大学、科研院所开展英才教育研究。尽管在英才教育理论方面，中国科学院心理研究所做过专门研究，一些高校学者也对英才教育相关问题进行了探讨，但从英才教育理论的元研究、天赋理论的研究来看，由于专门的英才教育研究中心很少，因此相关工作缺乏系统性。在我国，英才教育被误解，大众认为它就是培养“神童”“学霸”，为各类奥赛输送人才，学生取得各项荣誉便拥有了重点中学、大学的“敲门砖”。加强英才教育相关理论研究，有助于提高社会各界对英才教育的科学认识，减少英才教育实行过程中的舆论阻碍。

另一方面，要加强英才教育的实证研究。就我国学者现有研究来看，对国际英才教育理论和其他国家英才教育培养体系的介绍，以及本国英才教育的个案考察比较丰富。但我国英才教育培养模式的具体成效如何？我们所选择的英才教育识别策略、培养项目的实施结果是否理想？如何将国际先进的英才培养经验进行本土化实践探索？这些都需要进行更多的实证研究。显然，我国英才教育的开展需要更多的

数据来提供支撑，需要更多的本土实践提供参考，这将更加有利于为决策者提供基于证据的可操作性建议，推动英才教育进一步取得实质性、具体化的成果。

（二）形成与完善英才教育的制度保障

为保证英才教育合法、有序、高效地实行，首先应该出台关于英才教育的专项立法及政策法规。一直以来，英才教育在我国只是局部地、零星地、单独地开展。少数重点大学、部分普通基础教育学校有一些相对成型的英才教育系统实践，多称为少年班、实验班。这一方面表明英才教育在我国基础教育阶段和高等教育阶段都存在，但另一方面，我国英才教育缺乏连续性且不够体系化，尤其是一些中学的天才少年实验班尽管积累了多年的经验，但一直处于“犹抱琵琶半遮面”的境地。没有专门的法令法规，也就没有这类教育机构或模式的合法地位，由此带来不少问题和遗憾。例如，英才儿童教育规模受到局限。相关机制的缺失使得很多有天赋的孩子错失在关键年龄接受关键性特别教育的机会，而一旦基础教育阶段的英才教育缺失，个体会错过潜能发展的关键期，从而导致一部分潜在英才被埋没。又如，英才教育存在衔接性与连续性问题。基础教育阶段英才教育的局限性会制约高等教育阶段的英才教育，因为在拔尖创新人才培养的起步阶段就缺少足够的选拔空间；而对于在基础教育阶段接受了英才教育的学生来说，其连续性的输送路径也缺乏保证。鉴于此，政府首先应该组织研究和制定英才教育的相关法规。只有为英才教育提供积极的外部环境保障，去除人才培养过程中关于合法性的障碍和争议，才能使特殊人才的培养教育渠道畅通。

其次，建立英才教育管理机构。建立专门的英才教育管理机构，可以为英才教育的有序运行提供监督与协调保障。借鉴国际英才教育的经验，在我国从中央到地方的三级教育管理体系中，应设立英才教育的相关管理部门，由中央对英才教育进行统筹，从师资培养、选拔标准、资金方面，为英才教育的开展提供指导。

再次，鼓励、引导社会机构广泛参与。当前我国英才教育主要以校内培养为主，鲜有社会组织参与。尽管我国各类教育及竞赛培训机构众多，但主要是从应试的角度培养学生的知识技能，缺乏真正从培养学生创新思维的角度开展的竞赛活动。而针对家长和教师推广科学、先进的英才教育理念，提供相关养育经验、知识服务、方法指导的社会机构更是稀缺。随着我国社会教育机构的多样化蓬勃发展，政府应该对一些优秀的教育类机构进行引导和扶持，使之成为丰富校外英才教育的资源。

（三）加强英才教育理论的实践转化

第一，丰富英才教育培养模式。我国的英才教育主要是在专门的英才班级进行。按英才儿童在适龄儿童中占比10%计算，我国有大量的英才儿童尚未得到相应水平和层次的教育。尽管我国有重点学校、重点班级的传统，但这些主要针对的是在学业上比较优秀的学生，对于在其他方面有特殊表现的学生而言，这种单一、传统的培养模式可能无法为他们提供发展各自潜能的机会。鉴于此，我们应该有的放矢地借鉴他国有益经验，明确目标与定位，积极进行本土化实践探索，以丰富我国的英才教育培养模式。同时，积极探索在普通班级中的区分化教学，完善课程加速模式，为英才学生提供多样化的选择。

第二，探索英才教育课程体系建设。我国基础教育阶段的课程改革赋予了学校和教师进行课程建设一定的自主权。对于实施英才教育的教师而言，他们可以根据英才教育的学习年限和学业要求为英才学生提供有针对性的课程，但在加速课程、充实课程的具体实施方面，依然缺乏合理的指导。为此，加强对英才教育课程与教学的研究，建立专业化的研究团队显得尤为必要。应借助学科专家的力量，结合相关学科的知识特点，设计英才教育课程体系。

第三，加强英才教育师资培养。就教师培养体系而言，当前我国依然以传统的学科教师为主，在专业培养目标与课程设置方面很少有针对学生多样性开展教学的内容，涉及英才教育的相关内容更是稀缺，鲜有专门的英才教育专业。教师在职培养中也缺乏对英才学生的关照。在关注学生多样性，注重差异性教学的国际趋势中，我国英才教师的培养培训制度亟待建立。

总之，从1978年中国科学技术大学在国家“早出人才，快出人才”，培养现代化建设急需大量人才的背景下开办少年班，拉开我国英才教育的序幕，到如今社会经济转型对“具有创新精神和实践能力”的各行业人才的需求；从高等教育阶段的少年班，到中等教育的各种实验班，再到基础教育阶段的少儿班、早培班等各类英才项目，可以说，四十多年来，我国的英才教育事业有了长足的进步，在规模、种类、领域、学段等多方面取得了明显成就，发掘并培养了一大批杰出人才。从比较教育的角度考察我国的英才教育发展历程，我们还有相当多的地方需要健全、丰富和完善，要做的事还很多，要走的路还很长。

参考文献

一、中文文献

专著

［1］布尔迪厄.文化资本与社会炼金术［M］.包亚明，译.上海：上海人民出版社，1997.
［2］陈之华.芬兰教育全球第一的秘密［M］.北京：中国青年出版社，2011.
［3］程念祖.研究　探索　实践——北京八中超常教育30年文集之科研篇［M］.北京：学苑出版社，2015.
［4］褚宏启.中国教育管理评论（第7卷）［M］.北京：教育科学出版社，2012.
［5］戴耘，蔡金法.英才教育在美国［M］.杭州：浙江教育出版社，2013.
［6］德・朗特里.西方教育词典［M］.上海：上海译文出版社，1988.
［7］邓小平文选［M］.北京：人民出版社，1983.
［8］方俊明，雷江华.特殊儿童心理学［M］.北京：北京大学出版社，2011.
［9］伏见猛弥.怎样培养儿童的聪明才智：论儿童智力的开发［M］.穆传金，译.长春：吉林人民出版社，1985.
［10］顾明远.教育大辞典（第1卷）［M］.上海：上海教育出版社，1990.
［11］何静.超常教育研究与实践集萃——北京八中超常教育30年文集之专题篇［M］.北京：学苑出版社，2015.
［12］胡卫，唐晓杰，等.中国教育现代化进程研究［M］.北京：教育科学出版社，2010.
［13］黄松赞.新加坡社会与华侨华人研究［M］.北京：中国华侨出版社.2005.
［14］中国台湾省特殊教育学会.资优教育的革新与展望——开发潜能　培养人才［M］.台北：心理出版社有限公司，1979.
［15］康建朝，李栋.芬兰基础教育［M］.上海：同济大学出版社，2015.
［16］刘世清.教育政策伦理［M］.上海：上海教育出版社，2010.

[17] 麻生诚.英才的形成与教育[M].王桂，等译.长春：吉林人民出版社，1987.
[18] 戴维斯，里姆.英才教育[M].杨庭郊，等译.北京：新华出版社，1992.
[19] 内尔·诺丁斯.学会关心——教育的另一种模式[M].于天龙，译.教育科学出版社，2003.
[20] 帕思·萨尔伯格.芬兰道路：世界可以从芬兰教育改革中学到什么[M].林晓钦，译.南京：江苏凤凰科学技术出版社，2015.
[21] 全国中学超常少儿教育协作研究组.中国超常少儿教育的理论与实践——英才教育与潜能开发[M].北京：新华出版社，1996.
[22] 施建农，徐凡.发现天才儿童[M].北京：中国世界语出版社，1999.
[23] 施建农.超常儿童成长之路[M].北京：科学出版社，2008.
[24] 田慧生，邓友超.让十三亿人民享有更好更公平的教育——十八大以来教育质量提升的成就与经验[M].北京：教育科学出版社，2017.
[25] 王晓辉.比较教育政策[M].南京：江苏教育出版社，2009.
[26] 王竹颖.我们是少儿班的编外生——北京八中超常教育30年文集之家长篇[M].北京：学苑出版社，2015.
[27] 王竹颖.我喜欢展望无尽的未来——北京八中超常教育30年文集之学生篇[M].北京：学苑出版社，2015.
[28] 吴式颖.外国教育史教程[M].北京：人民教育出版社，2015.
[29] 吴文侃，杨汉清.比较教育学[M].北京：人民教育出版社.2011.
[30] 武杰.发现天才——怎样帮助孩子学习[M].北京：华夏出版社，2005.
[31] 肖甦，王义高.俄罗斯转型时期重要教育法规文献汇编[M].北京：人民教育出版社，2009.
[32] 小林由树子.从英才教育到创才教育[M].岩本宝林，译.上海：上海科学普及出版社，1990.
[33] 辛厚文.超常教育学[M].北京：人民教育出版社，1991.
[34] 阿普尔.文化政治与教育[M].阎光才，等译.北京：教育科学出版社，2005.
[35] 袁振国.教育政策学[M].南京：江苏教育出版社，2000.
[36] 赵大恒，解淑萍.杏坛拓新录——北京八中超常教育30年文集之教育篇[M].北京：学苑出版社，2015.
[37] 赵章靖.美国基础教育[M].上海：同济大学出版社，2015.
[38] 赵中建.美国STEM教育政策进展[M].上海：上海科技教育出版社，2015.
[39] 钟启泉，金正扬，吴国平.解读中国教育[M].北京：教育科学出版社，2000.

期刊

[1] 曹原.美国英才儿童内涵的演变述评[J].当代教育科学，2011（8）.
[2] 查子秀.近年来国外关于天才儿童研究的动态[J].心理学动态，1986（2）.
[3] 查子秀.超常儿童心理与教育研究15年[J].心理学报，1994（4）.

[4] 褚宏启.追求卓越：英才教育与国家发展——突破我国英才教育的认识误区与政策障碍［J］.教育研究，2012（11）.
[5] 戴耘.二十一世纪英才教育的十大趋势：兼谈亚洲的机遇与挑战［J］.资优教育论坛，2015.
[6] 冯大鸣.英国英才教育政策：价值转向及技术保障［J］.教育发展研究，2009（4）.
[7] 付艳萍.教育公平：资优教育的内在之义——以美国资优教育的发展为例［J］.外国中小学教育，2013（7）.
[8] 付艳萍.走向适才教育：资优教育发展的新趋势——以美国资优教育为例［J］.外国教育研究，2016（1）.
[9] 桂勤，黄建伟.美国英才教育研究评析——以美国国家英才研究中心为例［J］.外国教育研究，2002（7）.
[10] 贺淑曼.中国超常人才教育的发展、困惑及改革［J］.中国人才，2003（3）.
[11] 胡卫，谢锡美.中国民办教育发展面临的困境及其对策［J］.教育发展研究，2005（12）.
[12] 黄蓝紫.公平中的卓越：英美英才教育之比较［J］.长沙大学学报，2015（4）.
[13] 雷启之.俄联邦支持天才儿童的教育［J］.学科教育，2000（10）.
[14] 黎明，牟映雪.中国超常教育的发展历程及启示——未来呼唤“双超常教育”［J］.中国特殊教育，2009（1）.
[15] 李建辉.英才教育的发展历程［J］.教育评论，2007（3）.
[16] 梁忠义.日本注重英才教育的趋势［J］.外国教育研究，1979（1）.
[17] 刘宝存.大众教育与英才教育应并重——兼与吕型伟、王建华先生商榷［J］.教育发展研究，2001（4）.
[18] 吕型伟.要重视英才教育问题［J］.教育发展研究，1999（5）.
[19] 孟现志.关于我国超常教育的若干问题反思［J］.中国特殊教育，2004（7）.
[20] 聂长建.浅论拔尖创新人才的培养［J］.中国大学生就业，2012（2）.
[21] 祁发明.英才教育是教育事业长期的使命［J］.基础教育参考，2008（9）.
[22] 沈模卫，朱海燕，张锋.天才儿童及其教育问题新论［J］. 华东师范大学学报（教育科学版），2003（4）.
[23] 吴雪萍.新世纪英国教育发展的目标与策略述评［J］.全球教育展望，2002（4）.
[24] 杨广学，王宇琛.英才教育的几个理论问题［J］.中国特殊教育，2009（9）.
[25] 杨静娴，汤皓勋，林劲聪，罗百浚.资优教育计划对提升资优学生创意的成效研究——以港澳信义会慕德中学为例［J］.创新人才教育，2014（3）.
[26] 姚红玉.英国的英才教育［J］.比较教育研究，2013（5）.
[27] 叶辉.中国科大少年班反思［J］.观察与思考，2007（3）.
[28] 易泓.英才教育制度的国际比较［J］.教育学术月刊，2008（6）.
[29] 易泓.我国英才教育发展的现状、问题与对策［J］.中国成人教育，2008（21）.

[30] 翟京华.拔尖创新人才培养：来自小学阶段的探索[J].中小学管理，2011（10）.
[31] 张铁道，王凯，戴婧晶，台峰.国外英才教育考察报告[J].基础教育参考，2008（9）.
[32] 钟景迅，曾荣光.从分配正义到关系正义——西方教育公平探讨的新视角[J].清华大学教育研究，2009，30（5）.

学位论文

[1] 崔金宁.印度教育现代化的历史演进研究[D].西安：西北大学，2006.
[2] 刘筱.印度工程技术教育发展研究[D].重庆：西南大学，2012.
[3] 孟伟.我国资优生培养模式变迁研究[D].合肥：中国科学技术大学，2015.
[4] 张建红.试析美国对英才教育教师的培养——以教育学院的硕士计划为个案[D].北京：首都师范大学，2008.

论文集

[1] 查子秀.儿童超常发展之探秘——中国超常儿童心理发展和教育研究20周年论文集[C].重庆：重庆出版社，1998.

报告

[1] 北京市第八中学，中科院心理所，北京市教科所实验课题组.超常儿童的鉴别和教育——北京八中超常教育实验班（1985—1989）[R].北京：教育科学研究，1991（1）.

报纸

[1] 国家中长期教育改革和发展规划纲要工作小组办公室.国家中长期教育改革和发展规划纲要（2010—2020年）[N].人民日报，2010-03-01.
[2] 王磊.安徽两“神童班”被叫停[N].中国青年报，2012-7-15.
[3] 谢洋，原春琳.中国高等教育改革探索的一个微缩样本：少年班30年在争议中跋涉前行[N].中国青年报，2008-04-15.

二、外文文献

日文文献

[1] 伏見猛弥.英才教育のすすめ[M].东京：岛津书房，1980.
[2] 麻生诚，岩永雅也.創造的才能教育[M].町田：玉川大学出版部，1997.

[3] 片冈宏.戦時下の特別科学教育について[J].京都大学文書館だより，2003（4）.
[4] 平野智美.日本の英才教育：現状と課題[J].ソフィア：西洋文化ならびに東西文化交流の研究，1995（3）.
[5] 日本比较教育学会编.特集各国の才能教育事情[M].东京：东信堂，2012.
[6] 上芝生裕，伊藤升，东美江，等.一貫教育の優位性を生かした理数教育モデルの研究[J].大学行政研究，2010（5）.
[7] 旭丘光志.自由・創造への挑戦!燃える池田中学：校則・通知表のない超英才教育[M].渡辺裕司，编.东京：现代书林，1989.
[8] 中村順子，水内豊和.日本におけるGT教育の可能[J].富山大学人間発達科学部紀要，2010（第5卷第1号）.
[9] 佐々木元太郎，平川祐弘.特別科学組——もう一つの終戦秘話 東京高師附属中学の場合[M].东京：大修館書店，1995.

英文文献

[1] HOTULAINEN R H E, SCHOFIELD N J. Identified Pre-school Potential Giftedness and Its Relation to Academic Achievement and Self-concept at the End of Finnish Comprehensive School[J]. High Ability Studies, 2003.
[2] TIRRI K, KUUSISTO E. How Finland Serves Gifted and Talented Pupils[J]. Journal for the Education of the Gifted, 2013.
[3] TIRRI K, NOKELAINEN P. The Influence of Self-perception of Abilities and Attibution Styles on Academic Choices: Implications for Gifted Education[J]. Roeper Review, 2010.
[4] TIRRI K A, TALLENT-RUNNELS M K, ADAMS A M, et al. Cross-cultural Predictors of Teachers' Attitudes toward Gifted Education: Finland, Hong Kong, and the United States[J]. Journal for the Education of the Gifted, 2002.
[5] TIRRI K A, TALLENT-RUNNELS M K, ADAMS A M. A Cross-cultural Study of Teachers' Attitudes toward Gifted Children and Programs for Gifted Children[D]. Paper presented at the Annual meeting of the American Educational Research Association, 1998.

俄文文献

[1] АНАНЬЕВ Б.Г. О соотношении способностей и одаренности. Проблемы способностей, 1962.
[2] ГИЛЬБУХ Ю.З. Внимание: одаренные дети. Знание, 1991.
[3] КАЛИШ И.В., БОГОЯВЛЕНСКАЯ Д.Б. МЕЖДУНАРОДНАЯКОНФЕРЕНЦИЯ" ОДАРЕННОСТЬ: РАБОЧАЯКОНЦЕПЦИЯ, 2001.

[4] КЕЭС П.Я. К разработке диагностических тестов интеллектуального развития шестилетних детей. Автореферат, 1993.
[5] КЛИМЕНКО В. В. Как воспитать вундеркинда. СПб., «Кристалл», 1996.
[6] ЛЕЙТЕС Н.С. Возрастная одаренность. Семья и школа, 1990.
[7] ЛЕЙТЕС Н.С. Об умственной одаренности, 1960.
[8] ЛЕЙТЕС Н.С. Способности и одаренность в детские годы, 1984.
[9] ПАНОВ В.И. Одаренные дети: выявление - обучение – развитие, 2001.

法文文献

[1] BLÉANDONU G. Les enfants intellectuellement précoces: «Que sais-je? » n° 3698. Presses universitaires de France, 2004.
[2] BOURDIEU Pet Passeron J. La Reporduction — éléments pour une théorie du système d’enseignement. France, Paris: Les Edition de Minuit, 1970.
[3] LIGNIER W. Comment la question des enfants «surdoués» est-elle devenue scientifiquement sérieuse en France (1971–2007). Quaderni. Communication, technologies, pouvoir, 2009(68).
[4] TERRASSIER J C. Les enfants surdoués ou la précocité embarrassante. ESF éd., 2009.

西班牙文文献

[1] AGUA A M P D. Concepto de superdotación: aspectos psicológicos, personales y sociales. Aula Abierta, 2001.
[2] AGUA A M P D. El diagnóstico en educación como principio de identificación en el ámbito de la superdotación intelectual = assessment in education in the area of intellectual giftedness. Bmc Oral Health, 2015.
[3] ALÍA J F R. La respuesta educativa al alumnado con altas capacidades desde el enfoque curricular: del plan de atención a la diversidad a las adaptaciones curriculares individuales. Faisca Revista De Altas Capacidades, 2008.
[4] ÁNGELA R M. La identificación de alumnos con altas habilidades : enfoques y dimensiones actuales. Universidad De Murcia, 1996.
[5] ÁNGELES B V. Actitudes del profesorado ante la educación de las alumnas de altas capacidades. Faisca Revista De Altas Capacidades, 2006.
[6] BORGSTEDE S. & HOOGEVEEN L. Una mirada creativa hacia la superdotación: posibilidades y dificultades en la identificación de la creatividad. Revista de Psicología, 2014.
[7] FIGUEROA J T, LÓPEZ M F P, ABAITUA C R. La superdotación intelectual: modelos, identificación y estrategias educativas. Ediciones Universidad de

Navarra. EUNSA, 1998.

[8] PRIETO M D, FERRÁNDIZ C. y Bermejo, M. R. El enriquecimiento extracurricular.Programas de enriquecimiento cognitivo para el alumnado con altas habilidades. En 10. Artiles, C, y Jiménez, C.(Coord.) Identificación e intervención educativa y familiar con el alumnado de altas capacidades intelectuales. Las Palmas de Gran Canaria: Universidad de Las Palmas de Gran Canaria, 2005.

[9] RAQUEL G S, Marta del Olmo González; Jennifer Vera de Jesús; Miguel LÁZARO A. La superdotación. El caso de María. Universidad Autónoma de Madrid, 2010.

[10] SCHILTZ L. Gifted Education in 21 European Countries: Inventory and Perspective. Luxembourg. Gifted in Europe, 2000.

[11] TOURÓN J, REYERO M. y Fernández, R. "La superdotaciónen el aula: claves para suidentificación y tratamientoeducativo". En Bautista García-Vera, A. (coord.). Formación de profesores de educación secundaria. Programación y Evaluación curricular. Madrid: ICE, Universidad Complutense, 2009.

德文文献

[1] Begabtenförderung. Wie Begabte gefunden und gefördert warden. Nr. 5 vom 5. März, 2003.

[2] BERGOLD S. Historische Entwicklung der Begabungsforschung Bagabten-förderung in Deutschland J. Pädagogische Rundschau, 2013.

[3] István Benyhe, Anna Cseh, Ágota Fehérné Kiss, Andrea Frank, Csilla Fuszek, János Gordon Györi, Balázs Hornyák, Bernadett Kovács, Csilla Lenhardtné Zsilavecz, Tamás Nagy, Judit Pásku M.International Horizons of Talent Support, I Best Practices Within and Without the European Union;Magyar Tehetségsegítö Szervezetek Szövetsége. Hungaria, 2011.

[4] János Gordon Györi. International Horizons of Talent Support, I Magyar Tehetségsegítö Szervezetek Szövetsége, 2011.

[5] Kinder mit besonderen Begabungen erkennen, beraten, fördern, Ministe- rium für Bildung, Wissenschaft, Forschung und Kultur des Landes Schleswig-Holstein, o.J.Richtlinie zur Förderung von Forschungsverbünden im Rahmen der ersten Phase der Bund-Länder-Initiative, Förderung leistungsstarker und potentiell besonders leistungsfähiger Schülerinnen und Schüler, 2017.

[6] ZIEGLER A. & STOEGER H. The Germanic view of giftedness. In S. N. Phillipson & M. McCann (Eds.), What does it mean to be gifted? Socio-cultural perspectives. Hillsdale, NJ: Erlbaum, 2007.

图书在版编目（CIP）数据

天赋与卓越：国际视野下英才教育的政策与实践 / 肖甦等著.
— 上海：上海教育出版社, 2020.11
（基础教育国际比较研究 / 顾明远主编）
ISBN 978-7-5720-0316-5

Ⅰ. ①天… Ⅱ. ①肖… Ⅲ. ①基础教育 - 比较教育 - 世界
Ⅳ. ①G639.1

中国版本图书馆CIP数据核字(2020)第216619号

策　　划　袁　彬　董　洪
责任编辑　李　达　王雅凤
书籍设计　陆　弦　陈　芸

基础教育国际比较研究
顾明远　主编
Tianfu yu Zhuoyue Guoji Shiye xia Yingcai Jiaoyu de Zhengce yu Shijian
天赋与卓越——国际视野下英才教育的政策与实践
肖　甦　等著

出版发行　上海教育出版社有限公司
官　　网　www.seph.com.cn
地　　址　上海市永福路123号
邮　　编　200031
印　　刷　上海展强印刷有限公司
开　　本　640 × 965　1/16　印张 29　插页 3
字　　数　348 千字
版　　次　2020年12月第1版
印　　次　2020年12月第1次印刷
书　　号　ISBN 978-7-5720-0316-5/G·0235
定　　价　88.00 元

如发现质量问题，读者可向本社调换　电话：021-64377165